高等学校实践实验教学

国际贸易法实验案例教程

主　编　孟国碧

撰稿人　孟国碧　李　伟

Guoji Maoyi Fa
Shiyan Anli Jiaocheng

中国政法大学出版社

2016·北京

高等学校实践实验教学系列教材
编委会

主任： 杜承铭

成员： 邓世豹　鲁晓明　幸　红　陈建清
　　　　邓立军　李爱荣　柳　飒　谢根成
　　　　刘　红　叶三方　邬耀广　董兆玲
　　　　陈玉博

编写说明

法律人才的职业性特点，决定了法学实验实践性教学在法学教育中不可或缺的地位，实验教学应当成为与理论教学紧密衔接、相互促进的教学内容与环节。基于这一理念，我们在进行课程教学时，始终将实验教学贯穿于理论教学之中，突出实验教学的地位和功能，实现理论教学与实验教学的有机结合。在理论教学基础上，通过法学实验教学进一步深化学生对法学专业知识的理解，训练学生法律实践技能，强化对学生的法律职业伦理教育，塑造法科学生的法律人格，从而实现法律人才素质的法律知识、法律能力、法律职业伦理和法律人格四者的统一。

法学实验教学改革应当以培养学生法治理念、实践创新能力和提高法律职业素养与技能为宗旨，以高素质实验教学队伍和完备的实验教学条件为保障，融知识传授、能力培养、素质提高为一体，通过实验教学培养学生探寻法律事实的能力、法律事务操作能力和综合表达能力，培养其法律思维能力与创新思维能力，最终实现法律知识、法律能力、法律职业伦理和法律人格四者的统一。然而，在我国的法学教育中，较普遍地存在理论与实践脱节的现象，学生难以在短期内适应法律事务部门的工作。近年来，法学教育中的实验实践性教学环节的重要性越来越受到法学教育界的重视，教育部"教学质量与教学改革工程"中开展的国家级法学实验教学中心的建设就清楚地表明了这一点。通过法学实验教学改革，我们力求达到如下目标：

第一，促进法学理论与实践相结合。通过实验教学，使学生直接面对将来的工作环境与工作要求，促使学生将所学理论知识运用于实务之中，使学生在校时就具备适应未来法律工作所必需的心理素质、知识结构和操作能力。

第二，构建模拟法律职业环境，为学生提供充分的动手操作机会。通过建立仿真实验环境，使学生在分析案件事实、收集证据、人际交往和沟通、起草法律文书等技能方面的训练得到强化，培养学生从事法律职业所需要的专业技能。

第三，提供师生互动平台，变"填鸭式"教学为学生主动学习。实验教学是以学生主动学习为基础展开的，在实验教学模式下，学生也被赋予了一定的责任，在实验过程中，学生可以同指导教师就实验中遇到的问题进行无障碍的沟通。

第四，提高师资队伍的教学水平。要进行法学实验教学，仅有书本知识，没有丰富的实践经验是远远不够的，这就要求指导教师必须深入法律实务部门，掌握相应的专业技能。实践经验的丰富，无疑可以帮助教师更好地讲授相关法律专业知识，促进教学水平的提高。

我校历来重视法学实验教学在法学教育和法律人才培养中的重要地位，早在1993年法学本科专业设立之初就着手法学实验室和实验教学的设计和规划。1996年竣工的法学实验室（包括模拟法庭和司法技术实验室）是当时广东省唯一的法学专业实验场地。1997年实验教学正式纳入教学计划，在物证技术学、法医学、侦查学、刑事诉讼法、民事诉讼法、行政诉讼法学等6门课程中开设28个实验项目。2007年学校整合全部法学实验教学资源，成立了由法律实务实验室、法庭科学综合实验室、开发设计实验室、网络学习实验室和模拟法庭组成的法学实验教学中心。2009年中心被评为省级法学实验教学示范中心。

二十多年来，我们开展了法律实务实训教学（如案例分析诊断、庭审观摩、法律实务模拟等）、法庭科学实验教学（如法医学、物证技术学和侦查学实验）、社会专题调查（地方立法调查、法律援助调查、乡村法律服务等）、实践与实习（包括法律诊所、社会实践和毕业实习）等四种模式组成的实验教学活动，形成了有我校特点的"两大部分、三个层次、四大模块"法学实验教学的内容体系：①从实验教学的空间来看，包括校内实验和校外法律实践两大部分；②从实验教学的性质来看，包括基础型实验（如课程实验）、综合型实验（如专项实验、仿真实验）和法律实践（如见习、实习等）三个层次；③从实验教学的类型来看，包括实验、实训、调研和实习四个模块。其中，实验模块主要由法庭科学的实验课程组成，包括法医学、侦查学、物证技术鉴定等；实训模块主要包括庭审观摩、案例诊断、司法实务（民事法律实务、刑事法律实务、行政法律实务）、企业法律实务、警察行政执法程序、调解与仲裁等；调研模块包括地方立法、法律援助等专题调研；实习模块包括法律诊所、基于经济与管理实验教学中心平台的"企业法律法务仿真实习"和毕业实习等内容。

通过多年的努力建设和广大教师的辛勤劳动，我校法学实验课程和实验项目体系建设取得了较为丰硕的成果，建设了包括基础型、综合设计型、研究创新型等实验类别在内的129个实验项目、18门实验课程，以及28门涉及相关知识内容的课程。所有这些实验项目体系，通过作为实验课程建设直接成果的法学实践实验教学系列教材公开出版。本套法学实践实验教学系列教材是我校教师长期从事法学实验教学改革和研究的直接成果。我们相信，这些成果的出版将有力地推动我校法学实验教学改革和法律人才培养目标的实现，我们也希望能够得到广大从事法学教育特别是从事法学实验教学的专家、学者的鼓励、交流、批评和指正。

杜承铭
广东财经大学法学实验教学中心
2015年4月11日

前 言

在经济全球化和信息化时代,国际贸易法早已突破了传统的范围,发展成为一门涵盖国际货物贸易、国际技术贸易、国际服务贸易、国际电子商务等诸多领域的综合性学科。其调整对象既包括平等主体之间的国际商事交易关系,也包括国家对国际贸易的管理关系以及国家之间对国际贸易的协调关系。其法律规范中既有国际法规范,也有国内法规范;既有私法性质的规范,也有公法性质的规范;既有实体规范,也有程序性规范。力图通过一本案例教材将所有的领域都包罗是不可能的,因此,本书在不影响教材完整体系的前提下,以调整平等主体间的国际商事交易关系的统一实体规范为重点,兼顾调整国际贸易管理关系和协调关系的国际国内公法规范,以及解决贸易争议的程序性规范。基于此,本书共设八章,分别是国际货物买卖法、国际货物运输与保险法、国际贸易支付法、国际技术贸易法、国际服务贸易法、国际电子商务法、世界贸易组织法、国际商事争议解决法。

本书的适用对象既包括法学专业的本科生和研究生,也包括国际经济与贸易、国际商务等专业的本科生。学生通过案例的学习可以加深对国际贸易法的基本知识、基本原理的理解,同时培养学生发现问题、分析问题和解决问题的基本能力和技巧。

本书的每一个案例都包含有案情简介、法律问题、法律分析、相关法律四个部分。每一章末尾附有本章的主要参考文献和主要拓展阅读资料。主要参考文献是本章编写时主要参考的文献资料;主要拓展阅读资料供学生课外做更深入的学习和研究。

本书第七章由广东财经大学研究生李伟撰写，其余部分由广东财经大学法学院孟国碧教授撰写。

本书的编写借鉴了国内外同仁的部分文献资料，已在每章的后面以参考文献形式列出，恕不一一列举，谨在此致以深深的谢意。

本书的出版得到了广东财经大学国家级人才培养基地——国家卓越人才培养实验中心的经费资助，也得到了法学院领导的大力支持和鼓励，在此一并表示衷心的感谢。

中国政法大学出版社的唐朝编辑、艾文婷编辑及其他工作人员为本书的顺利出版付出了辛勤的劳动，在此表示由衷的谢意。

广东财经大学的研究生李伟全程参与了教材的编写工作，搜集了相关案例材料，并撰写第七章。广东财经大学的研究生于汉清、方辉、吴佳蔚、张俊杨、向婕、王励知、马楠、徐梦君、魏玉君、张寒羽、谢瑞君等对书稿进行了认真细致的校对工作，在此对他们的辛勤付出一并表示衷心的感谢。

由于作者水平有限，本书难免存在错讹之处，恳请读者批评指正。

孟国碧
2015 年 11 月

目 录

第一章 国际货物买卖法 1
 第一节 国际货物买卖合同公约 1
  一、1980 年《联合国国际货物销售合同公约》的适用 1
   案例一：当事人营业所在地国家都不是《公约》的缔约国 1
   案例二：当事人营业所在地没有分处不同的国家 2
  二、要约和承诺 3
   案例三：要约的撤回 3
   案例四：要约的撤销 4
   案例五：要约的失效 6
   案例六：对要约内容变更后的承诺的效力 7
   案例七：逾期承诺的效力 9
  三、买卖双方的义务 10
   案例八：交货义务 10
   案例九：提交与货物有关的单据的义务 13
   案例十：品质担保义务 15
   案例十一：知识产权担保义务 17
   案例十二：付款义务 18
   案例十三：接收货物的义务 22
   案例十四：保全货物的义务 23
   案例十五：减轻损失的义务 23
  四、违约及其救济方法 25
   案例十六：根本违约和非根本违约 25
   案例十七：实际履行 27
   案例十八：损害赔偿 30

案例十九：宣告合同无效 …………………………………… 32
案例二十：减　　价 ………………………………………… 35
案例二十一：购买替代物 …………………………………… 36
案例二十二：分批交货合同下的宣告合同无效 …………… 39
案例二十三：预期违约 ……………………………………… 40
案例二十四：免除违约一方责任的事由 …………………… 41

五、货物风险的转移 …………………………………………… 43
案例二十五：划归合同项下是货物风险转移的前提条件 … 43
案例二十六：国际惯例优先适用的原则 …………………… 45
案例二十七：在途货物的风险转移 ………………………… 47

第二节　国际贸易惯例 ……………………………………………… 48
一、FOB 贸易术语 ……………………………………………… 48
案例二十八：FOB 术语下货物风险的转移 ………………… 48
二、CFR 贸易术语 ……………………………………………… 49
案例二十九：CFR 术语下卖方的装船通知义务 …………… 49
三、CIF 贸易术语 ……………………………………………… 50
案例三十：CIF 合同下卖方的投保义务 …………………… 50

第二章　国际货物运输与保险法 ……………………………………… 54
第一节　国际货物运输 ……………………………………………… 54
一、国际海上货物运输 ………………………………………… 54
案例一：提单的功能 ………………………………………… 54
案例二：清洁提单与不清洁提单的判断 …………………… 56
案例三：保函的法律效力 …………………………………… 58
案例四：倒签提单案 ………………………………………… 60
案例五：预借提单 …………………………………………… 63
案例六：无正本提单放货 …………………………………… 67
案例七：船舶设计缺陷导致船舶不适航 …………………… 68
案例八：船舶不能抵御预定航线上通常风浪的袭击导致
　　　　船舶不适航 ………………………………………… 70
案例九：船舶未妥善配备船员 ……………………………… 71
案例十：承运人是否尽到妥善和谨慎地管货义务 ………… 72
案例十一：承运人管理船舶和驾驶船舶中的过失可以免责，
　　　　　管货过失不能免责 ……………………………… 75
案例十二：货物的自然特性或者固有缺陷引致的货损可免责 …… 78

案例十三：每件或每单位的确定 …………………………………… 80
　　　案例十四：越过船舷后是否还适用《海牙规则》? ………………… 82
　　　案例十五：航次租船合同装卸时间与滞期费 ……………………… 83
　　　案例十六：定期船舶 ………………………………………………… 86
　　　案例十七：光船租船 ………………………………………………… 87
　二、国际铁路货物运输 …………………………………………………… 90
　　　案例十八：国际铁路货物联运合同纠纷案 ………………………… 90
　三、国际航空货物运输 …………………………………………………… 95
　　　案例十九：朗力（武汉）注塑系统有限公司与天地国际运输代理（中
　　　　　　　　国）有限公司武汉分公司航空货物运输合同纠纷案 … 95
　四、国际货物多式联运 …………………………………………………… 96
　　　案例二十：雁荡山公司诉富天公司等国际多式联运合同纠纷案 … 96
第二节　国际货物运输保险 ………………………………………………… 102
　一、国际海上货物运输保险合同的基本原则 …………………………… 102
　　　案例二十一：被保险人对非法进口的货物不具有保险利益 ……… 102
　　　案例二十二：被保险人的如实告知义务 …………………………… 104
　　　案例二十三：被保险人的保证义务 ………………………………… 106
　　　案例二十四：近因原则 ……………………………………………… 107
　　　案例二十五：重复保险中的损失赔偿 ……………………………… 108
　二、保险人承保的风险及损失 …………………………………………… 110
　　　案例二十六：推定全损 ……………………………………………… 110
　　　案例二十七：共同海损和单独海损 ………………………………… 113
　三、国际海上货物运输保险条款 ………………………………………… 116
　　　案例二十八：平安险 ………………………………………………… 116
　　　案例二十九：一切险 ………………………………………………… 117
　四、国际货物运输保险理赔和争议的解决 ……………………………… 117
　　　案例三十：委　付 …………………………………………………… 117
　　　案例三十一：代位求偿权 …………………………………………… 122

第三章　国际贸易支付法 …………………………………………………… 127
　第一节　汇　付 …………………………………………………………… 127
　　　案例一：信　汇 ……………………………………………………… 127
　　　案例二：电　汇 ……………………………………………………… 129
　　　案例三：票　汇 ……………………………………………………… 130

第二节 托 收 …………………………………………………………… 134
案例四：托收行的责任 …………………………………………… 134
案例五：代收行的责任 …………………………………………… 135
案例六：托收费用的支付 ………………………………………… 137
案例七：托收指示 ………………………………………………… 138
案例八：光票托收 ………………………………………………… 140
案例九：跟单托收之 D/P 即期 …………………………………… 141
案例十：跟单托收之 D/P 远期 …………………………………… 142

第三节 信用证 ……………………………………………………… 144
案例十一：信用证独立于买卖双方的基础交易 ………………… 144
案例十二：信用证独立于开证行和开证申请人之间的关系 …… 145
案例十三：开证行偿付议付行的义务 …………………………… 145
案例十四：保兑行的付款责任 …………………………………… 147
案例十五：信用证对出具检验证书机构的资质要求不明
造成损失案 …………………………………………… 149
案例十六：对信用证要求的品质证明书的签名要求理解
不一致引起的纠纷案 ………………………………… 151
案例十七：付款行审单失职造成损失案 ………………………… 153
案例十八：银行审核单据的时间 ………………………………… 154
案例十九：欺诈例外原则的确立——1941 年 Sztejn 案 ……… 157
案例二十：信用证欺诈下银行不能追回已付的款项 …………… 158
案例二十一：银行的免责事由 …………………………………… 160

第四节 国际保理 …………………………………………………… 161
案例二十二：中国保理第一案——云南省纺织品进出口公司诉中国银行
北京市分行、中国银行云南省分行保理合同纠纷案 … 161
案例二十三：进口保理商不当评价进口商后身陷被动 ………… 167
案例二十四：进口商提出贸易纠纷后出口保理商的应对 ……… 168

第四章 国际技术贸易法 ……………………………………………… 175
第一节 国际技术贸易的方式 ……………………………………… 175
案例一：国际技术贸易的方式 …………………………………… 175
第二节 国际技术许可合同 ………………………………………… 177
一、国际技术许可合同的种类 …………………………………… 177
案例二：专利技术许可合同 ……………………………………… 177
案例三：排他许可合同 …………………………………………… 178

二、国际技术许可合同的主要条款 …………………………………… 179
　　　　案例四：国际技术许可合同中的鉴于条款 ……………………… 179
　　　　案例五：国际技术许可合同中的定义条款 ……………………… 180
　　　　案例六：国际技术许可合同的计价与支付方式 ………………… 182
　　　　案例七：国际技术许可合同中的保密条款 ……………………… 183
　　　　案例八：国际技术许可合同中的限制性商业条款 ……………… 184
　第三节　国际技术贸易管理 …………………………………………………… 186
　　　　案例九：反美国微软公司垄断案 ………………………………… 186
　　　　案例十：美国利用 301 条款对中国纺织品、箱包、
　　　　　　　　鞋类等商品采取报复措施 …………………………… 189
　　　　案例十一：美国 ITC 和海关利用 337 条款扣押我国
　　　　　　　　　出口彩电 ……………………………………………… 191
　第四节　知识产权的国际保护 ………………………………………………… 193
　　一、《保护工业产权巴黎公约》 ……………………………………… 193
　　　　案例十二：专利优先权 …………………………………………… 193
　　　　案例十三：商标优先权 …………………………………………… 194
　　　　案例十四：专利权、商标权独立性原则 ………………………… 196
　　二、《商标国际注册马德里协定》 …………………………………… 197
　　　　案例十五：商标的国际注册 ……………………………………… 197
　　三、《保护文学艺术作品伯尔尼公约》 ……………………………… 198
　　　　案例十六：《保护文学艺术作品伯尔尼公约》作品
　　　　　　　　　来源国案 ……………………………………………… 198
　　四、《与贸易有关的知识产权协定》（《TRIPs 协定》）…………… 199

第五章　国际服务贸易法 …………………………………………………………… 201
　第一节　国际服务贸易法概述 ………………………………………………… 201
　　　　案例一：中外合作办学 …………………………………………… 201
　第二节　服务贸易总协定 ……………………………………………………… 203
　　　　案例二：加拿大的广播电视政策与服务贸易中的
　　　　　　　　市场准入和国民待遇争议 …………………………… 203
　　　　案例三：美国博彩案 ……………………………………………… 205
　　　　案例四：美国等五国诉欧共体香蕉进口体制案 ………………… 209

第六章　国际电子商务法 ··· 216
第一节　电子商务的主要法律问题 ·· 216
案例一：网络交易平台的审查义务 ·································· 216
第二节　电子商务的国际立法 ·· 217
案例二：通过电子邮件签订的合同是否有效？ ···················· 217
案例三：通过自动交易系统订立的合同是否有效？ ·············· 219
案例四：《UCP500 电子交单附则》（eUCP）的适用 ············ 221
第三节　电子商务的管理 ·· 224
案例五：网络交易平台的义务与责任 ······························· 224
案例六：注册商标作为计算机网络域名注册构成
　　　　不正当竞争 ··· 226

第七章　世界贸易组织法 ·· 230
第一节　世界贸易组织的主要多边贸易规则 ··························· 230
一、货物贸易规则 ·· 230
案例一：美国限制中国禽肉进口案 ·································· 230
案例二：中美轮胎特保措施案 ·· 234
二、服务贸易规则 ·· 238
案例三：中国电子支付服务措施案 ·································· 238
案例四：中国出版物和音像制品案 ·································· 244
三、知识产权保护规则 ··· 251
案例五：中国知识产权案 ·· 251
案例六：中国 DVD 纠纷案 ·· 256
第二节　WTO 争端解决机制 ··· 258
案例七：中国稀土资源案 ·· 258

第八章　国际商事争议解决法 ··· 273
第一节　国际民事诉讼 ·· 273
一、外国人的民事诉讼地位 ··· 273
案例一：外国人的诉讼行为能力案 ·································· 273
案例二：外国人的民事诉讼待遇 ····································· 274
二、国际民事诉讼管辖权 ··· 275
案例三：涉外民事案件的默示协议管辖 ··························· 275
案例四：涉外民事案件的明示协议管辖 ··························· 277
案例五：涉外民商事案件管辖权的积极冲突 ····················· 278

三、国际司法协助 …………………………………………………… 279
　　　　案例六：域外送达 ……………………………………………… 279
　　四、外国法院判决的承认与执行 …………………………………… 281
　　　　案例七：波兰弗里古波尔股份有限公司申请承认与
　　　　　　　　执行波兰共和国法院判决案 ……………………………… 281
第二节　国际商事仲裁 …………………………………………………… 284
　　一、国际商事仲裁概述 ……………………………………………… 284
　　　　案例八：仲裁与诉讼的关系 …………………………………… 284
　　二、国际商事仲裁协议 ……………………………………………… 286
　　　　案例九：同时选择了两个仲裁机构的仲裁协议的效力 ……… 286
　　　　案例十：选择某仲裁机构但未选择该仲裁机构的
　　　　　　　　仲裁规则的仲裁协议的效力 …………………………… 287
　　　　案例十一：仲裁协议效力的认定 ……………………………… 288
　　三、国际商事仲裁的法律适用 ……………………………………… 290
　　　　案例十二：国际商事仲裁中仲裁实体法的适用 ……………… 290
　　　　案例十三：国际商事仲裁中仲裁程序法的法律适用 ………… 292
　　四、国际商事仲裁的程序 …………………………………………… 294
　　　　案例十四：国际商事仲裁中的财产保全 ……………………… 294
　　　　案例十五：申请撤销涉外仲裁裁决 …………………………… 296
　　五、国际商事仲裁裁决的承认与执行 ……………………………… 298
　　　　案例十六：外国仲裁裁决的承认与执行 ……………………… 298
　　　　案例十七：区际商事仲裁裁决的承认与执行 ………………… 302

国际货物买卖法

国际货物买卖法是国际贸易法的重要组成部分，其法律渊源主要包括国际条约、国际惯例、各国国内法的涉外部分。《联合国国际货物销售合同公约》是使用最广的调整国际货物销售合同的国际公约，公约明确规定了其适用范围，涉及的内容包括合同的成立、买卖双方的权利义务、违约及其救济方法、货物风险的转移。如果当事人没有就合同的适用法律作出约定，又没有明示地排除公约的适用，且满足适用公约的条件时，可以自动地适用公约。当事人也可以明示地选择适用公约。《国际贸易术语解释通则》是调整国际货物买卖的重要的国际惯例，2010 年版是其最新版本。通则对当事人没有当然的约束力，只有当事人选择采用时，才有约束力。当事人在不违背一国法律的强制性规定时，可以选择争议所适用的法律，包括国际条约、国际惯例和各国的国内立法。本章内容主要包括《联合国国际货物销售合同公约》和《国际贸易术语解释通则》。

第一节 国际货物买卖合同公约

一、1980 年《联合国国际货物销售合同公约》的适用

案例一： 当事人营业所在地国家都不是《公约》的缔约国

[案情简介]

营业地在甲国的 A 公司与营业地在乙国的 B 公司订立货物买卖合同，双方约定合同适用丙国的法律。甲、乙、丙三国都不是 1980 年《联合国国际货物销售合同公约》（以下简称《公约》）的缔约国。后双方在合同履行过程中发生争议并诉诸法院，法院根据丙国冲突规范的指引，确定准据法为丁国法律，丁国是《公约》的缔约国。

[**法律问题**]

A 公司与 B 公司之间的纠纷能否适用《公约》?

[**法律分析**]

A 公司与 B 公司之间的纠纷能适用《公约》。国际货物买卖合同的当事人可以选择合同争议所适用的法律，选择的法律可以是国际公约、国际惯例、国内法。本案中，A 公司与 B 公司合同约定适用丙国的法律是允许的。《公约》第 1 条第 1 款规定，营业地分处不同缔约国的当事人之间的货物买卖可以适用《公约》；国际私法规则导致适用某一缔约国法律时，可以适用公约。本案中，法院依合同约定应适用丙国法律，法院适用丙国的法律（包括实体法和冲突规范）确定 A 公司与 B 公司之间的纠纷应适用丁国法律，而丁国是《公约》的缔约国，根据《公约》的规定，此时就不应再适用丁国的法律，而应直接适用《公约》。因此，本案 A 公司与 B 公司之间的纠纷能够适用《公约》。

[**相关法律**]

1980 年《联合国国际货物销售合同公约》

第 1 条

（1）本公约适用于营业地在不同国家的当事人之间所订立的货物销售合同：

（a）如果这些国家是缔约国；或

（b）如果国际私法规则导致适用某一缔约国的法律。

（2）当事人营业地在不同国家的事实，如果从合同或从订立合同前任何时候或订立合同时，当事人之间的任何交易或当事人透露的情报均看不出，应不予考虑。

（3）在确定本公约的适用时，当事人的国籍和当事人或合同的民事或商业性质，应不予考虑。

案例二： 当事人营业所在地没有分处不同的国家

[**案情简介**]

上海甲公司收到一张从武汉寄发的订货单，订货单上写明订购甲公司的产品，订货单签名为"中国广州乙集团武汉公司"。后达成协议，双方在乙集团武汉公司提供的标准合同文本上签了字。合同约定由买方自提货物。双方并未约定合同适用的法律。后因合同履行发生争议。买方称其是"中国广州乙集团公司"在武汉设立的子公司，使用的合同文本是集团公司内部制定的格式合同，但其营业地在德国，该批货物用于在德国市场上销售，主张适用 1980 年《联合国国际货物销售合同公约》（以下简称《公约》）。卖方称，双方使用的是买方提供的标准合同，直到买方提货后，买方都没有声明其营业所在地，卖方始终以为买方是武汉的一家公司，因而不同意适用《公约》。

［法律问题］

本案能否适用《公约》？

［法律分析］

本案不能适用《公约》。《公约》第 1 条第 2 款规定："当事人营业地在不同国家的事实，如果从合同或从订立合同前任何时候或订立合同时，当事人之间的任何交易或当事人透露的情报均看不出，应不予考虑。"本案中，尽管甲公司的营业地在中国，乙集团武汉公司的营业地在德国，中国和德国均为《公约》的缔约国。但无论从合同本身，还是从订立合同前任何时候或订立合同时，当事人之间的任何交易或当事人透露的情报均看不出乙集团武汉公司的营业地在德国。根据上述《公约》第 1 条第 2 款的规定，此时乙集团武汉公司的营业地在德国的事实应不予考虑。据此，本案应适用中国的法律，涉及中国的《合同法》和《民法通则》。

［相关法律］

1980 年《联合国国际货物销售合同公约》

第 1 条

（1）本公约适用于营业地在不同国家的当事人之间所订立的货物销售合同：

（a）如果这些国家是缔约国；或

（b）如果国际私法规则导致适用某一缔约国的法律。

（2）当事人营业地在不同国家的事实，如果从合同或从订立合同前任何时候或订立合同时，当事人之间的任何交易或当事人透露的情报均看不出，应不予考虑。

（3）在确定本公约的适用时，当事人的国籍和当事人或合同的民事或商业性质，应不予考虑。

二、要约和承诺

案例三：　　　　　　　　　要约的撤回

［案情简介］

营业地在中国的 A 公司于 2013 年 5 月 17 日上午用航空信寄出一份实盘给营业地在法国的 B 公司，A 公司在发盘通知中注有"不可撤销"（irrevocable）的字样。发盘中规定，受盘人 B 公司在 5 月 25 日前答复有效。但 A 公司又于 5 月 17 日下午用电报发出撤回通知，该通知于 5 月 18 日上午送达 B 公司。B 公司于

5月19日收到A公司空邮寄来的实盘,由于考虑到发盘的价格对自己十分有利,于是立即用电报发出接受通知。事后双方对合同是否成立发生争议。

[法律问题]

A公司与B公司之间的合同是否成立?为什么?

[法律分析]

A公司与B公司之间的合同不成立。中国和法国均为1980年《联合国国际货物销售合同公约》(以下简称《公约》)的缔约国,A、B公司未明示排除《公约》的适用,因此,双方之间的争议应适用《公约》的规定。《公约》第15条第2款规定:"一项要约,即使是不可撤销的,得予撤回,如果撤回通知于要约送达受要约人之前或同时送达受要约人。"本案中,尽管A公司于5月17日向B公司发出的要约是不可撤销的,但也可以撤回。而且A公司撤回要约的通知先于要约到达B公司。因此,A公司已成功撤回其要约。本案中,由于要约已因撤回而未发生效力,故而B公司发出的接受通知并未使合同成立。

[相关法律]

1980年《联合国国际货物销售合同公约》

第15条

(1)要约于送达受要约人时生效。

(2)一项要约,即使是不可撤销的,得予撤回,如果撤回通知于要约送达受要约人之前或同时送达受要约人。

案例四: 要约的撤销

[案情简介]

德国建筑商A于1993年8月底与美国生产商B联系,要求美国生产商B向其报4万吨钢缆的价格,并明确告诉美国生产商B,此次报价是为了计算向某项工程的投标,投标将于同年10月1日开始进行,10月10日便可得知投标结果。同年9月10日,美国生产商B向德国建筑商A发出正式要约,要约中条件完整,但要约中既没有规定承诺期限,也没有注明要约是不可撤销的。同年9月中旬起,国际市场钢缆的价格猛涨,在此种情况下,美国生产商B于10月2日向德国建筑商A发出撤销其9月10日要约的传真。同年10月10日,当德国建筑商A得知自己已中标的消息后,仍立即向美国生产商B发去传真,对9月10日的要约表示承诺。但美国生产商B则辩称其已于10月2日撤销了要约,合同并未成立。双方就合同是否成立发生了纠纷。[1]

[**法律问题**]

1. 本案中要约是否可撤销？
2. A 与 B 之间的合同是否成立？为什么？

[**法律分析**]

因为德国和美国都是 1980 年《联合国国际货物销售合同公约》（以下简称《公约》）的缔约国，双方当事人又没有明示排除《公约》的适用，因此，本案应适用《公约》。

1. 要约不可撤销。关于要约是否可以撤销，两大法系的规定存在分歧。在大陆法系国家，如德国民法典规定，除非要约人在要约中表明不受拘束，要约一旦生效，要约人就要受其拘束，不得随意将其撤销。如果要约规定了有效期，则在有效期内不得撤销要约。如果在要约中没有规定有效期，则依通常情形，可望得到对方的答复之前，不得撤销或变更要约。在英美法系国家，要约原则上对要约人没有约束力，要约人可以撤销要约。因这种规定对受要约人缺乏应有的保障，已不符合现代商业实践的需要，因此，英美国家都作了不同程度的修改。对此，《公约》对两大法系的冲突进行了平衡，原则上采用了英美法系的规定，即认为要约可以撤销，但同时又根据大陆法系的原则，对要约的撤销作了较严格的限制，如《公约》第 16 条规定："在未订立合同之前，要约得予撤销，如果撤销通知于受要约人发出承诺通知之前送达受要约人。但在下列情况下，要约不得撤销：要约写明接受要约的期限或以其他方式表示要约是不可撤销的；或受要约人有理由信赖该项要约是不可撤销的，而且受要约人已本着对该项要约的信赖行事。"

本案中，要约中既没有规定承诺的期限，也未写明要约是不可撤销的，明显不属于《公约》规定的要约不可撤销的第一种情形。那么本案中要约是否符合《公约》规定的要约不得撤销的第二种情形，即受要约人有理由信赖该项要约是不可撤销的，而且受要约人已本着对该项要约的信赖行事呢？本案中，德国建筑商 A 之所以请美国生产商 B 报 4 万吨钢缆的价格，目的在于根据 B 的报价通过计算之后向某项工程进行投标，也就是 B 在要约中的报价将构成 A 计算工程价格的基础。对于这一点，A 已在其 8 月底给予 B 的要约邀请中明确告诉 B，而且 A 在 10 月 2 日也确实进行了投标。对此，我们可以认定，德国建筑商 A 有充分理由信赖该项要约至少在招标结果公布之前，即 10 月 10 日之前，是不可撤销的。因此，德国建筑商 A 已本着对美国生产 B 的要约的信赖行事，故而，

---

[1] 汤树梅主编：《国际经济法案例分析》，中国人民大学出版社 2000 年版，第 1~2 页。

美国生产商 B 的要约应视为是不可撤销的。

2. 合同成立。因为本案中要约是不得撤销的，因此美国生产商 B 于 10 月 2 日撤销要约不成功，要约仍然是有效的，生产商 B 仍然要受其约束。德国建筑商 A 于 10 月 10 日得知中标的结果之后立即向美国生产商 B 发去传真，表示承诺。根据《公约》第 23 条的规定，"合同于按照本公约规定对要约的承诺生效时订立"。因此，德国建筑商 A 与美国生产商 B 之间的合同于德国建筑商 A 的承诺生效时成立。

[相关法律]

1980 年《联合国国际货物销售合同公约》

第 16 条

（1）在未订立合同之前，要约得予撤销，如果撤销通知于受要约人发出承诺通知之前送达受要约人。

（2）但在下列情况下，要约不得撤销：

（a）要约写明接受要约的期限或以其他方式表示要约是不可撤销的；或

（b）受要约人有理由信赖该项要约是不可撤销的，而且受要约人已本着对该项要约的信赖行事。

第 23 条　合同于按照本公约规定对要约的承诺生效时订立。

案例五：　　　　　　　　要约的失效

[案情简介]

2014 年 4 月 17 日，中国 A 公司向法国 B 公司询购某商品，法国 B 公司于 4 月 20 日向中国 A 公司发出要约，要约的有效期至 4 月 26 日。A 公司于 4 月 22 日电复："如能把单价降低至 3 美元，可以接受。"对方没有回复。后因用货部门要货心切，又鉴于该商品行市看涨，A 公司随即于 4 月 25 日又去电表示同意对方 4 月 20 日要约中的各项条件，对此，B 公司也没有回复。事后，双方就合同是否成立发生争议。

[法律问题]

中国 A 公司与法国 B 公司之间的合同是否成立？

[法律分析]

中国 A 公司与法国 B 公司之间的合同不成立。本案是中国和法国公司之间的纠纷，因为中国和法国同为 1980 年《联合国国际货物销售合同公约》（以下简称《公约》）的缔约国，所以本案适用《公约》。《公约》第 17 条规定："一项要约，即使是不可撤销的，于拒绝通知送达要约人时终止。"据此，B 公司向

A公司发出的要约，尽管规定了有效期，是不可撤销的，但A公司于4月22日电复拒绝了B公司的要约，B公司4月20日的要约已因此失效。A公司4月25日去电表示同意B公司4月20日要约的各项条件，尽管是在要约的有效期内作出的，但由于原先的要约已经失效，故此时A公司的去电应视为一项新的要约，本案中，新要约并未得到B公司的承诺。因此，A公司与B公司之间的合同没有成立。

［相关法律］

1980年《联合国国际货物销售合同公约》

第17条 一项要约，即使是不可撤销的，于拒绝通知送达要约人时终止。

案例六： 对要约内容变更后的承诺的效力

［案情简介］

2012年6月27日我国某公司应德国某商号的请求，报出某初级产品300公吨，每公吨CIF汉堡人民币2500元，订约后一个月内装运，有效期至7月15日的实盘。对方接到我方报盘后，没有表示承诺，而是再三请求增加数量、降低价格，并延长有效期。我方将数量增到350公吨，价格减至每公吨CIF汉堡人民币2200元，有效期经两次延长，最后延至7月25日。德商于7月22日来电接受该盘，但附加了"需提供良好适合海洋运输的袋装"。我方在接到对方承诺电报时，发现因巴西受冻灾而影响该商品的产量，国际市场价格猛涨，从而拒绝成交，并复电称："由于世界市场的变化，货物在接到承诺电报前已售出。"但对方不同意这一说法，认为承诺是在要约有效期内作出的，因而是有效的，坚持要求我方按要约的条件履行合同，并要求我方要么履行合同，要么赔偿对方差价损失人民币30多万元，否则提交仲裁解决。

［法律问题］

我国某公司与德国某商号之间的合同是否成立？

［法律分析］

我国某公司与德国某商号之间的合同成立。本案是中国和德国公司之间的纠纷，因为中国和德国同为1980年《联合国国际货物销售合同公约》（以下简称《公约》）的缔约国，所以本案适用《公约》的规定。

根据《公约》第14条关于要约的规定，我国某公司于6月27日向德国某商号的发盘是一项有效的要约，我国某公司应受其约束。德国某商号于7月22日发出的复电，是一种附加了条件的承诺。根据《公约》第19条的规定，对附加条件的承诺是否是一项有效的承诺，取决于该项承诺所附加的条件是否构成对要约的实质性变更,如果构成实质性变更,则是一项无效的承诺;如果不构成实质性的变更,则除非要约人在不过分迟延的期间内表示反对,否则仍然是有效的承诺,合同条件就以该项要约的条件以及承诺通知内所载的更改为准。本案中,德国商号附加的条件是"需提供良好适合海洋运输的袋装",根据《公约》第19条第3款的规定,不属于实质性变更的内容。同时,我国某公司对此附加件条件并没有及时作出反对,而是轻率地以世界市场价格变化,货已另行出售为理由而主张合同未成立,显然不能得到法律的支持。综上所述,本案中,我国某公司与德国某商号之间的合同已经成立。我国某公司必须履行合同,否则就是违约,需要承担违约责任,应向对方赔偿损失。

[相关法律]
1980年《联合国国际货物销售合同公约》

第14条

(1) 向一个或一个以上特定的人提出的订立合同的建议,如果十分确定并且表明要约人在得到承诺时承受约束的意旨,即构成要约。一个建议如果写明货物并且明示或暗示地规定数量和价格或规定如何确定数量和价格,即为十分确定。

(2) 非向一个或一个以上特定的人提出的建议,仅应视为邀请作出要约,除非提出建议的人明确地表示相反的意向。

第19条

(1) 对要约表示接受但载有添加、限制或其他更改的答复,即为拒绝该项要约,并构成还价。

(2) 但是,对要约表示接受但载有添加或不同条件的答复,如所载的添加或不同条件在实质上并不变更该项要约的条件,除要约人在不过分迟延的期间内以口头或书面通知反对其间的差异外,仍构成接受。如果要约人不作出这种反对,合同的条件就以该项要约的条件以及接受通知内所载的更改为准。

(3) 有关货物价格、付款、货物质量和数量、交货地点和时间、一方当事人对另一方当事人的赔偿责任范围或解决争端等的添加或不同条件,均视为在实质上变更要约的条件。

案例七： 逾期承诺的效力

[案情简介]

甲国 A 公司于 2001 年 10 月 2 日向乙国 B 公司以平信的方式发出一拟出售羊毛的要约，该要约载明有效期为 10 天，要约于 10 月 5 日到达 B 公司。B 公司于 10 月 7 日将载明承诺的信件以快件方式发出，正常情况两日应当送达，但该快件于 10 月 13 日才送达 A 公司。此时，因 A 公司已将该批羊毛出售，故未作任何答复。事后，双方就合同是否成立发生争议。甲国和乙国都是 1980 年《联合国国际货物销售合同公约》（以下简称《公约》）的缔约国。

[法律问题]

1. A 公司向 B 公司发出的要约的有效期截止到什么时候？
2. 甲国 A 公司与乙国 B 公司之间的合同是否成立？

[法律分析]

本案是甲国和乙国公司之间的纠纷，因为甲国和乙国同为《公约》的缔约国，而双方当事人又未明示地排除《公约》的适用，所以本案应适用《公约》。

1. A 公司要约的有效期截止到 2001 年 10 月 12 日。《公约》第 20 条规定："要约人在电报或信件内规定的接受期间，从电报交发时刻或信上载明的发信日期起算，如信上未载明发信日期，则从信封上所载日期起算。要约人以电话、电传或其他快速通讯方法规定的接受期间，从要约送达被要约人时起算。在计算接受期间时，接受期间内的正式假日或非营业日应计算在内。但是，如果接受通知在接受期间的最后 1 天未能送到要约人地址，因为那天在要约人营业地是正式假日或非营业日，则接受期间应顺延至下一个营业日。"本案中，A 公司以信件的方式向 B 公司发出要约，案例中并没有交待信件里记载的日期，其有效期应从信封上所载日期起算，即从 10 月 2 日起算，有效期为 10 天，则要约的有效期截止到 10 月 12 日。

2. A 公司与 B 公司之间的合同成立。因为本案中要约的有效期是 10 月 12 日，B 公司的承诺到达 A 公司是 10 月 13 日，已经超过了要约的有效期，属于逾期承诺。关于逾期承诺的效力，《公约》第 21 条规定："逾期接受仍有接受的效力，如果要约人毫不迟延地用口头或书面将此种意见通知被要约人。如果载有逾期接受的信件或其他书面文件表明，它是在传递正常、能及时送达要约人的情况下寄发的，则该项逾期接受具有接受的效力，除非要约人毫不迟延地用口头或书面通知被要约人：他认为他的要约已经失效。"本案中，B 公司的承诺逾期，是由于邮递传输失误所造成的，当 B 公司的逾期承诺到达到要约人 A 公司处时，A 公司并没有毫不迟延地表示拒绝接受。因此，该项逾期承诺是有效的。

承诺有效，则合同成立。

[相关法律]

1980 年《联合国国际货物销售合同公约》

第 20 条

（1）要约人在电报或信件内规定的接受期间，从电报交发时刻或信上载明的发信日期起算，如信上未载明发信日期，则从信封上所载日期起算。要约人以电话、电传或其他快速通讯方法规定的接受期间，从要约送达被要约人时起算。

（2）在计算接受期间时，接受期间内的正式假日或非营业日应计算在内。但是，如果接受通知在接受期间的最后 1 天未能送到要约人地址，因为那天在要约人营业地是正式假日或非营业日，则接受期间应顺延至下一个营业日。

第 21 条

（1）逾期接受仍有接受的效力，如果要约人毫不迟延地用口头或书面将此种意见通知被要约人。

（2）如果载有逾期接受的信件或其他书面文件表明，它是在传递正常、能及时送达要约人的情况下寄发的，则该项逾期接受具有接受的效力，除非要约人毫不迟延地用口头或书面通知被要约人，他认为他的要约已经失效。

三、买卖双方的义务

（一）卖方的义务

案例八：　　　　　　　　　交货义务

[案情简介]

2005 年 2 月 2 日，中国 A 公司（买方）与法国 B 公司（卖方）签订了一份国际货物买卖合同，合同规定：由卖方向买方出售 50 公吨黄油，单价为 3000 美元每公吨 CIF 广州，货物总值 15 万美元，分三批交货，即于 2005 年 4 月交 20 公吨、5 月交 20 公吨、6 月交 10 公吨，付款条件为信用证支付方式。合同签订后，A 公司便根据该合同的内容与国内的 C 公司签订了一份买卖合同，约定将 50 公吨黄油转卖给 C 公司。

A 公司于 2005 年 3 月 6 日和 4 月 10 日分别开出第一批和第二批黄油的信用证。但由于合同签订后不久，国际市场上黄油价格大涨，B 公司始终没有交货。此间 A 公司曾多次通过传真和电话要求 B 公司交货，B 公司则回复称市场上没有货源，难以交货。同时又提出，如果按照原合同价格交货，公司没有足够的资金备货，希望能将货物单价提高到 3500 美元 CIF 广州，否则就无货可交。A

公司回电表示，B公司按合同规定交付货物是其应履行的合同义务，因此不同意变更合同的价格条款，并指出如果B公司不交货，则不再按期开出第三批货物的信用证。

与此同时，A公司与C公司之间签订的买卖合同的交货期限将至，但由于B公司不交货，A公司不得不同意C公司以3400美元CIF广州的价格从其他客户手中买进50公吨黄油，其差价损失则由A公司承担。据此，A公司转而向B公司追偿差价损失，但由于双方协商未果，A公司遂向中国国际经济贸易仲裁委员会申请仲裁，要求B公司承担不履行合同交货义务的责任，赔偿差价及利息损失。

B公司在答辩中称：造成如此损失的责任并不完全在己一方：一是因为A公司只开出了第一批货物和第二批货物的信用证，使B公司无法履行第三批货物的交付义务；二是因为B公司已将欲交付的货物备好，但由于A公司不开立信用证并取消了其与B公司之间签订的买卖钢条的合同，造成了B公司的重大损失，因此，B公司决定不交付黄油。

[法律问题]

1. B公司是否应该按照合同的规定交付货物？为什么？

2. 本案中，买方A公司是否有权停止开立第三批货物的信用证？为什么？

3. 卖方以买方撤销了另一合同的事实作为其不履行黄油买卖合同交货义务的理由是否成立，为什么？

[法律分析]

因为中国和法国都是1980年《联合国国际货物销售合同公约》（以下简称《公约》）的缔约国，而双方又没有明示地排除《公约》的适用，因此，本案应适用《公约》。

1. B公司应该按照合同的规定交付货物。在国际货物买卖中，买卖双方履行合同项下的义务的前提条件是合同成立并有效。从本案的情况看，买卖双方于2005年2月2日签订的合同是合法有效的合同。根据《公约》第30条的规定，"卖方必须按照合同和本公约的规定，交付货物，移交一切与货物有关的单据并转移货物所有权"。关于交货的时间，依照《公约》第33条（b）项"如果合同规定有一段时间，或从合同可以确定一段时间，除非情况表明应由买方选定一个日期，应在该段时间内任何时候交货"。本案中，合同规定分三批交货，分别是2005年4月、5月、6月，意味着卖方必须在该3个月的月底之前将货物交付到指定的装运港的船上。本案中，买方已按时开证，卖方却不按时交货，不交货的责任显然在卖方。

2. 买方有权停止开立第三批货物的信用证。在国际货物买卖中，一般情况下，卖方交货的前提是买方先开出信用证。在本案中，买方已经开出了第一批、第二批货物的信用证，未开立的只是第三批货物的信用证，并不构成违约，而是对卖方预期违约行为采取的中止履行合同的救济方法。《公约》第 71 条第 1 款规定："如果订立合同后，另一方当事人由于下列原因显然将不履行其大部分重要义务，一方当事人可以中止履行义务：（a）他履行义务的能力或他的信用有严重缺陷；或（b）他在准备履行合同或履行合同中的行为。"据此，合同当事人在另一方当事人显然将不履行其大部分重要义务时，可以暂时中止履行合同。本案中，卖方将不会履行交货义务的证据是确切的，因此，买方可以暂时中止付款义务，即暂时停止开立第三批货物的信用证，直到卖方有能力交付货物时为止。

3. 卖方不能以买方撤销了另一合同的事实作为其不履行黄油买卖合同交货义务的理由。因为买卖黄油的合同和另一个买卖钢条的合同是两个不同的法律关系，不能混为一谈。如果事实确实如 B 公司所言，A 公司违约撤销了买卖钢条的合同，B 公司也只能追究 A 公司在该合同项下的违约责任。但这无论如何也不会导致 A 公司因此而丧失在买卖黄油合同中因 B 公司违约而享有的违约救济的权利。

[相关法律]

1980 年《联合国国际货物销售合同公约》

第 30 条 卖方必须按照合同和本公约的规定，交付货物，移交一切与货物有关的单据并转移货物所有权。

第 33 条 卖方必须按以下规定的日期交付货物：

（a）如果合同规定有日期，或从合同可以确定日期，应在该日期交货；

（b）如果合同规定有一段时间，或从合同可以确定一段时间，除非情况表明应由买方选定一个日期，应在该段时间内任何时候交货；或者

（c）在其他情况下，应在订立合同后一段合理时间内交货。

第 71 条

（1）如果订立合同后，另一方当事人由于下列原因显然将不履行其大部分重要义务，一方当事人可以中止履行义务：

（a）他履行义务的能力或他的信用有严重缺陷；或

（b）他在准备履行合同或履行合同中的行为。

（2）如果卖方在上一款所述的理由明显化以前已将货物发运，他可以阻止将货物交给买方，即使买方持有其有权获得货物的单据。本款规定只与买方和卖方间对货物的权利有关。

（3）中止履行义务的一方当事人不论是在货物发运前还是发运后，都必须

立即通知另一方当事人，如经另一方当事人对履行义务提供充分保证，则他必须继续履行义务。

《中华人民共和国合同法》

第68条 应当先履行债务的当事人，有确切证据证明对方有下列情形之一的，可以中止履行：

（一）经营状况严重恶化；
（二）转移财产、抽逃资金，以逃避债务；
（三）丧失商业信誉；
（四）有丧失或者可能丧失履行债务能力的其他情形。

当事人没有确切证据中止履行的，应当承担违约责任。

第135条 出卖人应当履行向买受人交付标的物或者交付提取标的物的单证，并转移标的物所有权的义务。

第138条 出卖人应当按照约定的期限交付标的物。约定交付期间的，出卖人可以在该交付期间内的任何时间交付。

案例九：　　　　提交与货物有关的单据的义务

[案情简介]

中国A公司与荷兰B公司于2004年10月3日订立了出口1000吨一级东北大豆的合同，价格条件为CIF鹿特丹，2004年11～12月装船。合同中的支付条款规定，卖方应在提单签发日后20天内，即2004年12月31日前提交单证。合同签订后，买方又将该批货物中的400吨转卖给了C公司。但2004年12月20日，船在运输途中搁浅受损，因修理船舶耽搁了时间，2005年3月才转船，货物于4月才到达鹿特丹。提单日期是2004年12月11日，而直到2005年2月7日，单据才转到买方手中，致使B公司与C公司之间的买卖合同无法履行。买方以超过规定期限为由拒绝接受单据，并于2005年5月4日向法院提起诉讼。法院一审判决买方胜诉。卖方不服，提起上诉。上诉法院认为及时交单是卖方在合同中应履行的先行条件，否则就是卖方违反合同，买方有权因此拒收单据并终止合同。因此，上诉法院维持了原判，判定买方有权因卖方交单过迟而拒收单据。

[法律问题]

1. 本案中卖方应于何时提交单据？
2. 本案中卖方是否按合同规定履行了交单义务？
3. 本案中买方能否以卖方交单过迟为由拒收单据？

[法律分析]

中国和荷兰都是 1980 年《联合国国际货物销售合同公约》（以下简称《公约》）的缔约国，双方当事人没有明示地排除《公约》的适用，因此本案应适用《公约》。《公约》第 9 条规定："双方当事人业已同意的任何惯例和他们之间确立的任何习惯做法，对双方当事人均有约束力。除非另有协议，双方当事人应视为已默示地同意对他们的合同或合同的订立适用双方当事人已知道或理应知道的惯例，而这种惯例，在国际贸易上，已为有关特定贸易所涉同类合同的当事人所广泛知道，并长期被遵守。"本案中，双方当事人采用了 CIF 贸易术语，因此，本案也适用《2000 年国际贸易术语解释通则》。

1. 卖方应于 2004 年 12 月 31 日前交单。《公约》第 34 条规定："如果卖方有义务移交与货物有关的单据，他必须按照合同所规定的时间、地点和方式移交这些单据。如果卖方在那个时间以前已移交这些单据，他可以在那个时间到达前纠正单据中任何不符合同规定的情形，但是，此一权利的行使不得使买方遭受不合理的不便或承担不合理的开支。但是，买方保留本公约所规定的要求损害赔偿的任何权利。"依据《2000 年国际贸易术语解释通则》，在 CIF 术语下，卖方的主要义务包括卖方必须提供符合销售合同的货物和商业发票或有同等作用的电子单据，以及合同可能要求的其他凭证。本案中，合同已明确规定卖方交单的时间是 2004 年 12 月 31 日之前，因此，卖方必须于该时间之前提交单据。

2. 卖方没有按合同规定履行其交单义务。根据第一问的分析，卖方必须于 2004 年 12 月 31 日前提交单据，但是直到 2005 年 2 月 7 日，单据才转到买方手中，显然卖方没有按合同规定履行其交单义务。

3. 买方可以拒收单据。根据前述分析中《公约》和《2000 年国际贸易术语解释通则》的规定，提交单据是卖方的主要义务之一，而《公约》第 49 条第 1 款（a）项规定，当卖方不履行其在合同或本公约中的任何义务，等于根本违反合同时，买方可以宣告合同无效。本案中，卖方交单严重延迟，致使买方与 C 公司之间的合同无法履行，故卖方的违约已构成根本违约，因此，买方有权拒收单据并终止合同。

[相关法律]

1980 年《联合国国际货物销售合同公约》

第 34 条　如果卖方有义务移交与货物有关的单据，他必须按照合同所规定的时间、地点和方式移交这些单据。如果卖方在那个时间以前已移交这些单据，他可以在那个时间到达前纠正单据中任何不符合同规定的情形，但是，此一权利的行使不得使买方遭受不合理的不便或承担不合理的开支。但是，买方保留本公约所规定的要求损害赔偿的任何权利。

第 49 条

（1）买方在以下情况下可以宣告合同无效：

（a）卖方不履行其在合同或本公约中的任何义务，等于根本违反合同；或

（b）如果发生不交货的情况，卖方不在买方按照第 47 条第 1 款规定的额外时间内交付货物，或卖方声明他将不在所规定的时间内交付货物。

（2）但是，如果卖方已交付货物，买方就丧失宣告合同无效的权利，除非：

（a）对于迟延交货，他在知道交货后一段合理时间内这样做；

（b）对于迟延交货以外的任何违反合同事情：

（一）他在已知道或理应知道这种违反合同后一段合理时间内这样做；或

（二）他在买方按照第 47 条第 1 款规定的任何额外时间满期后，或在卖方声明他将不在这一额外时间履行义务后一段合理时间内这样做；或

（三）他在卖方按照第 48 条第 2 款指明的任何额外时间满期后，或在买方声明他将不接受卖方履行义务后一段合理时间内这样做。

《2000 年国际贸易术语解释通则》

CIF 术语

卖方的义务 A8：卖方应自付费用、毫不迟延地向买方提供表明载往约定目的港的通常运输单据。

此单据（如可转让提单、不可转让海运单或内河运输单据）必须载明合同货物，其日期应在约定的装运期内，使买方得以在目的港向承运人提取货物，并且，除非另有约定，应使买方得以通过转让单据（可转让提单）或通过通知承运人，向其后手买方出售在途货物。

如此运输单据有数份正本，则应向买方提供全套正本。

如买卖双方约定使用电子方式通讯，则前项所述单据可以由具有同等作用的电子数据（EDI）讯息代替。

案例十：品质担保义务

［案情简介］

2007 年，在一次广交会上，中国某公司与以色列一客户签订了一项冷冻北京鸭的出口合同，规定我方向对方出口带头、翼、蹼、无毛的一级冷冻北京鸭 10 吨，并按伊斯兰教的方法屠宰。由于我方公司不清楚伊斯兰教的屠宰方法，自行将鸭子从口中进刀，将血管割断放血后加工速冻，并请协会出具了证明。货物运抵以色列后，经当地卫生部门检验，发现该批鸭子用的是"钳宰法"，不

符合合同要求的"以伊斯兰教的方法屠宰",因此买方拒绝收货,并通报我方,要么将货物当地销毁,要么将货物退回。

[法律问题]

卖方是否尽到了其对货物的品质担保义务?

[法律分析]

中国和以色列都是1980年《联合国国际货物销售合同公约》(以下简称《公约》)的缔约国,双方当事人没有明示地排除《公约》的适用,因此本案应适用《公约》。

本案中,卖方未尽到其对货物的品质担保义务。《公约》第35条第1款规定:"(1)卖方交付的货物必须与合同所规定的数量、质量和规格相符,并须按照合同所规定的方式装箱或包装。(2)除双方当事人业已另有协议外,货物除非符合以下规定,否则即为与合同不符:(a)货物适用于同一规格货物通常使用的目的;(b)货物适用于订立合同时曾明示或默示地通知卖方的任何特定目的,除非情况表明买方并不依赖卖方的技能和判断力,或者这种依赖对他是不合理的;(c)货物的质量与卖方向买方提供的货物样品或样式相同;(d)货物按照同类货物通用的方式装箱或包装,如果没有此种通用方式,则按照足以保全和保护货物的方式装箱或包装。(3)如果买方在订立合同时知道或者不可能不知道货物不符合同,卖方就无须按上一款(a)~(d)项负有此种不符合同的责任。"

《公约》的上述规定表明,卖方交付的货物既要符合合同的明文规定,也要符合货物的通常使用目的或明示或默示通知卖方的特定目的。本案中,买卖双方已约定了货物的规格,卖方没有按照合同约定的规格交付货物,已违反了其品质担保义务,应承担交货不合格的违约责任。

[相关法律]

1980年《联合国国际货物销售合同公约》

第35条

(1)卖方交付的货物必须与合同所规定的数量、质量和规格相符,并须按照合同所规定的方式装箱或包装。

(2)除双方当事人业已另有协议外,货物除非符合以下规定,否则即为与合同不符:

(a)货物适用于同一规格货物通常使用的目的;

(b)货物适用于订立合同时曾明示或默示地通知卖方的任何特定目的,除非情况表明买方并不依赖卖方的技能和判断力,或者这种依赖对他是不合理的;

(c)货物的质量与卖方向买方提供的货物样品或样式相同;

（d）货物按照同类货物通用的方式装箱或包装，如果没有此种通用方式，则按照足以保全和保护货物的方式装箱或包装。

（3）如果买方在订立合同时知道或者不可能不知道货物不符合同，卖方就无须按上一款（a）~（d）项负有此种不符合同的责任。

案例十一： 知识产权担保义务

[案情简介]

2011年10月，日本A公司与中国B公司签订了一项买卖合同，合同规定由日本A公司向中国B公司出售一批机床。在订立合同时，中国B公司明确告诉A公司：这批机床将转口土耳其使用。合同签订后，在履行过程中，由于某种原因，这批机床并未按原计划转口到土耳其，而是转口到了意大利。当这批机床运到意大利之后，一位意大利生产商发现该批机床的制造工艺侵犯了其两项专利权，故根据其本国专利法向当地法院提出请求，要求法院禁止这批机床在意大利境内使用或销售，同时要求损害赔偿。后据调查，这批机床确实侵犯了意大利生产商的两项专利，这两项专利均是在意大利批准注册的。同时，其中有一项专利还是在中国批准注册的。当中国B公司找到日本A公司，要求其承担违约责任时，日本A公司以其在订立合同时并不知道该批机床将转口意大利为由，拒绝承担违约责任。双方因此产生争议。[1]

[法律问题]

卖方是否尽到了对其销售货物的知识产权担保义务？

[法律分析]

中国和日本都是1980年《联合国国际货物销售合同公约》（以下简称《公约》）的缔约国，双方当事人没有明示地排除《公约》的适用，因此本案应适用《公约》。《公约》第42条第1款规定："卖方所交付的货物，必须是第三方不能根据工业产权或其他知识产权主张任何权利或要求的货物，但以卖方在订立合同时已知道或不可能不知道的权利或要求为限，而且这种权利或要求根据以下国家的法律规定是以工业产权或其他知识产权为基础的：（a）如果双方当事人在订立合同时预期货物将在某一国境内转售或做其他使用，则根据货物将在其境内转售或做其他使用的国家的法律；或者（b）在任何其他情况下，根据买方营业地所在国家的法律。"

根据《公约》的上述规定，卖方承担知识产权担保义务的前提，是以卖方

---

[1] 汤树梅主编：《国际经济法案例分析》，中国人民大学出版社2000年版，第10页。

在订立合同时已知道或不可能不知道的权利或要求为限,而且这种权利或要求是根据买方营业所在地国家的法律提出的,或者是根据转售国家的法律提出的。本案中,日本A公司在订立合同时只知道该机床将转口到土耳其,不知道也不可能知道该批机床会转口到意大利。因此,对该批转口到意大利侵犯了意大利的生产商的专利权的机床,日本A公司已尽到了对其销售货物的知识产权担保义务,不用承担违约责任。但对于其中一项在中国注册的专利,如果意大利生产商依据中国法律(买方营业所在地国家的法律)提出卖方侵犯了其知识产权的时候,卖方并没有尽到知识产权的担保义务,而应承担违约责任。

[相关法律]

1980年《联合国国际货物销售合同公约》

第42条

(1)卖方所交付的货物,必须是第三方不能根据工业产权或其他知识产权主张任何权利或要求的货物,但以卖方在订立合同时已知道或不可能不知道的权利或要求为限,而且这种权利或要求根据以下国家的法律规定是以工业产权或其他知识产权为基础的:

(a)如果双方当事人在订立合同时预期货物将在某一国境内转售或做其他使用,则根据货物将在其境内转售或做其他使用的国家的法律;或者

(b)在任何其他情况下,根据买方营业地所在国家的法律。

(2)卖方在上一款中的义务不适用于以下情况:

(a)买方在订立合同时已知道或不可能不知道此项权利或要求;或者

(b)此项权利或要求的发生,是由于卖方要遵照买方所提供的技术图样、图案、程式或其他规格。

第43条

(1)买方如果不在已知道或理应知道第三方的权利或要求后一段合理时间内,将此一权利或要求的性质通知卖方,就丧失援引第41条或第42条规定的权利。

(2)卖方如果知道第三方的权利或要求以及此一权利或要求的性质,就无权援引上一款的规定。

(二)买方的义务

案例十二:　　　　　　　　付款义务

[案情简介]

2012年7月16日,原告(土耳其A公司,卖方)与被告(中国大连B公

司，买方）签订了由原告供给被告一批机械设备的订货合同，采用贸易术语 CIF 大连。依合同规定，被告应于合同签订后 7 天内开出不可撤销的全额信用证，原告收到有效信用证后 3 个月内发货至大连港，被告负责提货，双方派代表共同验货。同年 7 月 23 日，原、被告双方签订了一份与前一份订货合同所订货物、货款一致的购销合同，并约定：装运期限为收到有效信用证后 3 个月内，装运口岸土耳其 ANTALYA 港，到货口岸大连港；付款方式为信用证，在货物装运前一个月，被告应由中国银行开立以原告为受益人的不可撤销的信用证，凭本合同规定的装运单据交到银行后付款。

在合同签订后，原告按合同规定的品名、规格、数量和产地购置了第一份合同项下的全部设备，在一直未收到被告开出的信用证的情况下，原告于 2012 年 11 月 17 日向被告合同签订人发出传真，明确告知被告所属设备已全部购齐运到 ANTALYA 港，等待发运大连；并指出因被告迟迟未按合同要求开出信用证，已造成原告方资金周转困难，原告方已为到货付出高额仓储费，要求被告认真履行合同，迅速开出有效的信用证。被告收到此传真后没有回复。同年 11 月 30 日，原告又委托大连律师事务所送发被告一份传真，再次告知被告货物备齐于 ANTALYA 港，已产生巨额仓储费和经济损失，要求被告继续履行合同，尽快开立不可撤销全额信用证，否则，将依法追究被告的违约责任。被告收悉后仍未回复。同年 12 月 21 日，原告又向被告发出催促其开立信用证的传真，表示已无力继续支付仓储费，如被告在 3 天内不明确答复，将变卖被告所订设备，由此造成的一切损失应由被告承担。此传真发出后，被告仍未答复。原告即于同年 12 月 28 日与 ANTALYA 的 C 公司签订合同，将为被告所购的合同项下设备全部卖给 C 公司。2013 年 1 月 16 日，原告与 ANTALYA 的 C 公司签订了合同完成协议，双方办理了货物交接和货款收付手续，ANTALYA 的 C 公司付给原告货款 3 万美元，并支付了仓储费 2 万美元。与原、被告所签订的合同货款相比较，原告的差价损失为 5 万美元。

原告为进行本案诉讼，对其主体资格、授权委托书以及其与 ANTALYA 的 C 公司签订的两份合同和物品交接明细等进行了公证，公证费用 1400 美元。

原告向被告所在地中级人民法院起诉，诉称：我方与被告于 2012 年 7 月 16 日签订的订货合同，货物价值 83 528 美元。按合同规定，被告应于合同签订后 7 日内开出不可撤销的全额信用证，我方在收到信用证后 3 个月内发货至天津港。合同签订后，我方即着手备货，而被告却未按合同履行开证义务。我方多次催促被告开证，被告始终不开证，迫使我方最终不得不转卖货物，以减少损失。尽管如此，我方仍受到了 5 万美元的差价损失。要求判令被告赔偿差价损失 5 万美元，承担支出的律师费、公证费、差旅费。

被告答辩称：我方与原告共签订两份购销合同，内容基本一致。但第二份合同规定，采用信用证的方式付款，我方承诺在货物装运前一个月，由中国银行开立以原告为受益人的不可撤销的信用证。但是，由于原告至今未通知我方装船时间，且一直未装船，因此我方未开立信用证的责任在原告。同时，我方认为，原告转卖的货物不一定是我方的货物，如果是我方的货物，原告也未通知我方作出削价和处理程序，由此造成的经济损失不应由我方承担，故请求驳回原告的诉讼请求。

[法律问题]

1. 被告中国大连 B 公司是否履行了其开证义务？
2. 被告中国大连 B 公司是否应当赔偿原告的差价损失及公证费等损失？

[法律分析]

中国和土耳其均是 1980 年《联合国国际货物销售合同公约》（以下简称《公约》）的缔约国，双方在合同中未明示地排除《公约》的适用，因此，本案应适用《公约》。《公约》第 9 条规定："双方当事人业已同意的任何惯例和他们之间确立的任何习惯做法，对双方当事人均有约束力。除非另有协议，双方当事人应视为已默示地同意对他们的合同或合同的订立适用双方当事人已知道或理应知道的惯例，而这种惯例，在国际贸易上，已为有关特定贸易所涉同类合同的当事人所广泛知道并为他们所经常遵守。"本案中，双方当事人采用了 CIF 贸易术语，因此，本案也适用《2010 年国际贸易术语解释通则》。

1. 被告中国大连 B 公司未履行其开证义务。本案中涉及两份合同，买方主张两份合同实际上是一份合同的理由是不成立的，因为尽管货物、货款一致，但开立信用证的时间不一致，而且后一份合同并未明确修订或取消前一份合同，从法律角度讲，两份合同都是合法有效的，并且是各自独立的合同。也许买方心中意在签订一份合同，购买一套设备，但从签订的合同中看不出这一点。从时间上看，原被告双方先履行的应当是第一份合同。《公约》第 53 条规定，"买方必须按照合同和本公约规定支付货物价款和收取货物"。第 54 条规定，"买方支付价款的义务包括根据合同或任何有关法律和规章规定的步骤和手续，以便支付价款"。《2010 年国际贸易术语解释通则》CIF 术语买方的义务 B1 规定，"买方必须按照买卖合同约定支付价款"。在信用证支付中，买方开立信用证是买方履行付款义务的前提，也是其第一项重要的义务。卖方交付货物必须按照信用证的要求办理，没有以卖方为受益人的信用证，卖方的义务履行即成为不可能。本案中，第一份合同明确规定，被告 B 公司应于合同签订后 7 天内开出不可撤销的全额信用证。卖方已为第一份合同准备好货物，由于买方没有履行其开证义务，而且在卖方的多次催促下仍然没有履行其开证义务，已构成预期根本违约。

2. 被告中国大连 B 公司应赔偿原告 A 公司的差价损失及其他费用。根据《公约》第 61 条、第 64 条、第 75 条的规定，当买方的违约已构成根本违约时，卖方可以宣告合同无效，并要求买方赔偿损失。如果卖方已将货物转卖，则损害赔偿的金额为合同价格和替代货物交易价格之间的差额以及按照第 74 条规定可以取得的任何其他损害赔偿。本案中，买方的违约已构成根本违约，卖方在多次催促买方履行开证义务无果的情况下，为了避免更大的损失和费用的产生，积极采取措施，将货物转卖，并由此产生差价损失 5 万美元，以及额外的仓储费用、公证费用等，对此，买方必须承担。如前述分析，本案中的两份合同是两份独立的合同，而不是一份合同，两份合同均合法有效。B 公司必须履行第一份合同项下的开证义务，但 B 公司自始至终未履行，已构成预期根本违约，由此而给卖方造成的所有损失和费用，都应由买方承担。

[相关法律]

1980 年《联合国国际货物销售合同公约》

第 53 条　买方必须按照合同和本公约规定支付货物价款和收取货物。

第 54 条　买方支付价款的义务包括根据合同或任何有关法律和规章规定的步骤和手续，以便支付价款。

第 61 条

(1) 如果买方不履行他在合同和本公约中的任何义务，卖方可以：

(a) 行使第 62~65 条所规定的权利；

(b) 按照第 74~77 条的规定，要求损害赔偿。

(2) 卖方可能享有的要求损害赔偿的任何权利，不因他行使采取其他补救办法的权利而丧失。

(3) 如果卖方对违反合同采取某种补救办法，法院或仲裁庭不得给予买方宽限期。

第 64 条

(1) 卖方在以下情况下可以宣告合同无效：

(a) 买方不履行其在合同或本公约中的任何义务，等于根本违反合同；或

(b) 买方不在卖方按照第 63 条第 1 款规定的额外时间内履行支付价款的义务或收取货物，或买方声明他将不在所规定的时间内这样做。

第 74 条　一方当事人违反合同应负的损害赔偿额，应与另一方当事人因他违反合同而遭受的包括利润在内的损失额相等。这种损害赔偿不得超过违反合同一方在订立合同时，依照他当时已知道或理应知道的事实和情况，对违反合同预料到或理应预料到的可能损失。

第75条　如果合同被宣告无效，而在宣告无效后一段合理时间内，买方已以合理方式购买替代货物，或者卖方已以合理方式把货物转卖，则要求损害赔偿的一方可以取得合同价格和替代货物交易价格之间的差额以及按照第74条规定可以取得的任何其他损害赔偿。

《2010年国际贸易术语解释通则》

CIF术语下买方的义务B1：买方必须按照买卖合同约定支付价款。

案例十三：　　　　　　接收货物的义务

[案情简介]

中国卖方甲公司与美国买方乙公司签订了出口一批水果的合同，双方约定货到验收以后付款。货到买方验收时发现水果总重短少10%，且抽样检查每个水果的重量也低于合同规定，乙公司于是拒绝付款也拒绝收货。后来水果全部腐烂，并且美国海关还要求支付仓储费和处理水果的费用5万元。双方因水果腐烂的损失、仓储费用和水果处理费用产生纠纷。

[法律问题]

本案中水果腐烂的损失以及仓储费用和处理水果的费用应由谁承担？

[法律分析]

中国和美国均为1980年《联合国国际货物销售合同公约》（以下简称《公约》）的缔约国，双方在合同中未明示地排除《公约》的适用，因此，本案应适用《公约》。

根据《公约》第60条的规定，买方应采取一切理应采取的行动，以期卖方能交付货物和接收货物。据此，买方接收货物是其主要义务之一。本案中，尽管卖方所交货物不符合合同的约定，买方可以不接受货物，但其应该接收货物。而买方并未接收货物，致使货物全部腐烂，理应承担水果腐烂的损失及因此而产生的仓储费和处理水果的费用。

[相关法律]

1980年《联合国国际货物销售合同公约》

第60条　买方收取货物的义务如下：

（a）采取一切理应采取的行动，以期卖方能交付货物；和

（b）接收货物。

（三）买卖双方共同的义务

案例十四：　　　　　　　　保全货物的义务

[案情简介]

2012年6月，中国A公司和法国B公司签订一份出售大米的合同。合同规定，按照卖方仓库交货条件买卖，买方提货时间是8月。合同订立后，卖方A公司于8月5日将提货单交给买方B公司，B公司据此付清了全部货款。由于B公司未在8月底前提货，A公司遂将该批货物移放到另外的仓库。但到9月10日，B公司前来提货时发现，该批货物已经部分腐烂变质。双方为货物腐烂变质的损失由谁承担发生争议。

[法律问题]

该案哪方应对货物腐烂变质的损失承担责任？

[法律分析]

中国和法国均为1980年《联合国国际货物销售合同公约》（以下简称《公约》）的缔约国，双方在合同中未明示排除《公约》的适用，因此，本案应适用《公约》。

根据《公约》第85条的规定，如果买方推迟收取货物，而卖方仍拥有这些货物或仍能控制这些货物的处置权，卖方必须按情况采取合理措施，以保全货物。本案中，合同规定买方B公司应于8月份提货，而卖方A公司于8月5日已将提货单交给买方，所以买方于9月10日才来提货属于迟延履行。但尽管如此，货物仍在卖方控制之中，卖方负有妥善保管货物的责任，其把货物移放到另外的仓库，造成货物发生腐烂变质，对这部分损失，卖方理应承担。

[相关法律]

1980年《联合国国际货物销售合同公约》

第85条　如果买方推迟收取货物，或在支付价款和交付货物应同时履行时，买方没有支付价款，而卖方仍拥有这些货物或仍能控制这些货物的处置权，卖方必须按情况采取合理措施，以保全货物。他有权保有这些货物，直至买方把他所付的合理费用偿还他为止。

案例十五：　　　　　　　　减轻损失的义务

[案情简介]

1993年2月，美国B公司与天津A公司签订了购进100吨钼铁的买卖合同，交货条件是 FOB 天津每吨 3000 美金，于 1994 年 2 月前交货。合同签订后，天津 A 公司立即与各生产厂家联系，但由于当时钼铁市场需求量很大，各厂家供货出现了问题，A 公司于是要求美国 B 公司推迟交货期，B 公司拒绝。1994 年开始，国际市场钼铁价格暴涨，A 公司询问 B 公司是否能提高合同价格，B 公司拒绝。1994 年 2 月前，天津 A 公司未能履行其交货义务，1994 年 4 月，国际市场钼铁价格已涨到合同签订时的近 2 倍。1994 年 6 月 5 日，美国 B 公司根据合同中的仲裁条款向中国贸易仲裁委员会提请仲裁，要求 A 公司赔偿 B 公司于 6 月初补进的 100 吨钼铁的价格与合同价格的差额货款。

[法律问题]

1. 美国 B 公司是否尽到了减轻损失的义务？
2. 美国 B 公司的差价损失应如何计算？

[法律分析]

中国和美国均为 1980 年《联合国国际货物销售合同公约》（以下简称《公约》）的缔约国，双方在合同中未明示排除《公约》的适用，因此，本案应适用《公约》。

1. 美国 B 公司未尽到减轻损失的义务。根据《公约》第 77 条的规定，声称另一方违约的当事人，必须按情况采取合理措施，以减轻由于另一方违约而引起的损失，如果他不采取这种措施，违约的一方可以要求从损害赔偿中扣除原可以减轻的损失数额。本案中，国际市场钼铁价格从 1994 年初就开始暴涨，到 2 月天津 A 公司未能交货。此后，钼铁价格继续暴涨，到 4 月，已涨到合同价格的近 2 倍。美国 B 公司明知 2 月前卖方不能按时交货，而且在卖方确实未能按时交货时，在明知钼铁价格还在暴涨的情况下，应当及时购买替代物，以防止损失的进一步扩大。但美国 B 公司没有这样做，一直到 6 月初才补进 100 吨钼铁。因此，美国 B 公司未尽到减轻损失的义务。

2. 美国 B 公司的差价损失不应是 6 月初补进的钼铁价格与合同价格的差额。根据《公约》第 75 条的规定，当买方宣告合同无效后已在一段合理时间内以合理的方式购买了替代物，则其要求损害赔偿的金额可以是合同价格与替代货物交易价格之间的差额，以及任何其他损害赔偿。《公约》第 75 条强调的是，必须是"在一段合理时间内购买替代物"。本案中，"一段合理的时间"可以推定为卖方不能按时交货后的一段合理的时间，即 1994 年 3 月，最迟不能超过 4 月。因此，根据《公约》第 77 条的规定，声称另一方违约的当事人，必须按情况采取合理措施，以减轻由于另一方违约而引起的损失，如果他不采取这种措施，违约的一方可以要求从损害赔偿中扣除原可以减轻的损失数额。所以美国 B 公司的差价损失只能是合同价格与其 1994 年 3 月（最迟不能超过 4 月）购买替代物的价格之间的差额。

[相关法律]

1980 年《联合国国际货物销售合同公约》

第 75 条 如果合同被宣告无效,而在宣告无效后一段合理时间内,买方已以合理方式购买替代货物,或者卖方已以合理方式把货物转卖,则要求损害赔偿的一方可以取得合同价格和替代货物交易价格之间的差额以及按照第 74 条规定可以取得的任何其他损害赔偿。

第 77 条 声称另一方违反合同的一方,必须按情况采取合理措施,减轻由于该另一方违反合同而引起的损失,包括利润方面的损失。如果他不采取这种措施,违反合同一方可以要求从损害赔偿中扣除原可以减轻的损失数额。

四、违约及其救济方法

(一) 违约的类型

案例十六: 根本违约和非根本违约

[案情简介]

第一种情形:买方从国外进口一批供圣诞节出售的火鸡,卖方交货的时间比合同规定的期间晚了一个星期。由于节日已过,火鸡难以销售,使买方遭受重大损失。

第二种情形:买方从国外进口一批普通肉鸡,合同规定卖方应于 7~8 月装船,但实际迟了一星期。这段时间内肉鸡的市价并未发生什么变化,供销情况亦正常。

[法律问题]

1. 根据 1980 年《联合国国际货物销售合同公约》(以下简称《公约》)的规定,上述两种情形,哪种构成根本违约?

2. 根据《公约》的规定,根本违约和非根本违约的救济方法有什么不同?

[法律分析]

1. 第一种情形构成根本违约。根据《公约》第 25 条的规定,一方当事人违反合同的结果,如使另一方当事人蒙受损害,以至于实际上剥夺了他根据合同规定有权期待得到的东西,即为根本违反合同。除非违反合同一方并不预知而且一个同等资格、通情达理的人处于相同情况中也没有理由预知会发生这种结果。由此,一项违约要构成根本违约,必须符合以下两个条件:一是属重大违约;二是能够预知。上述第一种情形,卖方延迟交货一周致使买方的火鸡难以销售,给买方造成了重大损失,属重大违约。而对于延迟交货一周将给买方造成重大损失是卖方能够预见到的。因此，属于根本违约。第二种情形，卖方延迟交货一周，因为国际市场肉鸡供销正常，未给买方造成重大损失，因此，不属于根本违约。

2. 根据《公约》第49条、第64条、第72条的规定，当一方当事人的违约构成根本违约（包含实际预期违约和预期根本违约）时，另一方当事人才能宣告合同无效。否则另一方当事人只能采取宣告合同无效以外的其他救济方法。

[相关法律]

1980年《联合国国际货物销售合同公约》

第49条

（1）买方在以下情况下可以宣告合同无效：

（a）卖方不履行其在合同或本公约中的任何义务，等于根本违反合同；或

（b）如果发生不交货的情况，卖方不在买方按照第47条第1款规定的额外时间内交付货物，或卖方声明他将不在所规定的时间内交付货物。

（2）但是，如果卖方已交付货物，买方就丧失宣告合同无效的权利，除非：

（a）对于迟延交货，他在知道交货后一段合理时间内这样做；

（b）对于迟延交货以外的任何违反合同事情：

（一）他在已知道或理应知道这种违反合同后一段合理时间内这样做；或

（二）他在买方按照第47条第1款规定的任何额外时间满期后，或在卖方声明他将不在这一额外时间履行义务后一段合理时间内这样做；或

（三）他在卖方按照第48条第2款指明的任何额外时间满期后，或在买方声明他将不接受卖方履行义务后一段合理时间内这样做。

第64条

（1）卖方在以下情况下可以宣告合同无效：

（a）买方不履行其在合同或本公约中的任何义务，等于根本违反合同；或

（b）买方不在卖方按照第63条第1款规定的额外时间内履行支付价款的义务或收取货物，或买方声明他将不在所规定的时间内这样做。

（2）但是，如果买方已支付价款，卖方就丧失宣告合同无效的权利，除非：

（a）对于买方迟延履行义务，他在知道买方履行义务前这样做；或者

（b）对于买方迟延履行义务以外的任何违反合同事情：

（一）他在已知道或理应知道这种违反合同后一段合理时间内这样做；或

（二）他在卖方按照第63条第1款规定的任何额外时间满期后或在买方声明他将不在这一额外时间内履行义务后一段合理时间内这样做。

第72条

(1) 如果在履行合同日期之前,明显看出一方当事人将根本违反合同,另一方当事人可以宣告合同无效。

(2) 如果时间许可,打算宣告合同无效的一方当事人必须向另一方当事人发出合理的通知,使他可以对履行义务提供充分保证。

(3) 如果另一方当事人已声明他将不履行其义务,则上一款的规定不适用。

(二) 违约的主要救济方法

案例十七:　　　　　　　　实际履行

[案情简介]

2002年2月,德国某公司A(买方)与中国某公司B(卖方)签订了关于买卖新型自行车的合同。合同约定的标的是试生产中的每批全部自行车。共1000辆,交货日期为2002年3月31日~2002年7月31日,分批交货。2002年3月3日,B公司电告A公司,称生产厂家为了对该批新型自行车进行技术完善,将进一步改进生产线,故第一批货物的装运只能延迟到2002年9月。A公司不同意延长交货期。至第一批交货期限届满,B公司没有交付合同项下的货物。为此,A公司向B公司提出,要求其交付自行车,并赔偿由于B公司不履行交货义务给其造成的损失。

[法律问题]

1. 根据1980年《联合国国际货物销售合同公约》的规定,当卖方违反合同时,买方可以采取哪些救济方法?

2. 本案中,A公司采取了哪些救济方法?

[法律分析]

中国和德国均为1980年《联合国国际货物销售合同公约》(以下简称《公约》)的缔约国,双方在合同中未明示排除《公约》的适用,因此,本案应适用《公约》。

1. 根据《公约》第45~52条的规定,当卖方违反合同时,买方可以采取的救济方法包括:要求卖方实际履行;给予卖方履行宽限期;接受卖方的主动补救,包括修理和换货、宣告合同无效、减价、损害赔偿、部分货物不符时;买方可以对缺交部分采取相应的补救方法;提前交货时买方可以收,也可以拒收;超量交货时对于超过合同规定的部分,买方可以收,也可以拒收。

2. 本案中,A公司采取的救济方法是要求卖方实际履行并要求卖方赔偿损失。

[相关法律]

1980 年《联合国国际货物销售合同公约》

第 45 条

（1）如果卖方不履行他在合同和本公约中的任何义务，买方可以：

(a) 行使第 46~52 条所规定的权利；

(b) 按照第 74~77 条的规定，要求损害赔偿。

（2）买方可能享有的要求损害赔偿的任何权利，不因他行使采取其他补救办法的权利而丧失。

（3）如果买方对违反合同采取某种补救办法，法院或仲裁庭不得给予卖方宽限期。

第 46 条

（1）买方可以要求卖方履行义务，除非买方已采取与此一要求相抵触的某种补救办法。

（2）如果货物不符合同，买方只有在此种不符合同情形构成根本违反合同时，才可以要求交付替代货物，而且关于替代货物的要求，必须与依照第 39 条发出的通知同时提出，或者在该项通知发出后一段合理时间内提出。

（3）如果货物不符合同，买方可以要求卖方通过修理对不符合同之处作出补救，除非他考虑了所有情况之后，认为这样做是不合理的。修理的要求必须与依照第 39 条发出的通知同时提出，或者在该项通知发出后一段合理时间内提出。

第 47 条

（1）买方可以规定一段合理时限的额外时间，让卖方履行其义务。

（2）除非买方收到卖方的通知，声称他将不在所规定的时间内履行义务，买方在这段时间内不得对违反合同采取任何补救办法。但是，买方并不因此丧失他对迟延履行义务可能享有的要求损害赔偿的任何权利。

第 48 条

（1）在第 49 条的条件下，卖方即使在交货日期之后，仍可自付费用，对任何不履行义务作出补救，但这种补救不得造成不合理的迟延，也不得使买方遭受不合理的不便，或无法确定卖方是否将偿付买方预付的费用。但是，买方保留本公约所规定的要求损害赔偿的任何权利。

（2）如果卖方要求买方表明他是否接受卖方履行义务，而买方不在一段合理时间内对此一要求作出答复，则卖方可以按其要求中所指明的时间履行义务。买方不得在该段时间内采取与卖方履行义务相抵触的任何补救办法。

（3）卖方表明他将在某一特定时间内履行义务的通知，应视为包括根据上一款规定要买方表明决定的要求在内。

(4) 卖方按照本条第2和第3款作出的要求或通知,必须在买方收到后,始生效力。

第49条

(1) 买方在以下情况下可以宣告合同无效:

(a) 卖方不履行其在合同或本公约中的任何义务,等于根本违反合同;或

(b) 如果发生不交货的情况,卖方不在买方按照第47条第1款规定的额外时间内交付货物,或卖方声明他将不在所规定的时间内交付货物。

(2) 但是,如果卖方已交付货物,买方就丧失宣告合同无效的权利,除非:

(a) 对于迟延交货,他在知道交货后一段合理时间内这样做;

(b) 对于迟延交货以外的任何违反合同事情:

(一) 他在已知道或理应知道这种违反合同后一段合理时间内这样做;或

(二) 他在买方按照第47条第1款规定的任何额外时间满期后,或在卖方声明他将不在这一额外时间履行义务后一段合理时间内这样做;或

(三) 他在卖方按照第48条第1款指明的任何额外时间满期后,或在买方声明他将不接受卖方履行义务后一段合理时间内这样做。

第50条 如果货物不符合同,不论价款是否已付,买方都可以减低价格,减价按实际交付的货物在交货时的价值与符合合同的货物在当时的价值两者之间的比例计算。但是,如果卖方按照第37条或第48条的规定对任何不履行义务作出补救,或者买方拒绝接受卖方按照该两条规定履行义务,则买方不得减低价格。

第51条

(1) 如果卖方只交付一部分货物,或者交付的货物中只有一部分符合合同规定,第46~50条的规定适用于缺漏部分及不符合同规定部分的货物。

(2) 买方只有在完全不交付货物或不按照合同规定交付货物等于根本违反合同时,才可以宣告整个合同无效。

第52条

(1) 如果卖方在规定的日期前交付货物,买方可以收取货物,也可以拒绝收取货物。

(2) 如果卖方交付的货物数量大于合同规定的数量,买方可以收取也可以拒绝收取多交部分的货物。如果买方收取多交部分货物的全部或一部分,他必须按合同价格付款。

案例十八： 损害赔偿

[案情简介]

2004年4月，中国金龙贸易公司与美国南洋贸易公司签订了CAP牌打印机进口合同。合同约定：南洋贸易公司在2004年6月底前交货，付款方式为信用证。合同签订后，金龙贸易公司按期开来了信用证，但直到2004年6月30日，金龙贸易公司仍未收到南洋贸易公司任何关于货物已经装船或延期交货的通知。7月3日，南洋贸易公司向金龙贸易公司发来传真，称原定货轮因故延至7月15日才能起航，无法保证按期交货，要求金龙贸易公司将信用证装船期延至7月15日，有效期延至7月31日，并要求金龙贸易公司于7月4日回复传真。金龙贸易公司按期回复，告知南洋贸易公司修改信用证的条件是价格下调10%，否则将宣告解除合同。但南洋贸易公司没有同意，仍然要求金龙贸易公司延长信用证有效期，否则将货物另售他人。金龙贸易公司于7月5日正式函告南洋公司，终止合同并提出索赔。

[法律问题]

1. 金龙贸易公司最后的处理方法是否合理，为什么？
2. 如果金龙贸易公司的主张成立，南洋贸易公司应如何赔偿金龙贸易公司？

[法律分析]

中国和美国均为1980年《联合国国际货物销售合同公约》（以下简称《公约》）的缔约国，双方在合同中未明示排除《公约》的适用，因此，本案应适用《公约》。

1. 金龙贸易公司的处理方法合理。根据《公约》第49条、第74～76条的规定，当卖方的违约已构成根本违约时，买方可以宣告合同无效，并要求卖方赔偿损失。本案中南洋贸易公司未按期交货已经构成了违约，而且在金龙贸易公司拒绝将信用证延期的情况下，南洋贸易公司仍未履行交货义务，故南洋贸易公司的行为构成根本违约，金龙贸易公司有权解除合同并向南洋贸易公司索赔。

2. 如果金龙贸易公司的主张成立，南洋贸易公司应该赔付金龙贸易公司合同价格与宣告合同无效时的时价之间的差额，以及任何其他损害赔偿。根据《公约》第76条的规定，如果买方没有购买替代物，则可以取得合同价格和宣告合同无效时的时价之间的差额以及按照第74条规定可以取得的任何其他损害赔偿。本案中，金龙贸易公司没有购买替代物，则其可以要求南洋贸易公司赔偿合同价格与宣告合同无效时的时价之间的差额，以及任何其他损害赔偿。

[相关法律]

1980 年《联合国国际货物销售合同公约》

第 49 条

（1）买方在以下情况下可以宣告合同无效：

（a）卖方不履行其在合同或本公约中的任何义务，等于根本违反合同；或

（b）如果发生不交货的情况，卖方不在买方按照第 47 条第 1 款规定的额外时间内交付货物，或卖方声明他将不在所规定的时间内交付货物。

（2）但是，如果卖方已交付货物，买方就丧失宣告合同无效的权利，除非：

（a）对于迟延交货，他在知道交货后一段合理时间内这样做；

（b）对于迟延交货以外的任何违反合同事情：

（一）他在已知道或理应知道这种违反合同后一段合理时间内这样做；或

（二）他在买方按照第 47 条第 1 款规定的任何额外时间满期后，或在卖方声明他将不在这一额外时间履行义务后一段合理时间内这样做；或

（三）他在卖方按照第 48 条第 2 款指明的任何额外时间满期后，或在买方声明他将不接受卖方履行义务后一段合理时间内这样做。

第 74 条　一方当事人违反合同应付的损害赔偿额，应与另一方当事人因他违反合同而遭受的包括利润在内的损失额相等。这种损害赔偿不得超过违反合同一方在订立合同时，依照他当时已知道或理应知道的事实和情况，对违反合同预料到或理应预料到的可能损失。

第 75 条　如果合同被宣告无效，而在宣告无效后一段合理时间内，买方已以合理方式购买替代货物，或者卖方已以合理方式把货物转卖，则要求损害赔偿的一方可以取得合同价格和替代货物交易价格之间的差额以及按照第 74 条规定可以取得的任何其他损害赔偿。

第 76 条

（1）如果合同被宣告无效，而货物又有时价，要求损害赔偿的一方，如果没有根据第 75 条规定进行购买或转卖，则可以取得合同规定的价格和宣告合同无效时的时价之间的差额以及按照第 74 条规定可以取得的任何其他损害赔偿。但是，如果要求损害赔偿的一方在接收货物之后宣告合同无效，则应适用接收货物时的时价，而不适用宣告合同无效时的时价。

（2）为上一款的目的，时价指原应交付货物地点的现行价格，如果该地点没有时价，则指另一合理替代地点的价格，但应适当地考虑货物运费的差额。

案例十九：　　　　　宣告合同无效

[案情简介]

1993年1月，中国A公司与日本B公司先后签订合同，由B公司按CIF交货条件将合同项下的8万只用于显像管生产的电子枪按时交予中国A公司。货到后，A公司在实验性使用中发现，电子枪存在质量问题。后经双方协商，同意由中国商检机构进行品质检验。经检验证明，电子枪确实存在较大质量缺陷。A公司随即与B公司交涉并达成索赔协议。协议规定：①A公司对已收货物中已使用的部分电子枪暂不退还B公司；②B公司应该在3个月内将符合质量要求的7.5万只电子枪发运给A公司；③更换的货物运到后，买方将抽样检测，不合格率大于20%，则整批退货。协议签订后，B公司交来的货物仍然不符合质量要求。双方再次协商，A公司提出，B公司可将应该提供的电子枪品牌更换为"日天"或"星星"牌。B公司表示同意按照A公司的要求提供货物，并将此作为索赔协议的一部分。后由于新供货方的原因，B公司仍然未能履行义务。1994年5月，A公司向仲裁委员会提起仲裁，请求：①B公司退还7.5万只电子枪的价款及利息；②已经使用的500只电子枪造成的经济损失由B公司承担；③有关检验的相关费用由B公司承担；④保管费、货物差价等经济损失由B公司承担。[1]

[法律问题]

买方A公司的仲裁请求是否合理？

[法律分析]

中国和日本均为1980年《联合国国际货物销售合同公约》（以下简称《公约》）的缔约国，双方在合同中未明示排除《公约》的适用，因此，本案应适用《公约》。根据《公约》第35条的规定，卖方有义务交付与合同规定相符的货物。本案中，卖方日本公司所交电子枪经检验确实存在较大质量缺陷。很显然，卖方没有尽到其品质担保义务。在这种情况下，A公司随即与B公司交涉并达成索赔协议，要求B公司在3个月内将符合质量要求的7.5万只电子枪发运给A公司，但是，B公司交来的货物仍然不符合质量要求。经双方再次协商，A公司提出，B公司可将电子枪品牌更换为"日天"或"星星"牌，B公司也表示同意，但B公司还是未能履行义务。根据《公约》第25条关于根本违约的界定，B公司的行为已构成根本违约。根据《公约》第49条的规定，当卖方不履行合同中的任何义务已构成根本违约时，买方可以宣告合同无效，并要求损害赔偿。

---

〔1〕 根据张丽英主编：《国际经济法教学案例》，法律出版社2004年版，第29～30页的案例改编。

[相关法律]
1980年《联合国国际货物销售合同公约》

第 25 条　一方当事人违反合同的结果,如使另一方当事人蒙受损害,以至于实际上剥夺了他根据合同规定有权期待得到的东西,即为根本违反合同,除非违反合同一方并不预知而且一个同等资格、通情达理的人处于相同情况中也没有理由预知会发生这种结果。

第 35 条

(1) 卖方交付的货物必须与合同所规定的数量、质量和规格相符,并须按照合同所规定的方式装箱或包装。

(2) 除双方当事人业已另有协议外,货物除非符合以下规定,否则即为与合同不符:

(a) 货物适用于同一规格货物通常使用的目的;

(b) 货物适用于订立合同时曾明示或默示地通知卖方的任何特定目的,除非情况表明买方并不依赖卖方的技能和判断力,或者这种依赖对他是不合理的;

(c) 货物的质量与卖方向买方提供的货物样品或样式相同;

(d) 货物按照同类货物通用的方式装箱或包装,如果没有此种通用方式,则按照足以保全和保护货物的方式装箱或包装。

(3) 如果买方在订立合同时知道或者不可能不知道货物不符合同,卖方就无须按上一款 (a) ~ (d) 项负有此种不符合同的责任。

第 45 条

(1) 如果卖方不履行他在合同和本公约中的任何义务,买方可以:

(a) 行使第 46~52 条所规定的权利;

(b) 按照第 74~77 条的规定,要求损害赔偿。

(2) 买方可能享有的要求损害赔偿的任何权利,不因他行使采取其他补救办法的权利而丧失。

(3) 如果买方对违反合同采取某种补救办法,法院或仲裁庭不得给予卖方宽限期。

第 46 条

(1) 买方可以要求卖方履行义务,除非买方已采取与此一要求相抵触的某种补救办法。

(2) 如果货物不符合同,买方只有在此种不符合同情形构成根本违反合同时,才可以要求交付替代货物,而且关于替代货物的要求,必须与依照第 39 条发出的通知同时提出,或者在该项通知发出后一段合理时间内提出。

(3) 如果货物不符合同,买方可以要求卖方通过修理对不符合同之处作出补救,除非他考虑了所有情况之后,认为这样做是不合理的。修理的要求必须与依照第39条发出的通知同时提出,或者在该项通知发出后一段合理时间内提出。

第47条

(1) 买方可以规定一段合理时限的额外时间,让卖方履行其义务。

(2) 除非买方收到卖方的通知,声称他将不在所规定的时间内履行义务,买方在这段时间内不得对违反合同采取任何补救办法。但是,买方并不因此丧失他对迟延履行义务可能享有的要求损害赔偿的任何权利。

第48条

(1) 在第49条的条件下,卖方即使在交货日期之后,仍可自付费用,对任何不履行义务作出补救,但这种补救不得造成不合理的迟延,也不得使买方遭受不合理的不便,或无法确定卖方是否将偿付买方预付的费用。但是,买方保留本公约所规定的要求损害赔偿的任何权利。

(2) 如果卖方要求买方表明他是否接受卖方履行义务,而买方不在一段合理时间内对此一要求作出答复,则卖方可以按其要求中所指明的时间履行义务。买方不得在该段时间内采取与卖方履行义务相抵触的任何补救办法。

(3) 卖方表明他将在某一特定时间内履行义务的通知,应视为包括根据上一款规定要买方表明决定的要求在内。

(4) 卖方按照本条第2款和第3款作出的要求或通知,必须在买方收到后,始生效力。

第49条

(1) 买方在以下情况下可以宣告合同无效:

(a) 卖方不履行其在合同或本公约中的任何义务,等于根本违反合同;或

(b) 如果发生不交货的情况,卖方不在买方按照第47条第1款规定的额外时间内交付货物,或卖方声明他将不在所规定的时间内交付货物。

(2) 但是,如果卖方已交付货物,买方就丧失宣告合同无效的权利,除非:

(a) 对于迟延交货,他在知道交货后一段合理时间内这样做;

(b) 对于迟延交货以外的任何违反合同事情:

(一) 他在已知道或理应知道这种违反合同后一段合理时间内这样做;或

(二) 他在买方按照第47条第1款规定的任何额外时间满期后,或在卖方声明他将不在这一额外时间履行义务后一段合理时间内这样做;或

(三) 他在卖方按照第48条第2款指明的任何额外时间满期后,或在买方声明他将不接受卖方履行义务后一段合理时间内这样做。

第 51 条

（1）如果卖方只交付一部分货物，或者交付的货物中只有一部分符合合同规定，第 46~50 条的规定适用于缺漏部分及不符合同规定部分的货物。

（2）买方只有在完全不交付货物或不按照合同规定交付货物等于根本违反合同时，才可以宣告整个合同无效。

第 76 条

（1）如果合同被宣告无效，而货物又有时价，要求损害赔偿的一方，如果没有根据第 75 条规定进行购买或转卖，则可以取得合同规定的价格和宣告合同无效时的时价之间的差额以及按照第 74 条规定可以取得的任何其他损害赔偿。但是，如果要求损害赔偿的一方在接收货物之后宣告合同无效，则应适用接收货物时的时价，而不适用宣告合同无效时的时价。

（2）为上一款的目的，时价指原应交付货物地点的现行价格，如果该地点没有时价，则指另一合理替代地点的价格，但应适当地考虑货物运费的差额。

案例二十： 减 价

[案情简介]

2013 年 3 月 20 日，中国 A 公司（买方）与法国 B 公司（卖方）在上海签订了一份合同，合同规定：买方向卖方购买生产某种产品的生产线及其技术，价格条件 CIF 上海，价款总额为若干法国法郎，装运日期为 2013 的 5 月中旬前，到货日期为 6 月底之前，双方在合同附件中还规定了卖方需派三位工程技术人员负责该生产线的设备安装指导及调试工作，调试后，在双方监督下进行 1 小时连续生产试验，如运转正常，达到技术要求，产品质量经检验合格，该生产线设备才算合格，双方才签订验收证书。

设备到达买方工厂后，卖方工程技术人员对设备进行了多次调试，均未达到合同和附件所规定的技术指标和要求，对此双方的技术人员均在调试记录上写明并签字。买方已按合同支付了全部价款的 1/2，后买方要求卖方将该生产线的总价格降低 1/3，而卖方不同意，双方发生争议。买方向人民法院起诉。

[法律问题]

买方是否可以要求卖方减价？

[法律分析]

中国和法国均为 1980 年《联合国国际货物销售合同公约》（以下简称《公约》）的缔约国，双方在合同中未明示排除《公约》的适用，因此，本案应适用《公约》。

根据《公约》第 50 条的规定，如果货物不符合同，不论价款是否已付，买方都可以减低价格，减价按实际交付的货物在交货时的价值与符合合同的货物在当时的价值两者之间的比例计算。但是，如果卖方按照第 37 条或第 48 条的规定对任何不履行义务作出补救，或者买方拒绝接受卖方按照该两条规定履行义务，则买方不得减低价格。在本案中，卖方所交付的货物未达到合同和附件所规定的技术指标和要求，属货物的品质瑕疵，但并没有达到根本违反合同的程度，因此，买方要求减价是合理的。

[相关法律]

1980 年《联合国国际货物销售合同公约》

第 50 条 如果货物不符合同，不论价款是否已付，买方都可以减低价格，减价按实际交付的货物在交货时的价值与符合合同的货物在当时的价值两者之间的比例计算。但是，如果卖方按照第 37 条或第 48 条的规定对任何不履行义务作出补救，或者买方拒绝接受卖方按照该两条规定履行义务，则买方不得减低价格。

案例二十一： 购买替代物

[案情简介]

1993 年 1 月，中国广州市天地公司（卖方，仲裁被申请人）以《售货确认书》的形式确认美国昌盛公司（买方，仲裁申请人）提出的交易条件，与其达成 5 项总价值达 71.76 万美元的服装买卖。1993 年 3 月 12 日，昌盛公司开出一份以天地公司为受益人，涵盖全部货物的总额信用证。依据信用证，首期 24 个订单约 13 万件服装应于 1993 年 4 月 4 日出运。后因天地公司无法如期交货，昌盛公司应其请求对原定装运期作了两度延期。鉴于天地公司首批货物严重迟期，并已明显无能力交运以后各批货物，申请人被迫采取补救措施，一方面要求被申请人将所提供的货物采用空运形式，另一方面重新与其他出口商安排生产。此后，因天地公司所交的第一批货物 2 万件服装的质量未达合同标准，致使昌盛公司的客户向其提出质量索赔。昌盛公司就延迟交货、购买替代物和货物品质问题向天地公司提出索赔，向仲裁机构提交仲裁，其提出的仲裁请求为：①被申请人赔偿因延期交货改变运输方式发生的空运费 16.80 万美元；②被申请人赔偿申请人因购买替代物而发生的损失 4.75 万美元；③被申请人赔偿产品修补费 5.17 万美元；④被申请人承担本案仲裁费及申请人的律师费。

后经仲裁庭查明如下事实：其一，关于合同的成立。尽管双方当事人都未能向仲裁庭提供由双方签字的合同文本，但被申请人是在接受订单之后，用自已的确认书格式传真给申请人，申请人在确认书上已签字，对采用通信方式订立合同的做法而言，应认为合同已成立。而且，双方当事人事后在这笔交易中都是按确认书及信用证的规定（包括已作修改的规定）来行事的。其二，关于购买替代物。从申请人提供的证明材料中，仲裁庭查明：①申请人购买的替代物中的有些货物已由被申请人出运过，如申请人开给替代物的卖方 N 市天达公司的信用证中规定的 4992 件 1310806 号货号的服装，被申请人已出运过相同货号下的服装给申请人。②申请人从不同的卖方购买的替代物中有重复购买的服装，如开给替代物卖方 B 市波特公司信用证中货物、名称、数量、价格完全与开给 N 市天达公司信用证中的第二项货物相同。③申请人购买的替代物与被申请人应交付的货物不具有可比性。首先，申请人购买替代物的价格条款为 CIF，而被申请人与其之间的价格条款为 CFR；其次，申请人替代物的交付时间早于申请人要求被申请人交货的时间。其三，关于空运费。本案空运费有两项，一是被申请人将合同项下货物的运输方式改为空运方式，从而产生的空运费；二是因空运购买的替代物而发生的空运费。关于第一项，根据当事人提供的证据材料，仲裁庭查明：申请人曾在 1992 年 5 月 20 日给被申请人的传真中表示，如果被申请人不能承担空运费，空运费只能由申请人承担，据此，仲裁庭认为：申请人既已同意承担空运费并实际已支付此笔款项，被申请人无须承担由于改变出运方式而发生的空运费。

[法律问题]

被申请人是否应当赔偿申请人购买替代物而发生的损失？

[法律分析]

中国和美国均为 1980 年《联合国国际货物销售合同公约》（以下简称《公约》）的缔约国，双方在合同中未明示排除《公约》的适用，因此，本案应适用《公约》。

根据《公约》第 11 条的规定，销售合同无须以书面订立或书面证明，在形式方面也不受任何其他条件的限制。销售合同可以用包括人证在内的任何方法证明。本案中，根据仲裁庭查明的事实，本案系采用通信方式订立的合同，且双方当事人事后在这笔交易中都是按确认书及信用证的规定（包括已作修改的规定）来行事的，因此，合同是成立的。既然合同成立，双方当事人就要按合同的规定履行。

根据《公约》第 49 条、第 76 条的规定，当卖方的违约已构成根本违约时，买方可以宣告合同无效。如果买方已经购买了替代物，可以要求卖方赔偿损失，损害赔偿的金额为合同价格与购买替代物的价格之间的差额以及任何其他损害赔偿。本案中，卖方延迟交货，且所交货物与合同不符，其行为已构成根本违约，因此，买方可以宣告合同无效，并可以购买替代物。但是根据《公约》第75条的规定，买方必须以合理的方式购买替代物，包括：一是在时间上，买方必须在宣告合同无效后一段合理时间内行使；二是在方式上，买方购买替代物的价格、地点、渠道等都是必须适当的，并且必须是实际已经购买了替代物。从仲裁庭查明的事实看，昌盛公司购买的所谓替代物在时间上早于其与天地公司的约定；在品种上与天地公司的已供货物部分重合；替代货物的不同合同之间又相互重合，在价格条件上替代合同与原合同又各不相同。在这种情形下，与其说昌盛公司在购买替代物，不如说其是在另购新货物。因此，昌盛公司的行为完全不能满足购买替代物的法律要求。因此，被申请人不应赔偿申请人购买替代物而发生的损失。

[相关法律]

1980年《联合国国际货物销售合同公约》

第11条 销售合同无须以书面订立或书面证明，在形式方面也不受任何其他条件的限制。销售合同可以用包括人证在内的任何方法证明。

第49条

(1) 买方在以下情况下可以宣告合同无效：

(a) 卖方不履行其在合同或本公约中的任何义务，等于根本违反合同；或

(b) 如果发生不交货的情况，卖方不在买方按照第47条第1款规定的额外时间内交付货物，或卖方声明他将不在所规定的时间内交付货物。

(2) 但是，如果卖方已交付货物，买方就丧失宣告合同无效的权利，除非：

(a) 对于迟延交货，他在知道交货后一段合理时间内这样做；

(b) 对于迟延交货以外的任何违反合同事情：

(一) 他在已知道或理应知道这种违反合同后一段合理时间内这样做；或

(二) 他在买方按照第47条第1款规定的任何额外时间满期后，或在卖方声明他将不在这一额外时间履行义务后一段合理时间内这样做；或

(三) 他在卖方按照第48条第2款指明的任何额外时间满期后，或在买方声明他将不接受卖方履行义务后一段合理时间内这样做。

第76条

(1) 如果合同被宣告无效，而货物又有时价，要求损害赔偿的一方，如果没有根据第75条规定进行购买或转卖，则可以取得合同规定的价格和宣告合同无效时的时价之间的差额以及按照第74条规定可以取得的任何其他损害赔偿。但是，如果要求损害赔偿的一方在接收货物之后宣告合同无效，则应适用接收货物时的时价，而不适用宣告合同无效时的时价。

(2) 为上一款的目的，时价指原应交付货物地点的现行价格，如果该地点

没有时价，则指另一合理替代地点的价格，但应适当地考虑货物运费的差额。

（三）违反分批交货合同及其救济方法

案例二十二：　　　分批交货合同下的宣告合同无效

[案情简介]

意大利某 A 公司与我国 B 公司签订了出口生产加工大理石的成套机械设备合同，合同规定分四批交货。在交付的前两批货物中都存在不同程度的质量问题。在第三批货物交付时，买方发现货物品质仍然不符合合同要求，故推定第四批货物的质量也难以保证，所以向卖方意大利公司提出宣告整个合同无效。

[法律问题]

我国 B 公司能否宣告整个合同无效？

[法律分析]

中国和意大利均为 1980 年《联合国国际货物销售合同公约》（以下简称《公约》）的缔约国，双方在合同中未明示排除《公约》的适用，因此，本案应适用《公约》。

关于分批交货合同的履行，《公约》第 73 条规定了三种情况：一是如果一方当事人不履行对任何一批货物的义务，便对该批货物构成根本违反合同，则另一方当事人可以宣告对该批合同无效。二是如果一方当事人不履行对任何一批货物的义务，使另一方当事人有充分理由断定对今后各批货物将会发生根本违反合同，该另一方当事人可以在一段合理的时间内宣告今后的合同无效。三是买方宣告对任何一批货物的交付为无效时，可以同时宣告对已交付的或今后交付的各批货物均为无效，如果该批货物是互相依存的，不能单独用于双方当事人在订立合同时所设想的目标。本案中，因我国公司所购货物是成套机械设备，任何一批货物存在质量问题，都会导致该套设备无法使用，也就是说，本案中各批货物是相互依存的。而意大利公司交付的三批货物均存在质量问题，同时，也有理由推定最后一批货物也会存在质量问题。因此，我国公司可以宣告整个合同无效。

[相关法律]

1980 年《联合国国际货物销售合同公约》

第 73 条

（1）对于分批交付货物的合同，如果一方当事人不履行对任何一批货物的义务，便对该批货物构成根本违反合同，则另一方当事人可以宣告合同对该批货物无效。

(2) 如果一方当事人不履行对任何一批货物的义务，使另一方当事人有充分理由断定对今后各批货物将会发生根本违反合同，该另一方当事人可以在一段合理时间内宣告合同今后无效。

(3) 买方宣告合同对任何一批货物的交付为无效时，可以同时宣告合同对已交付的或今后交付的各批货物均为无效，如果各批货物是互相依存的，不能单独用于双方当事人在订立合同时所设想的目的。

（四）预期违约及其救济方法

案例二十三：　　　　　　预期违约

[案情简介]

中国的外贸公司中益达公司作为买方，与作为卖方的美国美丽美外贸公司于 2008 年 7 月签订了家具买卖合同，CIF 天津，装货港为旧金山，2008 年 10 月交货，8 月底前买方中益达公司经由开证行开出以卖方为受益人的信用证，开证行及时开出了有效期至 2008 年 11 月 30 日的信用证。卖方美丽美公司在交货日期到来前，听说买方中益达公司因受金融危机影响而出现财务困难，便以预期违约为由拒绝履行合同。买方对卖方提起诉讼，要求卖方按照合同规定履行合同项下的义务，并赔偿卖方拒绝履行合同给买方造成的损失。

[法律问题]

本案中，卖方可否以买方预期违约为由拒绝履行合同？为什么？

[法律分析]

中国和美国均为 1980 年《联合国国际货物销售合同公约》（以下简称《公约》）的缔约国，双方在合同中未明示排除《公约》的适用，因此，本案应适用《公约》。

本案的关键问题是买方中益达公司是否出现了预期违约行为。根据《公约》第 71 条、第 72 条的规定，在合同订立后，履行期到来之前，另一方当事人由于下列原因显然将不履行其大部分重要义务时，一方当事人可以中止履行义务：①他履行义务的能力或他的信用有严重缺陷；或②他在准备履行合同或履行合同中的行为。在这两种情况下，中止履行义务的一方当事人不论是在货物发运前还是发运后，都必须立即通知另一方当事人，如经另一方当事人对履行义务提供充分保证，则他必须继续履行义务。只有当明显看出一方当事人将预期根本违反合同时，另一方当事人才可以宣告合同无效。本案中，卖方只是听说买方出现财务困难，并没有证据证实买方履行义务的能力或他的信用有严重缺陷，相反，买方在准备履行合同中的行为，即买方已经及时申请开证了信用证，证明他有履约能力。退一步说，即使买方的信用出现了问题，因为买卖双方采用的是信用证付款方式，信用证具有独立抽象性，信用证项下开证行的付款义务独立于开证行与开证申请人买方之间的关系，开证后即使买方破产或丧失支付能力，只要卖方提交的单据构成相符交单，开证行就必须付款。因此，本案中，买方的行为既没构成一般的预期违约，也没构成预期根本违约，卖方既不能中止履行合同，更不能宣告合同无效，拒绝履行合同项下的义务。

[相关法律]

1980年《联合国国际货物销售合同公约》

第71条

（1）如果订立合同后，另一方当事人由于下列原因显然将不履行其大部分重要义务，一方当事人可以中止履行义务：

（a）他履行义务的能力或他的信用有严重缺陷；或

（b）他在准备履行合同或履行合同中的行为。

（2）如果卖方在上一款所述的理由明显化以前已将货物发运，他可以阻止将货物交给买方，即使买方持有其有权获得货物的单据。本款规定只与买方和卖方间对货物的权利有关。

（3）中止履行义务的一方当事人不论是在货物发运前还是发运后，都必须立即通知另一方当事人，如经另一方当事人对履行义务提供充分保证，则他必须继续履行义务。

第72条

（1）如果在履行合同日期之前，明显看出一方当事人将根本违反合同，另一方当事人可以宣告合同无效。

（2）如果时间许可，打算宣告合同无效的一方当事人必须向另一方当事人发出合理的通知，使他可以对履行义务提供充分保证。

（3）如果另一方当事人已声明他将不履行其义务，则上一款的规定不适用。

（五）违约责任的免除

案例二十四：　　　免除违约一方责任的事由

[案情简介]

申请人美国A公司与被申请人中国B公司于2012年4月7日签订了买卖优质钢条的合同，双方在合同中约定，由A公司向B公司出售500吨优质钢条，价格条件为CFR天津250美元/吨。买方必须在2012年4月21日之前开立信用证。同时，合同还约定，若买方未按时开立信用证，买方应向卖方支付合同金额的3%作为罚金。

B公司因进口许可证问题没能在合同规定的开证期间开出信用证。4月30日，B公司传真给A公司，称已与有关部门签订了"办证协议"，且已付相应款项，预计在5月5日可拿到许可证，恳请延长开证期限。时至5月11日，B公司仍未开出信用证。申请人A公司依约正式向被申请人B公司提出索赔，要求B公司于6月30日之前支付3%的罚金。双方经协商未能达到一致意见，A公司根据合同中的仲裁条款于2012年10月向仲裁机构申请仲裁，要求B公司支付合同金额的3%的罚金及其利息。后查明，B公司未能如期开出信用证是因2012年1月国家主管钢材进口的职能机构发生变更，其按原途径无法获得进口许可证所致。

[法律问题]

被申请人B公司是否应当向申请人A公司支付罚金及其利息？

[法律分析]

中国和美国均为1980年《联合国国际货物销售合同公约》（以下简称《公约》）的缔约国，双方在合同中未明示排除《公约》的适用，因此，本案应适用《公约》。

根据《公约》第79条的规定，当事人对不履行义务，不负责任，如果他能证明此种不履行义务，是由于某种非他所能控制的障碍，而且对于这种障碍，没有理由预期他在订立合同时能考虑到或能避免或克服它或它的后果。据此，《公约》所指的免除责任的情形应具备三个要素：一是事件在订立合同时无法预见；二是事件是非当事人所能控制的障碍；三是对于事件或其后果，当事人无法避免或克服。从本案案情看，虽然被申请人B公司不能取得进口许可证确系其无法控制且无法避免或克服的政府职能机构的变更所致，但此种变更发生在2012年1月，是在本案合同订立之前，说明被申请人B公司在合同订立时对可能办不出进口许可证应当预见，但被申请人B公司没有预见，所以不属于《公约》规定的"非他所能控制的障碍"。而且，根据《公约》第79条第4款的规定，不履行义务的一方必须将障碍及其对他履行义务能力的影响通知另一方。如果该项通知在不履行义务的一方已知道或理应知道此障碍后一段时间内仍未为另一方收到，则他对由于另一方未收到通知而造成的损害应负赔偿责任。B公司在知道主管钢材进口的职能机构发生变更会影响其取得进口许可证的情况后，直至开庭前，始终未向申请人发出有关上述障碍阻碍合同履行的通知。故此，被申请人B公司因无法取得进口许可证导致合同不能履行，不属于《公约》规定的免责的事由，应对申请人A公司因此而遭受的损失负赔偿责任。

[相关法律]

1980 年《联合国国际货物销售合同公约》

第 79 条

（1）当事人对不履行义务，不负责任，如果他能证明此种不履行义务，是由于某种非他所能控制的障碍，而且对于这种障碍，没有理由预期他在订立合同时能考虑到或能避免或克服它或它的后果。

（2）如果当事人不履行义务是由于他所雇用履行合同的全部或一部分规定的第三方不履行义务所致，该当事人只有在以下情况下才能免除责任：

（a）他按照上一款的规定应免除责任，和

（b）假如该项的规定也适用于他所雇用的人，这个人也同样会免除责任。

（3）本条所规定的免责对障碍存在的期间有效。

（4）不履行义务的一方必须将障碍及其对他履行义务能力的影响通知另一方。如果该项通知在不履行义务的一方已知道或理应知道此一障碍后一段合理时间内仍未为另一方收到，则他对由于另一方未收到通知而造成的损害应负赔偿责任。

（5）本条规定不妨碍任何一方行使本公约规定的要求损害赔偿以外的任何权利。

五、货物风险的转移

案例二十五：　　划归合同项下是货物风险转移的前提条件

[案情简介]

2003 年，美国出口商与韩国进口商签订了一份 CFR 合同，合同规定由卖方出售小麦 2000 吨给买方。小麦在装运港装船时是混装的，共装运了 5000 吨，卖方准备在小麦运抵目的港后，再由船公司负责分拨 2000 吨给买方。但载货船只在途中遇到高温天气而使小麦发生变质，共计损失 2500 吨，其余 2500 吨得以安全运抵目的港。卖方在货到目的港时声称，其出售给买方的 2000 吨小麦已在运输途中全部损失，并认为根据 CFR 合同，货物风险在装运港越过船舷时已经转移给买方，故卖方对小麦 2000 吨的损失不负责任。买方则要求卖方履行合同。双方争执不下，遂依合同中的仲裁条款请求根据 1980 年《联合国国际货物销售合同公约》（以下简称《公约》）仲裁解决。[1]

---

[1] 肖伟主编：《国际经济法学案例教程》，知识产权出版社 2003 年版，第 41 页。

[法律问题]

本案货物的损失应由谁承担?

[法律分析]

本案中,双方当事人约定适用《公约》解决纠纷,此种约定并未违反买卖双方所在国国内法的强制性规定,因此,应适用《公约》解决。双方当事人采取了 CFR 术语,根据《公约》的规定,可以适用相关的国际惯例中关于风险转移的规定。根据《公约》第 67 条的规定:①如果销售合同涉及货物的运输,但卖方没有义务在某一特定地点交付货物,自货物按照销售合同交付给第一承运人以转交给买方时起,风险就移转到买方承担。如果卖方有义务在某一特定地点把货物交付给承运人,在货物于该地点交付给承运人以前,风险不移转到买方承担。卖方授权保留控制货物处置权的单据,并不影响风险的移转。②但是,在货物以货物上加标记,或以装运单据,或向买方发出通知或其他方式清楚地注明有关合同以前,风险不移转到买方承担。另外,《2000 年国际贸易术语解释通则》关于 CFR 术语下风险转移的规定也明确规定,风险转移的时间点是在装运港越过船舷时,但以该项货物已正式划归合同项下为前提。因此可以看出,无论是《公约》还是国际惯例都规定,货物划归合同项下是风险发生转移的前提条件。本案中,尽管双方当事人使用的是 CFR 术语,通常情况下风险转移的时间点是在装运港越过船舷时起,但实际上卖方在装船时是将 5000 吨小麦混装的,在货物海运途中,合同项下属于买方的 2000 吨货物尚未从卖方的其他货物中划拨出来,因此,它不具备风险转移的前提条件。虽然货物已在装运港越过了船舷,但风险仍不发生转移,在航程中的风险损失仍应由卖方承担。

[相关法律]

1980 年《联合国国际货物销售合同公约》

第 67 条

(1) 如果销售合同涉及货物的运输,但卖方没有义务在某一特定地点交付货物,自货物按照销售合同交付给第一承运人以转交给买方时起,风险就移转到买方承担。如果卖方有义务在某一特定地点把货物交付给承运人,在货物于该地点交付给承运人以前,风险不移转到买方承担。卖方授权保留控制货物处置权的单据,并不影响风险的移转。

(2) 但是,在货物以货物上加标记,或以装运单据,或向买方发出通知或其他方式清楚地注明有关合同以前,风险不移转到买方承担。

《2000 年国际贸易术语解释通则》

CFR 贸易术语

A5 除 B5 规定者外,卖方必须承担货物灭失或损坏的一切风险,直到货物在装运港越过船舷为止。

B5 买方必须承担货物在装运港越过船舷之后灭失或损坏的一切风险。

如买方未按照 B7 规定给予卖方通知，买方必须从约定的装运日期或装运期限届满之日起，承担货物灭失或损坏的一切风险，但以该项货物已正式划归合同项下，即清楚地划出或以其他方式确定为合同项下的货物为限。

案例二十六：　　　　国际惯例优先适用的原则

[案情简介]

2008 年，中国 A 公司与美国 B 公司签订了出口 6 万吨大豆的合同，其中规格：一种为一级大豆，数量为 3.5 万吨，4、5、6 月每月约装 1.2 万吨；另一种为二级大豆，数量为 2.5 万吨，5、6 月每月约装 1.2 万吨，并签订了销售合同。合同另附为 B 公司所熟知并经其确认的 A 公司的 FOB 装船条款，作为销售合同不可分割的组成部分。A 公司的 FOB 合同装船条款规定：①买方所租载船舶必须不迟于合同规定的每一装运月份的第 20 天抵达装运港，由于载货船舶延迟抵达而使卖方遭受任何损失和额外费用需由买方负担。②买方必须于船舶到达装运港前 10 天将船名、船旗、船长的国籍和估计到达装运港的时间通知卖方，并以卖方接受为准。

合同签订后，第一批大豆 1.2 万吨顺利装船完毕。为了保证能继续按时装运收汇，A 公司一再催请 B 公司迅速办理 5 月份应装货物的派船事宜。然而，5 月 10 日，B 公司来电复称：由于租船市场船源紧缺，租不到船只，要求延迟一个月装运。考虑公司货物早已备妥待运，如延期一个月装运，势必造成中方利息、仓租、保险费等费用的损失。中方即复电称：5 月份装运的货物已备妥，不能同意延迟装运期，必须于 5 月 20 日前派船抵达装运港。5 月 20 日，B 公司来电声称，尽最大努力，船只无法找到。5 月 22 日夜，该港口遭遇特大风暴袭击，致使存放在该港口货场的 A 公司的货物严重受损。A 公司于 5 月 23 日致电 B 公司，告知其货损情况，让 B 公司赔偿其经济损失，包括货损、仓租、保险费等。B 公司回电称，双方合同是 FOB 条件，货物在尚未交付之前，风险尚未转移，故该意外事件造成的货损应由 A 公司承担，B 公司不承担义务。双方就此发生争议。

[法律问题]

货物因风暴袭击遭受的损失应由谁承担？

[法律分析]

中国和美国都是 1980 年《联合国国际货物销售合同公约》（以下简称《公约》）的缔约国，双方当事人没有明示地排除《公约》的适用，因此本案应适用

《公约》。《公约》第 9 条规定：①双方当事人业已同意的任何惯例和他们之间确立的任何习惯做法，对双方当事人均有约束力。②除非另有协议，双方当事人应视为已默示地同意对他们的合同或合同的订立适用双方当事人已知道或理应知道的惯例，而这种惯例，在国际贸易上，已为有关特定贸易所涉同类合同的当事人所广泛知道并为他们所经常遵守。本案中，双方当事人采用了 FOB 贸易术语，因此，本案货物风险转移的规定应优先适用《2000 年国际贸易术语解释通则》。根据《2000 年国际贸易术语解释通则》关于 FOB 术语 A5、B5 关于风险转移的规定，除 B5 规定者外，卖方必须承担货物灭失或损坏的一切风险，直到货物在指定的装运港越过船舷为止。买方必须按照下述规定承担货物灭失或损坏的一切风险：自货物在指定的装运港越过船舷时起；及由于买方未按照 B7 规定通知卖方，或其指定的船只未按时到达，或未接收货物，或按照 B7 通知的时间提早停止装货，则自约定交货日期或交货期限届满之日起，但以该项货物已正式划归合同项下，即清楚地划出或以其他方式确定为合同项下之货物者为限。在本案中，由于买方 B 公司未能按期派船，致使卖方 A 公司的货物在码头仓库等候装运期间由于发生自然灾害而受损。在这种情况下，风险转移应按 FOB 条件的规定以交货期限届满之日来划分，即货物的风险已于交货期限届满日由卖方转移给买方。所以本案的货物风险已于 5 月 21 日转移给买方承担。故此，货物的损失应由买方承担。

[相关法律]

1980 年《联合国国际货物销售合同公约》

第 9 条

（1）双方当事人业已同意的任何惯例和他们之间确立的任何习惯做法，对双方当事人均有约束力。

（2）除非另有协议，双方当事人应视为已默示地同意对他们的合同或合同的订立适用双方当事人已知道或理应知道的惯例，而这种惯例，在国际贸易上，已为有关特定贸易所涉同类合同的当事人所广泛知道并为他们所经常遵守。

《2000 年国际贸易术语解释通则》

FOB 术语

A5 除 B5 规定者外，卖方必须承担货物灭失或损坏的一切风险，直到货物在指定的装运港越过船舷为止。

B5 买方必须按照下述规定承担货物灭失或损坏的一切风险：自货物在指定的装运港越过船舷时起；及

由于买方未按照 B7 规定通知卖方，或其指定的船只未按时到达，或未接收货物，或按照 B7 通知的时间提早停止装货，则自约定交货日期或交货期限届满之日起,但以该项货物已正式划归合同项下,即清楚地划出或以其他方式确定为合同项下之货物为限。

案例二十七: 在途货物的风险转移

[案情简介]

德国 B 公司与我国 A 公司于 2001 年 10 月 2 日签订出口鞋子的合同,价格条款为 FOB 青岛,11 月 2 日货物准时通过"长顺"轮出运。11 月 4 日,德国 B 公司与荷兰 C 公司签订合同,将该批货物转卖给荷兰公司,价格条款为 CFR 鹿特丹,约定合同适用的法律为 1980《联合国国际货物销售合同公约》(以下简称《公约》),此时货物仍在运输途中。11 月 20 日,"长顺"轮在海上航行中发生海水渗漏,鞋子受损严重。荷兰 C 公司遂向德国 B 公司和我国 A 公司索赔。

[法律问题]

货物发生损失的风险应由谁承担?

[法律分析]

本案双方当事人约定适用的法律为《公约》,此种约定并未违反买卖双方所在国国内法的强制性规定,因此,本案应适用《公约》。

《公约》第 68 条规定,对于在运输途中销售的货物,从订立合同时起,风险就移转到买方承担。但是,如果情况表明有此需要,从货物交付给签发载有运输合同单据的承运人时起,风险就由买方承担。尽管如此,如果卖方在订立合同时已知道或理应知道货物已经遗失或损坏,而他又不将这一事实告之买方,则这种遗失或损坏应由卖方负责。本案中,德国 B 公司与我国 A 公司约定 FOB 贸易术语,货物装运后风险即由 A 公司转移于 B 公司。B 公司于 11 月 4 日和荷兰 C 公司签订合同,将货物转卖,按通常情况,货物风险从订立合同之日起转移给荷兰公司承担。因此,本案货物发生的损失应由荷兰公司承担,荷兰公司无权向我国 A 公司和德国 B 公司索赔。

[相关法律]

1980 年《联合国国际货物销售合同公约》

第 68 条 对于在运输途中销售的货物,从订立合同时起,风险就移转到买方承担。但是,如果情况表明有此需要,从货物交付给签发载有运输合同单据的承运人时起,风险就由买方承担。尽管如此,如果卖方在订立合同时已知道或理应知道货物已经遗失或损坏,而他又不将这一事实告之买方,则这种遗失或损坏应由卖方负责。

第二节 国际贸易惯例

一、FOB 贸易术语

案例二十八：　　FOB 术语下货物风险的转移

[案情简介]

2005 年 5 月 15 日，我国某公司以 FOB 条件向境外出售一级东北大豆 500 吨，装船时经公证人检验，货物符合合同规定的品质要求。卖方在货物装船后及时发出装船通知，但由于运输途中海浪过大，大豆被海水浸泡，当货物到达目的港后，只能按三级大豆的价格出售，故买方要求卖方赔偿大豆质量下降造成的差价损失。

[法律问题]

卖方是否应对该项损失负责，为什么？

[法律分析]

卖方不应该对该项损失负责。根据《2000 年国际贸易术语解释通则》，通常情况下，FOB 贸易术语下货物风险转移的时间是装运港越过船舷，越过船舷之前的损失由卖方承担，越过船舷之后的损失由买方承担。本案中，大豆被海水浸泡，质量下降是货物在装运港越过船舷之后造成的，风险已由卖方转移于买方，所以损失应当由买方承担。

[相关法律]

《2000 年国际贸易术语解释通则》

FOB 术语

A5 除 B5 规定者外，卖方必须承担货物灭失或损坏的一切风险，直到货物在指定的装运港越过船舷为止。

B5 买方必须承担货物在装运港越过船舷之后灭失或损坏的一切风险。

由于买方未按照 B7 规定通知卖方，或其指定的船只未按时到达，或未接收货物，或按照 B7 通知的时间提早停止装货，则自约定交货日期或交货期限届满之日起，但以该项货物已正式划归合同项下，即清楚地划出或以其他方式确定为合同项下之货物为限。

二、CFR 贸易术语

案例二十九： CFR 术语下卖方的装船通知义务

[案情简介]

挪威某公司与我国某公司签订一份 CFR 合同，由挪威公司向我国公司出口机器设备。合同规定：挪威公司在 2013 年 4 月交货。挪威公司按合同规定时间交货后，载货船舶于当天起航驶往目的港青岛。同年 5 月 10 日，挪威公司向我公司发出传真，通知货已装船。我公司于当天向保险公司投保。但货到目的港后，经我公司检验发现，货物于 5 月 8 日在海上运输途中已经发生损失。

[法律问题]

货物发生的损失应由哪一方承担？

[法律分析]

根据《2010 年国际贸易术语解释通则》CFR 贸易术语 A7、B7 款的规定，卖方必须向买方发出所需通知，以便买方采取收取货物通常所需要的措施。该义务直接关系到买方能否及时就运输的货物投保。如果卖方怠于通知，使得买方未能及时投保，由此造成的损失应该由卖方承担。本案中，尽管货物已经交到指定的装运港船上，风险已经由卖方转移于买方。但因为挪威一方在 4 月已将货物装船，本应在 4 月份就向买方发出装船通知，而其直到 5 月 10 日才发出装船通知，造成买方不能对货物在装船后到 5 月 9 日期间可能发生的风险进行投保，即造成买方投保的延误，因此，该风险损失应由卖方挪威公司承担。

[相关法律]

《2010 年国际贸易术语解释通则》

CFR 术语

A5 除 B5 规定者外，卖方必须承担货物灭失或损坏的一切风险，直到货物按照 A4 的规定交付为止。

B5 买方必须承担货物按照 A4 规定交付后灭失或损坏的一切风险。

如买方未按照 B7 规定给予卖方通知，买方必须从约定的装运日期或装运期限届满之日起，承担货物灭失或损坏的一切风险，但以该项货物已正式划归合同项下，即清楚地划出或以其他方式确定为合同项下之货物为限。

A7 通知买方

卖方必须给予买方任何其需要的通知，以便买方能够为收取货物采取通常必要的措施。

三、CIF 贸易术语

案例三十：　　　　　CIF 合同下卖方的投保义务

[案情简介]

2014 年 7 月，我国某公司与日本某公司签订一份 CIF 合同，进口某品牌手机。合同订立后，日本公司按时发货。我公司收到货物后，经检验发现，货物外包装破裂，货物严重受损。日本公司出具的离岸证明表明货物损失发生在运输途中。对于该批货物的运输风险双方均未投保。

[法律问题]

货物的风险损失应由谁承担？

[法律分析]

根据《2010 年国际贸易术语解释通则》，在 CIF 术语中，货物交到指定的装运港船上时起，风险就由卖方转移至买方。本案中，货物外包装破裂的损失发生在运输途中，该风险属于货物在交到指定的装运港船上后发生的风险，因此，应该由买方承担。但是，卖方日本公司负有按照《2010 年国际贸易术语解释通则》的规定，向保险公司投保货物在海运中的风险的责任，但卖方违反了该规定，没有向保险公司投保，使得买方不能取得保险单据，进而不能就上述损失向保险公司索赔。因此，货物外包装破裂导致的货物的损失不应由买方承担，而应由卖方日本公司承担。

[相关法律]

《2010 年国际贸易术语解释通则》

CIF 术语

A3 运输合同与保险合同

a) 运输合同

卖方必须签订或取得运输合同，将货物自交货地内的约定交货点（如有的话）运送至指定目的港或该目的港的交付点（如有约定）。必须按照通常条件订立合同，由卖方支付费用，经由通常航线，由通常用来运输该类商品的船舶运输。

b) 保险合同

卖方必须自付费用取得货物保险。该保险需至少符合《协会货物保险条款》(Institute Cargo Clauses, LMA/IUA) C 款或其他类似条款中规定的最低保险险别投保。这个保险应与信誉良好的保险人或保险公司订立，并保证卖方或其他对货物具有保险利益的人有权直接向保险人索赔。

B3 运输合同与保险合同

a) 运输合同

买方对卖方无订立运输合同的义务。

b) 保险合同

买方对卖方无订立保险合同的义务。买方必须向卖方提供后者应买方按照 A3 b) 要求其购买附加险所需信息。

A5 风险转移

除按照 B5 的灭失或损坏情况外，卖方承担按照 A4 完成交货前货物灭失或损坏的一切风险。

B5 风险转移

买方承担按照 A4 交货时起货物灭失或损坏的一切风险。

如买方未按照 B7 通知卖方，则买方从约定的交货日期或交货期限届满之日起，承担货物灭失或损坏的一切风险，但以该货物已清楚地确定为合同项下之货物者为限。

本章主要参考文献

1. 朱建林主编：《国际贸易纠纷典型案例评析与索赔指南》，人民法院出版社 2000 年版。
2. 汤树梅主编：《国际经济法案例分析》，中国人民大学出版社 2000 年版。
3. 陈晶莹主编：《国际贸易法案例详解》，对外经济贸易大学出版社 2002 年版。
4. 张丽英主编：《国际经济法教学案例》，法律出版社 2004 年版。
5. 肖伟主编：《国际经济法学案例教程》，知识产权出版社 2003 年版。
6. 王传丽主编：《国际经济法实例点评》，法律出版社 2005 年版。
7. 翁国民主编：《国际经济法案例》，中国人民大学出版社 2004 年版。
8. 韩立余主编：《国际贸易法案例分析》，中国人民大学出版社 2009 年版。
9. 江怡慧：《国际贸易法与案例分析》，高立图书有限公司 2010 年版。
10. 韦经建、王彦志主编：《国际经济法案例教程》，科学出版社 2011 年版。
11. [英] A. G. 盖斯特：《英国合同法与案例》，张文镇等译，中国大百科全书出版社 1998 年版。

本章主要拓展阅读资料

1. [德] 施米托夫：《国际贸易法文选》，赵秀文选译，中国大百科全书出版社1993年版。

2. 单文华主编：《国际贸易法学》，北京大学出版社2000年版。

3. 王传丽：《国际贸易法》，法律出版社2012年版。

4. 左海聪：《国际贸易法》，法律出版社2004年版。

5. 郭寿康、韩立余主编：《国际贸易法》，中国人民大学出版社2005年版。

6. 国际商会中国国家委员会：《2000年国际贸易术语解释通则》，中信出版社2000年版。

7. 陈晶莹、邓旭主编：《〈2000年国际贸易术语解释通则〉解释与应用》，对外经济贸易大学出版社2000年版。

8. 国际商会中国国家委员会：《国际贸易术语解释通则2010》，中国民主法制出版社2011年版。

9. 李巍：《联合国国际货物销售合同公约评释》，法律出版社2002年版。

10. 张玉卿主编：《国际货物买卖统一法：联合国国际货物销售合同公约释义》，中国对外经济贸易出版社1998年版。

11. ［意］米切尔·波乃尔："国际商事合同通则与国际货物销售合同公约——是二者择一或相互补充"，梁慧星译，载《外国法译评》1999年第2期。

12. 梁慧星："统一合同法：成功与不足"，载《中国法学》1999年第3期。

13. 莫纪宏："论国际法与国内法关系的新动向"，载《世界经济与政治》2001年第4期。

14. 赵惠琳："正确理解和适用合同目的及根本违约规则"，载《政治与法律》2003年第5期。

15. 周新军："关于根本违约及其与大陆法系相关违约形态的比较研究和思考"，载《河北法学》2004年第7期。

16. 李先波、陈杨："根本违约构成要件探析"，载《湖南社会科学》2005年第5期。

17. 邱玉梅、胡圣诞："论根本违约的判定标准"，载《时代法学》2007年第4期。

18. 刘瑛："《国际商事合同通则》在《联合国国际货物销售合同公约》解释中的运用"，载《法学》2007年第5期。

19. 陈杨："试论根本违约——与英美法系相关违约形态的比较研究"，载《时代法学》2008年第1期。

20. 杜景林："现代买卖法瑕疵担保责任制度的定位"，载《法商研究》2010年第3期。

21. 苏颖霞、王玉洁："对联合国国际货物销售合同公约（CISG）能否作为国际惯例的探讨",载《新西部》2010年第11期。

22. 韩世远:"中国合同法与CISG",载《暨南学报(哲学社会科学版)》2011年第2期。

23. 王佳蕾:"浅析CISG根本违约制度下的可预见性标准",载《法制与经济(下旬)》2012年第4期。

24. 谢晓晓、陈继海:"《国际商事合同通则》2010修订版评述",载《湖南科技学院学报》2013年第2期。

25. 曾野裕夫、焦淼淼:"国际货物销售合同公约与PACL的相互作用",载《清华法学》2013年第3期。

第二章

国际货物运输与保险法

国际货物运输与保险与国际货物买卖密切相关。国际货物运输包括国际海上货物运输、国际铁路货物运输、国际航空货物运输和国际货物多式联运，国际海上货物运输又包括班轮运输和租船运输。提单是国际海上货物运输，特别是班轮运输中重要的单据，涉及的法律问题最多，也最复杂。目前规制提单的国际公约主要有《海牙规则》、《海牙—维斯比规则》、《汉堡规则》、《鹿特丹规则》，前三个是已经生效的公约，其中《海牙规则》的适用最普遍，《鹿特丹规则》尚未生效。国际货物运输保险相应的也包括国际海上货物运输保险、国际铁路货物运输保险、国际航空货物运输保险，其中国际海上货物运输保险最重要，也最复杂。本章内容主要以国际海上货物运输和国际海上货物运输保险为主。

第一节　国际货物运输

一、国际海上货物运输

（一）班轮运输

1. 提单的一般法律问题。

案例一：　　　　　　　　　**提单的功能**

[案情简介]

2008年5月15日，原告中国银行马江支行应申请人华裕公司的申请，开立编号为73M0004/98、73M0005/98两份不可撤销信用证。同年8月马江支行收到正本议付单据。经审核后，原告对外承兑付款，合法持有单证。提单为被告福建外贸中心船务公司签发，记载收货人为"凭马江支行指示"、起运港韩国釜山、目的港中国厦门、承运轮"华讯"。2008年8月11日船抵达目的港厦门。8

月 16 日，收货人建达公司向厦门外代出具无提单提货担保函。8 月 17 日，船务公司指示厦门外代凭副本提单加保函放货给收货人建达公司。建达公司后因财务困难没有去银行付款赎单。

[法律问题]

1. 船务公司指示厦门外代凭副本提单加保函放货给被告收货人建达公司的行为侵犯了谁的利益？

2. 银行应以谁为被告起诉？

[法律分析]

1. 船务公司指示厦门外代凭副本提单加保函放货给被告收货人建达公司的行为侵犯了马江支行的合法权益。国际海上货物运输中，正本提单是该提单项下货物所有权的凭证，这不仅是一种国际惯例，而且也得到多数国家法律和司法实践的普遍承认。这意味着：①在目的港，只要提单持有人出示提单，就有权要求承运人履行交付货物的义务。如果承运人将货物交与提单持有人以外的人，他就必须向提单持有人承担交货错误的责任；但提单持有人是否真正拥有所有权，则在所不问，即使提单持有人确实无权占有货物，只要承运人不知情而善意交货，他就可以不负责任。②由于提单代表着货物的所有权，因此，在货物到达目的港之前，提单持有人只要将提单转让，就可以将货物转让给下手买家，而不需要等货物到达目的港以后再转让。这种做法大大简化了国际贸易的程序，提高了国际贸易的效率，是提单制度广受欢迎的主要原因。③提单作为物权凭证和有价证券，可用于议付、押汇和抵押等。

本案中，原告中国银行马江支行根据信用证关系承兑付款后，在开证申请人未付款赎单的情况下，合法持有提单，就拥有提单项下货物的物权。船务公司违反法定义务，将货物交付给非提单持有人，侵犯了马江支行的合法权益。

2. 船务公司违反了依正本提单放货的法定义务，应对由此给马江支行造成的损失承担责任。因此，马江支行可以起诉船务公司。

[相关法律]

《中华人民共和国海商法》

第 71 条　提单，是指用以证明海上货物运输合同和货物已经由承运人接收或者装船，以及承运人保证据以交付货物的单证。提单中载明的向记名人交付货物，或者按照指示人的指示交付货物，或者向提单持有人交付货物的条款，构成承运人据以交付货物的保证。

案例二： 清洁提单与不清洁提单的判断

[案情简介]

甲国的卖方 A 公司向乙国的买方 B 公司出售 1.2 万吨精白糖，价格条件是 CFR，装运期是 2000 年 3 月或 4 月，装运港为丙国的 C 港，目的港为丁国的 D 港。2000 年 3 月 20 日，卖方负责订租的 E 轮到达 C 港，并立即开始装货，4 天后，货快装完时，忽然发生了火灾，由于受到烟熏和灭火水的浸湿，致使 2000 吨食糖受损，其受损程度已丧失商销性。于是，受损食糖被重新卸岸，其余的 1 万吨被安全地运往目的港。

2000 年 4 月 6 日，承运人签发了两张提单，第一张提单上写明装运的食糖重量为 1 万吨；第二张提单上对货物表面状况的描述是："表面状况良好"并写明重量为 2000 吨。但同时还载有"重量、尺码、数量、状态、内容和价值不详"这样一项条款。当这两张提单交给银行议付时，买方只接受第一张提单，而拒绝接受第二张提单，买方的开户银行也拒付第二张提单的款项。他们的理由是，本提单是一张不清洁提单。于是卖方将买方诉至法院。一审法院认为，本提单确实是一张不清洁提单，从而判卖方败诉。卖方不服该判决，提起上诉。[1]

[法律问题]

第二张提单是清洁提单还是不清洁提单？

[法律分析]

第二张提单是一张清洁提单。不清洁提单（Unclean B/L），指有货物外表状况不良批注的提单。在接受托运人提供的货物时，如货物外表状况不良，大副在签发大副收据时对此作出记载，即批注，如内在货物外露、10 包扯破/破裂、2 件破损、包装不适宜、桶生锈、锈蚀、污损、铁腰子松散、短装 5 箱、少装 3 坛等。然后承运人或其代理人根据大副收据签发提单时，再把此种批注转移至提单上。此时，附加有这类批注的提单即为不清洁提单。这样，当承运人在目的港交货时，对于只要不超出批注范围的货损，就可免责。

由于在国际货物买卖中，买方一般都拒绝接受不清洁提单，而银行对此种提单也都拒绝付款，所以其对托运人（卖方）实为不利。因此，卖方为取得清洁提单，通常向承运人提供保函，声明由此而引起的损失由自己承担。但是，承运人一般不愿意接受这种保函，因为货物的表面状况实为不良而要求他签发清洁提单，可能导致日后货损纠纷的发生，虽然承运人能根据保函向托运人索

---

[1] 杨军编著：《海商法案例教程》，北京大学出版社 2003 年版，第 60 页。

赔，但他必须卷入纠纷。如被收货人发现，往往会被视为欺诈行为从而承担法律责任。不过，实践中出具的保函，并非全是承托双方恶意欺诈所为，有的保函就是基于承、托双方的合意（善意）而作出的。

同时也并非所有附有批注的提单都是不清洁提单。判定一份单证是否清洁，应特别注意那些"明确声称货物/或包装状况有缺陷的条款或批注"。凡无或未提及货物及/或包装状况有缺陷的条款或批注的提单，都应属于清洁运输单证。为此 UCP500 和 UCP600 都作了规定。

但实践中确有将这种提单视为不清洁提单的例子。为此，国际航运公会于 1951 年 4 月作出规定，载有下列批注的提单，不构成不清洁提单：①不明显地指出货品或包装不能令人满意，例如旧桶、旧箱；②强调对于货物性质或包装所引起的风险，承运人不予承担责任，例如，"易腐烂货物，承运人对货物腐烂不负责任"；③否认承运人对货物内容、数量、尺码、质量或技术规格的确知，即"不知条款"。例如，"托运人提供的重量，承运人不负责货物的减重"。

本案中，提单中并没有明确声称货物及/或包装状况有缺陷，提单上记载的内容属于国际航运公会规定的"不知条款"，因此，不算是不清洁提单。

[相关法律]
《中华人民共和国海商法》

第75条　承运人或者代其签发提单的人，知道或者有合理的根据怀疑提单记载的货物的品名、标志、包数或者件数、重量或者体积与实际接收的货物不符，在签发已装船提单的情况下怀疑与已装船的货物不符，或者没有适当的方法核对提单记载的，可以在提单上批注，说明不符之处、怀疑的根据或者说明无法核对。

第76条　承运人或者代其签发提单的人未在提单上批注货物表面状况的，视为货物的表面状况良好。

《跟单信用证统一惯例》国际商法第 500 号出版社（UCP500）

第32条　清洁运输单据

a. 清洁运输单据系指未载有明确宣称货物及/或包装状况有缺陷的条款或批注的运输单据。

b. 除非信用证明确规定可以接受上述条款或批注，否则银行将不接受有此类条款或批注的运输单据。

c. 运输单据如符合本条款和第 23、24、25、26、27、28 或 30 条的规定，银行即视为符合信用证中规定在运输单据上载明"清洁已装船"的要求。

《跟单信用证统一惯例》国际商法第 600 号出版社（UCP600）

第27条　清洁运输单据

银行只接受清洁运输单据，清洁运输单据指未载有明确宣称货物或包装有缺陷的条款或批注的运输单据。"清洁"一词并不需要在运输单据上出现，即使信用证要求运输单据为"清洁已装船"的。

案例三：　　　　　　　　保函的法律效力

[案情简介]

广西土产公司向意大利米尼美德公司出口木薯片，该外国公司租用上海远洋运输公司所属的"柳林号轮"承运木薯片。货物装完后，广西土产公司申请水尺公估，测得木薯片重量16 443吨，并将其载于提单。装货后，为防止货物出汗霉损，广西土产公司要求船长在途中开舱晒货。船长担心晒货会发生货物短重，欲将大副收据中的"至卸货港发生短重，船方概不负责"的批注转入提单。为取得清洁提单，广西土产公司向承运人出具了保函，保证承担短重责任。保函上写明：如因开舱晒货，至卸货港发生短重，其责任由我方负责。船方接受保函，签发了清洁提单。航行中船长多次开舱晒货。船抵达目的港后，木薯片短重567吨。收货人向上海远洋运输公司索赔70多万法郎。上海远洋运输公司向收货人赔偿了损失。为此，上海远洋运输公司依保函向广西土产公司索赔，但被拒绝。上海远洋运输公司遂向法院起诉，要求广西土产公司赔偿其损失。

[法律问题]

1. 该保函是否有效？
2. 托运人是否应当赔偿承运人的损失？

[法律分析]

1. 保函有效。在国际贸易中，合同及信用证一般都规定，卖方应提供清洁提单。因为，不清洁提单是货物内在质量不确定的表示，难以转让。在货物外表状态不良时，托运人往往向承运人出具保函，以换取承运人签发的清洁提单。在这种情况下，托运人出具的保函是否有效呢？

国际海上货物运输中的保函一般有三种情况：①由第三方出具的保函。②由债务人和第三方共同出具的保函。③由债务人自己出具的保函。本案属于第三种情况，是托运人与承运人之间关于托运人表示愿意承担责任的一种承诺。保函在承运人与托运人之间是否有效，还要视具体情况而定，若货物表面缺陷不明显，双方确有不同意见且难取得一致，此时用保函换取清洁提单，往往是为了暂时解决矛盾以使船舶速遣，这样的保函一般认为是有效的；但若双方已明知货物确有缺陷，仍用保函换取清洁提单，则双方的行为就属于互相串通欺骗第三者，这样的保函当然是无法律效力的。在英美等国，当承运人向托运人追偿时，如果托运人不认账，承运人不能依保函向法院要求强制执行。在学理界，关于海运保函的效力问题也是有争议的，主流的观点是将保函分为善意保函与恶意保函，善意的没有欺诈的保函有效，恶意的欺诈性的保函无效。《汉堡规则》接受了这种主流观点，其第 17 条第 2 款规定，托运人为了换取清洁提单可以向承运人出具保函，保函只在托运人与承运人之间有效。如保函有欺诈的意图，则保函无效，承运人应赔偿第三者的损失，且不能享受责任限制。我国最高人民法院有关保函效力的解释也采用了与《汉堡规则》同样的态度。最高人民法院在"关于保函是否具有法律效力问题的批复"中规定："托运人为了换取清洁提单而向承运人出具的保函，对收货人不发生法律效力。托运人与承运人之间出于善意而由一方出具另一方接受的保函，双方均有履行之义务。"

本案中，船长担心晒货会发生短重，为此，欲将大副收据中的"至卸货港发生短重，船方概不负责"的批注转入提单，为取得清洁提单，被告向原告出具了保函，保证承担短重责任。本案中的保函是没有欺诈的意图的，因此，保函有效。

2. 托运人应当赔偿承运人的损失。既然保函被认定是有效的，那么托运人就要受保函的约束，履行在保函中的保证义务。如果托运人赖账，承运人可以向法院申请强制执行。

[相关法律]

《汉堡规则》

第 17 条 托运人的保证

2. 任何保函或协议，据此托运人保证赔偿承运人由于承运人或其代表未就托运人提供列入提单的项目或货物的外表状况批注保留而签发提单所引起的损失，对包括收货人在内的受让提单的任何第三方，均属无效。

3. 这种保函或协议对托运人有效，除非承运人或其代表不批注本条第 2 款所指的保留是有意诈骗相信提单上对货物的描述而行事的包括收货人在内的第三方，在后面这种情况下，如未批注的保留与托运人提供列入提单的项目有关，承运人就无权按照本条第 1 款规定，要求托运人给予赔偿。

4. 属本条第 3 款所指的有意诈骗，承运人不得享受本公约所规定的责任限额的利益，并且对于相信提单上所载货物的描述而行事的包括收货在内的第三方所遭受的损失负赔偿责任。

最高人民法院"关于保函是否具有法律效力问题的
批复"法（交）复［1988］44 号文

托运人为了换取清洁提单而向承运人出具的保函，对收货人不发生法律效力。托运人与承运人之间出于善意而由一方出具另一方接受的保函，双方均有履行之义务。

案例四：　　　　　　　　　倒签提单案

[案情简介]

中国某进出口分公司（以下简称 A 公司）于 2006 年 11 月 29 日及 30 日先后与美国 B 公司及冰岛 C 公司签订了某种农产品的两份合同，第一个合同为 3000 长吨，第二个合同为 2500 长吨，每长吨 CIF 鹿特丹 2300 美元，装船日期均为 2006 年 12 月~2007 年 1 月。付款条件为保兑的、不可撤销的信用证。A 公司委托中国对外贸易运输公司租船装运（以下简称外运公司）。外运公司原洽定 2006 年 12 月受载的"西洋"轮因临时损坏，在日本修理，不能按时到达装货港。外运公司接到上述消息后，改派香港华夏公司管理的期租船"亚克兰特"号于 2007 年 1 月 31 日到达装货港装船，装船过程中又连日雨雪，直到 2 月 11 日才装船完毕。A 公司为了取得符合信用证规定装船日期的提单，用保函要求外轮代理公司按 2007 年 1 月 31 日的日期签发了提单。A 公司凭该提单向中国银行办理了议付手续。美国 B 公司早已知道了"西洋"轮出故障并在日本修理一事。在 A 公司将货物改装"亚克兰特"号后，美国 B 公司对装运日期产生怀疑，并于 3 月 25 日来电对该轮的装货日期提出异议，要求 A 公司提供 1 月份装船证明，A 公司回电肯定是 1 月份装船，并避而不给任何证明。2007 年 4 月 23 日，"亚克兰特"号到达鹿特丹港，美国 B 公司照常提货，而冰岛 C 公司则来电表示提单的装船日期为伪造的，拒不提货并提出索赔。A 公司回电拒不承认提单中日期的错误，导致美国 B 公司与冰岛 C 公司联合行为，一面卸货，一面聘请律师上船要求查看航行日志，经查证实该船实际装船完毕的日期是 2 月 11 日，而不是 1 月 31 日。于是，两方立即凭律师拍摄的航行日志向当地法院起诉，并由法院发出通知扣押了该船，该船舶在交保后方获释。后经 4 个月的协商，最后以 A 公司同意赔款 4 万美元，买方才撤诉。

[法律问题]

1. 什么是倒签提单？其性质如何？
2. 本案中是否存在倒签提单？

[法律分析]

1. 倒签提单是指提单上记载的日期早于实际装船日期。关于倒签提单的性质，大致有以下几种观点：一是合同责任说，认为提单是承运人与收货人、提单持有人和提单受让人之间的合同，基于货物最终装船了的事实，因此，承运人的做法违反了合同法规定的强制性义务。因此，承运人对这种根本违约行为所产生的法律后果应承担无效合同责任。二是侵权责任说。认为倒签提单的行为符合侵权的一般特征，满足侵权行为成立所必须具备的条件，具有侵权性质。三是竞合责任说。该说认为，倒签提单带有双重的法律特征，其行为过程是由违约与侵权行为的结合而形成的，该行为本身侵犯了两种法律关系，引起了两种民事法律后果，因此是违约和侵权的竞合，侵权是其主要特征。

2. 本案中存在倒签提单。因为经查证，该船实际装船完毕的日期是 2 月 11 日，而不是 1 月 31 日。而信用证规定的装船日期为 2006 年 12 月～2007 年 1 月。因此，属于倒签提单的情况。

[相关法律]

《海牙规则》

第 3 条

1. 承运人须在开航前和开航时恪尽职责：

（a）使船舶适于航行；

（b）适当地配备船员、装备船舶和供应船舶；

（c）使货舱、冷藏舱和该船其他载货处所能适宜和安全地收受、运送和保管货物。

2. 除遵照第 4 条规定外，承运人应适当和谨慎地装卸、搬运、配载、运送、保管、照料和卸载所运货物。

3. 承运人或船长或承运人的代理人在收受货物归其照管后，经托运人的请求，应向托运人签发提单，其上载明下列各项：

（a）与开始装货前由托运人书面提供相同的、为辨认货物所需的主要唛头，如果这项唛头是以印戳或其他方式标示在不带包装的货物上，或在其中装有货物的箱子或包装物上，该项唛头通常应在航程终了时仍能保持清晰可认。

（b）托运人用书面提供的包数或件数，或数量，或重量。

（c）货物的表面状况。

但是，承运人、船长或承运人的代理人，不一定必须将任何货物的唛头、号码、数量或重量表明或标示在提单上，如果他有合理根据怀疑提单不能正确代表实际收到的货物，或无适当方法进行核对。

4. 依照第 3 款（a）、（b）、（c）项所载内容的这样一张提单，应作为承运人收到该提单中所载货物的初步证据。

5. 托运人应被视为已在装船时向承运人保证，由他提供的唛头、号码、数量和重量均正确无误；并应赔偿给承运人由于这些项目不正确所引起或导致的一切灭失、损坏和费用。承运人的这种赔偿权利，并不减轻其根据运输合同对托运人以外的任何人所承担的责任和义务。

6. 在将货物移交给根据运输合同有权收货的人之前或当时，除非在卸货港将货物的灭失和损害的一般情况，已用书面通知承运人或其代理人，则这种移交应作为承运人已按照提单规定交付货物的初步证据。

如果灭失或损坏不明显，则这种通知应于交付货物之日起的 3 天内提交。

如果货物状况在收受时已经进行联合检验或检查，就无须再提交书面通知。

除非从货物交付之日或应交付之日起 1 年内提出诉讼，承运人和船舶在任何情况下都免除对灭失或损害所负的一切责任。遇有任何实际的或推定的灭失或损害，承运人与收货人必须为检验和清点货物相互给予一切合理便利。

7. 货物装船后，如果托运人要求，签发"已装船"提单，承运人、船长或承运人的代理人签发给托运人的提单，应为"已装船"提单，如果托运人事先已取得这种货物的物权单据，应交还这种单据，换取"已装船"提单。但是，也可以根据承运人的决定，在装货港由承运人、船长或其代理人在上述物权单据上注明装货船名和装船日期。经过这样注明的上述单据，如果载有第 3 条第 3 款所指项目，即应成为本条所指的"已装船"提单。

8. 运输合同中的任何条款、约定或协议，凡是解除承运人或船舶对由于疏忽、过失或未履行本条规定的责任和义务，因而引起货物或关于货物的灭失或损害的责任的，或以下同于本公约的规定减轻这种责任的，则一律无效。有利于承运人的保险利益或类似的条款，应视为属于免除承运人责任的条款。

《汉堡规则》

第 15 条　提单的内容

1. 提单中必须载有下列事项：

（a）货物的品类；识别货物所需的主要标志；对货物的危险性质的明确说明（如属适用）；包数或件数；货物重量或以其他方式表示的数量。上述全部资料均由托运人提供。

（b）货物的外表状况。

（c）承运人姓名及其主要营业所。

（d）托运人姓名。

（e）在由托运人指定收货人时的收货人姓名。

（f）海上运输契约规定的装货港以及货物由承运人在装货港接管的日期。

（g）海上运输契约规定的卸货港。

（h）提单正本超过一份时的提单正本份数。

（i）签发提单地点。

（j）承运人或其代表的签字。

（k）收货人应付运费金额，或者应由收货人支付运费的其他说明。

(1) 第 23 条第 3 款所指声明。
（m）如属舱面货，货物应在或可在舱面载运的声明。
（n）如经双方明确协议，应列明货物在卸货港交付的日期或期限。
（o）依照第 6 条第 4 款规定，协议的任何增加的赔偿责任限额。

2. 货物装船后，如果托运人作此要求，承运人须为托运人签发"已装船"提单。"已装船"提单除载明本条第 1 款所规定的事项外，还须载明货物已经装上指定船舶和装船日期。如果承运人已在先前就某些货物签发提单或其他物权凭证，则经承运人要求，托运人须交还此项单证，换取"已装船"提单。承运人为了满足托运人对"已装船"提单的要求，可以修改任何先前签发的单证，但修改后的单证应载有"已装船"提单所需载有的全部情况。

3. 提单中缺少本条规定的一项或几项内容，并不影响其作为提单的法律性质；但该提单须符合第 1 条第 7 款所规定的要求。

《中华人民共和国海商法》

第 74 条　货物装船前，承运人已经应托运人的要求签发收货待运提单或者其他单证的，货物装船完毕，托运人可以将收货待运提单或者其他单证退还承运人，以换取已装船提单；承运人也可以在收货待运提单上加注承运船舶的船名和装船日期，加注后的收货待运提单视为已装船提单。

案例五：　　　　　　　　　　**预借提单**

[案情简介]

1985 年 3 月 29 日，福建省宁德地区经济技术协作公司（下称宁德公司）作为买方与作为卖方的日本国三明通商株式会社签订进口东芝牌空调机 3000 台的合同，合同约定卖方应于当年 6 月底交货 1500 台，7 月底交货 1500 台。后日本国日欧集装箱运输公司（下称日欧公司）作为货物承运人接受了三明通商株式会社托运的第一批 1496 台空调机（另 4 台样机已空运），于 6 月 30 日签发了 WO15CO90 号联运提单，而实际装船日期为同年 7 月 1 日。福建宁德公司提货后，进行了销售。

7 月 22 日、23 日，日欧公司在日本横滨码头收取了三明通商株式会社托运的第二批 1500 台空调，7 月 25 日在日本东京签发了 WO15CO97 号联运提单（下称"97 号提单"），列明日欧公司为承运人，在"本提单装船后生效"栏内注明"1985 年 7 月 25 日"。宁德公司在 7 月 27 日接到三明通商株式会社的电传，得知第二批货物已付运，便于 8 月上旬持"97 号提单"到福州港提货，但未提到。货物逾期运到的原因在于日欧公司是无船承运人，其所订舱位的"大仓山"轮（属福建省轮船公司）是在 1985 年 6 月 16 日离开福州港，7 月 1 日在横滨大黑码头装了第一批货物，7 月 7 日返回福州港时遇上第 7 号台风，在横滨避风 1 天，以致逾期到达。至 8 月 13 日卸货完毕，8 月 14 日又开航横滨。第二批货物在 8 月 20 日才装上"大仓山"轮，比"97 号提单"签发日晚了 20 多天。"大仓山"轮船东福建省轮船公司在日本的代理商日立物流株式会社签发"大仓山"轮已装船提单的日期为 8 月 21 日。这时又遇上第 11 号台风，"大仓山"轮又在横滨避风 2 天，直到 8 月 28 日才抵达福州马尾港卸货。

宁德公司在收到第二批货物已付运的电传后，于 7 月 27 日将"97 号提单"项下的 1500 台空调机，以每台售价人民币 2000 元与福建省福安县企业供销公司签订了购销合同，约定交货期限为同年 8 月 20 日前。如逾期交货，宁德公司要承担货款总值 20% 的违约金，且对方有权解除合同。由于以上原因宁德公司不能按期交货而承担违约责任，福安县企业供销公司依约解除合同。

此后，宁德公司从 1985 年 9 月至 1986 年年底，曾与国内 7 个省市的数十个单位联系销售此批空调机，均因错过旺销季节售价猛跌而未能成交。直到 1986 年 12 月才以每台 1700 港元复出口香港。在此期间，货物一直存放在日欧公司的集装箱内。

纠纷发生后，宁德公司作为原告向上海海事法院起诉，要求判令被告日欧公司赔偿货款和货款利息损失计 4846 万余日元，营业损失计人民币 75 万元，须支付给福安县企业供销公司的违约金计人民币 60 万元以及差旅费等人民币 6.7 万元。日欧公司提出反诉，要求判令宁德公司赔偿租箱费和搬运费 1.5 万余美元。因案件处理结果与福安县企业供销公司有法律利害关系，该公司被依法列为本案诉讼第三人。

[法律问题]

1. WO15GO97 号提单是待运提单还是预借提单？

2. 预借提单行为属什么性质的行为？

3. 日欧公司是否应赔偿宁德公司 WO15GO97 号提单中所载货物的货款及利息损失、营业利润损失以及须支付给福安县企业供销公司的违约金？

[法律分析]

1. WO15GO97 号提单属预借提单。当事人双方的民事法律关系是由海上货物运输合同所引起，参照 1924 年《海牙规则》第 3 条第 7 款的规定，日欧公司所签发的 WO15GO97 号提单的性质，应确认为已装船提单。银行据此予以结汇，符合《跟单信用证统一惯例》的规定。承运人在货物尚未装船或装船完毕前签发已装船提单，属于预借提单。所谓收货待运提单，是指在货物尚未装船或装船完毕前签发的提单，提单中没有记载实际装船日期，因此，收货待运提单不是已装船提单。本案中，97 号提单记载了装船日期，但实际上提单签发时货物尚未装船，因此，属预借提单，而不是收货待运提单。

2. 关于预借提单行为的法律性质，理论上一直有违约行为和侵权行为之争，且经常关系到收货人行使诉权的问题。一般而言，预借提单属于侵权行为。作为货物买方的收货人，与卖方间存在买卖合同关系。如果收货人取得提单，那么，其与承运货物的承运人也存在提单所证明的海上货物运输合同关系。显然，收货人既可以卖方违反买卖合同为由而提起违约之诉，也可以通过付款赎单，并凭提单对承运人提出违约之诉。这时，对于收货人行使诉权方面并不构成任何不利影响。但当收货人事前得知有预借提单的情况从而拒绝接收货物，并拒绝付款赎单时，收货人是否对承运人享有诉权就成了认定预借提单行为法律属性的关键所在。假设认定预借提单是违约行为，则收货人对承运人不具有诉权，因为收货人不持有提单，其与承运人不存在运输合同关系；反之，如果认定其为侵权行为，则收货人享有诉权。除侵权与违约之争外，理论上还有两种不同的见解，一种认为，预借提单责任是合同责任与侵权责任的竞合。另一种观点认为，预借提单的责任属缔约过失责任。上述四种主张各有其理，我国海事司法实践中，则多倾向于认为预借提单行为是侵权行为，承运人应承担侵权损害赔偿责任。

3. 日欧公司应当赔偿宁德公司 WO15GO97 号提单中所载货物的货款及利息损失、营业利润损失以及须支付给福安县企业供销公司的违约金。此问题实际上是对预借提单的赔偿范围的确定问题。这是一个争议较大的问题，因为实践中预借提单的行为常常伴随着由迟延交货导致收货人遭受一系列损失的现象，包括收货人赔偿给第三方（即转售买方）因其未依合约约定时间交货而承担的违约金等损失。对于这些损失是否与预借提单有直接因果关系，分歧甚大。有观点认为，收货人不能履行其与第三人就提单项下货物所签之内贸合同，是货物没有在合理预期的时间内运到的结果，这与承运人预提提单没有因果关系。即使承运人不预借提单，货物一般也不能在指定日期前运到，收货人也不能履行与第三人的合同。另一种观点认为，尽管预借提单并不必然导致货物迟延运到，但预借提单行为掩盖了托运人迟延交货的事实，使得买方丧失了解除买卖合同，拒付货款的机会。因此，该损失与承运人预借提单行为存在因果关系，应予赔偿。笔者倾向于后一种观点。本案中，日欧公司早在货物实际装船前 20 余天就签发了提单，使宁德公司无法依照约定的日期向第三人交货，从而导致第三人按约解除合同。其后，宁德公司在空调机已逾销售季节、内地市场难以销售的情况下，才不得已向香港复出口。由于当时市场行情的变化，宁德公司复出口的价格不仅未能取得与第三人签订合同所应得的利润，且低于买入价。

日欧公司实施预借提单的行为，造成了宁德公司的经营损失，其中包括可得利润损失、进口货价与复出口货价之间差额的损失，以及向第三人支付违约金的损失。对此，日欧均应承担赔偿责任。

[相关法律]

《中华人民共和国海商法》

第71条　提单，是指用以证明海上货物运输合同和货物已经由承运人接收或者装船，以及承运人保证据以交付货物的单证。提单中载明的向记名人交付货物，或者按照指示人的指示交付货物，或者向提单持有人交付货物的条款，构成承运人据以交付货物的保证。

第72条　货物由承运人接收或者装船后，应托运人的要求，承运人应当签发提单。

提单可以由承运人授权的人签发。提单由载货船舶的船长签发的，视为代表承运人签发。

第73条　提单内容，包括下列各项：

（一）货物的品名、标志、包数或者件数、重量或者体积，以及运输危险货物时对危险性质的说明；

（二）承运人的名称和主营业所；

（三）船舶名称；

（四）托运人的名称；

（五）收货人的名称；

（六）装货港和在装货港接收货物的日期；

（七）卸货港；

（八）多式联运提单增列接收货物地点和交付货物地点；

（九）提单的签发日期、地点和份数；

（十）运费的支付；

（十一）承运人或者其代表的签字。

提单缺少前款规定的一项或者几项的，不影响提单的性质；但是，提单应当符合本法第71条的规定。

第74条　货物装船前，承运人已经应托运人的要求签发收货待运提单或者其他单证的，货物装船完毕，托运人可以将收货待运提单或者其他单证退还承运人，以换取已装船提单；承运人也可以在收货待运提单上加注承运船舶的船名和装船日期，加注后的收货待运提单视为已装船提单。

案例六：　　　　　　　　　　无正本提单放货

[案情简介]

华润纺织公司（卖方）与深圳进出口公司（买方）签订了购销合同，约定由卖方向买方提供苏丹棉1905吨，分两批交货。随后，买方又与湛江纺织公司签订原棉加工合同，约定由湛江纺织公司将原棉加工成精纺。根据买方的申请，中国银行深圳分行开出LC450890756号不可撤销跟单信用证。10月11日卖方开出金额1 530 596.11美元的即期汇票，连同包括一式四份正本提单在内的全套议付单证通过中国银行香港分行转交中国银行深圳分行，要求买方支付货款。14日，中国银行深圳分行收到信用证项下单据，通知买方付款。20日，买方通知中国银行深圳分行，因单据与信用证规定不符，拒付货款。同日，中国银行深圳分行通知中国银行香港分行，拒付信用证项下款项。10月11日，承运人所属的"科达—玛珠"轮抵湛江港。湛江船代公司为承运人委托的船务代理。18日，"科达—玛珠"轮卸货完毕，存放于港区仓库。20日，湛江纺织公司向湛江船代公司出具保证函，保证承担凭副本提单提货可能产生的责任，湛江船代同意交付货物。31日，提货完毕。卖方知道后与买方通过传真方式就货物质量及货款支付问题进行协商，并将信用证货款支付方式改为电汇方式，且收取了买方支付的60万美元的部分货款。因余款得不到偿付，卖方遂依据其持有的提单起诉湛江船代公司、买方及湛江纺织公司。[1]

[法律问题]

1. 无正本提单放货行为的法律性质是什么？
2. 卖方能否凭所持有的正本提单要求买方、承运人承担责任？

[法律分析]

1. 关于无正本提单放货行为的法律性质的认定，存在着争议。一种观点认为持有人是运输合同的第三方，与承运人没有合同关系，因此，无单放货是一种侵权行为。另一种观点认为，无正本提单放货行为是一种违约行为，因为提单是提单的合法持有人与承运人之间的合同，提单要求凭正本提单交货，当承运人凭副本提单放货时即应承担违反合同的责任。第三种观点认为无正本提单放货是侵权与违约的一种竞合。在我国司法实践中有的采用的是违约责任说，有的采用的是侵权责任说，有的采用的是竞合。但更多地倾向于违约责任说。

2. 卖方不能凭所持有的正本提单要求买方、承运人承担责任。本案中，当货物运抵湛江港时，卖方合法持有提单，是提单项下货物的所有权人。湛江船

---

[1] 杨军编著：《海商法案例教程》，北京大学出版社2003年版，第88页。

代公司作为承运人的代理人没有收回正本提单，而凭保函交付货物，违反了凭正本提单交货的国际航运惯例。三被告应为其行为给卖方造成的损失承担责任。但是，卖方作为提单持有人，在知道买方未付款而提取货物以后，并未通过提单关系向三被告主张权利，而是与买方协商货款支付方式，并将跟单信用证方式改为银行电汇且实际收取了部分货款。卖方的上述诸行为应视为既认可了买方无单提货行为，同时也认可了湛江船代公司无单交货行为。此时，货物所有权已转移给买方。特别重要的是，买卖双方已协商改变了货款支付方式，标志着提单不再具有物权凭证的效力，卖方持有的提单只是运输合同的证明和交付货物的凭证。所以卖方依据不再具有物权效力的提单，向三被告索赔货款及利息损失的主张，不应获得法院支持。

[相关法律]

《中华人民共和国海商法》

第72条 货物由承运人接收或者装船后，应托运人的要求，承运人应当签发提单。

提单可以由承运人授权的人签发。提单由载货船舶的船长签发的，视为代表承运人签发。

第78条 承运人同收货人、提单持有人之间的权利、义务关系，依据提单的规定确定。

收货人、提单持有人不承担在装货港发生的滞期费、亏舱费和其他与装货有关的费用，但是提单中明确载明上述费用由收货人、提单持有人承担的除外。

《中华人民共和国民法通则》

第72条 财产所有权的取得，不得违反法律规定。

按照合同或者其他合法方式取得财产的，财产所有权从财产交付时起转移，法律另有规定或者当事人另有约定的除外。

2.《海牙规则》。

(1)《海牙规则》中承运人最低限度的两项义务。

第一，保证船舶适航。

案例七：　　　　船舶设计缺陷导致船舶不适航

[案情简介]

"大兴"轮是一艘刚制造好的货轮，在其首次航行中，机房发生火灾，火势蔓延成灾，给船货造成重大损失。事后查明该轮所有的灭火设备都被设计集中安放在机房内，而火情恰恰就起于机房，导致船员们不能利用消防设备及时灭火。货主遂以该船不适航为由要求承运人赔偿货损。承运人则认为该船系初次下水的新船，并非超龄服役的破旧船，无论是该轮的船体强度还是船机性能和状态均能抵御该航次通常所能预见的风险，应为适航。至于火灾是因意外或不可预知之事发生，这本身并不构成该船的不适航。根据《海牙规则》的相关规定，由火灾所引起的货损，承运人可享有法定免责。

［法律问题］

根据《海牙规则》的规定，该船是否适航？

［法律分析］

该船不适航。《海牙规则》第3条第1款规定，承运人须在开航前和开航时恪尽职责：（a）使船舶适于航行；（b）适当地配备船员、装备船舶和供应船舶；（c）使货舱、冷藏舱和该船其他载货处所能适宜和安全地收受、运送和保管货物。本案中，尽管该船是一艘新船，船本身结构、性能等均完好，但毕竟是由于该工程师将船上所有灭火器械都集中安放在机房这一设计错误，才导致了当机房起火后，船员干着急而不能取出灭火设施迅速投入灭火行动，只能眼巴巴地看着火势蔓延，最终导致船货两失。因此该项设计上的错误使该轮无法满足航程中的安全要求，当然是不适航的。

［相关法律］

《海牙规则》

第3条第1款

1. 承运人须在开航前和开航时恪尽职责：

（a）使船舶适于航行；

（b）适当地配备船员、装备船舶和供应船舶；

（c）使货舱、冷藏舱和该船其他载货处所能适宜和安全地收受、运送和保管货物。

第4条第1款

1. 不论承运人或船舶，对于因不适航所引起的灭失或损坏，都不负责，除非造成损失的原因是由于承运人未按第3条第1款的规定，恪尽职责；使船舶适航；保证适当地配备船员、装备和供应该船，以及使货舱、冷藏舱和该船的其他装货处所能适宜并安全地收受、运送和保管货物。凡由于船舶不适航所引起的灭失和损害，对于已恪尽职责的举证责任，应由根据本条规定要求免责的承运人或其他人承担。

《中华人民共和国海商法》

第47条　承运人在船舶开航前和开航当时，应当谨慎处理，使船舶处于适航状态，妥善配备船员、装备船舶和配备供应品，并使货舱、冷藏舱、冷气舱和其他载货处所适于并能安全收受、载运和保管货物。

案例八：船舶不能抵御预定航线上通常风浪的袭击导致船舶不适航

[案情简介]

有一艘500总吨重的货船，一向都能妥善予以维修，船上设备亦良好，在一次横渡北大西洋的航程中遭遇风浪，船体抵挡不住巨浪的冲击出现裂缝，海水因而渗入舱内浸湿货物，货物湿损。货主以该船不适航将船东告上法庭，索赔货损。船东在充分证明了该船结构及设备完好后，认为该船完全适航，途中所受巨浪袭击属于天灾，船东不应负责。

[法律问题]

根据《海牙规则》的规定，该船是否适航？

[法律分析]

根据《海牙规则》的规定，船舶须足以承受预定航线上通常的风浪袭击。因此，适航的要求应完全从具体实际情况出发，而并非不切实际地提出一些空泛抽象、不着边际的要求。对于不同的航线有不同的要求，我们不能要求一艘小小的渡轮也要具备环球航行的能力。同样也不能以此航线之标准来要求彼航线的船舶，而只能具体地以该轮预定行走的航线作为制定适航标准。本案中的预定航线是冬季的北大西洋，而在北大西洋，大风浪属正常情况。船东以一艘尽管是结构完好的500总吨重的船舶来横渡北大西洋这样经常波涛汹涌的航线，本身就不适航。

[相关法律]

《海牙规则》

第3条第1款

1. 承运人须在开航前和开航时恪尽职责：

（a）使船舶适于航行；

（b）适当地配备船员、装备船舶和供应船舶；

（c）使货舱、冷藏舱和该船其他载货处所能适宜和安全地收受、运送和保管货物。

第4条第1款

1. 不论承运人或船舶，对于因不适航所引起的灭失或损坏，都不负责，除非造成损失的原因是由于承运人未按第3条第1款的规定，恪尽职责；使船舶适航；保证适当地配备船员、装备和供应该船，以及使货舱、冷藏舱和该船的其他装货处所能适宜并安全地收受、运送和保管货物。凡由于船舶不适航所引起的灭失和损害，对于已恪尽职责的举证责任，应由根据本条规定要求免责的承运人或其他人承担。

《中华人民共和国海商法》

第47条　承运人在船舶开航前和开航当时，应当谨慎处理，使船舶处于适航状态，妥善配备船员、装备船舶和配备供应品，并使货舱、冷藏舱、冷气舱和其他载货处所适于并能安全收受、载运和保管货物。

案例九：　　　　　　　船舶未妥善配备船员

[案情简介]

中国A公司的一批散装玉米载于某船公司的"丰业"轮，于2012年1月15日由中国大连前往加拿大的温哥华。船舶抵达温哥华时，该轮二管进行泵水作业时因业务不精（且未获得相应的资格证书），错开阀门，使水进入第二舱，导致中国A公司的货物湿损。

中国A公司要求某船公司赔偿损失，理由是：船公司没有慎重配备具有经验、能力和可靠的二管轮，故船员未妥善配备。该项货损完全由于船公司未恪尽职责所致。船公司却主张，该项货损纯属管船过失所致，根据加拿大1996年《水上货物运输法》第4条第2款的规定，他对该项货损可以免责。

[法律问题]

根据《海牙规则》的规定，该船是否适航？

[法律分析]

根据《海牙规则》的规定，妥善配备船员是船舶适航的条件之一，承运人在船舶开航之前配备的船员应当足数和合格，船员的配备足数而不合格，或合格又不足数，都属于不适航。承运人配备船员应根据船舶和货物管理以及航行航线的需要而定，即应安排各方面有相当技能和经验的能胜任各方面工作的船员，尤其对高级船员的配备更应慎重。否则，承运人只能承担因船员配备不当而引起的不适航责任。本案中，该轮二管轮因业务不精，且未获得相应资格证书。显然承运人未妥善配备船员，因此船舶不适航。

[相关法律]

《海牙规则》

第3条第1款

1. 承运人须在开航前和开航时恪尽职责：

（a）使船舶适于航行；

（b）适当地配备船员、装备船舶和供应船舶；

(c) 使货舱、冷藏舱和该船其他载货处所能适宜和安全地收受、运送和保管货物。

第4条第1款

1. 不论承运人或船舶,对于因不适航所引起的灭失或损坏,都不负责,除非造成损失的原因是由于承运人未按第3条第1款的规定,恪尽职责;使船舶适航;保证适当地配备船员、装备和供应该船,以及使货舱、冷藏舱和该船的其他装货处所能适宜并安全地收受、运送和保管货物。凡由于船舶不适航所引起的灭失和损害,对于已恪尽职责的举证责任,应由根据本条规定要求免责的承运人或其他人承担。

《中华人民共和国海商法》

第47条 承运人在船舶开航前和开航当时,应当谨慎处理,使船舶处于适航状态,妥善配备船员、装备船舶和配备供应品,并使货舱、冷藏舱、冷气舱和其他载货处所适于并能安全收受、载运和保管货物。

第二,妥善和谨慎地管理货物。

案例十: 承运人是否尽到妥善和谨慎地管货义务

[案情简介]

某船公司于冬季自北欧某港口装上一批打印用的卷筒纸运往远东地区。在北欧装货的时候是冰天雪地的,卷筒纸温度亦很低,装船时简直像冰块一样,但在运往远东途中经过炎热的地区,温度相差很大,结果抵达目的港后,发现绝大多数纸张由于吸入湿气而起皱。货主以承运人未能妥善照料和保管货物,致使纸张因严重影响印刷质量而无法使用为由,要求承运人赔偿损失。承运人则抗辩称,全船船员为了照料和保管这批纸张几乎不分昼夜守护在卷筒纸旁边,可谓已尽到妥善和谨慎照料、保管货物的义务。之所以如此精心照管亦于事无补,纯系纸张易吸水这一货物内在特性使然。加之,该批货在北欧装船是正值冰天雪地的严冬,卷筒纸的温度亦很低,而在运往远东途中却要经过炎热的地区,温度相差甚大,这样就使得暖空气的湿气遇冷凝聚成水,如此造成货损的原因实与承运人无关。[1]

[法律问题]

根据《海牙规则》的规定,承运人是否尽到了妥善和谨慎地管理货物的义务?

---

[1] 杨军编著:《海商法案例教程》,北京大学出版社2003年版,第159页。

[法律分析]

承运人没有尽到妥善和谨慎地管理货物的义务。《海牙规则》第2条规定，除遵照第6条规定外，每个海上货物运输合同的承运人，对有关货物的装载、搬运、配载、运送、保管、照料和卸载，都应按照下列规定承担责任和义务，并享受权利和豁免。"妥善"一词是指对前述七个工作环节有一个良好的系统，它的本质是技术性的。本案承运人所提出的纸张易吸水特性及航行区间温差变化过大确属实情，但是否就意味着无法避免货损呢？通常欧洲的一些享有盛誉、经验丰富的班轮公司在自北欧严寒的地方装运卷筒纸运往远东时，都能通过采取一系列的技术措施使卷筒纸不吸水，这些班轮公司事先经研究后制定出一整套的湿度通风制度：严格控制运载中舱内的温度及湿度，有预定的图表规定何时通风何时关闭通风，甚至途中按不同地区的水温而将舱壁的压舱水更换六次，以期使舱内气温随之逐渐改变。本案中，尽管承运人的全船船员不分日夜守护在卷筒纸的旁边，也肯定于事无补，因为纸张仍会吸入湿气，这样只能说承运人已尽到谨慎的义务，而未能做到妥善。

[相关法律]

《海牙规则》

第2条 除遵照第6条规定外，每个海上货物运输合同的承运人，对有关货物的装载、搬运、配载、运送、保管、照料和卸载，都应按照下列规定承担责任和义务，并享受权利和豁免。

第3条

1. 承运人须在开航前和开航时恪尽职责：

(a) 使船舶适于航行；

(b) 适当地配备船员、装备船舶和供应船舶；

(c) 使货舱、冷藏舱和该船其他载货处所能适宜和安全地收受、运送和保管货物。

2. 除遵照第4条规定外，承运人应适当和谨慎地装卸、搬运、配载、运送、保管、照料和卸载所运货物。

第4条

1. 不论承运人或船舶，对于因不适航所引起的灭失或损坏，都不负责，除非造成损失的原因是由于承运人未按第3条第1款的规定，恪尽职责；使船舶适航；保证适当地配备船员、装备和供应该船，以及使货舱、冷藏舱和该船的其他装货处所能适宜并安全地收受、运送和保管货物。凡由于船舶不适航所引起的灭失和损害，对于已恪尽职责的举证责任，应由根据本条规定要求免责的承运人或其他人承担。

2. 不论承运人或船舶，对由于下列原因引起或造成的灭失或损坏，都不负责：

（a）船长、船员、引水员或承运人的雇佣人员，在航行或管理船舶中的行为、疏忽或不履行义务。

（b）火灾，但由于承运人的实际过失或私谋所引起的除外。

（c）海上或其他能航水域的灾难、危险和意外事故。

（d）天灾。

（e）战争行为。

（f）公敌行为。

（g）君主、当权者或人民的扣留或管制，或依法扣押。

（h）检疫限制。

（i）托运人或货主、其代理人或代表的行为或不行为。

（j）不论由于任何原因所引起的局部或全面罢工、关厂停止或限制工作。

（k）暴动和骚乱。

（l）救助或企图救助海上人命或财产。

（m）由于货物的固有缺点、性质或缺陷引起的体积或重量亏损，或任何其他灭失或损坏。

（n）包装不善。

（o）唛头不清或不当。

（p）虽恪尽职责亦不能发现的潜在缺点。

（q）非由于承运人的实际过失或私谋，或者承运人的代理人，或雇佣人员的过失或疏忽所引起的其他任何原因；但是要求引用这条免责利益的人应负责举证，证明有关的灭失或损坏既非由于承运人的实际过失或私谋，亦非承运人的代理人或雇佣人员的过失或疏忽所造成。

《中华人民共和国海商法》

第48条　承运人应当妥善地、谨慎地装载、搬移、积载、运输、保管、照料和卸载所运货物。

第51条　在责任期间货物发生的灭失或者损坏是由于下列原因之一造成的，承运人不负赔偿责任：

（一）船长、船员、引航员或者承运人的其他受雇人在驾驶船舶或者管理船舶中的过失；

（二）火灾，但是由于承运人本人的过失所造成的除外；

（三）天灾，海上或者其他可航水域的危险或者意外事故；

（四）战争或者武装冲突；

（五）政府或者主管部门的行为、检疫限制或者司法扣押；

（六）罢工、停工或者劳动受到限制；

（七）在海上救助或者企图救助人命或者财产；

（八）托运人、货物所有人或者他们的代理人的行为；

（九）货物的自然特性或者固有缺陷；

（十）货物包装不良或者标志欠缺、不清；

（十一）经谨慎处理仍未发现的船舶潜在缺陷；

（十二）非由于承运人或者承运人的受雇人、代理人的过失造成的其他原因。

承运人依照前款规定免除赔偿责任的，除第 2 项规定的原因外，应当负举证责任。

(2)《海牙规则》中承运人的免责事项。

案例十一： 承运人管理船舶和驾驶船舶中的过失可以免责，管货过失不能免责

[案情简介]

情形一：某船在航行中，由于天气恶劣，船艏某些排水管堵塞，水充满船艏楼，水手长用锤和铁棒修通管道，不慎将水管弄破，水进入货舱，造成货损。

情形二：某船在航行中，燃油舱内燃油因天气寒冷而冻结。船员将燃油舱加热，以使燃油融化，但因不慎，回执温度过高，燃油舱上的货舱温度增高，舱内装载的大豆受损。

情形三：某船备有冷气设备，装运黄油，在运输途中，由于船员没有注意保持船舶内的适当温度，以致黄油受损。

情形四：某船员装载水泥，船员在离开货舱时没把防水盖关好，后因海水入舱使水泥受损。货主主张承运人管货过失而要求索赔。承运人则主张依靠"管理船舶上的疏忽或过失"这一免责项目免责。[1]

[法理问题]

根据《海牙规则》的规定，分析上述四种情形，哪些属管船行为，哪些属管货行为？

[法律分析]

一般情况下，管船与管货过失的区分标准在于，某项行为的直接目的是针

---

[1] 杨军编著：《海商法案例教程》，北京大学出版社 2003 年版，第 167 页。

对船舶本身，还是针对货物本身。上述四种情形中，情形一、情形二中的行为属管船行为，情形三和情形四中的行为属管货行为。对于情形一来说，水手长用锤和铁棒修通排水管，其行为的直接目的是针对船舶的，属于管船过失行为，承运人对此行为造成的货损可以免责。对于情形二来说，船员为使燃油融化而加热燃油舱，其行为的直接目的也是针对船舶的，管船过失在先而间接引致货损在后，应属于管船过失，承运人对由此引致的货损可以免责。对于情形三而言，船员未使货舱的温度适合所载货物，此行为属于管货过失行为，承运人对此行为所致的货损不能免责。对于情形四而言，船员进出货舱并非出于管理船舶的需要，他的原始动机是为察看舱内货物，应属管理货物的范围，所以出舱后忘记关好防水盖乃属管货过失行为，此行为引致的货损承运人不能免责。

[相关法律]

《海牙规则》

第2条 除遵照第6条规定外，每个海上货物运输合同的承运人，对有关货物的装载、搬运、配载、运送、保管、照料和卸载，都应按照下列规定承担责任和义务，并享受权利和豁免。

第3条

1. 承运人须在开航前和开航时恪尽职责：

（a）使船舶适于航行；

（b）适当地配备船员、装备船舶和供应船舶；

（c）使货舱、冷藏舱和该船其他载货处所能适宜和安全地收受、运送和保管货物。

2. 除遵照第4条规定外，承运人应适当和谨慎地装卸、搬运、配载、运送、保管、照料和卸载所运货物。

第4条

1. 不论承运人或船舶，对于因不适航所引起的灭失或损坏，都不负责，除非造成损失的原因是由于承运人未按第3条第1款的规定，恪尽职责；使船舶适航；保证适当地配备船员、装备和供应该船，以及使货舱、冷藏舱和该船的其他装货处所能适宜并安全地收受、运送和保管货物。凡由于船舶不适航所引起的灭失和损害，对于已恪尽职责的举证责任，应由根据本条规定要求免责的承运人或其他人承担。

2. 不论承运人或船舶，对由于下列原因引起或造成的灭失或损坏，都不负责：

（a）船长、船员、引水员或承运人的雇佣人员，在航行或管理船舶中的行为、疏忽或不履行义务。

（b）火灾，但由于承运人的实际过失或私谋所引起的除外。
（c）海上或其他能航水域的灾难、危险和意外事故。
（d）天灾。
（e）战争行为。
（f）公敌行为。
（g）君主、当权者或人民的扣留或管制，或依法扣押。
（h）检疫限制。
（i）托运人或货主、其代理人或代表的行为或不行为。
（j）不论由于任何原因所引起的局部或全面罢工、关厂停止或限制工作。
（k）暴动和骚乱。
（l）救助或企图救助海上人命或财产。
（m）由于货物的固有缺点、性质或缺陷引起的体积或重量亏损，或任何其他灭失或损坏。
（n）包装不善。
（o）唛头不清或不当。
（p）虽恪尽职责亦不能发现的潜在缺点。
（q）非由于承运人的实际过失或私谋，或者承运人的代理人，或雇佣人员的过失或疏忽所引起的其他任何原因；但是要求引用这条免责利益的人应负责举证，证明有关的灭失或损坏既非由于承运人的实际过失或私谋，亦非承运人的代理人或雇佣人员的过失或疏忽所造成。

《中华人民共和国海商法》

第 48 条　承运人应当妥善地、谨慎地装载、搬移、积载、运输、保管、照料和卸载所运货物。

第 51 条　在责任期间货物发生的灭失或者损坏是由于下列原因之一造成的，承运人不负赔偿责任：

（一）船长、船员、引航员或者承运人的其他受雇人在驾驶船舶或者管理船舶中的过失；

（二）火灾，但是由于承运人本人的过失所造成的除外；

（三）天灾，海上或者其他可航水域的危险或者意外事故；

（四）战争或者武装冲突；

（五）政府或者主管部门的行为、检疫限制或者司法扣押；

（六）罢工、停工或者劳动受到限制；

（七）在海上救助或者企图救助人命或者财产；

（八）托运人、货物所有人或者他们的代理人的行为；

（九）货物的自然特性或者固有缺陷；

（十）货物包装不良或者标志欠缺、不清；

（十一）经谨慎处理仍未发现的船舶潜在缺陷；

（十二）非由于承运人或者承运人的受雇人、代理人的过失造成的其他原因。

承运人依照前款规定免除赔偿责任的，除第 2 项规定的原因外，应当负举证责任。

案例十二： 货物的自然特性或者固有缺陷引致的货损可免责

[案情简介]

某货主的 1200 箱咸鱼被装运于 Maltasian 号轮上，于 1961 年 9 月 15 日由格拉斯哥运往热那亚。清洁提单上并入了 1924 年《海牙规则》的有关规定。货物抵达热那亚后，发现咸鱼变红而受损，货主以船东在货物积载和通风方面有过失，因而违反了 1924 年《海牙规则》第 3 条第 2 款的规定为由诉至法院。船东辩称货损是由于货物固有瑕疵或潜在缺陷所致，一方面是盐量不足以防菌使咸鱼变红所致，另一方面是鱼本身就带有某些特殊的细菌。当鱼死后，这些细菌在华氏 41 度以上即开始生长，在华氏 51 度以上则迅速繁殖。而该航次货舱的温度超过华氏 41 度，因为该轮货舱并非冷藏舱，托运人也无特别指示，仅在箱上标明"请勿靠近发动机与锅炉"。故该情况应属于《海牙规则》第 4 条第 2 款第 13 项的免责范围。

一审法院判货损是因船东违反运输合同所致，船东败诉。船东不服而上诉。上诉法院撤销了一审判决，主张船东可根据 1924 年《海牙规则》免责。货主不服又诉至英国上议院，上议院判决撤销上诉，船东无需负责。[1]

[法律问题]

承运人对咸鱼变红而遭受的损失能否免责？

[法律分析]

承运人对咸鱼变红而遭受的损失能够免责。根据《海牙规则》第 4 条第 2 款第 13 项的规定，承运人对由于货物的固有瑕疵、性质或缺陷引起的体积或重量亏损，或任何其他灭失或损坏，可以免责。一般而言，该项规定指货物的正常耗量，像装载原油会有部分黏附舱壁，部分结块不能泵出等，只要损失数量不超出此数，船东就可以免责，但往往很难举证。

---

[1] 杨军编著：《海商法案例教程》，北京大学出版社 2003 年版，第 182 页。

至于货物的固有瑕疵所造成的损害，情况则比较复杂。这些损害包括有易腐货物会变坏，谷物会生虫，煤炭和鱼粉会自燃等。本案中的货损就是由于咸鱼本身具有这种细菌，加上本航程船上所能提供的特定温度条件所致，再者，妥善照料货物的责任也并非要求履行不能履行的义务，因为该轮并非冷藏舱，不可能提供华氏41度以下的温度。因此，本案中咸鱼的损失是其自身瑕疵所造成的，承运人可以免责。

[相关法律]

《海牙规则》

第4条

1. 不论承运人或船舶，对于因不适航所引起的灭失或损坏，都不负责，除非造成损失的原因是由于承运人未按第3条第1款的规定，恪尽职责；使船舶适航；保证适当地配备船员、装备和供应该船，以及使货舱、冷藏舱和该船的其他装货处所能适宜并安全地收受、运送和保管货物。凡由于船舶不适航所引起的灭失和损害，对于已恪尽职责的举证责任，应由根据本条规定要求免责的承运人或其他人承担。

2. 不论承运人或船舶，对由于下列原因引起或造成的灭失或损坏，都不负责：

（a）船长、船员、引水员或承运人的雇佣人员，在航行或管理船舶中的行为、疏忽或不履行义务。

（b）火灾，但由于承运人的实际过失或私谋所引起的除外。

（c）海上或其他能航水域的灾难、危险和意外事故。

（d）天灾。

（e）战争行为。

（f）公敌行为。

（g）君主、当权者或人民的扣留或管制，或依法扣押。

（h）检疫限制。

（i）托运人或货主、其代理人或代表的行为或不行为。

（j）不论由于任何原因所引起的局部或全面罢工、关厂停止或限制工作。

（k）暴动和骚乱。

（l）救助或企图救助海上人命或财产。

（m）由于货物的固有缺点、性质或缺陷引起的体积或重量亏损，或任何其他灭失或损坏。

（n）包装不善。

（o）唛头不清或不当。

（p）虽恪尽职责亦不能发现的潜在缺点。

（q）非由于承运人的实际过失或私谋，或者承运人的代理人，或雇佣人员的过失或疏忽所引起的其他任何原因；但是要求引用这条免责利益的人应负责举证，证明有关的灭失或损坏既非由于承运人的实际过失或私谋，亦非承运人的代理人或雇佣人员的过失或疏忽所造成。

《中华人民共和国海商法》

第4条　承运人应当妥善地、谨慎地装载、搬移、积载、运输、保管、照料和卸载所运货物。

第51条　在责任期间货物发生的灭失或者损坏是由下列原因之一造成的，承运人不负赔偿责任：

（一）船长、船员、引航员或者承运人的其他受雇人在驾驶船舶或者管理船舶中的过失；

（二）火灾，但是由于承运人本人的过失所造成的除外；

（三）天灾，海上或者其他可航水域的危险或者意外事故；

（四）战争或者武装冲突；

（五）政府或者主管部门的行为、检疫限制或者司法扣押；

（六）罢工、停工或者劳动受到限制；

（七）在海上救助或者企图救助人命或者财产；

（八）托运人、货物所有人或者他们的代理人的行为；

（九）货物的自然特性或者固有缺陷；

（十）货物包装不良或者标志欠缺、不清；

（十一）经谨慎处理仍未发现的船舶潜在缺陷；

（十二）非由于承运人或者承运人的受雇人、代理人的过失造成的其他原因。

承运人依照前款规定免除赔偿责任的，除第2项规定的原因外，应当负举证责任。

（3）承运人的责任限制。

案例十三：　　　　　　每件或每单位的确定

[案情简介]

由船方签发的提单上注明货方的2000袋大豆被装在货方自备的6个集装箱内。途中出现货损，货方索赔并主张承运人的赔偿责任应限制在2000袋×100英镑，即20万英镑。而船方则坚持认为应是6×100英镑的600英镑。

[法律问题]

根据《海牙规则》的规定，船货双方的主张哪个合理？

[法律分析]

根据《海牙规则》的规定，其责任限制是以集装箱内货物的件数为基础计算的，而非以多少个集装箱为准。除非在提单内根本没有说明（或没有清楚说明）集装箱内的货物是否分开件数时，才会视集装箱为1个单件。所以本案中应以每一袋装为一单件计算责任限制。

[相关法律]

《海牙规则》

第3条

3. 承运人或船长或承运人的代理人在收受货物归其照管后，经托运人的请求，应向托运人签发提单，其上载明下列各项：

（a）与开始装货前由托运人书面提供相同的、为辨认货物所需的主要唛头，如果这项唛头是以印戳或其他方式标示在不带包装的货物上，或在其中装有货物的箱子或包装物上，该项唛头通常应在航程终了时仍能保持清晰可认。

（b）托运人用书面提供的包数或件数，或数量，或重量。

（c）货物的表面状况。

但是，承运人、船长或承运人的代理人，不一定必须将任何货物的唛头、号码、数量或重量表明或标示在提单上，如果他有合理根据怀疑提单不能正确代表实际收到的货物，或无适当方法进行核对的话。

第4条

5. 承运人或是船舶，在任何情况下对货物或与货物有关的灭失或损害，每件或每计费单位超过一百英镑或与其等值的其他货币的部分，都不负责；但托运人于装货前已就该项货物的性质和价值提出声明，并已在提单中注明的，不在此限。

该项声明如经载入提单，即作为初步证据，但它对承运人并不具有约束力或最终效力。

经承运人、船长或承运人的代理人与托运人双方协议，可规定不同于本款规定的另一最高限额，但该最高限额不得低于上述数额。

如托运人在提单中故意谎报货物性质或价值，则在任何情况下，承运人或是船舶，对货物或与货物有关的灭失或损害，都不负责。

《海牙规则》下的单件责任制是以集装箱内货物的件数为基础来计算的，而非以多少个集装箱为准。除非在提单内根本没有说明（或没有清楚说明）集装箱内的货物是否分开件数时，才会视集装箱为一个单件。故应以每一袋装为一单件计算责任限制。

（4）承运人的责任期间。

案例十四： 越过船舷后是否还适用《海牙规则》？

[案情简介]

某船公司在卸货时不小心操作，在吊过了船栏后货物（一套大型机器设备）径直掉下砸毁在码头。收货人 A 公司认为货已过了船舷，提单中所约定适用的《海牙规则》关于承运人责任限制的规定不应再适用，当然该规则的最高赔偿限额也就不能再予适用，故承运人应赔偿实际货值20万美元，但船公司却认为，虽然货物已越过船舷，却并不意味着《海牙规则》所规定的责任期间已结束而不能再适用，因此仍应适用《海牙规则》。其只需依每件最高赔偿额——100英镑（我国航运实践中其折算为700元人民币）赔偿给收货人，虽然该套大型机器设备的实际价值远远超过此数，但它仍是一件货物。

[法律问题]

本案中，就大型机器设备发生的损失，承运人是否能适用《海牙规则》中的责任限制？

[法律分析]

承运人能适用《海牙规则》中的责任限制。在《海牙规则》中，承运人的责任期间，是从货物装上船时起至卸下船时为止，通常以在装货港船上吊钩钩住货物时起到卸货时脱离船钩时为止，如果是使用岸吊，则以货物超过船舷时为准，前者称"钩到钩"，后者称"舷到舷"。规定这样的责任期间主要是为了避免当货物卸离船后再运送到最后目的地时，收货人发觉货物受损要原承运人负责，从而造成对货物已失去控制的原承运人的不公平的情况。

若仅从字面理解，收货人对案情中的"舷到舷"和"钩到钩"的理解似乎是正确的。但若从《海牙规则》的整体来看，尤其是从该规则第3条第2款的要求承运人应妥善与小心装卸货物来看，理应包含整个装卸作业过程。所以不能割裂地理解上述两原则。基于此，上述两原则应被理解为"承运人的责任期限从货物开始装船，吊钩受力的时间开始，直至全部货物卸下脱离吊钩为止"，而不能简单地作字面理解。换言之，不应把"船舷"视作一条绝对的界线。因此，本案中，就大型机器设备发生的损失，承运人仍能适用《海牙规则》中的责任限制，依《海牙规则》所规定的赔偿限额来赔。

[相关法律]

《海牙规则》

第1条 本公约所用下列各词，涵义如下：

（a）"承运人"包括与托运人订有运输合同的船舶所有人或租船人。

（b）"运输合同"仅适用于以提单或任何类似的物权证件进行有关海上货物运输的合同；在租船合同下或根据租船合同所签发的提单或任何物权证件，在它们成为制约承运人与凭证持有人之间的关系准则时，也包括在内。

（c）"货物"包括货物、制品、商品和任何种类的物品，但活牲畜以及在运输合同上载明装载于舱面上并且已经这样装运的货物除外。

（d）"船舶"是指用于海上货物运输的任何船舶。

（e）"货物运输"是指自货物装上船时起，至卸下船时止的一段期间。

第2条 除遵照第6条规定外，每个海上货物运输合同的承运人，对有关货物的装载、搬运、配载、运送、保管、照料和卸载，都应按照下列规定承担责任和义务，并享受权利和豁免。

第3条

2. 除遵照第4条规定外，承运人应适当和谨慎地装卸、搬运、配载、运送、保管、照料和卸载所运货物。

第7条 本条约中的任何规定，都不妨碍承运人或托运人就承运人或船舶对海运船舶所载货物于装船以前或卸船以后所受灭失或损害，或与货物的保管、照料和搬运有关的灭失或损害所应承担的责任与义务，订立任何协议、规定、条件、保留或免责条款。

（二）租船合同

案例十五：　　　　航次租船合同装卸时间与滞期费

[案情简介]

2008年6月20日，荷兰A公司承租了某船公司的"旺发"轮，航程为从广州黄埔到荷兰鹿特丹。租约采用1976年《金康合同》格式，并规定装货时间为5日。"旺发"轮在2008年7月11日抵达鹿特丹，于当天中午12时整递交了准备就绪通知书。7月16日下午4时港口突发罢工，紧接着又连遭数日大雨，台风侵袭，直到10月7日才恢复正常，租方才能继续卸货。事后，船方依1976年《金康合同》认为，装卸时间应从7月11日下午1时起算，截止于7月16日下午1时止。故滞期时间应从此时起算，而根据"一旦滞期，永远滞期"的法律精神，其后所发生的诸多不幸事件所导致的延滞均应计入滞期。租方则认为租约所采用的金康格式仅规定，中午12时前递交通知书者，从下午1时起算装卸时间，而在中午12时之后递交则应从第二天起算。船方正好在中午12时整递交通知书，理应视为12时之后为宜。故装卸时间应从7月12日上午6时起算至7

月17日上午6时止，而在7月16日下午4时起所发生的事件属于装卸时间的除外原因而应停止计算装卸时间。所以正确的装卸时间应从10月7日港口恢复正常，租方能继续卸货时继续计算完后方可计算滞期时间。

[法律问题]

根据1976年《金康合同》，本案中的装卸时间应如何计算？

[法律分析]

航次租船合同中的装卸时间是指合同当事人约定的，出租人使用船舶装卸货物而不收取额外运费的期限。由于航次租船合同引起的争议多数与装卸时间的计算有关，因此，可以考虑将与装卸时间的计算有关的问题订入合同中，包括装卸时间何时开始起算、装卸时间一旦起算能否暂停？如果泊位进不去，又何时开始起算？港口在何种情况下才算拥挤？在何种天气下才算妨碍船舶装卸货物，不计为装卸时间，是否所有为承租人所用的时间都计为装卸时间，因港口当局的命令而引起的时间损失由谁负担等。

本案引发的装卸时间的争议，看似无关紧要，因为12时整递交通知书，无论是以12时之前对待还是以12时之后对待，期间所差不过仅十几个小时罢了，但本案情况却是例外，对12时整的理解稍有偏差，即会导致3个多月的滞期费能否计算的严重问题。那么本案的装卸时间究竟应该如何计算呢？在1994年《金康合同》出现以前，尽管已有仲裁裁决表明，根据一般的习惯认为12时前也包括12时整，故装卸时间应从下午1时起算，但并不确定。所以为了避免发生纠纷，最好在租约中明确订明"通知书在12时前或12时递交，装卸时间以下午1时起算"。但1994年《金康合同》的出现已彻底解决了这一问题，其第6条中已明确将12时递交就绪准备通知书包括在12时之前，而使得装卸时间从13时起算。

[相关法律]

1976年《金康合同》

第6条 装卸时间

（a）装货和卸货分别计算时间

如果天气许可，货物应在第16栏规定的连续小时数内装完，星期日和节假日除外，除非已经使用，但只计算实际使用的时间。

（b）装货和卸货混合计算时间

如天气许可，货物应在第16栏规定的总的连续小时数内装卸完毕，星期日和节假日除外，除非已经使用，但只计算实际使用的时间。

（c）装卸时间的起算

如装卸准备就绪通知书在中午之前递交，装卸时间从下午1时起算；如通知书在下午办公时间递交，装卸时间从下一个工作日的上午 6 时起算。在装货港，通知书应递交给第 17 栏中规定的托运人，装卸时间起算前已实际使用的时间计为装卸时间。

等待泊位所损失的时间计为装卸时间。

协议选择（a）或（b），并填入第 16 栏。

第 7 条　滞期费

允许货物在装卸两港共有十个连续日的滞期，按第 18 栏中规定的每日费率计算滞期费，不足一日者依比例计算，按日支付。

1994 年《金康合同》

第 6 条　装卸时间

（a）装货和卸货分别计算时间

如天气许可，货物应在第 16 栏规定的连续天/小时数内装完，星期日和节假日除外，除非已使用，但只计算实际使用的时间。

（b）装货和卸货混合计算时间

如天气许可，货物应在第 16 栏规定的总的连续天/小时数内装卸完毕，星期日和节假日除外，除非已使用，但只计算实际使用的时间。

（c）装卸时间的起算

如准备就绪通知书在中午 12 时之前（包括 12 时）递交，装卸时间从下午 1 时起算；如通知书在 12 时以后递交，装卸时间从下一个工作日上午 6 时起算。在装货港，通知书应递交给第 17 栏中规定的托运人。如未指定则递交给 18 栏中的承租人或其代理。在卸货港，通知书应递交给收货人，如未知，则递交给 19 栏中的承租人或其代理。

如船舶到达装/卸港而无泊位，则船舶有权在到达后在办公时间内递交通知书，无论检疫与否，无论清关与否，且如船长保证船舶在各方面均准备完毕，如已靠泊并在各方面做好装/卸准备一样，装卸时间或滞期时间开始计算。从等泊位置移到装/卸泊位的时间不计入装卸时间。

如经检验发现船舶未准备就绪，从发现之时起至再次准备就绪的时间不得计入装卸时间。

装卸时间起算前已实际使用的时间计为装卸时间。

协议选择（a）或（b），并填入第 16 栏。

第 7 条　滞期费

滞期费用由承租人按第 20 栏中规定的每日费率，不足一日者按比例计算，按日支付，并在收到船东的发票后支付。

如未按上述规定支付，船东应给承租人书面通知其在 96 小时内支付，如仍未在此期限内付清，且如船舶在装港，则船东有权在任何时候中止本租约并向其索赔由此引起的任何损失。

案例十六：　　　　　　　　定期船舶

[案情简介]

2012年9月，中国A公司租用了某船公司的"大兴"轮，该船已有15年船龄，租期为2012年10月~2013年4月。租约并没订明要装什么货，船方在交船前作例行的清理货船，做好了装运一般货物的准备工作，但当"大兴轮"抵达交船港时，租船人通知要装散玉米粉，因此，还要进一步做货舱清理工作。租方认为该船交船时并未准备就绪，应属违约，并应停付清理货舱所需时间的租金以及由船方来支付雇用岸上工人的工作费用等。船方为合理减低损失，故一方面仍然照做清理工作，另一方面通知租船人保留追偿的权利，并请公证人验舱证明：该舱暂不适合装运像散装玉米粉这样很清洁的货物，但对一般货物而言则是完全适用的。船舶只做装运一般货物的交船准备工作并无违约，租船人没有理由停租索赔，同时，该等洗舱费用亦应由租船人支付。最后争持的结果是双方各让一步，租船人照付那几日的租金，船东则支付洗舱费用。

[法律问题]

如何看待定期租船合同中货舱备妥的标准问题？

[法律分析]

定期租船合同中的交船是出租人依合同规定将船舶交与承租人使用。在交船问题上主要涉及三个问题：一是交船地点；二是交船日期；三是交船时船舶的状态。本案中涉及的是交船时船舶的状态。期租合同均规定，交船时船舶必须处于适航状态，可供承租人立即进行营运。1993年纽约土产交易格式明确强调，船舶交付时必须能够立即收受货物，其货舱必须清洁、坚实、牢固，且在各方面适用普通货物运输，同时，船舶须备有压舱水和足够开支货物装卸设备的电力。根据1946年纽约土产格式和1993年纽约土产格式第16条的规定，如果船舶未在应交付之日或之前交付并做好交船准备的，承租人有解约的选择权。船舶须在交船时各方面均已处于准备状态，除非已在租约内特别要求，否则货舱应能装载一般货物及所有合法货物。而且由于期租大多允许装多种货物，包括清洁货物，所以交船时仍要将船舱妥善处理以备可装所有的合法货物为宜，只要租约未有明确规定不装清洁货物，就要防范日后租方以该舱不能装载清洁货物为借口来取消合同或索赔损失。实践中租方若想避免日后再起争端，可于租约中加入交船时要"适合装运散装玉米粉"等字名。反之船方也可根据自身情况于租约中具体规定。本案尽管双方握手言和，但实际上结合上述分析及案情来看，应属船方违约。

[相关法律]

1946年纽约土产交易格式

船舶在某地点，于承租人指定的泊位或码头或地点（除第6条另有规定外，船舶在任何潮汐情况下均能安全停靠并保持浮泊），交给承租人使用。如无该种泊位或码头或地点，等待的时间按第5条规定计算。船舶在交付时须做好接收货物的准备，货舱必须打扫干净，且船舶紧密、坚实、牢固，并在各方面适合于货物运输，装备有压载水舱、起货机和具有充分蒸汽动力的辅助锅炉；如未装备有辅助锅炉，则具有足以随时启动所有起货机的其他动力（并按该船舶吨位要求配足高级船员、普通船员、轮机员和生火）……

1993年纽约土产交易格式

第2条　船舶须在××地点交给承租人使用……船舶交付时必须能够立即收受货物，其货舱必须清洁、坚实、牢固且在各方面适合普通货物运输，同时，船舶须备有压载舱水和足够开动货物装卸设备的动力。

出租人须在不少于××天内向承租人发出预计交船日期通知书。

第16条　如果船舶未在应交付之日或之前交付并做好交船准备的，承租人有解约的选择权。……如果出租人预计未能在解约日之前或之日交船，他最早可以在船舶预计驶向交船港口或地点之日7天内，要求承租人宣布是否解约。当承租人选择不解约或未在2天内或解约日之前答复时，出租人发出预计交船日期通知后的第7天即取代原解约日。当船舶继续迟延时，出租人仍有权要求承租人继续宣布是否解约。

案例十七：　　　　　　　　光船租船

[案情简介]

被告隆益工程有限公司（下称"隆益公司"）于2004年6月28日注册成立，股东为被告安庆杰、黄树光、王作远三人，其中安庆杰任董事长，黄树光任经理，王作远任监事。该公司于2007年1月11日被当地工商行政管理局依法吊销，但未予清算。

2004年6月29日，被告黄树光以传真方式冒用鸿源公司（该公司于2008年10月12日更名为"荣通有限公司"，被告安庆杰当时任该公司领导职务，以下简称"荣通公司"）的名义与原告汇祥船务有限公司（以下简称"汇祥公司"）订立光船租赁合同，合同约定：荣通公司租赁汇祥公司"浙普137"号船，租赁期限自 2004 年 6 月 30 日起，为 12+12 个月，每月租赁费为 9 万元人民币，在每月租期开始前支付租金；合同签订时，荣通公司须向原告支付押金 10 万元，在合同履行过程中，如荣通公司未按时支付租赁费，汇祥公司有权解除合同，并由荣通公司承担违约责任及负担由此引起的所有费用；荣通公司如果提前还船或汇祥公司提前收回船舶，须向对方支付违约金 10 万元。

在光船租赁合同开始履行时，隆益公司于 2004 年 6 月 29 日向原告支付租船押金 10 万元，同年 7 月 30 日，支付前三期租金 27 万元，共计 37 万元。

2005 年 1 月 31 日，在《隆益工程有限公司与汇祥船务有限公司财务结算明细》中，第 1 条第 2 项载明：①根据双方签订的合同，租用"浙普 137"号，租金每月 9 万元，自 2004 年 6 月 30 日至 2005 年 1 月 30 日，租期 7 个月，隆益公司应付原告 63 万元。②截至 2005 年 1 月 30 日，隆益公司已付原告租金 27 万元，押金 10 万元，合计 37 万元。③隆益公司还欠原告 36 万元。该明细中签订方隆益公司处有公司章和黄树光的签字。

2005 年 4 月 4 日，原告汇祥公司向荣通公司发出《解除合同通知书》，称因荣通公司从 2004 年 10 月以来拒付租金，至 2005 年 3 月底已拖欠租金人民币 54 万元，要求荣通公司还船。之后，原告因向荣通公司发出《催讨函》，催要租金及相应逾期违约金未果，于 2007 年 4 月 25 日向法院起诉，请求判令荣通公司支付租船费及相应逾期违约金。

在该案审理过程中，2007 年 6 月 17 日，原告与安庆杰、隆益公司签署了《协议书》（以下称《三方协议》），载明：①安庆杰同意代荣通公司向原告支付船舶款 30 万元，上述款项支付完毕后，原告放弃其对荣通公司的权利。②如安庆杰未全部支付上述款项，原告仍有权根据原告与荣通公司的相关协议，就荣通公司所欠全额租费向法院起诉。③隆益公司对上述欠款承担连带清偿责任。

2007 年 6 月底，安庆杰向原告支付款项 10 万元，剩余的 20 万元款项未支付。7 月 10 日，法院发布民事裁定书，准许原告撤回对该案的起诉。在未收到后两期款项的情况下，原告汇祥公司于 2009 年 9 月 30 日提起诉讼。2010 年 3 月 2 日，荣通公司出具声明，称其从未授权黄树光签署涉案光船租赁合同，合同上荣通公司的公司章并非该公司所盖，法定代表人钟金灏的签字也并非其本人签署。经比对，涉案合同上钟金灏的签字与荣通公司提供的签字区别明显。[1]

[法律问题]

1. 本案中光船租赁合同的当事人如何确定？
2. 本案最终应由谁向汇祥公司支付船舶租赁费用并赔偿损失？

---

〔1〕 袁发强主编：《海商法案例教程》，北京大学出版社 2012 年版，第 156 页。

[法律分析]

1. 本案中 2004 年 6 月 29 日签订的光船租赁合同是由原告汇祥公司作为出租人，荣通公司作为承租人签订的，并且双方公司在合同上盖章，黄树光作为荣通公司的代表和船东代表签字。此时，合同双方的当事人应该是汇祥公司与荣通公司。但是，此后有证据表明荣通公司并未授权黄树光签订该合同，合同上荣通公司的公章并非荣通公司所盖，事后荣通公司也未对该签订合同的行为进行追认。因此，黄树光作为荣通公司的代理人签订合同的行为属于无权代理行为，直接约束黄树光本人，其造成的后果和责任应当由他本人承担。因此，光船租赁合同的当事人实为汇祥公司和黄树光。他们应当按照合同的约定全面、适当地履行合同义务并享有合同权利，因不履行合同或不适当履行合同造成对方当事人的损失应当承担相应的责任。

在合同实际履行过程中，汇祥公司将船舶交付给隆益公司，隆益公司支付合同所约定的租船押金及三期船舶租金给原告，并与原告签署了《隆益工程有限公司与汇祥船务有限公司财务结算明细》，其中双方确认"根据双方签订的合同，租用'浙普137'号，租金每月 9 万元，以及隆益公司已付租金和尚欠租金；如果原告解除合同并要求还船，隆益公司应将船舶交付给原告"。这些行为均表明，原告与隆益公司实际履行了光船租赁合同的约定，并且用书面形式对合同的当事人进行了变更。因此，可认定，汇祥公司与隆益公司为变更后合同的双方当事人，双方应当按照光船租赁合同的约定全面适当地履行合同的相关权利义务。

2. 黄树光在没有获得授权且事后也未得到追认的情形下代表荣通公司与原告签订光船租赁合同，其行为为无权代理行为，后果由黄树光本人承担。黄树光作为承租人，应当支付租金。但是，由于隆益公司与原告对租船合同予以变更，承租人变更为隆益公司，因此，黄树光不享有合同权利，也不承担合同义务。隆益公司作为租赁合同的承租人，实际租用了该船舶，应当按照合同约定向原告汇祥公司支付船舶租金。安庆杰作为自愿承担债务的债务加入人，应当在隆益公司所欠全部租金中其承诺的范围内承担共同赔偿责任。

[相关法律]

《中华人民共和国海商法》

第 144 条　光船租赁合同，是指船舶出租人向承租人提供不配备船员的船舶，在约定的期间内由承租人占有、使用和营运，并向出租人支付租金的合同。

第 147 条　在光船租赁期间，承租人负责船舶的保养、维修。

第 152 条　承租人应当按照合同约定支付租金。承租人未按照合同约定的时间支付租金连续超过 7 日的，出租人有权解除合同，并有权要求赔偿因此遭受的损失。

船舶发生灭失或者失踪的,租金应当自船舶灭失或者得知其最后消息之日起停止支付,预付租金应当按照比例退还。

二、国际铁路货物运输

案例十八:　　　　国际铁路货物联运合同纠纷案

[案情简介]

1992年9月17日,广西机械公司(原告)通过福州进出口公司上海办事处向中铁上海公司(被告)办理出口货运委托,要求将价值9万美元的750箱人造革皮夹克由上海铁路运往俄罗斯莫斯科的帕维列兹卡娅站。出口货运委托书注明:发货人广西机械公司;收货人MP DOAN THI KIA HOA, PASSPORT No. 006491, THL: 3315242(即收货人的姓名、护照号码、电话号码);运输方式为铁路运输;委托人要求出3份提单送到指定地点;运费预付,其中上海至满洲里人民币7951.20元,满洲里到莫斯科2250美元。同年10月9日,中铁上海公司接收了所托运的货物,并收取了委托书约定的全部运费后,向广西机械公司签发了华远船务公司(被告)为总经营人的苏联大陆桥运输线(SVB)提单,提单发货人为广西机械公司,承运人为SVB公司,总经营人为华远船务公司;提单收货人填写内容与出口货运委托书相同,并另附有华远船务公司驻莫斯科联络人的详细地址;提单记明货物重量为5344公斤。提单背面条款规定:货方须证明货值在2美元/公斤以上者,SVB最多只赔偿2美元,若货方在提单上声明价格超过2美元/公斤,并经SVB同意,可获得超过2美元/公斤以上的赔偿。但提单未注明货物价格。

同年11月10日,中铁上海公司从上海铁路分局桃浦站发运了该批货物,桃浦站开具了发货人为华远船务公司,到站为莫斯科帕维列兹卡娅站的国际货物联运协定的运单。同年11月18日,该批货物由满洲里站过境。

1993年5月5日,广西机械公司经多次查询,未获到货消息,遂向承运人提出书面索赔。同年10月4日,广西机械公司获得俄方工作人员比留科娃证实货已到站出售的签字证明。华远船务公司经向俄方查询,也获知货物到站由俄方拍卖。双方为此发生争议,广西机械公司向上海铁路运输中级人民法院起诉。

原告广西机械公司起诉称:我公司委托被告中铁上海公司将价值9万美元的1万套人造革夹克,由上海运往莫斯科帕维列兹卡娅站。该被告开具了提单和运单副本。货物发出后,经多次向到站查询,并与被告中铁上海公司联系,均无货物消息。1993年5月5日,我公司致函被告中铁上海公司,提出索赔未果。同年10月4日，经莫斯科铁路局索赔部部长比留科娃证实，货物已于1992年12月20日被到站帕维列兹卡娅站擅自出售。请求判令被告中铁上海公司赔偿货物损失9万美元，退还运费2250美元，人民币7951.20元，赔偿保险费792美元，银行贷款超期罚款148.5美元，利息742.5美元，差旅费、通讯费55 000元，律师费用4万元。

被告中铁上海公司答辩称：本公司并非铁路承运人，而是受原告委托办理运输的代理人。运输的货物被俄方拍卖，原因未查清，不能认定为灭失。华远船务公司是全程运输经营人，负有责任查明货物拍卖的原因，要求追加华远船务公司为共同被告。

追加被告华远船务公司答辩称：我公司与原告并无契约关系，并非本案适格的被告。原告货物灭失与我公司无关。货物由俄方到站出售，无论因收货人未及时提货或到站恶意不当行为引起，均非我公司所能控制。

上海铁路运输中级人民法院一审判决被告华远船务公司赔偿原告广西机械公司货物损失10 688美元，运输费用人民币7951.20元和2250美元，驳回原告其他诉讼请求。广西机械公司不服一审判决，向上海市高级人民法院提起上诉，上海市高级人民法院经审理，判决华远船务公司赔偿广西机械公司货物损失9万美元，保险费损失792美元，运费损失2250美元和7951.20元人民币，驳回其他诉讼请求。宣判后，双方当事人服从判决。

后法院查明以下事实：中铁上海公司系经国家主管部门批准成立的国际货运代理企业，其与华远船务公司订有协议，双方合作经营西伯利亚大陆桥的铁路集装箱运输和整车货运输，华远船务公司提供全程运输提单，承担全程经营人的责任。中铁上海公司负责签发提单，办理中国段的运输。[1]

[法律问题]
1. 本案中谁应当赔偿广西机械公司的损失？
2. SVB提单背面的限额赔偿条款，是否适用于国际铁路联运？

[法律分析]
1. 应由华远船务公司赔偿广西机械公司的损失。本案的国际铁路货物运输关系由两个环节组成：其一，广西机械公司通过福州进出口公司上海办事处向代表全程经营人华远船务公司的中铁上海公司办理托运；其二，华远船务公司经由中铁上海公司向铁路企业再办理国际联运货物的托运。这两个托运环节因承运人不同，出具运输单据不同，形成既有区别又有联系的两个运输法律关系：广西机械公司依据提单与华远船务公司设定了欧亚大陆桥国际铁路联运的契约

---

[1] 案例来源：http://anli.lawtime.cn/jjfhaishang/2006102644761.html。

承托关系；华远船务公司则依据运单与中俄铁路企业设定国际铁路联运实际的运输关系。华远船务公司是联结两个运输法律关系的中间链，起着承上启下的作用。广西机械公司通过福州进出口公司上海办事处提出的出口货运委托，因有中铁上海公司代表全程经营人华远船务公司签发提单而成立。华远船务公司是注册在香港的从事国际货运业务的企业，其通过境内代理人办理部分货运手续，与我国现行工商法规并不抵触。中铁上海公司是合法成立的国际货运代理企业，在本案中代表全程经营人缮制运输单证符合经营范围，且代理过程中并无错误，不应承担责任。广西机械公司交付货物后，从全程经营人手中获取正本提单，可据此主张权利。华远船务公司未提供货物在到达站被处理的有效证据，应对提单持有人承担法律责任。广西机械公司持有 SVB 的正本提单，欲主张托运人的权利，只能向中铁上海公司和华远船务公司提出。作为全程经营人的华远船务公司，既不依据运单向中俄铁路企业行使承运货物灭失索赔权，又提供不出货物去向的证据，对托运人的货损理应承担赔偿责任。中铁上海公司先代表华远船务公司接受广西机械公司提出的货运委托，后代表华远船务公司签发承运提单，最后代表华远船务公司向实际承运人铁路桃浦站办理出口货运手续，按照双边协议，中铁上海公司应是全程契约承运人即全程经营人的代理人。

2. SVB 提单背面的限额赔偿条款，不能适用于国际铁路联运。本案运输货物损失，当事人持有的 SVB 提单背面的限额赔偿条款，属海商法调整的特殊法律制度，但是否也适用于国际铁路联运，我国法律对此并无明确规定。应该说铁路运输的风险比海上运输小得多，如果对承运人过多保护，必定会直接损害托运人或收货人的经济利益，对铁路运输市场会带来负面效应。此外，本案全程经营人的华远船务公司因其运输到达站代理人的不作为，致论争的运送货物被变卖原因不明，同时其对货物的流向亦不能提供有效的证据，这就不能排除华远船务公司依据运单已获得变卖款并高于限额赔偿款的可能性，对其可能获取的这种利益，人民法院不能支持。同时，承运人主张海上运输承运人的限额赔偿制适用，必须有海上运输作为基础，而本案运输根本不存在海上运输的任何环节和事实，因此，在铁路运输中不能适用海上运输承运人的限额赔偿，而应由责任人赔偿全部货物损失。

[相关法律]

《国际铁路货物联运协定》

第 6 条 运单和运单副本

6. 填写运单时，发货人必须注明货物应通过的发送国和各过境国的出口国境站。如果有可能从出口国境站通过邻国的几个进口国境站办理货物运送时，则在运单上还应注明运送所要通过的进口国境站。

发货人应尽可能注明从发站至到站的最短经路所通过的国境站。对过境路只应注明统一运价规程第9条所载的那些国境站。

7. 收货人可以只是一个自然人或法人。在关于地址的记载中，不准许没有收货人的名称和他的通信地址。

第20条 货物运送和交付阻碍

1. 如货物运送遇到阻碍时，应由铁路决定是否需要征求发货人的指示，或者将货物变更运送经路运至到站。铁路有权核收变更经路的运费，并支配相应的运到期限，但由于铁路的过失时除外。

2. 在别无其他运送经路或由于其他原因不可能继续运送，以及发生货物交付阻碍时，则发生阻碍的车站，应立即将这种情况用电报经由发站通知发货人，并征求他的指示。

但是，由于第3条第3款第1项中的原因发生临时性的阻碍时，车站不必征求发货人的指示。

发货人可在运单"发货人的特别声明"栏内注明，货物在运送或交付发生阻碍时应如何处理。如铁路认为这些指示不可能执行时，应要求发货人作出新的指示。

发站根据收到的关于货物运送或交付阻碍的电报，应立即按规定格式将此事通知发货人。发货人必须在通知书背面写明关于如何处理货物的指示，并将通知书返还发站。

发货人在返还通知书时，必须向发站提出运单副本，以便填写发货人的相应指示。发货人如不提出运单副本，则通知书背面的指示即认为无效，发站应将发货人未作指示的事情，通知发生阻碍的车站。这时截留货物的铁路，即按自路国内规章处理。

如发站收到关于变更运送经路或收货人拒绝领取货物的通知时，发货人可不提出运单副本即作出指示。

发货人的指示，由发站通知给发生阻碍的车站。给发货人通知的费用，由发送路按国内规章向发货人核收。

如收货人变更运送合同后，发生货物运送或交付阻碍时，铁路应将这种情况通知曾经提出运送合同变更申请书的收货人。给收货人通知的费用，由到达路按国内规章向收货人核收。

3. 从发生阻碍的车站向发送人发出关于货物运送或交付阻碍的通知时起，如在八昼夜期间内（易腐货物为四昼夜期间内），还未接到发货人的任何可行的指示时，货物应按发生阻碍铁路的现行国内规章处理。

如易腐货物有腐坏的危险时，发生货物运送或交付阻碍的铁路，应不等待四昼夜的期满，即按国内规章处理。

4. 如运送阻碍在未接到发货人的指示前已消除时，则货物截留站应不等待，指示即将货物发往到站，并立即将这一情况通知发货人。

5. 如货物已经变卖，应将卖得款额扣除铁路应收的运送费用（运费、杂费及适当情况下的罚款和其他费用）后交付发货人。如货物卖得的款额不能抵补所算出费用时，发货人必须交付差额。

6. 对于根据第19条变更运送合同的收货人，也适用本条第1款、第3款、第4款和第5款的规定。

7. 在货物运送或交付阻碍时，凡和执行发货人指示有关的一切费用，均应列入运送票据中，以便向发货人或收货人（根据何人支付运送费用而定）核收。

凡和执行收货人指示有关的一切费用，均应列入运送票据中并在到站向收货人核收。

8. 遇有货物运送或交付阻碍时，在变更运送合同的情况下，适用第19条的规定。

第21条 铁路的连带责任

1. 按国际货协运单承运货物的铁路，应负责完成货物的全程运送，直到到站交付货物时为止，如向非参加国际货协铁路的国家办理货物转发送时，直到按另一种国际协定的运单办完运送手续时为止。

2. 每一继续运送的铁路，自接收附有运单的货物时起，即作为参加这项运送合同，并承担因此而发生的义务。

第24条 货物全部或部分灭失的赔偿额

1. 如根据协定的规定，对全部或部分灭失的货物铁路应予赔偿时，这项赔偿额应按外国售货者账单所列的价格，或按这项账单摘录（该摘录应按赔灭请求提出国规定的办法加以证明）中所列的价格计算。

如不能按上述办法确定全部或部分灭失的货物价格时，则货物的价格应由国家鉴定机关确定。

当声明价格的货物全部或部分灭失时，铁路应按声明价格，或相当于货物灭失部分的声明价格的款额给予赔偿。

未声明价格的家庭用品全部或部分灭失时，铁路应按每公斤2.70卢布给予赔偿。

2. 除本条第1款规定的赔偿外，灭失货物或灭失部分货物的运送费用、海关税和因运送发生的其他费用，如未算入货物价格内时，均应予以偿还。

同运送合同无关的费用和损失不应赔偿。

《中华人民共和国民法通则》

第 112 条　当事人一方违反合同的赔偿责任，应当相当于另一方因此所受到的损失。

当事人可以在合同中约定，一方违反合同时，向另一方支付一定数额的违约金；也可以在合同中约定对于违反合同而产生的损失赔偿额的计算方法。

第 113 条　当事人双方都违反合同的，应当分别承担各自应负的民事责任。

三、国际航空货物运输

案例十九：朗力（武汉）注塑系统有限公司与天地国际运输代理（中国）有限公司武汉分公司航空货物运输合同纠纷案

[案情简介]

2010 年 11 月 22 日，朗力（武汉）注塑系统有限公司（下称"朗力公司"）就委托办理国际航空快件运输事宜，与天地国际运输代理（中国）有限公司武汉分公司（下称"天地国际分公司"）签订《国际航空快件运输协议》，协议同时包括《TNT 运输及其他服务条款》等三个附录文件。2011 年 3 月~8 月间，朗力公司多次委托天地国际分公司以快递方式向在法国的收货人运送货物。8 月 30 日，天地国际分公司提取了朗力公司托运的 5 件商品，9 月 13 日运抵法国里昂的 4 件商品被法国收货方签收。9 月 23 日，天地国际分公司以电子邮件通知收货人及朗力公司，失踪的 1 件商品已找到并将于当日到达法国里昂。收货人回复电子邮件，拒绝接收。此后，该件货物从法国通过海运方式运回中国并最终交付给朗力公司。朗力公司提起诉讼，请求确认合同解除，由天地国际分公司赔偿违约损失；天地国际分公司反诉朗力公司支付拖欠运费及利息。[1]

[法律问题]

朗力公司是否有权解除合同并要求天地公司赔偿损失？

[法律分析]

天地国际分公司以航空方式实施了货物的跨国运输行为，其出具的运单项下对应有多件货物，上述货物在运输过程中均可视为独立物，因此货物中的每一件之上，均可视为存在一个独立的运输合同关系。涉案 1 件货物滞后十余日方运抵法国，且法国收货方拒收。而本案争议发生前，双方已发生持续的航空货物运输服务交易的实际履行期限最长未超过 10 日。鉴于航空运输方式的快捷

---

〔1〕 人民法院为"一带一路"建设提供司法服务和保障的典型案例，载 http://www.court.gov.cn/zixun-xiangqing-14897.html.

性以及先前交易形成的运输期限预期,天地国际分公司的运输迟延行为,已构成根本违约,朗力公司可以解除合同,拒收迟延交付的1件商品。

《TNT运输及其他服务条款》约定的承运人免责条款,因违反《统一国际航空运输某些规则的公约》(简称《蒙特利尔公约》)的规定而无效,天地国际分公司应就其运输迟延造成的损失在公约法定限额内承担赔偿责任。

[相关法律]

《1999年蒙特利尔公约》

第8条　多包件货物的凭证

在货物不止一个包件时:

(a)货物承运人有权要求托运人分别填写航空货运单;

(b)采用第4条第2款所指其他方法的,托运人有权要求承运人分别出具货物收据。

第13条　货物的交付

3. 承运人承认货物已经遗失,或者货物在应当到达之日起7日后仍未到达的,收货人有权向承运人行使运输合同所赋予的权利。

第19条　延　误

旅客、行李或者货物在航空运输中因延误引起的损失,承运人应当承担责任。但是,承运人证明本人及其受雇人和代理人为了避免损失的发生,已经采取一切可合理要求的措施或者不可能采取此种措施的,承运人不对因延误引起的损失承担责任。

第22条　延误、行李和货物的责任限额

3. 在货物运输中造成毁灭、遗失、损坏或者延误的,承运人的责任以每公斤17特别提款权为限,除非托运人在向承运人交运包件时,特别声明在目的地点交付时的利益,并在必要时支付附加费。在此种情况下,除承运人证明托运人声明的金额高于在目的地点交付时托运人的实际利益外,承运人在声明金额范围内承担责任。

四、国际货物多式联运

案例二十:　　雁荡山公司诉富天公司等国际多式联运合同纠纷案

[案情简介]

1994年10月4日,原告匈牙利雁荡山国际贸易有限责任公司(下称雁荡山公司)作为买方与温州市进出口公司签订一份售货确认书,购买一批童装,数量500箱,总价为68 180美元。1995年2月11日,温州市进出口公司以托运人身份将该批童装装于一40尺标箱内,交由被告香港富天船务有限公司(下称富天公司)所属"金泉"轮(M/V Jian Quan)承运。富天公司加封铅,箱号为SCXU5028957,铅封号11021,并签发了号码为RS-95040的一式三份正本全程多式联运提单,厦门外轮代理公司以代理身份盖了章。该份清洁记名提单载明:收货地厦门,装货港香港,卸货港布达佩斯,收货人为雁荡山公司。提单正面管辖权条款载明:提单项下的纠纷应适用香港法律并由香港法院裁决。提单背面条款6(1)A载明:应适用《海牙规则》及《海牙—维斯比规则》处理纠纷。1995年2月23日,货抵香港后,富天公司将其转至被告以星航运有限公司(下称以星公司)所属"海发"轮(M/V ZIMHAIFA)承运。以星公司在香港的代理新兴行船务公司(SUN-HING SHIPPING CO. LTD)签发了号码为ZIMUH-KG166376的提单,并加号码为ZZZ4488593的箱封。富天公司收执的提单上载明副本不得流转,并载明装货港香港,目的港科波尔,最后目的地布达佩斯;托运人为富天公司,收货人为富天公司签发的正本提单持有人及本份正本提单持有人,通知人为本案原告雁荡山公司,并注明该箱从厦门运至布达佩斯,中途经香港。1995年3月22日,以星公司另一代理R.福切斯(R. FUCHS)传真雁荡山公司,告知集装箱预计于3月28日抵斯洛文尼亚的科波尔港,用铁路运至目的地布达佩斯有两个堆场,让其择一。原告明确选择马哈特为集装箱终点站。3月29日,以星公司将集装箱运抵科波尔,博雷蒂诺(BOLLETTINO)铁路运输公司出具运单,该运单载明箱号、铅封号以及集装箱货物与以星公司代理新兴行船务有限公司出具给富天公司的提单内容相同。4月12日,R.福切斯依照原告雁荡山公司指示,将箱经铁路运至目的地布达佩斯马哈特集装箱终点站。4月15日,雁荡山公司向R.福切斯提交富天公司签发的一份正本提单并在背面盖章。6月6日,雁荡山公司提货时打开箱子发现是空的。同日,匈牙利铁路公司布达佩斯港口出具证明,集装箱封铅及门锁在4月15日箱抵布达佩斯寿洛科沙里路时已被替换。

1995年11月28日,雁荡山公司第一次传真R.福切斯索赔灭失的货物。1996年1月2日,R.福切斯复函称,已接马哈特集装箱终点站通知货物被盗之事。在此之前,以星公司两家代理R.福切斯和香港新兴行船务公司来往函电中也明确货物被盗,并函复富天公司厦门办事处及托运人温州市进出口公司。后虽经雁荡山公司多次催讨,三方协商未果。

1996年4月10日,原告雁荡山公司向厦门海事法院起诉称:本公司所买货物由卖方作为托运人装于集装箱后交第一被告富天公司承运,富天公司签发了全程多式联运提单。提单上载明接货地厦门,卸货地匈牙利布达佩斯,收货人为我公司。富天公司将货运至香港后,转由第二被告以星公司承运。以星公司承运至欧洲后由铁路运至匈牙利布达佩斯马哈特集装箱终点站。1995 年 6 月 6 日，我公司作为提单收货人提货时发现箱空无货，故向两被告索赔此货物灭失的损失以及为此而支出的其他合理费用。第一被告富天公司作为全程多式联运承运人应对全程负责，第二被告以星公司作为二程承运人应对货物灭失负连带责任。

被告富天公司未在答辩期内予以答辩，在庭审时提出管辖权异议和答辩理由，称：依所签发的提单，提单项下的纠纷应适用香港法律并由香港法院裁决。根据提单背面条款，收货人应在提货之日后 3 日内提出索赔通知，并应在 9 个月内提起诉讼，否则，承运人便免除了所应承担的全部责任。收货人未向我公司提出书面索赔，又未在 9 个月内提起诉讼，已丧失索赔权利。又据《海商法》第 81 条的规定，集装箱货物交付的次日起 15 日内，收货人未提交货物灭失或损坏书面通知，应视为承运人已完好交付货物的初步证据。我公司虽签发了多式联运提单，但以星公司在 1995 年 2 月 23 日签发了转船清洁提单，并在箱体上加铅封，应说明货物交付以星公司时完好。此后货物发生灭失，依照联运承运人对自己船舶完成的区段运输负责的国际海运惯例，第二被告以星公司作为二程承运人应对本案货物灭失负责。请求驳回原告对我公司的起诉。

被告以星公司在答辩期内未答辩，庭审时才辩称：我公司作为二程承运人已履行了义务。我公司依照原告的指示由代理人将货交博雷蒂诺铁路运输公司承运，该公司以陆路承运人身份签发了铁路运单，运单上显示铅封完好，可见我公司作为二程船承运期间货物是无损交予陆路承运人的。在此后，货物已非我所控制、掌管，且正本提单的交付意味着承运人交货和收货人收货，货物的掌管权也在此时转移，收货人并无异议。4 月 15 日货抵马哈特站，我公司代理人收回了提单，收货人于 6 月 6 日才发现箱空无货，即集装箱在堆场存放了 52 天，这一期间不属我公司的责任期。我公司与原告无直接合同关系，不应对原告的货物灭失承担责任。另外，集装箱运输是凭铅封交接，我公司接收、交付装货集装箱时铅封均完好，故应由托运人对箱内货物真实性负责。

厦门海事法院经审理还查明：原告为诉讼已支付了律师代理费人民币 4 万元。对富天公司在庭审时才提出的管辖权异议，厦门海事法院认为，其此时才提出管辖权异议，已超过了《中华人民共和国民事诉讼法》第 38 条规定的异议期间，不生异议的效力，因而当庭驳回了富天公司的异议。[1]

[法律问题]

1. 本案应适用什么法律？

---

〔1〕 案例来源：http://china.findlaw.cn/info/case/hsal/6209.html。

2. 谁对集装箱内货物的真实性负责？
3. 本案中货物的损失应由谁承担？

[法律分析]

本案是一起国际货物多式联运合同引发的纠纷。我国《海商法》规定，多式联运合同，是指多式联运经营人以两种以上的不同运输方式，其中一种是海上运输方式，负责将货物从接收地运至目的地交付收货人，并收取全程运费的合同。国际货物多式联运是伴随国际货物集装箱运输的发展而发展起来的，其单据多表现为多式联运提单。多式联运提单是国际货物多式联运的证明，也是承运人在货物接收地接管货物和在目的地交付货物的凭证。本案中富天公司签发给雁荡山公司的提单即为多式联运提单。本案共有三个运输区段，运输形式涉及海运和铁路运输，由三个承运人共同完成运输任务。

1. 本案应适用中国法律。根据本案提单的约定，应适用香港法律或者《海牙规则》及《海牙—维斯比规则》处理本案。提单条款虽有约定法律适用的内容，但提单正面管辖权条款中记明适用香港法律，背面法律适用条款却记明适用海牙规则及海牙维斯比规则，而且并未指明各自用于解决合同的哪一方面的问题，这在审判中实际上是无法执行的。因此，除非当事人在合同签订后及至诉讼时重新约定要么适用香港法律，要么适用《海牙规则》及《海牙—维斯比规则》，要么将合同分成几个方面的问题分别适用不同的法律，否则，合同约定的准据法不能得到适用。本案当事人之间没有这种重新约定，法院无法执行合同准据法条款，即应如外国法的查明所遵循的按法定方法不能查明应转而适用法院地法的原则一样，本案应转而适用法院地法。而且在庭审中，被告无法举证证明适用上述规范的结果与适用中国法律有什么不同，富天公司在其诉辩主张中所援引的也是《中华人民共和国海商法》的规定。故本案最终适用了《中华人民共和国海商法》的规定。两被告在上诉中也未提出法律适用的问题，说明其也同意适用《中华人民共和国海商法》处理本案。双方当事人的行为实际上是放弃了合同准据法条款的适用，而另行选择了法院地法。一审法院依中国《海商法》作出判决后，两被告虽然不服，但在上诉中均未提出准据法适用不当的问题，也进一步说明他们是认可法院地法的适用的。

2. 集装箱货物的真实性应由富天公司和以星公司负责。本案被告曾援引提单中的"CY to CY"条款（即从起运地或装箱港的堆场至目的地或卸箱港堆场的集装箱交接方式）进行抗辩，认为本案货物是由托运人自行装箱的，承运人无权也无义务对箱内货物进行检查；集装箱运抵布达佩斯马哈特集装箱终点站时封铅完好；50 余日后，收货人雁荡山公司开箱提货发现箱子是空的，这只能证明箱子是空的，而不能说明箱内货物被盗。换言之，本案存在集装箱内本来就没有货物的可能性。根据民事诉讼"谁主张、谁举证"的举证原则，被告认为托运人托运的集装箱内可能并无货物，应举出充分确凿的证据。但本案的两个被告均无法举出相应证据证明空箱的事实。而匈牙利铁道公司布达佩斯港口当局出具的证据表明，集装箱在 1995 年 4 月 15 日运抵布达佩斯寿洛科沙里路时铅封已被替换。根据国际航运惯例，在集装箱运输方式中，由托运人负责装箱的货物，从装箱托运后至交付收货人时的期间内，如集装箱箱体和封志完好，货物损坏或短缺，由托运人负责；如箱体损坏或封志破坏，箱内货物损坏或短缺，由承运人负责。鉴于以上事实，富天公司与以星公司关于货物真实性的质疑，应予否定。

3. 货物的损失由富天公司和以星公司承担连带责任。货物在运输过程中发生灭失，是由多式联运经营人负责，还是由区段承运人负责赔偿？国际上对此主要有三种形式。第一种是责任分担制，即多式联运经营人与区段承运人仅对自己完成的运输负责，各区段适用的责任原则，按适用于该区段的法律予以确定。第二种是网状责任制，即多式联运经营人对全程负责，而各区段承运人仅对自己完成的运输区段负责。各区段适用的责任原则适用于该区段的法律予以确定。第三种则是统一责任制，即多式联运经营人对全程运输负责，而各区段承运人仅对自己完成的运输区段负责。但不论损害发生在哪一区段，多式联运经营人或各区段承运人承担相同的赔偿责任。在以上三种多式联运经营人责任形式中，网状责任制和统一责任制都能较好地保护托运人或收货人的利益。因为不论货物损害发生在哪一运输区段内，托运人或收货人均可向多式联运经营人索赔。而责任分担制实际上是单一方式运输损害赔偿责任制度的简单叠加，不能适应国际货物多式联运的要求，故实践中极少采用。《联合国国际货物多式联运公约》（未生效）采用统一责任制，国际上通用的《联运单证统一规则》则采用网状责任制。我国海商法对国际货物多式联运基本上实行网状责任制。

基于国际航运惯例及我国海商法的规定，本案采用网状责任制。本案查明货物灭失发生在以星公司运输的区段，但富天公司作为联运经营人不能免除对全程运输负责的责任，以星公司作为区段承运人亦应对在其运输的区段发生的货物灭失负责。原告可以向应对全程运输负责的多式联运经营人索赔，也可以要求在本区段运输中致货物灭失的区段承运人承担赔偿责任，故富天公司与以星公司对原告的损失应承担连带赔偿责任。

以星公司认为其在将集装箱运抵目的地堆场，收回多式联运经营人签发的正本提单后，其运输和交货义务即告终止，此后发生的货物损坏或灭失应由收货人即原告自行负责。查明的事实是，富天公司将集装箱完好交付以星公司，以星公司在将箱子运抵目的地堆场前，箱封已经被替换。因此，货物灭失的区段与以星公司运输的区段正好吻合。此外，1995 年 3 月 22 日以星公司的代理 R. 福切斯传真要求收货人在布达佩斯的两堆场中择一，收货人选择了马哈特集装箱运输终点站。根据航运惯例，承运人收回正本提单只是作为其向收货人交付货物的一个必要条件，集装箱运抵目的地堆场后、收货人提货前这段时间，货物仍在承运人掌管之中，承运人仍有义务保管照料货物直至将其交给收货人。若收货人未及时提货，承运人在交付货物时可以向收货人收取额外的堆存和保管费用，但不免除其对货物应负的责任，直至将货完好交付收货人。本案的集装箱运抵目的地后，收货人雁荡山公司虽向以星公司提交了正本提单，但货物仍堆放在承运人堆场里，故不能视为承运人已交货。

[相关法律]

《中华人民共和国海商法》

第 102 条 本法所称多式联运合同，是指多式联运经营人以两种以上的不同运输方式，其中一种是海上运输方式，负责将货物从接收地运至目的地交付收货人，并收取全程运费的合同。

前款所称多式联运经营人，是指本人或者委托他人以本人名义与托运人订立多式联运合同的人。

第 103 条 多式联运经营人对多式联运货物的责任期间，自接收货物时起至交付货物时止。

第 104 条 多式联运经营人负责履行或者组织履行多式联运合同，并对全程运输负责。

多式联运经营人与参加多式联运的各区段承运人，可以就多式联运合同的各区段运输，另以合同约定相互之间的责任。但是，此项合同不得影响多式联运经营人对全程运输所承担的责任。

第 105 条 货物的灭失或者损坏发生于多式联运的某一运输区段的，多式联运经营人的赔偿责任和责任限额，适用调整该区段运输方式的有关法律规定。

第 106 条 货物的灭失或者损坏发生的运输区段不能确定的，多式联运经营人应当依照本章关于承运人赔偿责任和责任限额的规定负赔偿责任。

第二节　国际货物运输保险

一、国际海上货物运输保险合同的基本原则
（一）可保利益原则

案例二十一：　　　被保险人对非法进口的货物不具有保险利益

[案情简介]

2006年10月14日，智达公司委托鑫益钢材有限公司以鑫益钢材有限公司的名义向潮安公司出售1万吨钢材，合同约定货物于2006年11月在远东港口装运，卸货港为中国潮州；货物由买方投保；付款条件为见单90天远期不可撤销信用证等。根据合同，潮安公司就合同项下货物向中国银行潮州分行申请开立两份以智达公司为受益人的不可撤销信用证，并就该批货物向广州平安保险公司投保。广州平安保险公司于2006年12月30日向潮安公司签发了保险单，承保险别为中国人民保险公司海运货物保险条款平安险，潮安公司支付了保险费。

2006年12月30日，买卖合同项下货物在俄罗斯NAHODKA港装船完毕，SEATRANS在汉堡代表船长签发了两套提单，载明托运人INTRACOM GMBH，收货人凭中国银行潮州分行指示，通知方潮安公司，货物净重89 888.60吨。2007年1月8日，承运上述货物的SUN RICHIE3号轮在开往潮州港途中因货舱进水而沉没。

2007年4月15日，INTRACOM GMBH声明将提单权益转让给智达公司。21日，智达公司声明将提单权益转让给潮安公司。25日，潮安公司又声明将提单权益转让给智达公司。

潮安公司、智达公司因先后向广州平安保险公司索赔未果，于2007年7月28日向广州海事法院提起诉讼，要求判令广州平安保险公司赔偿保险金额及利息等。广州平安保险公司辩称，两原告没有保险利益，取得提单不合法，潮安公司没有实际损失，无权请求保险赔偿。

案件审理中，智达公司没有向银行提交提单等单据，潮安公司没有付款，提单也没有经中国银行潮州分行背书；而且该批进口钢材须核定公司或申领进口许可证后方可经营进口，而潮安公司既不是核定经营进出口钢材的企业，两公司也没有向法院出示本案所涉钢材的进口许可证。

[法律问题]

潮安公司对本案中的进口钢材是否具有可保利益?

[法律分析]

所谓可保利益,又称保险利益,是指被保险人对保险标的具有法律上所承认的利益。英国的海上保险法则规定,凡与某项海上冒险有利害关系者,即具有可保利益。这里的法律所承认的利益或利害关系,一般体现在：如果保险标的遭受损失,被保险人会因此而承担经济损失或法律责任；如果保险标的安全无损,被保险人不但不会受到损失,而且会得到经济利益。一般认为拥有货物所有权或承担货物灭失的风险或对货物安全运输承担责任的人都有可保利益。当保险事故发生后,被保险人根据保险单要求赔偿前,除了应当证明其实际遭受的损失和损失原因属于保险单承保范围内的原因外,还应证明他对保险标的享有可保利益。可保利益包括现有利益和期得利益两种。可保利益应具备的条件：①确定性。可保利益必须是确定的。被保险人的可保利益必须是已经确定的或可以确定的。②合法性。可保利益不得违反国家的强制性法律规定及公共利益和善良风俗。③有价的。可保利益是可以计算的。在财产保险中,这种损失通常是用金钱加以计算的。非经济利益,如精神损失,则因此不予补偿。我国《海商法》没有关于可保利益的具体规定,但我国《保险法》第12条则明文强调投保人对保险标的应当具有可保利益,并将其定义为"保险利益是指投保人对保险标的的具有的法律上承认的利益"。

本案所涉保险标的进口钢材属核定公司或申领进口许可证后方可经营进口。潮安公司并非核定经营钢材进口的公司,也没有申领进口许可证,故其进口钢材的行为不合法。潮安公司对其非法进口的钢材不可以享有法律上承认的利益,因而无保险利益可言。潮安公司以非法进口的钢材为保险标的与广州中国平安保险公司所签订的保险合同依法应确认为无效。故潮安公司无权依据该无效的保险合同向保险公司索赔。

[相关法律]

《中华人民共和国保险法》

第12条 人身保险的投保人在保险合同订立时,对被保险人应当具有保险利益。

财产保险的被保险人在保险事故发生时,对保险标的应当具有保险利益。

人身保险是以人的寿命和身体为保险标的的保险。

财产保险是以财产及其有关利益为保险标的的保险。

被保险人是指其财产或者人身受保险合同保障,享有保险金请求权的人。投保人可以为被保险人。

保险利益是指投保人或者被保险人对保险标的具有的法律上承认的利益。

第48条 保险事故发生时，被保险人对保险标的不具有保险利益的，不得向保险人请求赔偿保险金。

（二）最大诚信原则

案例二十二： 被保险人的如实告知义务

[案情简介]

甲为767箱花瓶向乙保险公司投保，事后因大批花瓶发生破裂向乙保险公司索赔，乙则认为，甲未将如下三种情况如实告知乙，而违反了最大诚信原则之如实告知义务而拒赔。这三种情况为：其一，被保险人投保的767箱花瓶全部是用纸箱包装的；其二，大部分花瓶的表面因图案过多，导致易碎；其三，该批花瓶是货尾，价格低廉。

[法律问题]

被保险人是否违反了告知义务？保险公司是否可以拒赔？

[法律分析]

本案系履行告知义务的内容方面的问题。根据我国《海商法》第222条第1款和英国《1906年海上保险法》第18条第1款的规定，被保险人如实告知的内容有两个方面：①被保险人实际知道的情况；②被保险人在通常业务中只要尽了应有的谨慎义务即应当知道的情况。本案上述三种情况均应属于客观风险，被保险人在投保时未如实告知，正如第一种情况，用纸箱和用木箱包装花瓶，其风险大小是大不相同的，用纸箱包装，其风险要比木箱包装大得多。又如第三种情况，虽然低价本身并不重要，但它却表明了货物的质量。因此，被保险人未将以上客观风险告知保险人，即属于违反了如实告知义务，保险公司当然可以拒赔。

[相关法律]

《中华人民共和国保险法》

第16条 订立保险合同，保险人就保险标的或者被保险人的有关情况提出询问的，投保人应当如实告知。

投保人故意或者因重大过失未履行前款规定的如实告知义务，足以影响保险人决定是否同意承保或者提高保险费率的，保险人有权解除合同。

前款规定的合同解除权，自保险人知道有解除事由之日起，超过30日不行使而消灭。自合同成立之日起超过2年的，保险人不得解除合同；发生保险事故的，保险人应当承担赔偿或者给付保险金的责任。

投保人故意不履行如实告知义务的，保险人对于合同解除前发生的保险事故，不承担赔偿或者给付保险金的责任，并不退还保险费。

投保人因重大过失未履行如实告知义务，对保险事故的发生有严重影响的，保险人对于合同解除前发生的保险事故，不承担赔偿或者给付保险金的责任，但应当退还保险费。

保险人在合同订立时已经知道投保人未如实告知的情况的，保险人不得解除合同；发生保险事故的，保险人应当承担赔偿或者给付保险金的责任。

保险事故是指保险合同约定的保险责任范围内的事故。

《中华人民共和国海商法》

第222条 合同订立前，被保险人应当将其知道的或者在通常业务中应当知道的有关影响保险人据以确定保险费率或者确定是否同意承担的重要情况，如实告知保险人。

保险人知道或者在通常业务中应当知道的情况，保险人没有询问的，被保险人无需告知。

第223条 由于被保险人的故意，未将本法第222条第1款规定的重要情况如实告知保险人的，保险人有权解除合同，并不退还保险费。合同解除前发生保险事故造成损失的，保险人不负赔偿责任。

不是由于被保险人的故意，未将本法第222条第1款规定的重要情况如实告知保险人的，保险人有权解除合同或者要求相应增加保险费。保险人解除合同的，对于合同解除前发生保险事故造成的损失，保险人应当负赔偿责任；但是，未告知或者错误告知的重要情况对保险事故的发生有影响的除外。

英国《1906年海上保险法》

第18条

(1) 在契约订立前，被保险人应依本条之规定，将其所知之重要有关情节尽量告知保险人。该被保险人应视为明了在通常业务过程中，所应明了之一切事务，如被保险人未作此种告知，保险人得宣告契约失效。

(2) 凡能影响谨慎保险人，关于确定保险费之事项，或关于确定是否承保之事项，均认为重要有关情节。

(3) 未经保险人发问，下列情节无须告知：

(a) 关于减少危险之情节者；

(b) 关于保险人应明了之情节者，凡彰明公开之事项，及保险人由普通事务中所应明了之事项，均系保险人应明了之情约；

(c) 关于保险对于某项事务之报告，保险人有表示免除之情节者；

(d) 关于因明示或默示特别条款之规定，其情节无须赘为告知者。

(4) 关于某项未经告知之情节,是否为重要有关系之情节,乃系事实问题,于每件事项发生时认定之。

(5) "情节"包括被保险人收受之消息,及报告。

第20条

(1) 被保险人或其代理人,在契约订立前,及接洽时,向保险人所为之一切重要有关系陈述,务须真实。否则,保险人得宣告契约失效。

案例二十三: 被保险人的保证义务

[案情简介]

被保险人保证,"船舶于5月15日从纽约开往上海",可船舶等到5月18日才从纽约开出,并在途中遇到8级大风,主机失灵,鉴于危险,不得不雇佣拖船拖至附近港口修理。事后被保险人向保险公司提赔而保险公司以被保险人违反保证为由拒赔。被保险人则辩称,虽然其未按保证日期开出,但损失确系船舶主机出现故障所致,所以损失与保证条款之间并无因果牵连,保险人不可以拒赔。

[法律问题]

保险人是否可以拒赔?

[法律分析]

保险人可以拒赔。保证是指合同双方当事人约定由被保险人担保现在某一事项的真实性或对将来某一作为或不作为的承诺,并在海上保险合同中载明其担保的内容为合同基础的特约条款。被保险人对于约定保证必须切实履行,而不论该项保证对于风险是否重要。只要有违反保证的事实存在,保险人即有权解除合同而不问被保险人有无过失,有无采取补救措施,或违反保证与损失有无因果关系等。本案损失的直接原因并非因为没按保证日期开出,而是因为船舶主机出现故障,但毕竟被保险人还是违反了保证条款,况且若船舶当时能按时开航的话,或许不会遇到大风,也就不会出现机器故障了,所以损失与违反保证条款之间还是有一定因果牵连的。因此,保险人可以拒赔。

[相关法律]

《中华人民共和国海商法》

第235条 被保险人违反合同约定的保证条款时,应当立即书面通知保险人。保险人收到通知后,可以解除合同,也可以要求修改承保条件、增加保险费。

(三) 近因原则

案例二十四：　　　　　　　　近因原则

[案情简介]

某船遭受德国潜水艇雷击，在拖轮的协助下拖往勒阿弗尔，后停靠在码头旁。当刮大风时，风使该船与码头相碰，港口当局担心该船沉没而关闭了码头，并命其停靠在防坡堤外围。该船在那里停靠了2天，随退潮而搁浅，随涨潮又起浮，终致沉没。船方根据未包括战争原因在内的保险单以损失为海难所致为由要求赔偿，而保险公司则以损失系潜水艇雷击这一战争原因所致而拒赔。船方则辩称，依英国《1906年海上保险法》第55条第1款关于"近因"标准的规定可知，只有在时间上与损失最为接近的原因才为近因，故本案中潜水艇雷击属远因，而海难才属近因。

而保险公司亦反驳称，实践发现以时间上的近因作为损失的主要原因不尽合理，甚至会导致十分荒唐的结果。例如，根据英国《1906年海上保险法》第55条第2款（a）项的规定，保险人对归因于被保险人的有意的不当行为所致的损失不负责任。假设被保险人指示船长将被保险船舶凿沉所致损失的近因是船长的行为或沉船，则被保险人的有意的不当行为仅属于远因，因此，保险人仍须负赔偿责任。所以应改变这种不合理的现象而寻找一种新的标准作为确定损失的近因。[1]

[法律问题]

本案中导致船舶损失的近因是什么？保险公司是否可以拒赔？

[法律分析]

导致船舶损失的近因是潜水艇雷击，保险公司可以拒赔。

所谓近因，指货物损失的发生与承保范围内的意外事故之间需存在直接的因果关系，如果货物损失不是由承保范围内的意外事故引起的，或属于承保免责范围之内，则保险人不予赔偿。这和一般民事索赔中对因果关系的要求是一致的，但海上保险中对"近因"的判断形成了一套独特的标准，这种判断标准在英国《1906年海上保险法》中被描述为：主要的、决定性的、直接的、最接近的等。各国关于近因的案例虽然很多，但看起来没有一致的结论。近因原则要求首先除掉对损失后果没有关系的事件，其次要求原因是决定性的，而不一定是时间上最接近的。

本案所涉近因之标准问题，上议院大法官Shaw这样解释道：何谓接近？在

---

[1] 杨军编著：《海商法案例教程》，北京大学出版社2003年版，第385页。

处理近因问题上,以往将在时间上与损失最为接近的原因当作近因的标准,现在已不在考虑之列。最为接近的原因是指对损失最具影响力的原因,这种影响力即使在其他原因同时发生时也仍然保留,并不被消除或削弱,一直存在以致损失事件的发生。当在诸因素中选择近因时,应将选择落在那个真正的、占支配地位的和最具有影响力的原因上,换言之,只有对损失最具有影响力的和占支配地位的原因才能确定为近因。综上,本案中有影响力的和占支配地位的致损原因是潜水艇雷击,保险人可以拒赔。

[相关法律]

英国《1906年海上保险法》

第55条 保险和除外灭失

本法规定及除保险单另有规定外,保险人对承保风险作为近因而导致的任何损失承担保险责任,但是,如前所述,保险人将不对承保风险并非近因而导致的任何损失承担保险责任。

(a) 保险人不承担由被保险人恶意行为所导致的任何损失,但除非保单另有规定,保险人对承保风险直接导致的任何损失承担责任,尽管若非船长或船员的恶意行为或疏忽该损失将不会发生;

(b) 除非保单另有规定,船舶险或货物险保险人将不对由迟延直接导致的任何损失承担责任,尽管该迟延是由承保风险所引起;

(c) 除非保险单另有规定,对通常磨损、渗漏和破裂,保险标的固有缺陷或特性,或者鼠害或虫害造成的任何损失,或者不是海上危险造成的机器损坏,保险人不负赔偿责任。

(四)损失补偿原则

案例二十五: 重复保险中的损失赔偿

[案情简介]

原告中国A公司于2005年初承包了位于连云港开发区的一项工厂建筑工程,并于2005年4月1日就整个建筑工程向中国人民财产保险股份有限公司连云港开发区支公司(以下称"中国财保连云港支公司")投保建筑工程一切险,承保期间自2005年4月2日起至2007年4月30日止,保险金额为人民币8 925 800元。中国财保连云港支公司为此出具了保险单。因工程需要,原告于2005年11月25日以CIF连云港285 650美元的价格向中国B进口有限公司(以下简称"B公司")采购两台制冷器。B公司按照采购协议的约定,以原告为被保险人,向被告北美C保险公司(以下简称"C保险公司")就该批货物投保,保险金额为 314 215 美元。

2006 年 2 月 24 日，B 船务公司作为承运人为涉案货物运输签发了保单。同时，C 保险公司向 B 公司签发了特殊海运保险单，从美国西雅图到中国连云港，保险险别为一切险；采用"仓至仓条款"，并载明：本保险持续有效，直到货物交付到保险单载明的目的地的最后仓库或 15 天期满为止，以先发生者为准，前述时限从承保货物卸离海船完毕之日的午夜开始起算；陆运险条款载明：陆运险的承保范围为在码头、埠头或岸边任何地方，或陆运途中遭受碰撞、出轨、倾覆，或在驳运过程中发生任何事故。另外，保险单的主要条款还载明，该保险单所承保利益隶属于优先于该保险单的其他保险单所承保的范围，该公司只承担超过优先保险的金额。

涉案货物于 2006 年 3 月 25 日运至连云港后，原告委托连云港中远国际货运有限公司用卡车将货物从集装箱码头运至位于连云港市经济技术开发区的原告工地。4 月 1 日，在到达原告工地进场时，集装箱发生倾倒，货物受损。原告方面指挥不当和路基较软是导致事故发生的共同原因。

原告于 2007 年 2 月 28 日提起诉讼，诉请 C 保险公司连带赔偿其货物损失 300 000 美元及利息损失。

[法律问题]

损失补偿原则在本案中是如何具体适用的？

[法律分析]

本案中，原告就其承包的建筑工程向中国财保连云港支公司投保了一切险，而涉案的货损经认定，属于建筑工程保险单一切险范围。另外，原告以 CIF 价格进口该批货物，卖方已以原告为被保险人，就该批货物向北美公司投保了一切险。因此，可认定，原告作为被保险人，其行为构成对同一货物就同一保险事故向两个保险人重复订立合同。按照我国《海商法》第 225 条的规定，因重复保险导致保险金额总和超过保险标的的价值的，被保险人获得的赔偿金额总和不得超过保险标的的受损价值。

本案中，理算报告确定最终理算金额为人民币 1 831 079 元，而庭审中原告也确认中国财保连云港支公司在其建筑工程一切险保险单项下已就涉案货损向原告支付了人民币 1 859 687 元。该赔偿额超出了理算报告确定的理算金额，原告的损失已经得到足额的赔偿。因此，原告无权就该货损再请求 C 保险公司赔偿其损失。

[相关法律]

《中华人民共和国海商法》

第 216 条　海上保险合同，是指保险人按照约定，对被保险人遭受保险事故造成保险标的的损失和产生的责任负责赔偿,而由被保险人支付保险费的合同。

前款所称保险事故,是指保险人与被保险人约定的任何海上事故,包括与海上航行有关的发生于内河或者陆上的事故。

第225条 被保险人对同一保险标的就同一保险事故向几个保险人重复订立合同,而使该保险标的的保险金额总和超过保险标的的价值的,除合同另有约定外,被保险人可以向任何保险人提出赔偿请求。被保险人获得的赔偿金额总和不得超过保险标的的受损价值。各保险人按照其承保的保险金额同保险金额总和的比例承担赔偿责任。任何一个保险人支付的赔偿金额超过其应当承担的赔偿责任的,有权向未按照其应当承担的赔偿责任支付赔偿金额的保险人追偿。

第237条 发生保险事故造成损失后,保险人应当及时向被保险人支付保险赔偿。

二、保险人承保的风险及损失

案例二十六: 推定全损

[案情简介]

2008年12月28日,涉案货物的买方A公司与卖方B公司签订一份买卖合同,约定由A公司向B公司购买美国C公司生产的冷冻机组一套,包括两台冷冻机和相应配件,两台冷冻机的价格为600 300美元,配件价值为29 700美元,总价值为630 000美元。2009年4月19日,原告D保险公司就前述货物向B公司签发了海运货物保险单。该保险单下面记载的被保险人为B公司,货物价值300 150美元,船名航次为"盛兴"070WO,开船日期为2009年4月20日,航程为从美国西雅图港至中国上海港,保险期间为仓至仓,险别为海洋货物运输一切险、战争险,索赔支付地为中国上海;如发生货损,检验代理为E保险咨询有限公司。2009年4月20日,中远公司作为承运人签发了指示提单,记载的托运人为灵盛公司,通知方为A公司,承运船舶为"盛兴"轮。货物分别装在三个集装箱内,其中两台冷冻机分别装在两个20英尺框架集装箱内,相应配件装在一个40英尺集装箱内。随后,B公司将提单和经过背书的保险合同一并送交华虹公司。

2009年5月8日,上述货物被运至被告上海集装箱码头有限公司张华浜码头,卸入该码头堆场。5月14日,被告的驾驶员驾驶的集装箱卡车将箱号为CBHU9200573的20英尺框架集装箱撞坏,箱内冷冻机受损。驾驶员对该次事故负全部责任。受损冷冻机的实际价值为 300 150 美元。5 月 14 日和 6 月 17 日，A 公司分别向 E 保险咨询公司和中华人民共和国吴淞出入境检验检疫局申请对受损设备进行检验和鉴定。鉴定报告认为，因该产品的特殊性和技术原因，目前国内尚无法对其进行检测和修理，受损设备只能返回生产厂商修理，返修费用为 362 000 美元，更换新设备费用为 312 000 美元，而受损设备的价值为 300 150 美元，修复费用超过货物价值，因此认定涉案设备已推定全损。

原告 D 保险公司作为保险人与收货人 A 公司协商确定受损设备的残值为 20 000 美元，2009 年 11 月 15 日，原告根据保险合同向 A 公司赔付了扣除残值后的受损设备价值 289 375 美元，并据此取得了求偿权。2010 年 4 月 1 日，中远公司根据涉案提单的背面承运人享受责任限制条款向本案原告协商赔付了受损设备损失 39 662.64 美元。原告在收到该款后向中远公司出具了责任解除书。案件发生后，原被告双方对赔偿数额产生争议，原告遂向上海海事法院起诉。[1]

[法律问题]

1. 什么是推定全损？
2. 发生推定全损时，保险公司如何进行赔付？

[法律分析]

1. 推定全损指船舶、货物发生保险事故后，认为实际全损已不可避免，或者为避免发生实际全损所需支付的费用超过保险价值。委付具有两个特征：①仅适用于保险标的中的船舶和货物，并以保险事故的发生给船舶、货物造成部分损失为前提，而以实际全损尚未形成为条件。②船舶、货物的实际全损已经不可避免，如船舶遭遇搁浅，即将倾覆，船体毁损严重，无法得到及时而有效的求助、修缮，实际损失已不可避免，或为避免发生实际全损所支付的费用超过保险价值。前者是经被保险人根据当时的客观情况判断的，如果被保险人的判断错误，保险人有权拒绝按全损赔偿。后者是指保险事故发生后，经采取措施虽可获救、修复，但因此而支付的费用超过船、货的保险价值。

2. 发生推定全损后，被保险人有选择权，或者将损失视为部分损失对待，或者将保险标的委付给保险人并按全损索赔。如果作后一种选择，作为一种前提条件，他必须在得知损失发生后及时通知保险人，否则保险人可以只按部分损失进行赔偿，这种通知就是"委付通知"，委付通知是保险人按推定全损赔偿的前提条件。通知使保险人有可能对保险标的的剩余价值进行处理，但如果对保险人没有利益可言，则不用发出委付通知。发生推定全损后，保险人可以接受委付，也可以不接受委付，但是应当在合理的时间内将接受或者不接受委付

---

[1] 根据袁发强主编：《海商法案例教程》，北京大学出版社 2012 年版，第 288 页案例一改编。

的决定通知被保险人。委付不附带任何条件。委付一经保险人接受，不得撤回。保险人接受委付的，被保险人对委付财产的全部权利和义务转移给保险人。

本案中，鉴定报告认为，因该产品的特殊性和技术原因，目前国内尚无法对其进行检测和修理，受损设备只能返回生产厂商修理，返修费用为 362 000 美元，更换新设备费用为 312 000 美元，而受损设备的价值为 300 150 美元，修复费用超过货物价值，因此，认定涉案设备已推定全损。本案中，A 公司未进行委付，保留了货物残值，保险公司和 A 公司商定受损设备残值为 20 000 美元，保险公司应从赔偿款中作相应的扣除。

[相关法律]

《中华人民共和国海商法》

第 221 条　被保险人提出保险要求，经保险人同意承保，并就海上保险合同的条款达成协议后，合同成立。保险人应当及时向被保险人签发保险单或者其他保险单证，并在保险单或者其他保险单证中载明当事人双方约定的合同内容。

第 229 条　海上货物运输保险合同可以由被保险人背书或者以其他方式转让，合同的权利、义务随之转移。合同转让时尚未支付保险费的，被保险人和合同受让人负连带支付责任。

第 246 条　船舶发生保险事故后，认为实际全损已经不可避免，或者为避免发生实际全损所需支付的费用超过保险价值的，为推定全损。

货物发生保险事故后，认为实际全损已经不可避免，或者为避免发生实际全损所需支付的费用与继续将货物运抵目的地的费用之和超过保险价值的，为推定全损。

第 249 条　保险标的发生推定全损，被保险人要求保险人按照全部损失赔偿的，应当向保险人委付保险标的。保险人可以接受委付，也可以不接受委付，但是应当在合理的时间内将接受委付或者不接受委付的决定通知被保险人。

委付不得附带任何条件。委付一经保险人接受，不得撤回。

第 250 条　保险人接受委付的，被保险人对委付财产的全部权利和义务转移给保险人。

第 252 条　保险标的发生保险责任范围内的损失是由第三人造成的，被保险人向第三人要求赔偿的权利，自保险人支付赔偿之日起，相应转移给保险人。

第 254 条　保险人支付保险赔偿时，可以从应支付的赔偿额中相应扣减被保险人已经从第三人取得的赔偿。

案例二十七： 共同海损和单独海损

[案情简介]

某货轮从天津新港驶往新加坡，在航行途中，货舱起火并蔓延到机舱，船长为了船货的安全，决定往货舱中灌水灭火。火虽被扑灭，但由于主机受损无法航行，于是船长决定雇佣拖轮将货船拖回天津新港修理，检修后重新驶往新加坡。事后调查，此次事件造成的损失有：①1000箱货物被烧毁；②600箱货物由于灌水灭火受损失；③主机和部分甲板被火烧坏；④拖船费用；⑤额外增加的燃料和船长、船员工资。船货双方为哪些损失属于共同海损发生纠纷。

[法律问题]

上述各项损失和费用中，哪些属于共同海损？哪些属于单独海损？

[法律分析]

共同海损制度系指载货船舶在海上运输中，遭遇自然灾害、意外事故或其他特殊情况时，为了使船舶、货物免遭共同危险，有意采取合理措施而引起的特殊牺牲和支出的额外费用，应由各受益方共同分摊的一种法律制度。一项损失要构成共同海损必须同时具备以下四个要件：①船舶、货物必须遭遇共同危险。②采取的措施必须是有意的、合理的。③牺牲和费用的支出必须是特殊的。④采取的措施必须要有效果。单独海损是指货物因承保的风险引起的、不属于共同海损的部分损失。这种损失不能要求航海中各利害关系方来分摊，只能由各受损方自行承担，或按运输合同的有关规定进行处理。

据此，上述各项损失和费用，属于共同海损的是：600箱货物由于灌水灭火遭受的损失、拖船费用、额外增加的燃料和船长、船员工资。属于单独海损的是：1000箱货物被烧毁的损失、被火烧坏的主机和部分甲板的损失。

[相关法律]

《中华人民共和国海商法》

第193条 共同海损，是指在同一海上航程中，船舶、货物和其他财产遭遇共同危险，为了共同安全，有意地合理地采取措施所直接造成的特殊牺牲、支付的特殊费用。

无论在航程中或者在航程结束后发生的船舶或者货物因迟延所造成的损失，包括船期损失和行市损失以及其他间接损失，均不得列入共同海损。

第194条 船舶因发生意外、牺牲或者其他特殊情况而损坏时，为了安全完成本航程，驶入避难港口、避难地点或者驶回装货港口、装货地点进行必要的修理，在该港口或者地点额外停留期间所支付的港口费，船员工资、给养，船舶所消耗的燃料、物料，为修理而卸载、贮存、重装或者搬移船上货物、燃料、物料以及其他财产所造成的损失、支付的费用，应当列入共同海损。

第195条　为代替可以列为共同海损的特殊费用而支付的额外费用，可以作为代替费用列入共同海损；但是，列入共同海损的代替费用的金额，不得超过被代替的共同海损的特殊费用。

《1994年约克—安特卫普规则》

解释规则

共同海损的理算，适用下列字母规则和数字规则，凡与这些规则相抵触的法律和惯例都不适用。

除首要规则和数字规则已有规定者外，共同海损应按字母规则理算。

首要规则

牺牲或费用，除合理作出或支付者外，不得受到补偿。

规则 A

只有在为了共同安全，使同一航程中的财产脱离危险，有意而合理地作出特殊牺牲或支付特殊费用时，才能构成共同海损行为。

共同海损牺牲费用，应按下列规定，由各分摊方分摊。

规则 B

如果船舶拖带或顶推其他船舶而它们都从事商业活动而不是救助作业，则处于同一航程之中。

如果所采取的措施是为了使这些船舶及其货物（如果有）脱离共同危险，则应适用本规则。

如果一艘船舶只要脱离其他船舶便能获得安全，则同其他船舶不处于共同的危险之中，但如果脱离本身是共同海损行为，则共同航程继续存在。

规则 C

只有属于共同海损行为直接后果的损失或费用，才应作为共同海损。

环境损害或因同一航程中的财产漏出或排放污染物所引起的损失或费用不得认作共同海损。

不论是在航程中或其后发生的滞期损失、行市损失和任何因迟延所遭受的损失或支付的费用以及任何间接损失都不得认作共同海损。

规则 D

即使引起牺牲或费用的事故，可能是由于航程中一方的过失所造成的，也不影响要求分摊共同海损的权利，但这不妨碍非过失方与过失方之间就此项过失可能提出的任何索赔或抗辩。

规则 E

提出共同海损索赔的一方应负举证责任，证明所索赔的损失或费用应作为共同海损。

所有提出共同海损索赔的关系方应于共同航程终止后 12 个月内将要求分摊的损失或费用书面通知海损理算师。

如不通知或经要求后 12 个月内不提供证据支持所通知的索赔或关于分摊方的价值的详细材料，则海损理算师可以根据他所掌握的材料估算补偿数额或分摊价值。除非估算明显不正确，否则不得提出异议。

规则 F

凡为代替本可作为共同海损的费用而支付的额外费用，可作为共同海损并受到补偿，无需考虑对于其他有关方有无节省，但其数额不得超过被代替的共同海损费用。

规则 G

共同海损损失和分摊的理算，应以航程终止的时间和地点的价值为基础。

本条规定不影响对编制海损理算书地点的决定。

船舶在任何港口或地点停留，而根据规则十和十一的规定将发生共同海损补偿时，如果全部货物或其中一部分用其他运输方式运往目的地并已尽可能通知了货方，则共同海损的权利和义务，将尽可能地如同没有此一转运而是在运输合同和所适用的法律所许可的时间内可以由原船继续原航程一样。

因适用本条第 3 款，认作共同海损补偿而由货物分摊的部分不应超过假如由货主承担费用把货物转运至目的港所应支付的费用。

《2004 年约克—安特卫普规则》

《2004 年约克—安特卫普规则》由四组不同性质的条文组成，全文共 32 条，扩大了船方的赔偿额，减少了货方的共同海损分摊。修改主要有如下几个方面：①规则六将大部分救助报酬排除在共同海损之外；②规则十一规定船舶在避难港停留期间的船员工资和给养不得确认为共同海损；③规则十四将临时修理费用确认为共同海损，应减除船方的节省；④规则二十规定共同海损费用不给予手续费；⑤规则二十一规定采用浮动年利率计算利息；⑥规则二十三增加了索赔共同海损分摊请求权的时效规定。

《约克—安特卫普规则》不是强制性的，它只有在合同规定时才适用。该规则每次修改都不废止旧规则，有关方面可在 1974 年、1994 年和 2004 年《约克—安特卫普规则》三者中选择使用。

三、国际海上货物运输保险条款

案例二十八：　　　　　　　　平安险

[案情简介]

2005年3月20日，广东侯瑰粮油贸易公司（以下简称"粮油公司"）与澳门顺原有限公司签订了一份买卖合同，购买2000吨花生油，价格条件为CFR越南鸿基港，每吨732美元，总价款1 464 000美元。5月18日，顺原公司与澳门高盛船务有限公司签订租船合同，租用"太平"轮从马来西亚PASIR GUDANG港将上述货物运至越南鸿基港。5月30日，该轮船舶代理签发了提单，提单记载的承运人为太平洋公司。6月10日，粮油公司就上述货物运输向中国平安保险股份有限公司广州办事处（以下称"平安公司"）投保，险别为平安险，保险金额为1300万美元。平安公司签发的保单背面附有中国人民保险公司1981年海洋运输货物保险条款。

"太平"轮没有在预期时间抵达卸货港。经国际海事局调查，该轮于2005年5月25日到达巴西古丹港，装载了5000吨花生油，于6月15日离开PASIR GUDANG港后下落不明。经调查证实，该轮非法悬挂伯利兹国旗，太平洋公司未进行合法注册登记，在其联络通讯中注明的办公地址找不到这家公司。国际海事局分析：船东提供了虚假的地址和不真实的船舶注册情况，以及船舶起航后各种令人不解的事情和虚假消息，都说明了该轮是一艘"鬼"船，可以确信，货物已被船东窃取，船舶可能被凿沉或拆掉。

粮油公司在向平安公司索赔遭拒后，向广州海事法院提起诉讼，请求法院判令平安公司赔偿其保险金额1200万元及利息。平安公司答辩认为，货物损失是由于海运欺诈造成的，海运欺诈不属于平安险的责任范围。

[法律问题]

平安公司是否应赔偿粮油公司的损失？

[法律分析]

平安公司不应赔偿粮油公司的损失。本案货物损失的原因是"太平"轮船东利用虚假的公司地址和船舶登记资料，签发假提单盗取货物，属海运欺诈。海上保险合同是一种"限定性赔偿合同"，保险人的赔偿责任范围，不是保险标的发生的全部损失、损害、费用和责任，而是其承保危险造成的某些损失、损害、费用和责任。因此，在海上保险理赔中，需判断损失在近因上是否是由于保险人承保的风险造成的。本案货物被盗取属于海运欺诈，货物的损失并非由于平安险所承保的风险所致，因此粮油公司的诉讼请求不能成立。

[相关法律]
中国人民保险公司 1981 年海洋运输货物保险条款平安险条款。

案例二十九： 一切险

[案情简介]
中国 A 公司与澳洲 B 公司签订一份从中国出口大豆的合同，价格条件为 CIF，由中国公司负责运输和保险事宜。由 C 公司所属的"华泰"号将货物从张家港运至澳大利亚。2007 年 5 月 28 日，A 公司将货物在张家港装船，并向 D 保险公司投保了海上运输货物保险一切险。"华泰"号按时到达澳大利亚，但由于码头工人罢工，船上大豆不能卸下达 1 个月之久，致使船上所载大豆变质，收货人向保险公司提出保险索赔，保险公司拒赔。

[法律问题]
保险公司是否可以拒赔？

[法律分析]
保险公司可以拒赔。本案的货损是由于罢工所致，货物虽然投保了一切险，但罢工并非一切险的承保风险，罢工险是须由被保险人特别约定的特殊附加险，本案由于货方没有投保罢工险，因此，保险公司可以拒赔。

[相关法律]
中国人民保险公司 1981 年海洋运输货物保险条款一切险条款。

四、国际货物运输保险理赔和争议的解决

案例三十： 委　付

[案情简介]
原告青岛荣冠公司所有的"荣盛"轮系其以人民币 900 万元从福建省粮食海运公司合资购入。因原告无经营活动的资格，此前已于 1994 年 6 月 21 日与海南安泰船务公司订有联营协议，约定：原告全额出资购买该轮后，负责其经营管理，承担所有经营利润及风险、责任，并负责处理经营期间所发生的一切债权、债务以及商务、海事纠纷；海南安泰负责提供运力指标，并共同办理有关船检、注册、登记、营运等手续，该轮注册在海南安泰名下，原告一次性付给海南安泰运力补偿费人民币 20 万无，依据该协议：荣盛轮由海南安泰以船舶所有人身份于 1994 年 8 月 3 日向海南港务监督办理船舶登记并取得船舶国籍证书。后该轮由海南安泰取得交通部同意外租批复后于 1994 年 9 月 7 日光船租赁给香

港荣冠船务公司，租期1年，改挂方便旗，并于1994年10月19日取得圣文森特和格林纳达颁发的登记证书。青岛荣冠公司以此证书及提供的船舶规范，于10月20日向被告投保该轮一切险。被告据此于10月24日签发了船舶保险单，载明适用1986年1月1日中国人民保险公司船舶保险条款。船舶投保后，原告于1995年3月15日交清保险费人民币18万元。该轮投保后，一直由原告管理和经营。

1995年3月7日，该轮在驶往日本途中，主机发生故障，失去运转能力。3月23日，该轮使用右主机自日本返回青岛。机损事故发生后，原告及时通知了被告，并申请了青岛船检进行检验。4月22日，验船师出具了《检验报告》，认为：事故系轮机长及轮机员在检修左主机时所更换的NO.4主轴与曲轴配合间隙过大，未能形成足够的润滑所致。4月27日，该轮移至海关船厂修理，原告将此通知被告。直到5月26日传真给原告，让其自行申请船检，取得船检报告后及时通知。从4月28日至7月17日，该轮在山海关船厂进行修理，秦皇岛海上安全技术服务公司验船师应原告申请进行了检验，并于7月18日出具了检验报告。本次机损事故产生的费用合计人民币2 460 978.11元。

修复后，该轮于1995年10月9日再次由青岛驶往日本志布志港。10月11日航行途中，该轮左主机又一次发生故障，利用右主机单机航行，于10月18日抵日本志布志港。原告及时通知被告，但被告迟迟不予答复，直至1996年1月23日才书面传真给原告：基于出险原因尚未查清，无法确认保险责任，对于修船询价事宜，请先自行处理，待责任明确后，再行决定。之后，原告又几次传真与被告联系，决定船检时间、地点等事实，但未见回音。原告于是将该轮在日港口作必要修理后于1996年2月6日起航，2月15日抵达青岛港。1996年3月25日原告申请中国船级社青岛分社验船师在青岛锚地对该轮进行了检验，出具了检验报告，同时，该验船师认为该曲轴已无修理价值，应换新轴。被告亦申请青岛船舶技术咨询公司验船师进行检验，结论与前述报告基本相同。至此，被告就未再对该主机的修理问题提出任何建议。原告就主机曲轴更换及修复进行了询价，发现仅备件费就达人民币400万元，再加上检修、服务等费用，估计可达600～700万元。该轮驶回青岛前，已产生修理等各种费用达400万元。鉴于该轮修复费用将超过保险金额900万元，原告于1996年4月21日向被告发出委付通知书，被告未明确表示是否接受委付。

被告在一审败诉后不服而向山东省高级人民法院提出上诉称：①被上诉人对该轮没有合法的经济利害关系和保险利益；②被上诉人投保前未尽告知义务；影响了保险人是否接受该轮投保的决定；③被上诉人在第一次机损事故后才交付保费，且未尽及时通知义务，应确认保险合同无效，我方也不应承担第一次机损的保险费；④一审判决推定全损，但对委付标的物残值未作价从保险金额赔偿中扣除是显失公平的。

而青岛荣冠辩称：①该轮系我方以 900 万元全资购入，并办理了船舶交接手续，承担一切风险，对其享有合法的利益；②该轮从事远洋运输的各种手续齐全，是适航的，上诉人称该轮营运前需修船没有法律依据；③1995 年 3 月 7 日，该轮左主机故障，我方于 3 月 9 日两次通知了上诉人，我方逾期交保险费用只能产生银行同期利率的罚息，并不能免除双方当事人的责任义务；④我方在向上诉人提出推定全损，发出委付通知后，上诉人没能接受委付，保险标的物不应属于保险人，其无权请求对保险标的物的残值从应赔偿的保险金中扣除。

本案一、二审法院均判决因保险人不接受委付，被保险人仍是其所委付的财产的所有人，基于该所有权的权利和义务，仍归被保险人享有或承担，故对该轮的残值不应从赔偿金额中扣除。[1]

[法律问题]

本案中，保险人是否还能对保险标的主张权利？

[法律分析]

本案中，保险人已不能对保险标的主张权利。委付指在推定全损的情况下，被保险人把残存货物的所有权转让给保险公司，请求取得全损保险金额。委付具有以下特点：①委付以保险标的推定全损为条件，如果发生了实际全损，就没有委付的必要了，保险人应赔偿全部损失。②委付通知必须及时发出并不附加任何条件，可以口头也可以书面发出，如不及时发出，保险人可以按部分损失赔偿。③委付须经保险人接受方才有效。保险人可以接受，也可以不接受。为公平起见，各国法律均赋予保险人有接受和不接受委付的权利，保险人的沉默，并不表示接受委付。在保险人拒绝接受委付时，被保险人的各项权利不受影响，换言之，无论其是否接受委付，都应按全损赔偿。即只要被保险人要求按全损赔偿，不管保险人是否接受残存货物的所有权，都应按全损进行赔付。保险人拒绝接受委付时，被保险人仍是其所要委付的保险标的物的所有人，基于该标的物的权利和义务，仍应由被保险人享有或承担。

当保险人不接受委付时，是否被保险人就能既获得保险赔偿，又拥有残损标的的所有权？编者认为，当保险人明确拒绝接受委付时，保险标准的残值就应当归被保险人，因为，如果保险人不接受委付，保险标准的残值仍由保险公司获得，设立委付就失去了原本的意义。之所以允许保险人不接受委付，是考虑到保险人接受委付后既取得委付财产的全部权利，也承担委付财产的相应义

---

[1] 杨军编著：《海商法案例教程》，北京大学出版社 2003 年版，第 418~420 页。

务，如打捞沉船，清除油污的责任，承运人可能因为保险标的上义务的存在而不接受委付。

但当被保险人发出委付通知，保险人保持沉默时，是否意味着保险人不接受委付？对此，我国《海商法》没有明确的规定。我国《海商法》第249条只是规定，保险人应当在合理的时间内将接受或者不接受委付的决定通知被保险人。英国《1906年海上保险法》第62条第5款规定，保险人对于委付的接受可以明示，也可以以行动默示。保险人在收到委付通知后仅保持沉默，不构成对委付的接受。从我国《海商法》的规定看，如果保险人没有在合理的时间内将其决定通知被保险人，应当视为不接受委付，这样做是督促保险人及时作出决定，以便被保险人对货物作出处理。就本案的情况下，从被保险人向保险人发出委付通知至一审结束，保险人都未将是否接受委付的决定通知被保险人，综合国际上通行的做法，可认为保险人不接受委付。综上所述，笔者认为本案一、二审法院的判决合理合法。

[相关法律]

英国《1906年海上保险法》

第60条 推定全损的定义

除保险单另有明文规定外，保险标的因其全部损失看起来不可避免，或者为避免实际全损所需的费用将超过其本身价值的原因而被合理放弃的，即构成推定全损。

（2）尤其在下列情况下，构成推定全损：

（i）因承保危险使被保险人丧失对其船、货的占有：

（a）按照情况，被保险人不大可能收回船舶和货物，或者

（b）依据情况，收回船、货的费用将超过其收回后的价值。

（ii）船舶受损的，因承保危险使船舶所受损坏严重到修理船损的费用将超过修理后船舶的价值的情况。

在估算修理费用时，由其他利益方支付的修理费用的共同海损分摊额不应被扣除，但是应当把将来的救助费用以及船舶如经修缮即应负担的共同海损分摊额计算在内。

（iii）货物受损的，修理受损货物以及将货物续运到目的地的费用，将超过货物到达目的地时的价值的情况。

第61条 推定全损的效果

若发生推定全损，被保险人可以将其视为部分损失，也可以把保险标的委付给保险人，将该损失视为如同实际全损一样。

第62条 委付通知

除本条另有规定外，被保险人选择将保险标的委付给保险人的，必须发送委付通知。被保险人未发送委付通知的，损失只能视为部分损失。

委付通知可以以书面形式或口头形式或者部分书面、部分口头形式发出，被保险人可以以任何措辞，表明其愿意将保险标的的保险利益无条件地委付给保险人。

委付通知必须在得到损失的可靠消息后，合理而谨慎地发送，但是消息存在可疑之处的，被保险人有权在合理时间内对此进行查询。

适当发出委付通知后，保险人拒绝接受委付的事实，不影响被保险人的权利。

保险人对于委付的接受可以明示，也可以以行动默示。保险人在收到委付通知后仅保持沉默，不构成对委付的接受。

委付通知书一经接受，委付便不能撤回。保险人接受委付通知，即表明最后承认对损失负责和通知有效。

被保险人得到损失消息时，如果向保险人发出委付通知，保险人已无获益可能的，则无需发出委付通知。

被保险人可以放弃发出委付通知的权利。

保险人将其风险再保险的，该保险人无需发出委付通知。

第63条　委付的效果

如果委付有效，保险人有权接管被保险人对保险标的的一切剩余利益，以及与其有关的所有财产利益。

从委付船舶时起，船舶保险人有权得到正在赚取和在引起损失的事故发生后船舶收取的任何运费，减去在引起损失发生的事故后为获得该运费所支付的费用；如果船舶装载的是船舶所有人的货物，保险人有权收取在引起损失发生的事故后运输货物的合理报酬。

《中华人民共和国海商法》

第246条　船舶发生保险事故后，认为实际全损已经不可避免，或者为避免发生实际全损所需支付的费用超过保险价值的，为推定全损。

货物发生保险事故后，认为实际全损已经不可避免，或者为避免发生实际全损所需支付的费用与继续将货物运抵目的地的费用之和超过保险价值的，为推定全损。

第249条　保险标的发生推定全损，被保险人要求保险人按照全部损失赔偿的，应当向保险人委付保险标的。保险人可以接受委付，也可以不接受委付，但是应当在合理的时间内将接受委付或者不接受委付的决定通知被保险人。

委付不得附带任何条件。委付一经保险人接受，不得撤回。

第 250 条　保险人接受委付的,被保险人对委付财产的全部权利和义务转移给保险人。

第 255 条　发生保险事故后,保险人有权放弃对保险标的的权利,全额支付合同约定的保险赔偿,以解除对保险标的的义务。

第 256 条　除本法第 255 条的规定外,保险标的发生全损,保险人支付全部保险金额的,取得对保险标的的全部权利;但是,在不足额保险的情况下,保险人按照保险金额与保险价值的比例取得对保险标的的部分权利。

案例三十一:　　　　　　　　代位求偿权

[案情简介]

被保险人 Nisbet 航运公司（被告）为"The Blairnevis"号轮的所有人,于 1944 年 6 月 24 日就该轮向 Yorkshire 保险公司（原告）办理了为期 12 月的定期保险。保险人签发了伦敦保险人协会的船舶保险单,该保单为定值保单,保险价值为 7.2 万英镑。1945 年 2 月 13 日"The Blairnevis"号轮在 Irish Sea 与加拿大政府船舶 Orkney 号轮发生碰撞,2 月 15 日被保险人提交了委付通知并要求全损赔偿。由于"The Blairnevis"号轮已遭受实际全损,因此,保险人根据定值保单于 1945 年 4 月 20 日向被保险人支付了 7.2 万英镑的金额赔偿。1946 年 9 月 19 日,被保险人经保险人同意在加拿大提起诉讼程序,要求加拿大政府赔偿"The Blairnevis"号轮的损失。由于官司打到枢密院被耽搁,直至 1958 年 5 月被保险人才获得了 336 039.52 加元的赔偿。但因自 1949 年后英镑贬值,被保险人将所得金额于 1958 年 6 月在英国兑换成 126 971 英镑,比保险人赔付的 7.2 万英镑多出了近 5.5 万英镑。故此,保险人诉至英国王座庭商事法院,要求被保险人给付"The Blairnevis"号轮的全部赔款。[1]

[法律问题]

当保险人对保险标的作了全损赔偿后,被保险人就该保险标的向第三方追偿所获超过保险人支付的金额时,保险人能否向被保险人追索超出的这部分金额?

[法律分析]

本案中,保险人不能向被保险人追索超出的这部分金额。货物损失如果是由第三方的责任引起的,保险人在进行赔付后,有权代表被保险人向责任方索赔,向负有过失的第三者索回所支付的赔款。保险人取得的代位行使被保险人

---

[1] 杨军编著:《海商法案例教程》,北京大学出版社 2003 年版,第 425 页。

对第三人请求损害赔偿的权利,被称为"代位求偿权"。按照我国《海商法》和英国《1906年海上保险法》的规定,保险人享有的代位求偿权须符合以下三个条件:①保险标的发生保险责任范围内的损失是由第三人的原因造成的,也即因第三人的侵权行为给被保险人造成损害,根据侵权法,被保险人具有追索损害赔偿的权利;②被保险人遭受损失后尚未向责任方索赔或索赔未果并且尚未放弃索赔权;③保险人已向被保险人作了赔付,保险人的代位求偿权以赔偿金额为限。

同时,代位求偿权也受到相应的限制:首先,保险人只能取得和被保险人一样的地位,他不能取得比被保险人更多的权利。代位求偿并不能使保险人本身取得诉权而是使其可以行使被保险人的诉权。其次,除非合同另有约定,保险人只有在赔付被保险人后才有权代位被保险人的权利。如果损失发生后保险人和他的被保险人还在磋商赔付办法,则保险人向责任人的追偿不会被支持。最后,保险人有权从他将付或已付的赔偿中扣减或索回被保险人在对责任人的诉讼中得到的赔偿。如果保险人全额赔偿了被保险人实际受到的损失,从第三方责任人索回的所有赔偿都应归于保险人,但是保险人不能得到比他支付的金额更多的款项。英国法中有一句话来形容代位求偿是"保险人站在被保险人的鞋子上"。

无论是全损还是部分损失,保险人都有权代位被保险人的权利和赔偿,但在全损时他还取得另一项权利,即他成为他已经赔付的保险标的的所有权人。如果保险人只赔付了部分损失,则保险标的所有权仍然属于被保险人,如果有利益,仍属于被保险人。索赔所得超出保险人赔付的,应该将多余部分交还被保险人。对此,我国《海商法》和英国《1906年海上保险法》都有规定。

本案中,在船舶发生全损后,保险公司已作了全额赔付,取得了代位求偿权,本应由保险公司向第三方索赔,但保险人授权被保险人在加拿大提起诉讼程序,要求加拿大政府赔偿"The Blairnevis"号轮的损失。当从第三方获得的赔付多于保险人已向被保险人作的赔付时,根据前述分析多余的部分应当归被保险人所有。

[相关法律]
《中华人民共和国海商法》

第252条 保险标的发生保险责任范围内的损失是由第三人造成的,被保险人向第三人要求赔偿的权利,自保险人支付赔偿之日起,相应转移给保险人。被保险人应当向保险人提供必要的文件和其所需要知道的情况,并尽力协助保险人向第三人追偿。

第254条 保险人支付保险赔偿时,可以从应支付的赔偿额中相应扣减被保险人已从第三人取得的赔偿。保险人从第三人取得的赔偿，超过其支付的保险赔偿的，超过部分应当退还给被保险人。

英国《1906年海上保险法》

第79条 代位权（Right of subrogation）

（1）保险人赔付保险标的全损之后，不论赔付的是整体全损，还是货物的可分割部分的全损，均有权接管被保险人在该已赔付保险标的上可能留下的任何利益，并从造成保险标的损失的事故发生之时起，取得被保险人在该保险标的上的一切权利和救济。

（2）受前述各条款制约，在保险人赔偿部分损失之场合，他并不取得该项保险标的或其存留部分的所有权，但是，根据本法，通过赔付此种损失，自造成损失的事故发生之时起，保险人代位取得被保险人对保险标的的一切权利和救济，但以被保险人已获赔偿额为限。

本章主要参考文献

1. 司玉琢主编：《海商法学案例教程》，知识产权出版社2003年版。
2. 杨军编著：《海商法案例教程》，北京大学出版社2003年版。
3. 金正佳主编：《海商法案例与评析》，中山大学出版社2004年版。
4. 何丽新、吴海燕主编：《海商法案例精解》，厦门大学出版社2004年版。
5. 袁发强主编：《海商法案例教程》，北京大学出版社2012年版。
6. 杨长春主编：《国际航运欺诈案例集》，对外经济贸易大学出版社2004年版。
7. 肖伟主编：《国际经济法学案例教程》，知识产权出版社2003年版。
8. 张丽英主编：《国际经济法教学案例》，法律出版社2004年版。
9. 韩立余主编：《国际贸易法案例分析》，中国人民大学出版社2009年版。
10. 韦经建、王彦志主编：《国际经济法案例教程》，科学出版社2011年版。

本章主要拓展阅读资料

1. 张东亮：《海商法新论》，五南图书出版公司1983年版。
2. 汪鹏南：《海上保险合同法详论》，大连海事大学出版社1996年版。
3. 邢海宝：《海商提单法》，法律出版社1999年版。
4. 魏润泉、陈欣：《海上保险的法律与实务》，中国金融出版社2001年版。
5. 司玉琢：《海商法专论》，中国人民大学出版社2010年版。

6. 张念宏编著：《海商法理论与实务》，中国法制出版社 2013 年版。
7. 胡正良、於世成、郏丙贵等：《〈鹿特丹规则〉影响与对策研究》，北京大学出版社 2014 年版。
8. 李增力："论预借、倒签提单行为的责任属性"，载《中国海商法年刊》1994 年第 2 期。
9. 高伟："论海上保险法的最大诚信原则"，载《中国海商法年刊》1997 年第 2 期。
10. 卢少杰："浅析提单保函的法律效力"，载《对外经贸实务》1997 年第 9 期。
11. 方杰、张建良："论海运保函的法律问题"，载《法学评论》1998 年第 3 期。
12. 张春玲："论海运保函的法律效力"，载《黑龙江财专学报》1998 年第 6 期。
13. 彭奓："国际货物多式联运规则的几个问题"，载《国际商法论丛》2001 年 5 月。
14. 陈宪民："提单批注权的法定要件及其完善"，载《当代法学》2006 年第 6 期。
15. 蔡艳艳："论国际海上货物运输'首要义务'原则"，载《中国水运（理论版）》2007 年第 12 期。
16. 廖日卿："善意的保函"，载《中国海关》2008 年第 9 期。
17. 徐孝先："论无正本提单提放货的责任属性及权利救济——兼评《最高人民法院关于审理无正本提单交付货物案件适用法律若干问题的规定》"，载《中国海商法年刊》2010 年第 3 期。
18. 高良臣："一个案例引发的思考：海上货物运输中'电放'法律问题探究"，载《中国海商法年刊》2010 年第 4 期。
19. 马炎秋、杨俊："委付被拒后保险船舶的法律地位"，载《中国海商法年刊》2011 年第 1 期。
20. 鲁杨、郑雷："对'维多利亚号'租船纠纷案的评析"，载《武大国际法评论》2011 年第 2 期。
21. 仪喜峰、林璐瑶："论海上保险代位求偿权"，载《上海海事大学学报》2012 年第 3 期。
22. 王金凤："航次租船合同中滞期费的性质与滞期时间的计算"，载《航海》2012 年第 5 期。
23. 宋永君："租船合同属性法律问题研究"，载《中国海商法研究》2013

年第 2 期。

24. 高秋颖:"海商法中共同海损法律制度研究",载《世界海运》2014 年第 11 期。

25. 陆玉、傅廷中:"论保险赔付中近因判别的鱼骨图与层次分析法及其应用",载《东南学术》2015 年第 1 期。

第三章 国际贸易支付法

国际贸易支付包括支付的工具和支付的方式，支付的工具有货币和票据，支付的方式包括汇付、托收、信用证、国际保理。信用证是使用最广泛的支付方式，国际保理是新型的支付方式。本章内容只涉及支付的方式。

第一节 汇　付

案例一：　　　　　　　　　信　汇

[案情简介]

吴某与李某是非常要好的朋友，一次由于吴某的疏忽将印鉴留在了李某家中，李某利用了该印鉴并模仿吴某的签字，假借吴某的名义伪造了他的付款授权信，将吴某的款项汇到自己的账户中，事后虽然李某的诈骗行为被发现并且受到了法律的制裁，但是由于李某已经将所汇款项挥霍殆尽，吴某仍然受到了很大的损失。

[法律问题]

什么是信汇？信汇有什么特点？

[法律分析]

信汇（Mail Transfer, M/T）即通过邮件寄送付款指示给银行要求银行汇款给卖方。信汇成本低，但收汇速度较慢，而且有一定的风险。上面的案例就是一种典型的信汇欺诈案例。依照银行的业务管理，顾客可致信他的开户行要求将一定金额的款项汇交收款人。开户行视此信为书面授权，核对客户印鉴相符后，凭以借记客户账户并将款项汇出。欺诈者利用这种做法，模仿客户签字，伪造授权信，骗取银行的汇出款项。因此汇款人应妥善保管印鉴，注意保密；

银行办理业务时要仔细核对印鉴,尤其对大额汇出款和转账要倍加注意。

[相关法律]

中国人民银行《支付结算办法》

第14条 票据和结算凭证上的签章和其他记载事项应当真实,不得伪造、变造。票据上有伪造、变造的签章的,不影响票据上其他当事人真实签章的效力。本条所称的伪造是指无权限人假冒他人或虚构人名义签章的行为。签章的变造属于伪造。本条所称的变造是指无权更改票据内容的人,对票据上签章以外的记载事项加以改变的行为。

第17条 银行以善意且符合规定和正常操作程序审查,对伪造、变造的票据和结算凭证上的签章以及需要交验的个人有效身份证件,未发现异常而支付金额的,对出票人或付款人不再承担受委托付款的责任,对持票人或收款人不再承担付款的责任。

第162条 本办法所称结算方式,是指汇兑、托收承付和委托收款。

第168条 汇兑是汇款人委托银行将其款项支付给收款人的结算方式。

第169条 单位和个人的各种款项的结算,均可使用汇兑结算方式。

第179条 汇兑分为信汇、电汇两种,由汇款人选择使用。

第171条 签发汇兑凭证必须记载下列事项:

(一)表明"信汇"或"电汇"的字样;

(二)无条件支付的委托;

(三)确定的金额;

(四)收款人名称;

(五)汇款人名称;

(六)汇入地点、汇入行名称;

(七)汇出地点、汇出行名称;

(八)委托日期;

(九)汇款人签章。

汇兑凭证上欠缺上列记载事项之一的,银行不予受理。

汇兑凭证记载的汇款人名称、收款人名称,其在银行开立存款账户的,必须记载其账号。欠缺记载的,银行不予受理。

委托日期是指汇款人向汇出银行提交汇兑凭证的当日。

第174条 汇出银行受理汇款人签发的汇兑凭证,经审查无误后,应及时向汇入银行办理汇款,并向汇款人签发汇款回单。汇款回单只能作为汇出银行受理汇款的依据,不能作为该笔汇款已转入收款人账户的证明。

案例二：   电　汇

[案情简介]

国内某出口商 A 与国外某一进口商 B 签订一贸易合同，合同规定：由买方通过银行开出即期不可撤销的信用证向卖方付款。但过了合同约定的开证日期后仍未见到买方开来信用证，于是卖方向买方催问，对方称："证已开出，请速备货。"然而，临近约定的装货期前一周，卖方还未收到信用证。卖方再次查询，对方才告知"因开证行与卖方银行并无业务代理关系，故此证已开往有代理关系的某地银行转交"。此时船期已到，因合同规定货物需直接运抵加拿大，而此航线每月只有一班船，若错过这班船，卖方将遭受重大损失。这时买方 B 提出使用电汇的方式支付货款，鉴于以上的情况，卖方只好同意，但要求买方 B 提供汇款凭证传真件，确认后马上发货。第二天，买方 B 传真来银行的汇款凭证，卖方 A 持汇款凭证到银行核对无误后，认为款项已汇出，便安排装船。但装船数天后，卖方发现货款根本没有到账，原来买方的资信极差，瞄准卖方急于销货的心理，先购买一张小额汇票，涂改后再传真过来，冒充电汇凭证使其遭受重大损失。

[法律问题]

什么是电汇？电汇有什么特点？

[法律分析]

电汇（Telegraphic Transfer, T/T），即通过电报寄送付款指示给银行要求银行汇款给卖方；或通过 SWIFT 系统，即银行间电子计算机系统寄送。银行接到指示后，指示其在卖方国家的合作银行对卖方付款。电汇具有快捷、成本较高、相较于信用证而言风险较大的特点。

在国际贸易结算中经常因为种种原因，出口商不得不采用电汇的方式取代原有的结算方式。在本案例中就是取代原有的信用证结算改用电汇方式。由于两种结算方式所依存的信用基础不同，因此风险也就不同。在信用证结算中，由于是银行信用，因此卖方收款较有保障；但在电汇中，由于是商业信用，因此卖方的风险较大，极有可能出现货款两空的结果。在本案例中，卖方之所以受骗的原因是多方面的：首先，在不知道买方资信的前提下，就贸然采用电汇支付方式。其次，卖方没有仔细甄别买方传真来的汇款凭证。本案例中，所谓"汇款凭证"其实只是一些加盖银行假印章的进账单，或者经过涂改、变造的汇票和汇款委托书传真件。卖方应该仔细鉴别，除到银行核对外，还应该自己掌握一些真假汇款凭证的鉴别方法，最好能够先收款后发货。当然不到万不得已的情况下最好不要取代原有的结算方式，以防患于未然。

[相关法律]

中国人民银行《支付结算办法》

第14条 票据和结算凭证上的签章和其他记载事项应当真实，不得伪造、变造。票据上有伪造、变造的签章的，不影响票据上其他当事人真实签章的效力。本条所称的伪造是指无权限人假冒他人或虚构人名义签章的行为。签章的变造属于伪造。本条所称的变造是指无权更改票据内容的人，对票据上签章以外的记载事项加以改变的行为。

第162条 本办法所称结算方式，是指汇兑、托收承付和委托收款。

第168条 汇兑是汇款人委托银行将其款项支付给收款人的结算方式。

第169条 单位和个人的各种款项的结算，均可使用汇兑结算方式。

第170条 汇兑分为信汇、电汇两种，由汇款人选择使用。

第171条 签发汇兑凭证必须记载下列事项：

（一）表明"信汇"或"电汇"的字样；

（二）无条件支付的委托；

（三）确定的金额；

（四）收款人名称；

（五）汇款人名称；

（六）汇入地点、汇入行名称；

（七）汇出地点、汇出行名称；

（八）委托日期；

（九）汇款人签章。

汇兑凭证上欠缺上列记载事项之一的，银行不予受理。

汇兑凭证记载的汇款人名称、收款人名称，其在银行开立存款账户的，必须记载其账号。欠缺记载的，银行不予受理。

委托日期是指汇款人向汇出银行提交汇兑凭证的当日。

第174条 汇出银行受理汇款人签发的汇兑凭证，经审查无误后，应及时向汇入银行办理汇款，并向汇款人签发汇款回单。汇款回单只能作为汇出银行受理汇款的依据，不能作为该笔汇款已转入收款人账户的证明。

案例三： 票 汇

[案情简介]

20世纪90年代中期，我国的北方城市T市的一家纺织品进出口公司利民公司一天收到美国蒙娜公司的询价单。利民公司便回复了本公司的样品目录等材料，并且进行了报价。进过几轮的信函磋商，美国蒙娜公司表示对价格和产品都比较满意，双方决定建立业务关系。

此时，美国商人提出为了节约费用，希望在将来的业务当中不采取信用证或托收的支付方式，而采用票汇方式。我国的利民公司对于采用除了信用证以外的交易形式表示犹豫。美国蒙娜公司提出，自己会在美国找到有信誉的大银行开出汇票，利民公司收到货款以后再发货。利民公司一般对于这种方式的做法是当公司收到对方开来的汇票以后，先将汇票送到出口地银行办理托收，银行收到款项以后通知利民公司收款或划入账户内，因此保险系数比较高。同时，利民公司也不愿意轻易放弃达成交易的机会，因此，最终同意了蒙娜公司的条件。

很快，利民公司和蒙娜公司进行了第一笔交易。蒙娜公司按照约定开来了银行汇票。价值两万美元。利民公司虽然没有发货，但是将货物备妥待运，另一方面，将蒙娜公司开来的银行汇票送到银行去办理托收。三个星期以后，利民公司顺利收回了货款。

第二次交易时，依然是由美国的蒙娜公司开来银行汇票，价值两万美元。利民公司也继续照旧办理，顺利收回了货款。

到了第三次交易，蒙娜公司开来了一张由美国一家著名银行开来的价值为17万美元的汇票，通过快递公司寄到利民公司。同时，蒙娜公司发传真表示以往两次订的货，销路都很好，市场反应积极，因此这一次特意增大订货量。但是同时，他也要求利民公司这一次不要再等到拿到货款之后再发货，希望能够尽早发货，以充分利用目前的大好销售形势。

面对这样的要求，利民公司内部就产生了分歧。绝大多数人认为本公司对美国的这个公司的了解还不算多，汇付的支付形式不像信用证那样有银行信誉作担保，况且这一次货值较大，出于稳健经营的考虑，不能马上发货，还是应当在收到货款之后再发货。但是公司个别负责人则认为应当勇于承担风险，积极做大做强，强调要抓住这次机会，打开美国市场，因此主张同意美国蒙娜公司这次的要求，在自己的银行收到货款以前就发货。根据前两次的交易经验，况且又是美国的知名银行发出的，应该不会有什么风险。

结果，虽然大多数人不同意立即发货，但是最终还是个别负责人的意见占了上风。利民公司终于在没有收回货款时就把价值17万美元的货物发了出去，将货运单据直接寄给买方。两周以后，利民公司从银行方面得到通知，这一次蒙娜公司寄来的汇票是伪造的，根本无法办理托收。利民公司得知以后，立刻向蒙娜公司发出电报质问对方。但是电报如泥牛入海，一去不回。后来又经过多次联系，始终没有得到任何答复。

这样一拖就是一年的时间。一年以后，利民公司因为其他的事情要派一个小型的代表团到美国去，于是就把催款的任务也同时交给了赴美的这个代表团。代表团到达美国以后，辗转找到了美国的蒙娜公司，要求对方立刻行动，改正自己的错误，同时偿付货款。但是没有想到的是，蒙娜公司却蛮不讲理，虽然承认自己已经收到了利民公司发过来的货物和相关单据，但是却狡辩称利民公司这批货物的质量低劣，导致自己在向客户交货时被拒，遭受了严重损失，其金额远远超出了这批货物的总款项。结果，蒙娜公司不仅完全拒绝付款，而且还表示自己保留随时采取进一步行动挽回由利民公司货物质量给自己造成损失的权利。磋商就这样不欢而散。

利民公司派出的代表团回国以后将情况报告给了公司，利民公司开始研究下一步对策。他们首先想到了可以根据双方签订的销售合同中的仲裁条款到相关的仲裁机构提出仲裁申请。但是，仲裁结果执行难一直以来都是一个问题。常常是虽然仲裁结果下来了，但是款项却依然收不回来，结果自己还要赔上大笔的仲裁费等费用，得不偿失。于是利民公司还想到了诉讼，通过法律途径来解决问题。但是，诉讼解决问题除了和仲裁解决一样存在执行难问题以外，还有一个难点，那就是根据美国票据法的规定，凡是因为汇票方面的问题产生纠纷的，必须要早于问题发生以后的六个月提出诉讼请求，否则超出时间限制，法院一律不予受理。利民公司和蒙娜公司的这笔纠纷发生的时间是在一年多以前，早已经超出了诉讼时限，上诉的路也不通。最后，这个问题不了了之。我国利民公司承担了不小的损失。[1]

[法律问题]

什么是票汇？如何防范票汇中的风险？

[法律分析]

票汇（Demand Draft，D/D），即通过买方开具一份以卖方为受益人的汇票进行付款，这种方法称为票汇。汇票是票汇方式的主要工具。票汇具有很强的灵活性，成本较低，但风险较大。像本案例中这样，有个别居心不良的国外进口商先通过及时付款几笔小单交易使出口方放松警惕，认为进口商比较好、比较可靠，从而为将来的进一步行动做好铺垫。然后，在时机适当时放大交易额，并且找出各种理由要求提早发出货物。这时，如果出口商麻痹大意，因为先前的交易经验放松警惕或者出于各种各样的原因答应了对方的要求，在没有收到货款时就先行发出货物，则很有可能上当受骗，最后落得一个赔了夫人又折兵的结果。

---

[1] 陈国武主编：《新编进出口业务案例精选》，清华大学出版社2009年版，第23～24页。

那么在对方要求采用汇付（特别是票汇）的支付方式时，我们是不是应该一律不予使用，以此避免风险呢？当然不能这样。任何交易都是有风险的，没有风险就没有收益。但是应该可以通过恰当的途径合理降低风险，使得风险收益率降低到一个比较适当的水平。在合理规避风险的同时争取最大收益。因此，如果外国的进口商坚持要求使用汇付的方式，我们也可以同意，但是应该注意采取避险措施：①像本案例中利民公司开始的做法那样，强调要在本方将汇票送到银行并收回货款以后才发货。②如果对方强调各种各样的客观理由，像本案例中的蒙娜公司一样坚持催促早发货，那么我方可以发货。但是，发货以后我方公司应当将相关票据，例如提单等，送交我方公司在进口当地的代理商或者有业务往来的公司，切不可直接将单据寄送给进口方。这样就可以有效避免本案例中利民公司最后的结果。③另外，我方公司还可以考虑在出口之前向出口信用保险公司投保"出口信用险"，该险承保的风险中包括买方不付款的风险。这样就可以将风险部分转嫁给保险公司。保险公司会利用自己的有效途径来评估进口方的信用等级，也会给出口方一个参考因素。但是出口信用保险公司即使接受投保，一旦发生赔偿，不会全额赔付，只会赔全部货款的70%~80%。

[相关法律]

《中华人民共和国票据法》

第2条　在中华人民共和国境内的票据活动，适用本法。

本法所称票据，是指汇票、本票和支票。

第14条　票据上的记载事项应当真实，不得伪造、变造。伪造、变造票据上的签章和其他记载事项的，应当承担法律责任。

第19条　汇票是出票人签发的，委托付款人在见票时或者在指定日期无条件支付确定的金额给收款人或者持票人的票据。

汇票分为银行汇票和商业汇票。

第94条　涉外票据的法律适用，依照本章的规定确定。

前款所称涉外票据，是指出票、背书、承兑、保证、付款等行为中，既有发生在中华人民共和国境内又有发生在中华人民共和国境外的票据。

第102条　有下列票据欺诈行为之一的，依法追究刑事责任：

（一）伪造、变造票据的；

（二）故意使用伪造、变造的票据的；

（三）签发空头支票或者故意签发与其预留的本名签名式样或者印鉴不符的支票，骗取财物的；

（四）签发无可靠资金来源的汇票、本票，骗取资金的；

（五）汇票、本票的出票人在出票时作虚假记载，骗取财物的；
（六）冒用他人的票据，或者故意使用过期或者作废的票据，骗取财物的；
（七）付款人同出票人、持票人恶意串通，实施前6项所列行为之一的。

第二节 托 收

案例四： 托收行的责任

[案情简介]

我国 A 公司以 D/P at sight 方式出口，并委托国内 B 银行将单据寄由第三国 C 银行转给进口国 D 银行托收。后来得知 D 银行破产收不到货款，该公司要求退回有关单据却毫无结果。A 公司与 D 银行遂起纠纷。

[法律问题]

依据 URC522 的规定，上述托收银行应负什么责任？

[法律分析]

托收银行不负任何责任。理由如下：根据 URC522 的规定，在托收方式下，银行只作为卖方的受托人行事，为实现委托人的指示，托收银行可选择委托人指定的银行或自行选择或由别的银行选择的银行作为代收行；单据和托收指示可直接或间接通过别的银行寄给代收行。但与托收有关的银行，对于任何文电、信件或单据在寄送途中的延误和丢失所引起的后果，或由于电报、电传和电子通信系统在传递中的延误、残缺或其他错误，以及由于不可抗力、暴乱、内乱、战争或其他不能控制的任何其他原因致使业务中断所造成的后果，不承担义务或责任。所以，在本案例中，托收银行只要尽到"遵守信用，谨慎从事"的义务，对托收过程中所发生的各种非自身所能控制的差错，包括因代收行倒闭致使委托人货款无法收回且单据也无法收回，不负任何责任。

[相关法律]

URC522

第4条 托收指示

a. 所有送往托收的单据必须附有一项托收指示，注明该项托收将遵循《托收统一规则》第522号文件并且列出完整和明确的指示。银行只准允根据该托收指示中的命令和本规则行事。

b. 银行将不会为了取得指示而审核单据；

c. 除非托收指示中另有授权，银行将不理会来自除了他所收到托收的有关人/银行以外的任何有关人/银行的任何指令。

第 9 条　善意和合理的谨慎

银行将以善意和合理的谨慎办理业务。

第 13 条　对单据有效性的免责

银行对任何单据的格式、完整性、准确性、真实性、虚假性或其法律效力，或对在单据中载明或在其上附加的一般性和/或特殊性的条款不承担责任或对其负责；银行也不对任何单据所表示的货物的描述、数量、重量、质量、状况、包装、交货、价值或存在，或对货物的发运人、承运人、运输行、收货人和保险人或其他任何人的诚信或行为和/或疏忽、清偿力、业绩或信誉承担责任或对其负责。

第 14 条　对单据在传送中的延误和损坏以及对翻译的免责

a. 银行对任何信息、信件或单据在传送中所发生的延误和/或损坏，或对任何电讯在传递中所发生的延误、残损或其他错误，或对技术条款的翻译和/或解释的错误不承担责任或对其负责；

b. 银行对由于收到的任何指示需要澄清而引起的延误将不承担责任或对其负责。

案例五：　　　　　　　代收行的责任

[案情简介]

2009 年 4 月中国出口商 A 向美国进口商 B 出口一批货物，采用 D/A 见票后 60 天结算方式，托收行在托收指示中规定：代收行只能在进口商承兑的条件下才能将单据放予进口商，并要求代收行必须对进口商的支付加以担保，并用加押电传的方式告知托收行。代收行办理承兑交单后，向托收行寄出承兑通知书，明确指出汇票已经付款人承兑，其到期日为 2009 年 10 月 23 日。不久，当托收行查询有关承兑情况时，代收行复电再次告知汇票已经付款人承兑，其到期日为 2009 年 10 月 23 日。在上述承兑通知书及查询答复中，代收行均未表明担保付款，亦未发出承诺担保的电传，托收行亦未就此提出任何异议。承兑汇票到期后，进口商 B 拒付货款，代收行即向托收行发出拒付通知。托收行认为托收指示中要求凭代收行到期付款的担保放单，而代收行已将单据放给付款人，因此要求立即付款。代收行反驳道：放单是基于付款人的承兑，代收行根据 URC522 号出版物没有担保到期付款的责任。

[**法律问题**]

根据 URC522 的规定，代收行是否有责任？

[**法律分析**]

根据 URC522 关于托收指示的规定，如果代收行不能遵守指示，应当立即回复托收行，而代收行却未这样做，只是在托收行查询单据下落时才告知仅凭承兑放单。应该说，代收行在这一点上违反了 URC522 的规定。然而，并不能因此得出代收行应当完全承担责任的结论。

首先，托收行的指示不符合托收业务的基本原则，实际上改变了托收的性质。在托收中，银行作为客户委托的中间环节，只是为客户提供必要的服务，并不因此承担额外的风险，作为代收行，其义务无非是在进口商付款或承兑的情况下放单，强行赋予其担保客户付款的义务并不是银行业务中的通行做法。其次，托收行在寄单面函中不仅指示代收行担保到期付款，而且要求代收行以加押电加以证实。尽管代收行并未明确通知托收行拒绝接受该指示，但也未按照托收行的要求以加押电形式告知托收行照此执行。代收行对托收行发出的两项密切相关的指示均未作出反应，而其中的加押电证实一项是不能通过默示方法来完成的，将这两项要求结合起来看，托收行的指示是不能默示接受的。因此，不能仅凭代收行未作答复的事实，就简单认定代收行已接受了托收行关于担保到期付款的指示。

D/A 作为客户之间融通资金的一种便利手段在业务中经常会用到，因此，有的托收行就千方百计地要求代收行承担担保进口商付款的责任，以便将商业信用转化为银行信用。作为代收行，对此必须有足够的认识。如果发现托收行的指示难以做到，应当不迟延地通知托收行，以免产生不必要的纠纷。

[**相关法律**]

URC522

第 1 条 《托收统一规则》第 522 号的应用

a. 国际商会第 522 号出版物《托收统一规则》1995 年修订本将适用于第 2 款所限定的、并在第 4 款托收指示中列明适用该项规则的所有托收项目。除非另有明确的约定，或与某一国家、某一政府，或与当地法律和尚在生效的条例有所抵触，本规则对所有的关系人均具有约束力。

b. 银行没有义务必须办理某一托收或任何托收指示或以后的相关指示。

c. 如果银行无论出于何种理由选择了不办理它所收到的托收或任何相关的托收指示，它必须毫不延误地采用电讯，或者如果电讯不可能时采用其他快捷的工具向它收到该项指示的当事人发出通知。

案例六： 托收费用的支付

[案情简介]

瑞士出口商 A 向中国进口商 B 出口一批货物，采用托收的方式，并在托收委托书中明确要求进口商 B 支付托收过程中在付款地所产生的托收手续费，但是当出口商 A 收到托收行所划转的款项时，发现款项少于应收款项，随即质问托收行，托收行很快给其答复：进口商 B 拒绝支付付款地的托收费用，托收行只能将费用从货款中扣除。出口商 A 对此非常气愤，指出根据托收委托书的规定，付款地的托收手续费必须由进口商负担，并要求托收行返还此项托收费用。

[法律问题]

出口商 A 有无理由要求托收行返还此项托收费用？与此同时托收行有无理由在没有获得出口商 A 同意的情况下预扣托收费用？

[法律分析]

首先，出口商 A 没有理由要求托收行返还此项托收费用。因为根据 URC522 的规定："一切寄出的托收单据须附有托收指示书，注明该托收按照 URC522 办理，并给予完全而准确的指示。银行被允许根据托收指示书所给予的指示及本规则办理。"在托收指示中注明"应收取的费用，同时注明是否可以放弃"。如果没有在托收指示中注明托收的费用是否可以放弃，则代收行可以在进口商未支付托收费用的条件下放单，只要将托收指示书中所要求的金额付清即可。如果出口商确实想要求进口商负担托收费用，则他必须在托收委托书或托收指示中明确表示"付款人所在地的银行托收费用由付款人承担，不得放弃"。否则代收行没有义务代收相应的托收费用。其次，托收行有权预扣托收费用。这是因为，根据 URC522 的规定："凡属托收指示明确规定的条件，或根据本规则，开支和/或费用和/或托收手续费应由委托人负担时，代收行有权向发出托收指示书的银行收回其支付的开支、费用和手续费，而委托行不论托收结果如何，有权立即向委托人收回其为此支付的任何金额及其本身的开支费用及手续费。"

[相关法律]

URC522

第 21 条 手续费和费用

a. 如果托收指示中规定必须收取手续费和（或）费用须由付款人承担，而后者拒付时，提示行可以根据具体情况在不收取手续费和（或）费用的情况下凭付款或承兑或其他条款和条件交单，除非适用第 21 条（2）款。

每当托收手续费和（或）费用被这样放弃时，该项费用应由发出托收的一方承担，并可从货款中扣减。

b. 如果托收指示中明确指明手续费和（或）费用不得放弃而付款人又拒付该项费用时，提示行将不交单，并对由此所引起的延误所产生的后果将不承担责任。当该项费用已被拒付时，提示行必须以电讯，当不可能时可用其他便捷的方式通知曾向其发出托收指示的银行，不得延误。

c. 在任何情况下，若托收指示中清楚地规定或根据本〈规则〉，支付款项和（或）费用和（或）托收手续费应由委托人承担，代收行应有权从向其发出托收指示的银行立即收回所支出的有关支付款、费用和手续费，而寄单行不管该托收结果如何应有权向委托人立即收回它所付出的任何金额连同它自己的支付款、费用和手续费。

d. 银行对向其发出托收指示的一方保留要求事先支付手续费和（或）费用用以补偿其拟执行任何指示的费用支出的权利，在未收到该项款项期间有保留不执行该项指示的权利。

案例七：　　　　　　　　　　托收指示

[案情简介]

2005年5月，X国进口商乙向Y国出口商甲进口一宗商品，付款条件是D/A见票后30天，甲遵照合同规定按时将货物装运并将单据备齐，于6月22日向银行办理托收手续，并指定X国所在地R银行为代收行。截至8月1日，乙仍未收到出口货物在托收项下的单据，并去电甲。经甲查实，在甲的托收指示及相应的单据上，乙的地址不详。由于这批商品没有来得及提货，又由于受到雨淋所以严重受潮，乙拒绝承兑付款。9月13日代收行R将乙拒绝承兑付款的情况通知至甲。甲在此次交易中损失惨重。

[法律问题]

本案例中谁应对货物的损失承担责任？出口商应该吸取哪些教训？

[法律分析]

出口商应当自己承担责任。根据URC522的规定：托收指示应该记载进口商详细的地址，如果由于地址记载不详导致代收行无法向进口商提示承兑交单，使之无法及时提货从而导致货物损失，不能由托收行及代收行来承担，只能由出口商自己负担。

通过这个案例，出口商首先应该吸取的教训是：任何被委托的银行只能按照托收指示来行事，托收指示应该详细、明确及具体。

[相关法律]

URC522

第 4 条 托收指示

（1）

a. 所有送往托收的单据必须附有一项托收指示，注明该项托收将遵循《托收统一规则》第 522 号文件并且列出完整和明确的指示。银行只准允根据该托收指示中的命令和本规则行事。

b. 银行将不会为了取得指示而审核单据。

c. 除非托收指示中另有授权，银行将不理会来自除了他所收到托收的有关人/银行以外的任何有关人/银行的任何指令。

（2）托收指示应当包括下述适宜的各项内容：

a. 收到该项托收的银行详情，包括全称、邮政和 SWIFT 地址、电传、电话和传真号码和编号。

b. 委托人的详情包括全称、邮政地址或者办理提示的场所以及，如果有的话，电传、电话和传真号码。

c. 付款人的详情包括全称、邮政地址或者办理提示的场所以及，如果有的话，电传、电话和传真号码。

d. 提示银行（如有的话）的详情，包括全称、邮政地址以及，如果有的话，电传和传真号码。

e. 待托收的金额和货币。

f. 所附单据清单和每份单据的份数。

g.

a）凭以取得付款和/或承兑和条件和条款；

b）凭以交付单据的条件：

1）付款和/或承兑；

2）其他条件和条款。

缮制托收指示的有关方应有责任清楚无误地说明，确保单据交付的条件，否则的话，银行对此所产生的任何后果将不承担责任。

h. 待收取的手续费指明是否可以放弃。

i. 待收取的利息，如有的话，指明是否可以放弃，包括利率、计息期、适用的计算期基数（如一年按 360 天还是 365 天）。

j. 付款方法和付款通知的形式。

k. 发生不付款、不承兑和/或与其他批示不相符时的指示。

a）托收指示应载明付款人或将要办理提示场所的完整地址。如果地址不全或有错误，代收银行可尽力去查明恰当的地址，但其本身并无义务和责任。

b）代收银行对因所提供地址不全或有误所造成的任何延误将不承担责任或对其负责。

案例八： 光票托收

[案情简介]

我国出口商 A 与澳大利亚进口商 B 拟采用光票托收的方式进行贸易，运输方式为空运，很快出口商 A 接到进口商 B 开来的由国外 C 银行出具的并以此银行为付款人的支票，金额为 10 万美元。出口商 A 信以为真，很快将货物装运出口，并要求出口地的 D 银行为其办理光票托收，但是当支票交至国外的付款行的时候，被告知此支票为空头支票，最终造成出口商 A 钱货两空的重大损失。

[法律问题]

什么是光票托收？光票托收有什么特点？

[法律分析]

光票托收是指不附有商业单据的金融单据的托收，一般适用于收到货款尾数、代垫费用、样品费等小额支付。光票托收具有以下特点：方便、快捷、费用非常低廉。采用光票托收进行国际贸易支付的时候，经常托收的金融单据是支票。这时候出口商必须鉴别此支票的真实性，不能盲目出货。最好在出货之前能够要求进口商出具银行保付的支票，或者先光票托收回货款后发货，以避免不必要的损失，不到万不得已的时候最好不要采用这种方式进行大额交易的结算。尤其是在航空运输情况下，由于航空运单不是提货单，出口商更应严加小心。

[相关法律]

URC522

第 2 条 托收的定义

就本条款而言：

（1）托收是指银行依据所收到的指示处理下述第 2 款所限定的单据，以便于：

a. 取得付款和/或承兑；或

b. 以付款或承兑交单；或

c. 按照其他条款和条件交单。

（2）单据是指金融单据和/或商业单据。

a. 金融单据是指汇票、本票、支票或其他类似的可用于取得款项支付的

凭证;

b. 商业单据是指发票、运输单据、所有权文件或其他类似的文件,或者不属于金融单据的任何其他单据。

(3) 光票托收是指不附有商业单据的金融单据项下的托收。

(4) 跟单托收是指:

a. 附有商业单据的金融单据项下的托收;

b. 不附有金融单据的商业单据项下的托收。

案例九: **跟单托收之 D/P 即期**

[案情简介]

2009年6月10日,国内出口商 X 向 M 国进口商 Y 出口一批货物,合同约定即期付款交单。8月9日 X 依约装运货物并备齐单据,并向国内某银行 Z 办理托收手续,指定 M 国 R 银行为代收行。托收行 Z 签发了托收指示函,但告知出口商 X 无法在当日把单据寄出。出口商 X 在征得托收行 Z 同意后自行寄单,并签收取走了全套单据和托收指示函。8月21日代收行 R 签收 X 寄来的全套单据和托收指示函。后代收行 R 在进口商 Y 未付货款的情况下,自行放单。进口商 Y 凭借提单将所有货物提走后向出口商 X 表示无力付款,最终出口商 X 与进口商 Y 的交涉都无果而终,从而给出口商 X 造成巨大损失。

[法律问题]

本案中出口商 X 应当向谁索赔?

[法律分析]

本案中出口商 X 受骗的原因并不是托收行导致的,而是因为代收行违反托收的国际惯例,在进口商没有付款的情况下,就将全套单据交与进口商,实际上就是进口商与代收行联合欺诈,致使出口商货款两空。如果要追究责任的话,代收行具有不可推卸的责任。

第一,出口商的直接托收行为符合托收的国际惯例。众所周知,单据的交寄发生在托收行和代收行之间,但 URC522 也允许出口商在取得托收行同意的情况下将托收指示及各种单据等自行寄交代收行,这一行为仍被视为由托收行寄交代收行,因此,本案中出口商直接寄单给代收行的行为符合国际惯例,没有任何过错。

第二,代收行违反了托收的基本义务,应当承担出口商的所有损失。在本案中,作为即期付款交单中的代收行,代收行应当在收到托收指示和全套单据后,向进口商提示付款。代收行应该在进口商付清所有货款的情况下,才能将相应的单据交与进口商。但实际上代收行并没有按照惯例办理，相反却在进口商没有付款的情况下，自行将单据释放给进口商。因此代收行应对出口商的损失承担赔偿。

第三，托收行无过错，不应承担任何责任。根据国际商会 URC522 第 11 条第 1 款规定，为执行委托人的指示，银行使用另一家银行或其他银行的服务，是代委托人办理的，其费用与风险由该委托人承担，且第 2 款规定，银行对于他们所传递的指示未被执行不承担义务与责任，即使被委托的其他银行是由他们主动选择的也是如此。托收行向代收行所发出的指示实际上是执行委托人的指令，因此托收行根据托收指示所作的行为产生的法律后果不能由托收行承担，只能由委托人（即出口方）承担。

[相关法律]

URC522

第 6 条 即期付款/承兑

如果是见单即付的单据，提示行必须立即办理提示付款，不得延误；如果不是即期而是远期付款单据，提示行必须在要求承兑时毫不拖延地提示承兑，在要求付款时，不应晚于适当的到期日办理提示付款。

第 11 条 对被指示的免责

（1）为使委托人的指示得以实现，银行使用另一银行或其他银行的服务是代该委托人办理的，因此，其风险由委托人承担；

（2）即使银行主动地选择了其他银行办理业务，如该行所转递的指示未被执行，该行不承担责任或对其负责；

（3）一方指示另一方去履行服务，指示方应受到被指示方的法律和惯例所加于的一切义务和责任的制约，并承担赔偿的责任。

案例十： 跟单托收之 D/P 远期

[案情简介]

进口商 X 从出口商 Y 进口一批价值 20 万美元的商品，双方约定付款结算方式为 D/P 20 天。出口商 Y 发货后即取得货运单据，并持单据及进口地代收行 B 的资料在出口地托收行 A 办理托收。进口地代收行 B 收到出口地托收行 A 寄至的单据后，即向进口商 X 提示要求承兑。翌日，出口商 Y 以代表货物控制权凭证的提单作为抵押，向托收行 A 申请融资。托收行 A 接受抵押并为出口商 Y 提供融资后一个月，发现进口商 X 已经从代收行 B 处取走提单，且此时出口商 X 已经无法联系。最终代收行 B 已按照本地惯例将 D/P 远期视为 D/A 为由，对托收行 A 要求代收行 B 承担擅自放单的责任的主张进行抗辩，最终托收行 A 承担了损失。

[**法律问题**]

D/P 远期是付款交单还是承兑交单？应如何防范 D/P 远期的风险？

[**法律分析**]

D/P 远期是卖方开具远期汇票，通过出口地银行（托收行）委托代收行向买方提示汇票和单据，买方审核无误后在汇票上承兑，并于汇票到期日付款赎单。也就是说，出口商不但有物权的保障（进口商不付款代收行不放单），而且有票据法的保护（进口商对已承兑的汇票有到期付款的责任）。URC522 第 7 条规定，如果托收包含有远期付款的汇票，则其指示不应要求付款才交付商业单据。如果托收包含有远期付款的汇票，托收指示应说明商业单据是凭承兑（D/A）还是凭付款（D/P）发放给付款人。若无上述说明，商业单据只能是付款放单，而代收行对由于交付单据的任何延误所产生的任何后果将不承担责任。

但是，实务中并不是在任何国家、任何银行都是这样处理 D/P 远期业务的，欧洲大陆一些国家的银行，比如瑞士，就有将 D/P 远期当作 D/A 处理的习惯。本案中银行在作出口押汇时，业务人员可能对此并不了解，在出单时没有采取一些措施避免代收行凭承兑汇票放单。可见，D/P 远期业务最大的风险在于有些国家的银行有将 D/P 远期等同于 D/A 处理的习惯。D/P 远期的安全性在理论与实务中的偏差，应引起出口商及银行的高度重视，特别是托收行在作融资时，应注意防范不法出口商利用这一点，与其海外机构或进口商勾结，合法地"收汇不着"，实施诈骗。这就是本案例中出口商 Y 所采用的伎俩。此外，URC522 第 7 条新增的 a 款强调：带有凭付款交单指示的跟单托收不应含有远期付款的汇票。可见，由于存在 D/P 远期处理的差异，国际商会并不鼓励 D/P 远期这一托收方式，以避免一些银行作 D/A 处理，使受票人（进口商）轻易取得商业单据，违背"付款交单"的本质与初衷。

[**相关法律**]

URC522

第 7 条　商业单据的交单

承兑交单（D/A）与付款交单（D/P）

（1）如果托收包含有远期付款的汇票，则其指示不应要求付款才交付商业单据。

（2）如果托收包含有远期付款的汇票，托收指示应说明商业单据是凭承兑（D/A）还是凭付款（D/P）发放给付款人。

若无上述说明，商业单据只能是付款放单，而代收行对由于交付单据的任何延误所产生的任何后果将不承担责任。

(3) 如果托收包含有远期付款的汇票,而且托收指示表明应凭付款发放商业单据时,则单据只能凭该项付款才能发放,而代收行对由于交付单据的任何延误所产生的任何结果将不承担责任。

第三节 信用证

案例十一: 信用证独立于买卖双方的基础交易

[案情简介]

中国甲公司作为卖方与德国乙公司作为买方签订出口货物合同,约定以信用证方式付款,甲公司在信用证规定的时间内向 A 银行提交全套单据,且所交单据已构成相符交单,要求 A 银行付款。A 银行怀疑该批货物存在以次充好的问题,故而拒绝付款。

[法律问题]

A 银行能否以怀疑货物存在质量问题为由拒付信用证项下的款项?

[法律分析]

不能。信用证最大的特点在于其独立性,即信用证项下银行的付款责任独立于买卖双方的基础交易,银行仅处理单据而不处理货物,只要单据符合信用证的要求就应该收单付款。所以银行以怀疑货物质量为由拒绝付款是不合理的。

[相关法律]

UCP 600

第 4 条 信用证与合同

a. 就其性质而言,信用证与可能作为其开立基础的销售合同或其他合同是相互独立的交易,即使信用证中含有对此类合同的任何援引,银行也与该合同无关,且不受其约束。因此,银行关于承付、议付或履行信用证项下其他义务的承诺,不受申请人基于与开证行或与受益人之间的关系而产生的任何请求或抗辩的影响。

受益人在任何情况下不得利用银行之间或申请人与开证行之间的合同关系。

b. 开证行应劝阻申请人试图将基础合同、形式发票等文件作为信用证组成部分的做法。

案例十二： 信用证独立于开证行和开证申请人之间的关系

[案情简介]

中国 A 公司与美国 B 公司签订出口货物合同，约定以信用证方式付款，卖方 A 公司在信用证规定的时间内向甲银行提交全套单据，且所交单据已构成相符交单，要求甲银行付款。正当甲银行准备付款时，得知美国 B 公司已经宣告破产了。于是甲银行以 B 公司破产，丧失支付能力为由，拒付信用证项下的款项。

[法律问题]

甲银行能否以 B 公司破产为由拒付信用证下的款项？

[法律分析]

不能。信用证具有独立抽象性，信用证的买卖属单据买卖，银行处理的只是单据，信用证独立于买卖双方之间的基础交易，也独立于开证行与开证申请人之间的关系，只要受益人提交的单据构成相符交单，银行就必须付款，即使在付款前或付款当时开证申请人已经丧失支付能力，银行也不能拒付。

[相关法律]

UCP 600

第 4 条 信用证与合同

a. 就其性质而言，信用证与可能作为其开立基础的销售合同或其他合同是相互独立的交易，即使信用证中含有对此类合同的任何援引，银行也与该合同无关，且不受其约束。因此，银行关于承付、议付或履行信用证项下其他义务的承诺，不受申请人基于与开证行或与受益人之间的关系而产生的任何请求或抗辩的影响。

受益人在任何情况下不得利用银行之间或申请人与开证行之间的合同关系。

b. 开证行应劝阻申请人试图将基础合同、形式发票等文件作为信用证组成部分的做法。

案例十三： 开证行偿付议付行的义务

[案情简介]

2009 年 5 月，德国 A 公司与中国 B 公司订立了向中国出口 300 台计算机的合同，价格条件为每台 CIF 上海 1200 美元，以不可撤销的信用证付款，2009 年 11 月汉堡港装船。2009 年 10 月 10 日，中国银行上海分行根据买方指示向卖方开出了金额为 36 万美元的不可撤销信用证，委托德国一家银行通知并议付信用证。2009年12月20日,卖方将300台计算机装船并获得信用证要求的提单、保险单、商业发票等单据后,即到德国议付行议付。经审查,单证相符,银行即将36万美元支付给德国A公司。载货船舶离开汉堡港10天后,由于在航行途中遇上特大暴雨和暗礁,货船及货物全部深入大海,此时开证行已收到了议付行寄来的全套单据,买方也已得知所购货物全部灭失的消息。中国银行上海分行拟拒绝偿付议付行已议付的36万美元的货款,理由是其客户不能得到所期待的货物。

[法律问题]

中国银行上海分行能否拒绝偿付议付行已付的货款?

[法律分析]

不能。议付是指,指定银行在相符交单下,在其应获偿付的银行工作日当天或之前向受益人预付或者同意预付款项,从而购买汇票(其付款人为指定银行以外的其他银行)及/或单据的行为。根据UCP600的规定,指定银行承付或议付相符交单并将单据转给开证行之后,开证行即承担偿付该指定银行的责任。对承兑或延期付款信用证下相符交单金额的偿付应在到期日办理,无论指定银行是否在到期日之前预付或购买了单据,开证行偿付指定银行的责任独立于开证行对受益人的责任。开证行是否偿付议付行也独立于买卖双方的基础交易。

本案中,受益人已提交了全套单据,且已构成相符交单,议付行在相符交单的情况下议付是没有任何过错的,开证行必须偿付。至于开证申请人买方的货物损失,与开证行是否偿付议付行没有关系。在本案中,买卖双方采取的是CIF贸易术语,货物的风险在装运港越过船舷之时就已经转移给买方承担,货物的损失应由买方负责。买方可以持保险单向保险公司索赔。

[相关法律]

UCP600

第7条 开证行责任

a. 只要规定的单据提交给指定银行或开证方,并且构成相符交单,则开证行必须按下述信用证所适用的情形予以兑付:

i. 信用证规定由开证行即期付款、延期付款或承兑;

ii. 信用证规定由指定银行即期付款但其未付款;

iii. 信用证规定由指定银行延期付款但其未承诺延期付款,或虽已承诺延期付款,但未在到期日付款;

iv. 信用证规定由指定银行承兑,但其未承兑以其为付款人的汇票,或虽然承兑了汇票,但未在到期日付款;

v. 信用证规定由指定银行议付但其未议付。

b. 开证行自开立信用证之时起即不可撤销地承担承付责任。

c. 指定银行承付或议付相符交单并将单据转给开证行之后，开证行即承担偿付该指定银行的责任。对承兑或延期付款信用证下相符交单金额的偿付应在到期日办理，无论指定银行是否在到期日之前预付或购买了单据，开证行偿付指定银行的责任独立于开证行对受益人的责任。

案例十四：　　　　　　保兑行的付款责任

[案情简介]

2013年4月，中国甲公司与美国乙公司签订钢材销售合同。根据合同的规定，乙公司向在美国的丙银行申请开出了不可撤销即期信用证，信用证规定采用多式联运方式运输，对装运标志没有特殊要求。通知行为美国丁银行在华的分行。根据信用证条款的规定，由丁银行在华分行保兑并指定该行议付，议付可以用电传向丙银行的纽约联行索赔。8月25日，甲公司将货物以多式联运方式运出，并由当地外运公司签订了陆海联运提单。8月27日，甲公司将全套单据寄交丁银行在华分行议付。9月1日，丁银行在华分行向甲公司发出了"银行付款通知单"。9月12日，丁银行在华分行通知甲公司，全套单据遭丙银行拒付，理由为单据存在下列不符点：①提单未显示"已装船"字样；②装运标志上表示的是整批货物的总数量而不是每一纸箱中的数量。鉴于上述原因，丙银行要求丁银行退回货款。9月26日，丁银行将丙银行的第二份通知传真给甲公司，通知中称，如果甲公司降价25%，开证申请人可接受所提交的有不符点的单据。甲公司传真答复：①本公司提供的单证并无任何不符，不同意退单；②信用证系独立于合同之外的法律文件，客户的降价要求不应在信用证项下予以解决；③丁银行在华分行作为保兑行应按照国际惯例履行付款责任。12月1日，丁银行在华分行致函甲公司，"我行已经与开证行交涉多次，所提不符点纯属故意挑剔，我行已要求立即付款，并已通知其不同意降价，请你公司速指示是否退单？"12月5日，甲公司函复丁银行表示，"我公司不同意降价，也不同意退单，作为保兑行和议付行，你行负有及时付款的责任"。2014年1月10日，丁银行函复甲公司称，"尽管我行已经对上述信用证予以保兑，但不意味着我们必须对此单付款。只有当开证行倒闭，其所交单据完全符合信用证的情况下，保兑行才负有付款责任。现根据你公司上述单据，开证行提出与信用证要求不符并拒绝付款，我行没有代开证行付款的责任。关于单证是否相符问题，我行已与丙银行交涉，但双方因为标准不一，无法达成共识。开证行丙银行坚持有不符点而拒付"。之后，丁银行将全套单据退回给甲公司，甲公司向丙银行投诉，要求保兑行履行支付货款的义务。

[法律问题]

1. 甲公司提交的单据与信用证是否相符？丙银行是否应该付款？
2. 丁银行作为保兑行应承担什么责任？

[法律分析]

1. 甲公司提交的单据与信用证是相符的，丙银行应该付款。丙银行认为甲公司提交的单据存在不符点的理由是不成立的。因为：信用证规定将货物以多式联运方式运输，甲公司将货物以多式联运方式运出，并由当地外运公司签发了陆海联运提单。由于是陆海联运，提单上就不可能显示"已装船"字样，也不允许有此字样。如有此字样就违反信用证的规定。装运标准上表示的是整批货物的总数量而不是每一纸箱中的数量，这也不违反信用证的规定。因为信用证对装运标志没有特殊要求，提单装运标志上没有必要一定要表示每一纸箱的数量。

丙银行应该付款。因为丙银行是信用证的开证行，并且甲公司提交的单据与信用证规定完全相符，根据 UCP600 的规定，开证行对受益人提交的单据与信用证规定相符的情况下，应该付款。本案中甲公司提交的单据构成相符交单。因此，丙银行作为开证行必须付款。

2. 丁银行作为保兑行应该承担首先付款或承兑和付款的责任。因为丁银行是保兑行，保兑行是在开证行开出的不可撤销的信用证上加上自己保证兑付的责任的银行。信用证一经保兑，保兑行则取代开证行承担首先付款或承兑和付款的责任。保兑行对信用证独立负责，即使开证行倒闭或拒付，保兑行也无权向出口商追索票款。在本案中，丙银行开出的是不可撤销的即期信用证，并且甲公司提交的单据构成相符交单。在此种情况下，丁银行作为保兑行应该向甲公司承兑付款，即使丙银行拒付，丁银行也应该履行付款的责任。

[相关法律]

UCP600

第 8 条　保兑行的责任

a. 只要规定的单据提交给保兑行，或提交给其他任何指定银行，并且构成相符交单，保兑行必须：

i. 承付，如果信用证为以下情形之一：

a) 信用证规定由保兑行即期付款、延期付款或承兑；

b) 信用证规定由另一指定银行即期付款，但其未付款；

c) 信用证规定由另一指定银行延期付款，但其未承诺延期付款，或虽已承诺延期付款但未在到期日付款；

d) 信用证规定由另一指定银行承兑，但其未承兑以其为付款人的汇票，或虽已承兑汇票未在到期日付款；

e) 信用证规定由另一指定银行议付，但其未议付。

ii. 无追索权地议付，如果信用证规定由保兑行议付。

b. 保兑行自对信用证加具保兑之时起即不可撤销地承担承付或议付的责任。

c. 其他指定银行承付或议付相符交单并将单据转往保兑行之后，保兑行即承担偿付该指定银行的责任。对承兑或延期付款信用证下相符交单金额的偿付应在到期日办理，无论指定银行是否在到期日之前预付或购买了单据。保兑行偿付指定银行的责任独立于保兑行对受益人的责任。

d. 如果开证行授权或要求一银行对信用证加具保兑，而其并不准备照办，则其必须毫不延误地通知开证行，并可通知此信用证而不加保兑。

案例十五：信用证对出具检验证书机构的资质要求不明造成损失案

[案情简介]

2010年我国A进出口公司从瑞典的B贸易公司进口11万张牛皮，双方商定用即期信用证方式支付货款。签订合同后，A公司向开户行申请开立信用证。为了保证牛皮的质量，A公司强调皮张的检验证书是证内规定的主要单证的一种，但由于对B公司所在国家的检验机构情况不熟悉，提不出检验机构的具体名称，只是在信用证内议付货款需要提供的单证的相关条款中作了如下规定：必须提供由出口地一流检验机构出具的质量检验证书，希望以此规定来保证进口皮张的质量。

出口商B公司收到信用证后，如期安排货物发运，货物经一个多月的运输，到达我国某港口。这时，A公司早已从开证行处收到"符合"信用证要求的单据并付清了货款，在接到船公司的提货通知后，公司派工作人员持提单和相关文件前往港口提货。为了验证毛皮的质量，A公司提货时，邀请检验机构的技术人员一同前往检验皮张的质量。经过检测，我方检验机构发现皮张质量很差，稍微用力撕拉，皮张就会裂开，并且有的皮张已经腐坏，质量严重不合格。但是由于付款方式为即期信用证方式，根据单证一致的原则，A公司已经付款，国外客户也已经顺利拿到了货款。事情发生后，A公司从各方面仔细分析问题产生的原因。经过多方了解，A公司查到该批牛皮的货源地是中东国家。在中东的一些国家，居民宰杀山羊后，并不按照科学的方法处理皮张，因而导致皮张很容易腐烂变质，而B公司从中东进口该批皮张后，为了转手赚取利润，并没有请当地有名的检验机构来检验皮张的质量，以此取得质量"合格"证书，最后造成"单证一致"的假象，得到了货款。

至此，本笔业务真相大白，国外客户有一定程度的欺骗行为，利用信用证内的一些漏洞获得了货款。A 公司向对方严正交涉，指出它们的一些做法有违商业道德，并提出换货或退款要求。对方围绕"单证一致"多方进行狡辩。双方经过多次交涉，在 A 公司答应以后再从事进口皮张业务时尽量优先考虑 B 公司，B 公司这才同意退还部分货款以补偿 A 公司的损失。A 公司进口的皮张几乎全部报废，虽从国外拿回一点补偿，但仅占全部损失的一小部分。这笔进口业务造成该公司极大亏损。

[法律问题]

1. B 公司提交的单据是否存在不符点？
2. A 公司应当向谁索赔货物的损失？

[法律分析]

1. B 公司提交的单据不存在不符点。UPC600 第 3 条明确规定：用诸如"第一流的"、"著名的"、"合格的"、"独立的"、"正式的"、"有资格的"或"本地的"等词语描述单据的出单人时，允许除受益人之外的任何人出具该单据。这表明，银行在审单时对上述的提法是不予理会的，也就是不管的。由此可知，本案中受益人 B 公司提交的单据并没有构成不符点。银行在受益人提交的单据构成相符交单的情况下付款并无不妥。

2. A 公司应当向卖方索赔货物的损失。因为 A 公司与 B 公司在合同中约定的是信用证支付方式，而本案中银行的付款并无不妥，因而 A 公司只能依据和 B 公司的买卖合同，追究 B 公司的违约责任。本案中 A 公司也是向 B 公司进行追索，但因为 B 公司已经拿到货款，所以想方设法推卸责任。A 公司可以根据合同中的争议解决条款，向法院提出诉讼或向仲裁机构申请仲裁，向 B 公司追回其未退还的货款。

[相关法律]

UCP600

第 3 条　解释

就本惯例而言：

在适用的条款中，单数词形包含复数含义，复数词形包含单数含义。

信用证是不可撤销的，即使未如此表明。

单据签字可用手签、摹样签字、穿孔签字、印戳、符合或任何其他机械或电子的证实方法为之。

诸如单据须履行法定手续、签证、证明等类似要求，可由单据上任何看似满足该要求的签字、标记、戳或标签来满足。

一家银行在不同国家的分支机构被视为不同的银行。

用诸如"第一流的"、"著名的"、"合格的"、"独立的"、"正式的"、"有资格的"或"本地的"等词语描述单据的出单人时，允许除受益人之外的任何人出具该单据。

除非要求在单据中使用，否则诸如"迅速地"、"立刻地"或"尽快地"等词语将被不予理会。

"在或大概在（on or about）"或类似用语将被视为规定事件发生在指定日期的前后5个日历日之间，起讫日期计算在内。

"至（to）"、"直至（until、till）"、"从……开始（from）"及"在……之间（between）"等词用于确定发运日期时包含提及的日期，使用"在……之前（before）"及"在……之后（after）"时则不包含提及的日期。

"从……开始（from）"及"在……之后（after）"等词用于确定到期日期时不包含提及的日期。

"前半月"及"后半月"分别指一个月的第1～15日及第16日到该月的最后1日，起讫日期计算在内。

一个月的"开始（beginning）"、"中间（middle）"及"末尾（end）"分别指第1～10日、第11～20日及第21日到该月的最后1日，起讫日期计算在内。

案例十六： 对信用证要求的品质证明书的签名要求理解不一致引起的纠纷案

[案情简介]

2012年，我国的A纺织品出口公司联系到了德国一家进口商B公司，向B公司出口一批夹克衫，价值总价10万美元，支付方式为不可议付的、即期付款信用证，贸易术语为CFR汉堡港。B公司按照约定开来了信用证，信用证当中除了要求一般的交易单据以外，还要求我方出示一张由生产厂家的经理和车间主任签名的品质证明书，我方同意。

当货物发出后，全套单据由出口地银行寄往国外不久，遭到国外开证行拒绝付款，了解原因以后得知问题就出在那张由生产厂家的经理和生产车间主任签名的品质证明书上面，由于品质证明书上面没有在签名的前面注明哪一位是经理、哪一位是车间主任，因此开证行称这造成不符点，因此拒付。

一般而言，这种小的问题是不应当造成拒付这样严重的后果的，那么到底是怎么回事呢？于是我国A公司联系自己在国外的代理作进一步调查。结果发现问题的关键在于进口商B公司身上，由于市场行情转变，B公司不想再进口这批夹克衫，就想办法取消该订单。当开证行看出这个微小不符点时，就按照惯例征求进口商 B 公司的意见，后者坚决要求拒付，因此开证行才对单据拒付。

了解到这一背景之后，我方的寄单行就据理力争，认为在开来的信用证上面并没有明确要求在生产厂家和车间主任签名前面加上职务。现在出现这种情况，只是由于双方对这种品质证明书签名的理解不同，并不构成单据不符，更不应当成为对方拒付的理由。我方希望开证行以自己的信誉为重，灵活掌握尺度，妥善处理这一纠纷。经过反复交涉，开证行终于承认我方银行的观点，在生产厂家的经理和车间主任签名的品质证明书上的这一点不足并不能构成单证不符点，自然也不能因此拒付。见此情景，我方银行主动表示只要开证行同意付款，自己愿意放弃由于付款耽搁而导致的利息损失。最后，A 公司虽然损失了少量的利息收入，但是顺利地收回了货款。

[法理问题]

A 公司的交单是否构成相符交单？

[法律分析]

A 公司的交单已构成相符交单。UCP600 作为被广泛承认的、国际贸易中信用证支付方式应当遵循的规范性文件，在第 14 条中规定了单据审核标准，即在表面上构成相符交单。在第 2 条定义中对"相符交单"进行了解释，即指与信用证条款、本惯例的相关适用条款以及国际标准银行实务一致的交单。本案中，受益人提交的单据与信用证的规定相符合，因为信用证并未要求指明哪位签名是经理，哪位签名是车间主任。因此，开证行不能拒付。由本案可知，进口商要求银行拒付并不是受益人提交的单据真的存在不符点，而是受益人以此为借口，要求取消交易，对此，受益人及寄单行据理力争，最终开证行承认并不存在不符点，从而付款，这一点是值得其他卖方借鉴的。

[相关法律]

UCP600

第 14 条　单据审核标准

a. 按指定行事的指定银行、保兑行（如果有的话）及开证行须审核交单，并仅基于单据本身确定其是否在表面上构成相符交单。

b. 按指定行事的指定银行、保兑行（如有的话）及开证行各有从交单次日起至多 5 个银行工作日用以确定交单是否相符。这一期限不因在交单日当天或之后信用证截止日或最迟交单日届至而受到缩减或影响。

c. 如果单据中包含一份或多份受第 19、20、21、22、23、24 或 25 条规制的正本运输单据，则须由受益人或其他代表在不迟于本惯例所指的发运日之后的 21 个日历日内交单，但是在任何情况下都不得迟于信用证的截止日。

d. 单据中的数据，在与信用证、单据本身以及国际标准银行实务参照解读时，无须与该单据本身中的数据，其他要求的单据或信用证中的数据等同一致、但不得与其矛盾。

e. 除商业发票外，其他单据中的货物、服务或履约行为的描述，如果有的话，可使用与信用证中的描述不矛盾的概括性用语。

f. 如果信用证要求提交运输单据、保险单据或者商业发票之外的单据，却未规定出单人或其数据内容，则只要提交的单据内容看似满足所要求单据的功能，且其他方面符合第 14 条 d 款，银行将接受该单据。

g. 提交的非信用证所要求的单据将被不予理会，并可被退还给交单人。

h. 如果信用证含有一项条件，但未规定用以表明该条件得到满足的单据，银行将视为未作规定并不予理会。

i. 单据日期可以早于信用证的开立日期，但不得晚于交单日期。

j. 当受益人和申请人的地址出现在任何规定的单据中时，无须与信用证或其他规定单据中所载相同，但必须与信用证中规定的相应地址同在一国。联络细节（传真、电话、电子邮件及类似细节）作为受益人和申请人地址的一部分时将被不予理会。然而，如果申请人的地址和联络细节为第 19、20、21、22、23、24 或 25 条规定的运输单据上的收货人或通知方细节的一部分时，应与信用证规定的相同。

k. 在任何单据中注明的托运人或发货人无须为信用证的受益人。

l. 运输单据可以由任何人出具，无须为承运人、船东、船长或租船人，只要其符合第 19、20、21、22、23 或 24 条的要求。

案例十七：　　　　付款行审单失职造成损失案

[案情简介]

2005 年 5 月 15 日，A 国 X 公司从 B 国 Y 公司进口一批货物，X 公司委托 Z 公司代理与 Y 公司签订货物买卖合同，约定支付方式为信用证，且信用证所需单据应在货物提单开出后 21 天内由 Y 公司交至出口地甲银行。

由于 Y 公司雇员未按照合同约定向出口地银行交付单据，在出口方银行拿到单据时，就已经超过了信用证规定的 21 天，货物早已到了我国的目的港。付款行在审单时未能及时发现这一严重不符点，从而通知 Z 公司单据已到，Z 公司通知 X 公司付款赎单。X 公司认为经出口地银行和付款行的审单后，就不必仔细审查，旋即按照 Z 公司的通知付款赎单。待 X 公司提货时发现需要交纳因为货物堆放码头多日而产生的巨额滞纳金，X 公司无奈支付滞纳金后提走货物。

随后 A 国 X 公司争议通过诉讼途径解决，B 国 Y 公司承诺支付 X 公司所缴滞纳金后结案。

[法律问题]

本案付款行是否应当承担责任？

[法律分析]

付款行应当承担责任。UCP500 第 13 条明确规定："银行必须小心合理地审核信用证规定的一切单据，以确定表面是否与信用证条款相符合。"本案中，交单日期明显与信用证规定不符，已经构成单证不符，但付款行在审核单据时，并没有发现这一严重不符点，也没有通知 X 公司该信用证和票据之间存在不符点，致使 X 公司没有及时要求银行拒付。对此，银行负有不可推卸的责任。

[相关法律]

UCP500

第 13 条　审核单据的标准

a. 银行必须合理小心地审核信用证上规定的一切单据，以便确定这些单据是否表面与信用证条款相符合。本惯例所体现的国际标准银行实务是确定信用证所规定的单据表面与信用证条款相符的依据。单据之间表面不一致，即视为表面与信用证条款不符。

信用证上没有规定的单据，银行不予审核。如果银行收到此类单据，应退还交单人或将其照转，但对此不承担责任。

b. 开证行、保兑行（如有），或代其行事的指定银行，应有各自的合理的审单时间——不得超过从其收到单据的翌日起算 7 个银行工作日，以便决定是接受或拒绝接受单据，并相应地通知寄单方。

c. 如信用证含有某些条件而未列明需提交与之相符的单据者，银行将认为未列明此条件，对此不予理会。

案例十八：　　　　　　银行审核单据的时间

[案情简介]

2013 年我国 A 外贸公司与日本 B 公司达成一份 CIF 合同，合同规定：A 公司向 B 公司出口某商品，合同价格为每公吨 315 美元，共计 1000 公吨，支付方式为不可撤销即期信用证。按照合同的要求，B 公司开来一张不可撤销即期信用证，表明该信用证受 UCP600 的约束。A 公司审核来证确认无误后，开始备货，并且在信用证规定的装运期内完成了装运，备齐信用证要求的全套单据经通知行向开证行交单。由于货物市场行情变化很快，交单后的前两天货物市场价格均维持在每公吨 300 美元的水平,未来还有跌价的趋势。A 公司与 B 公司先前就其货物进出口已经数次成交,开证行是同一银行,而在以往的交易中类似种类和数量的单据银行往往能很快处理完毕,感觉此次审单时间过长。于是 A 公司委托寄单行数次询问单据审核情况,开证行一再以"业务量大"为辞,声称正在审核单据。直到其接到单据以后的第 5 天开证行才来电拒付:装箱单中货物数量的描述与发票不符,银行拒付,单据听候处理。A 公司经过查对单据复印件,发现银行所称不符点确实存在,寄单行在寄单前也未发现该不符点。当天货物市场行情降至每公吨 290 美元。A 公司在银行拒付后与 B 公司进行协商,B 公司要求降价,否则不接受单据。此时货物已经到港,经过再三考虑,我方同意将货价降至每公吨 280 美元,B 公司接受了不符点,指示银行付款。该笔交易我方共计损失 6 万多美元。后经查实,开证行是在申请人的授意下故意推迟发出拒付通知,以便 B 公司观察市场行情。

[法律问题]

1. 开证行审核单据是否违反 UCP600 的规定?
2. 通过信用证方式付款,应如何避免发生类似的损失?

[法律分析]

1. 开证行审核单据没有违反 UCP600 的规定。UCP600 第 14 条第 2 款规定,按指定行事的指定银行、保兑行(如有的话)及开证行各有从交单次日起至多 5 个银行工作日用以确定交单是否相符。这一期限不因在交单日当天或之后信用证截止日或最迟交单日届至而受到缩减或影响。据此,银行审核单据的时间是 5 天,本案中,开证行第 5 天向 A 公司发出单据存在不符点的通知,并没有超过 5 天。

2. 在信用证付款中,在受益人交单后至银行审核单据这段时间内,受益人处于"孤立无助"的境地。对受益人来说,银行在收到单据后何时作出单据是否相符的判断、何时与申请人接洽、申请人何时能作出接受或者拒绝单据的决定都是未知数。交单人或受益人既不能马上知道单据相符的事实,也不能马上得到单据不符的通知。即便单据不符点还有更正的可能性,也会随着时间的消逝而逐渐变为不可能。在此期间,货物已经发出,而单据是否被接受又不得而知,事实上失去了对"物权"的控制。由于银行没有给予受益人以"合理时间"来表达自己处理单据的意见,又加之交单人或者受益人不参与银行和申请人的"协商",所以无从确切知晓银行接受或者拒付单据的"时间点",极有可能发生银行发出拒付通知货物时行情已经大幅下降或者接受不符单据时货物行情大幅上升的情况。本案就属于这种情况。在实践中,为了避免类似损失的发生,首先,受益人必须严格缮制信用证要求的各种单据,不给开证人买方以任何借机要求降价的理由。其次,有时候买方是因资信不好,故意挑剔,这就要求卖方在交易前要调查买方的资信。

[相关法律]

UCP600

第14条 单据审核标准

a. 按指定行事的指定银行、保兑行(如果有的话)及开证行须审核交单,并仅基于单据本身确定其是否在表面上构成相符交单。

b. 按指定行事的指定银行、保兑行(如有的话)及开证行各有从交单次日起至多5个银行工作日用以确定交单是否相符。这一期限不因在交单日当天或之后信用证截止日或最迟交单日届至而受到缩减或影响。

c. 如果单据中包含一份或多份受第19、20、21、22、23、24或25条规制的正本运输单据,则须由受益人或其他代表在不迟于本惯例所指的发运日之后的21个日历日内交单,但是在任何情况下都不得迟于信用证的截止日。

d. 单据中的数据,在与信用证、单据本身以及国际标准银行实务参照解读时,无须与该单据本身中的数据,其他要求的单据或信用证中的数据等同一致、但不得与其矛盾。

e. 除商业发票外,其他单据中的货物、服务或履约行为的描述,如果有的话,可使用与信用证中的描述不矛盾的概括性用语。

f. 如果信用证要求提交运输单据、保险单据或者商业发票之外的单据,却未规定出单人或其数据内容,则只要提交的单据内容看似满足所要求单据的功能,且其他方面符合第14条d款,银行将接受该单据。

g. 提交的非信用证所要求的单据将被不予理会,并可被退还给交单人。

h. 如果信用证含有一项条件,但未规定用以表明该条件得到满足的单据,银行将视为未作规定并不予理会。

i. 单据日期可以早于信用证的开立日期,但不得晚于交单日期。

j. 当受益人和申请人的地址出现在任何规定的单据中时,无须与信用证或其他规定单据中所载相同,但必须与信用证中规定的相应地址同在一国。联络细节(传真、电话、电子邮件及类似细节)作为受益人和申请人地址的一部分时将被不予理会。然而,如果申请人的地址和联络细节为第19、20、21、22、23、24或25条规定的运输单据上的收货人或通知方细节的一部分时,应与信用证规定的相同。

k. 在任何单据中注明的托运人或发货人无须为信用证的受益人。

l. 运输单据可以由任何人出具,无须为承运人、船东、船长或租船人,只要其符合第19、20、21、22、23或24条的要求。

案例十九： 欺诈例外原则的确立——1941 年 Sztejn 案

[案情简介]

申请人斯切恩（Sztejn）同受益人印度供应商（Traders）签订了购买猪鬃的合同。合同规定由亨利施劳德银行开出凭提单等单据付款的不可撤销信用证。随后，受益人印度供应商发运了 50 箱牛毛和垃圾，并从承运人处获得了提单。受益人通过印度中间行为托收代理人向开证行提交了表明货物为猪鬃的提单发票及汇票等单据，当印度中间行即将付款时，申请人斯切恩发现了受益人印度供应商的欺诈行为，并向法院起诉，要求法院宣判信用证及汇票无效，并禁止开证行支付汇票。最后，纽约最高法院接受了原告的诉请，确认了禁止向被告支付货款的请求。

[法律问题]

申请人斯切恩能否以基础交易存在欺诈为由要求银行拒付？

[法律分析]

无论是 UCP500 还是 UCP600，都坚持信用证的独立抽象性原则。一般情况下，根据信用证的独立性，信用证独立于买卖双方的基础交易之外，申请人或买方都不能以基础交易存在瑕疵为由，拒付信用证下的款项。但当基础交易存在欺诈时，已经不属于一般的交易瑕疵，如果还是严格遵循独立性原则，则会给买方造成不可挽回的损失。因此，各国通过相关判例或立法确立了欺诈例外原则，本案即是确立欺诈例外原则中"里程碑"式的判例。

在该案中，审理此案的法官认为："信用证独立于买方和卖方之间的买卖合同，这是一项确定的原则。开证行同意根据提交的单据而不是货物付款，但本案的情形有所不同，本案不是关于货物质量违反担保而引起的买卖双方之间的争执，而是卖方故意完全没有装运买方订购的货物。在为了取得货款而提交汇票及单据之时，卖方的这种欺诈已引起开证行的注意，在这种情况下，信用证项下开证行付款责任不应扩展到保护不讲道德的卖方。"

该案确立了适用信用证欺诈例外原则的一些条件：①如果受益人在提交单据及装运方面犯有欺诈，开证行在付款之前得知了这一情况，则有权拒付；②受益人的欺诈必须已为银行或开证申请人确认成立，而不能仅仅是声称欺诈；③如果善意的票据持有人在不知所附单据是伪造的或是诈骗的情况下，买入了信用证项下的单据，而且已经要求支付，那么即使存在事实上的欺诈，信用证契约也必须按照所载的条件履行。这虽然没解决信用证欺诈的全部问题，但其区分了违反担保和故意欺诈的不同情况，而且在和票据正当持有人的权利之间作了区分，首次打破了信用证的独立抽象原则，开创了信用证结算与基础交易相联系，受益人可以以基础交易欺诈为由要求银行拒付的先例。

[相关法律]

UCP500

第3条 信用证与合同

a. 就性质而言，信用证与可能作为其依据的销售合同或其他合同，是相互独立的两种交易。即使信用证中提及该合同，银行亦与该合同完全无关，且不受其约束。因此，一家银行作出付款、承兑并支付汇票或议付及/或履行信用证项下其他义务的承诺，并不受申请人与开证行之间或与受益人之间在已有关系下产生的索偿或抗辩的制约。

b. 受益人在任何情况下，不得利用银行之间或申请人与开证行之间的契约关系。

UCP600

第4条 信用证与合同

a. 就其性质而言，信用证与可能作为其开立基础的销售合同或其他合同是相互独立的交易，即使信用证中含有对此类合同的任何援引，银行也与该合同无关，且不受其约束。因此，银行关于承付、议付或履行信用证项下其他义务的承诺，不受申请人基于与开证行或与受益人之间的关系而产生的任何请求或抗辩的影响。

受益人在任何情况下不得利用银行之间或申请人与开证行之间的合同关系。

b. 开证行应劝阻申请人试图将基础合同、形式发票等文件作为信用证组成部分的做法。

案例二十： 信用证欺诈下银行不能追回已付的款项

[案情简介]

2013年4月，上海A进出口公司和法国B公司订立了进口尿素5000吨的合同，依合同规定我方申请开出了以B公司为受益人的不可撤销的跟单信用证，总金额为130万美元。双方约定如发生争议则提请北京中国国际经济贸易仲裁委员会仲裁，信用证受UCP600的约束。2013年5月10日货物装船后，B公司向开证行提交了信用证要求的单据，开证行在单据相符的情况下付了款。2013年5月30日货物到青岛后，我公司发现尿素有严重的质量问题，立即请商检机关进行了检验，证实该批尿素是毫无使用价值的废品，我公司持商检证明要求开证行追回已付货款，否则将拒绝向银行支付货款。

[法律问题]

1. 开证行能否以 B 公司欺诈为由追回已付货款？
2. A 公司能否以 B 公司欺诈为由拒绝向银行付款？

[法律分析]

1. 开证行不能追回已付货款。根据 UCP600 的规定，只要银行是在相符交单的情况下付的款，银行就没有责任。本案中，B 公司提交的单据构成相符交单，银行付款时根本不知道基础交易存在欺诈，银行不能拒付。付款之后，既无权利也无义务向 B 公司追回已付货款。

2. A 公司不能拒绝向银行付款。根据 UCP600 的规定，信用证独立于买卖双方的基础交易之外，买方不能以基础交易存在瑕疵为由要求开证行拒付，也不能要求开证行追回已付的货款。本案中，尽管证实基础交易存在欺诈，但银行在付款时并不知晓欺诈的事实，A 公司也未向法院申请止付，银行在单证相符的情况下有付款的义务。而且，本案尽管证实存在欺诈，但申请人也不能向法院申请止付令，因为银行已经付了款。

[相关法律]

UCP600

第 4 条　信用证与合同

a. 就其性质而言，信用证与可能作为其开立基础的销售合同或其他合同是相互独立的交易，即使信用证中含有对此类合同的任何援引，银行也与该合同无关，且不受其约束。因此，银行关于承付、议付或履行信用证项下其他义务的承诺，不受申请人基于与开证行或与受益人之间的关系而产生的任何请求或抗辩的影响。

受益人在任何情况下不得利用银行之间或申请人与开证行之间的合同关系。

b. 开证行应劝阻申请人试图将基础合同、形式发票等文件作为信用证组成部分的做法。

《最高人民法院关于审理信用证纠纷案件若干问题的规定》法释〔2005〕13 号

第 8 条　凡有下列情形之一的，应当认定存在信用证欺诈：

（一）受益人伪造单据或者提交记载内容虚假的单据；

（二）受益人恶意不交付货物或者交付的货物无价值；

（三）受益人和开证申请人或者其他第三方串通提交假单据，而没有真实的基础交易；

（四）其他进行信用证欺诈的情形。

第 10 条　人民法院认定存在信用证欺诈的，应当裁定中止支付或者判决终止支付信用证项下款项，但有下列情形之一的除外：

（一）开证行的指定人、授权人已按照开证行的指令善意地进行了付款；

（二）开证行或者其指定人、授权人已对信用证项下票据善意地作出了承兑；

（三）保兑行善意地履行了付款义务；

（四）议付行善意地进行了议付。

案例二十一： 银行的免责事由

[案情简介]

2014年5月，议付行N银行收到B公司交来的不可撤销即期信用证项下正本信用证和一套出口单据。经审核，N银行认为单证一致、单单相符，遂于规定的有效期和交单期内寄往开证行I银行，并按信用证规定，向I银行的纽约分行寄汇票索汇，N银行的寄单面函上列明了提示的单据及单据的份数。7天后，N银行收到I银行纽约分行的全额付款。一个半月后，N银行收到I银行来电，称其至今尚未收到N银行在I银行信用证项下议付的单据。N银行随即向快递公司查询，结果得知单据在邮寄过程中丢失。快递公司送来有关证明（包括邮件的信封、机场的收发证明、中外运深圳公司空运部未收到邮件的证明等），证明邮件已在邮寄中丢失，N银行将此事通知了受益人B公司，同时告知开证行单据已在邮寄过程中丢失，责任不在N银行，现N银行拟将副本单据（包括副本提单、遗失证明）补寄开证行，开证行电复同意。N银行补寄了有关单据。时隔不久，开证行来电称不接受单据并提出退单，同时要求N银行退回其纽约银行已偿付的信用证款项并支付利息。

[法律问题]

根据UCP600分析，开证行是否有权退单，是否有权向议付行追回已付款项？

[法律分析]

开证行无权退单，无权向议付行追回已付款项。开证行得知正本单据在邮寄过程中遗失后，同意议付行补寄副本单据。在收到副本单据后又不肯接受，并退单。如果议付行补寄的副本单据存在不符点，开证行可以拒付，并有权向议付行追索。如果单据中不存在不符点，那么开证行的这种做法是没有道理的。因为：

UCP600第35条规定：如果指定银行确定交单相符并将单据发往开证行或保兑行，无论指定银行是否已经承付或议付，开证行或保兑行必须承付或议付，或偿付指定银行,即使单据在指定银行送往开证行或保兑行的途中,或保兑行送往开证行途中遗失。这样就进一步强化了开证行的责任。

本案中,议付行得知单据遗失后,应尽快收集资料来证明单据是在指定银行送往开证行的途中遗失的,那么根据 UCP600 的规定,开证行必须承付相符的单据。但开证行对承付不得免责的条件有二:一是信用证的要求得到满足,这既包括单证相符,又包括寄递单据的方式要符合规定方式(若有的话);二是单据必须是在指定银行与开证行之间丢失的。从而可以看到,若受益人置信用证的规定于不顾,将单据提交非指定银行而后遗失,则开证行对承付将是免责的。

[相关法律]

UCP600

第 35 条 关于信息传递和翻译的免责

当报文、信件或单据按照信用证的要求传输或发送时,或当信用证未作指示,银行自行选择传送服务时,银行对报文传输或信件或单据的递送过程中发生的延误、中途遗失、残缺或其他错误产生的后果,概不负责。

如果指定银行确定交单相符并将单据发往开证行或保兑行,无论指定银行是否已经承付或议付,开证行或保兑行必须承付或议付,或偿付指定银行,即使单据在指定银行送往开证行或保兑行的途中,或保兑行送往开证行的途中丢失。

银行对技术语的翻译或解释上的错误,不负责任,并可不加翻译地传送信用证条款。

第四节 国际保理

案例二十二:中国保理第一案——云南省纺织品进出口公司诉中国银行北京市分行、中国银行云南省分行保理合同纠纷案

[案情简介]

1994 年 1 月 3 日,云南省纺织品进出口公司(下称"云纺公司")向中国银行北京市分行(下称"北京中行")申请叙作保理业务。1 月 7 日,美国国民银行致电北京中行,同意为进口商美国哥伦比亚公司提供 10 万美元的循环额度,有效期为 1 月 7 日~4 月 7 日。同年 2 月 25 日,云纺公司与北京中行签订"出口保理业务协议",对保理范围、额度的申请和通知、服务费、保理融资、双方的责任等内容作了约定,其中第七部分"保理融资"规定:"①从出口商发运货物后至进口商付款到期之前，出口商可向出口保理商申请融通资金，出口保理商视出口商的资金状况和出口销售款额，提供信用额度内发票金额的50%～80%的融资，其融资利率为伦敦同业拆放利率加适当利差，按外币计息；②在出口商信守合同，确保货物质量，严格执行本协议的情况下，出口保理商无权追索出口商得到的信用额度内的融资，若进口商提出质量争议或因出口商责任引起拒付及拖延付款，出口保理商将有权追索融资款项。"为确保该条款的执行，双方还于同日签订一份"补充协议"，约定："出口商同意在收到出口保理商发出的追索通知之时起10日内按要求主动退款。若出口商不能按规定的时间退款，出口商同意出口保理商授权中国银行云南省分行（以下简称'云南中行'）直接从出口商账户中主动扣款，以冲回相应的融资款项和支付银行利息和费用等。"云纺公司并于当日向北京中行提交了融资81 177.6美元的申请及授权云南中行在由于质量争议原因进口商提出拒付时直接扣款的授权书。

1994年2月14日、4月5日，云纺公司分别将发票号为INV94YCR001-2，94YCR005的货物发运；同年2月21日、4月8日，云纺公司分别将上述两单货物的发票及出口单据提交北京中行。北京中行在收到云纺公司提交的单据后，分别于3月26日、4月18日按发票金额的80%合计提供了81 177.6美元的融资。8月5日，美国国民银行将争议通知传真至北京中行，内容为："我们已与上述进口商（美国哥伦比亚公司）联系，他们通知我方将拒付赊销（O/A）发票项下货款，进口商称其已对1994年初购买的托收（D/A）项下109把酒吧巾进行过付款，酒吧巾含棉量应为45%，但实际到货的含棉量却高达84%，该货物已被美国海关扣留，等待新的配额许可证。进口商指出，他已联系云纺公司，但该公司在此问题上不提供任何帮助。我方（美国国民银行）也将把此信及进口商从美国海关得到的证明书传真给云纺公司；进口商声明将拒付云纺公司这些发票货款，直到酒吧巾问题解决。请通知你方出口商这些发票之货款已被视为存在争议，同时，请其正视现存问题的事实。"8月18日，北京中行将"扣款委托书"传真至云南中行，称："根据中国银行北京市分行与云南省纺织品进出口公司1994年2月25日共同签署的《出口保理业务协议》第7条、第9条及《补充协议》，以及云纺公司出具的《扣款授权书》之规定，现因进口保理商提出质量争议及贸易纠纷，特委托贵行将我们融资给云纺公司之款项、利息及银行费用从该公司在贵行的账户中代扣冲回，归还我们。"8月11日，云南中行从云纺公司在该行账户上扣划83 337.9美元给北京中行。

1996年3月25日，云纺公司以北京中行、云南中行为被告，向昆明市中级人民法院提起诉讼，请求判令由二被告赔偿因违反合同扣款造成的损失折合人民币717 847.67元及利息，并支付余下货款。昆明市中级人民法院于1996年10

月 11 日作出（1996）昆法经初字第 75 号民事判决，判令由北京中行返还云纺公司 83 337.9 美元及利息，并支付云纺公司余下的 20% 货款 20 294.4 美元。宣判后，北京中行不服，提起上诉。

[法律问题]
1. 本案应适用什么法律？
2. 云南中行是否有权从云纺公司在该行账户上扣划 83 337.9 美元给北京中行？
3. 云纺公司应向谁追偿 20% 的余款？

[法律分析]
1. 本案应适用《国际保理业务惯例规则》。本案为发生于出口商与出口保理商之间的保理业务纠纷。而对于保理业务及保理业务各方当事人的权利义务，我国法律、行政法规尚无规定。1993 年 2 月，中国银行以中国第一家保理商的身份加入了国际保理商联合会，成为中国在该组织的唯一会员。该联合会于 1990 年 6 月制定了《国际保理业务惯例规则》（以下简称《规则》），该规则是各成员从事保理业务活动的规范性文件。根据最高人民法院《全国经济审判工作座谈会纪要》（现已失效）的规定："我国法律、法规和我国参加的国际条约未作规定的，可以适用国际惯例"，故本案在无国内法可适用的情况下，可以参照适用《规则》。中国银行作为国际保理商联合会会员，其从事出口保理业务除与进口保理商有特殊约定外，应从属于该《规则》。云纺公司接受北京中行为其出口保理商，其有义务协助该行依据《规则》履行义务。

2. 云南中行有权从云纺公司在该行账户上扣划 83 337.9 美元给北京中行。本案中涉及四批货物，具体情况为：①1994 年 2 月 12 日发运，价值 52 416 美元的货物，发票号为 94YCR001－2；②2 月 14 日发运，价值 14 899.50 美元的货物，发票号为 94YCR001；③3 月 12 日发运，价值 13 007.70 美元，发票号为 94YCR006；④4 月 3 日发运，价值 49 056 美元，发票号为 94YCR005。四批货物均是履行云纺公司与美国哥伦比亚公司 1993 年 10 月所签订的合同。第一、四两批货物发运后，云纺公司即向北京中行提交了发票等相关单据，并获得了发票金额 80% 的融资；第二、三两批货物发运后，云纺公司未向北京中行提交单据，哥伦比亚公司已直接向云纺公司支付此两批货物的货款，但货物遭美国海关扣留，哥伦比亚公司即以此为由拒付第一、四两批货款。根据《规则》第 7 条第 3 款 b 项的规定："除非另有约定，该核准将适用于（在核准限额内）债务人所欠的下列应收账款：……b. 于核准申请日或以后由发货所产生的应收账款"，也即保理业务中，保理业务范围起自进口保理商核准信用额度之日。具体到本案中，进口保理商美国国民银行 1 月 7 日核准信用额度，则该日后云纺公司向美国哥伦比亚公司出口的货物均属于保理业务范围之内。因此，本案涉及的四批货物发运于核准之后，均属保理业务范围，应受保理业务协议约束。

根据《规则》第14条、第15条的规定，保理业务的核心内容是出售债权以获取融资。出口商将债权凭证的发票转让给保理商，出口保理商提供融资，进口保理商在信用额度内担保付款，但出口商必须保证他所出售给保理商的所有应收账款都是合法有效的债务求偿权，债务人将不会对此提出抗辩和反索，也即该应收账款必须是正当的、毫无争议的债务求偿权。如果由于债务人的抗辩和反索，保理商未能按期收回购入的债权，保理商可以向出口商行使追索权。本案中进口商哥伦比亚公司拒绝承担对94YCR001-2、94YCR005两单货物的付款义务，并提出抗辩主张，这表明云纺公司对此两笔应收账款的转让是不合格的。对于不合格的应收账款，进口保理商不承担担保付款的责任，出口保理商可以行使追索权，将提供的此两张发票的融资收回。

同时，双方当事人所签的《保理业务协议》规定："在出口商信守合同，确保货物质量，严格执行本协议的情况下，出口保理商无权追索出口商得到的信用额度内的融资，若进口商提供质量争议或因出口商责任引起的拒付及拖延付款，出口保理商将有权追索融资款项。"本案中云纺公司所发运货物的含棉量超出合同规定，导致被美国海关扣留，进口商支付货款后未能收到货，即以此为由拒付94YCR001-2、94YCR005两单货款。在由于云纺公司责任引起的拒付情况发生后，出口保理商北京中行有权依协议追索融资。本案中，北京中行授权云南中行从云纺公司账户中扣划83 337.9美元给北京中行，此划款行为属代理行为，代理人云南中行不承担责任。

3. 云纺公司应向进口商请求支付余款。原告云纺公司在诉讼中提出由北京中行承担支付剩余的20%货款的义务于法无据：一是无论依据《规则》还是《保理业务协议》，出口保理商均无支付剩余货款的义务；二是无论在何种关系中，支付货款的义务均应由买受货物的一方当事人承担；三是剩余货款属基础合同交易的范畴，当保理业务失败后，出口商云纺公司并不丧失依据基础合同向进口商请求支付货款的权利。

[相关法律]

《国际保理业务惯例规则》

第7条 进口保理商对转让给他的应收账款的信用风险承担取决于他对该应收账款的核准。

每一该类核准均应以电报或电话（任何一种形式都应随后以书面确认）或电传或信函通知。

除非另有约定，该核准将适用于（在核准限额内）债务人所欠的下列应收账款：

    a. 在核准之日进行保理商已有记录的应收账款；

    b. 于核准申请日或以后由销售货物所产生的应收账款；

第 14 条

（1）如果债务人提出抗辩、反索或抵销（争端）并且如果出口保理商于发生争端的应收账款所涉及发票的到期日后 270 天内收到该争端通知，进口保理商不应被要求对债务人由于这种争端而拒付的金额进行付款。

（2）当获悉争端时，进口保理商应立即向出口保理商发送包括有关该应收账款所有已知细节和信息及纠纷性质的争端通知。

（3）一旦接到这样的争端通知，该应收账款即被视为未经核准而无论以前的任何核准。如该争端产生于担保付款之后，进口保理商应有权获得对债务人由于争端而拒付金额的偿还。

（4）如果在出口保理商收到争端通知后 365 天内该争端得到了有利于供应商的解决，进口保理商应重新接受这种发生过争端的应收账款为已核准应收账款，倘若：

    a. 出口保理商和供应商已采取的行动确使争端尽快得到了解决，并且

    b. 进口保理商被定期详细通报谈判或诉讼的进展情况。

然而，如果在这 365 天期间内，债务人变为正式破产或作出破产的普通声明或承认，进口保理商将仍面临风险直至争端解决为止。

（5）假如有利于供应商的调解结果产生时超过了有关发票原到期日后 75 天，进口保理商将有 14 天的时间向债务人收款，如不成功，他必须向出口保理商付款如同这是一笔正常的担保付款一样。

假如调解结果于原到期日后 75 天内产生，进口保理商的责任将如同第 13 条的规定。在任何一种情况下，进口保理商的迟付都将受第 13 条所规定的同样责任的约束。

（6）进口保理商应配合和协助出口保理商解决任何争端。

（7）如果出口保理商和/或供应商未按本条第 4 款行事，进口保理商有权将发生争端的应收账款再转让给出口保理商。

如果出口保理商于收到争端通知后 60 天内未与进口保理商联系，这种再转让将被认为是正当的。

（8）

    a. 如果出口保理商实质性地违犯了本规则的任何条款，就其程度来讲这种实质性违犯的结果使进口保理商对信用风险的评估受到了不利的影响和/或在向债务人或其代理收款时受到了阻碍，进口保理商不应被要求履行担保付款。本

节提供证明的义务在于进口保理商。如果进口保理商已经履行了担保付款，进口保理商应有权索回已付的金额。

b. 单纯由争端引起的对第15条第1款和第2款的实质性违犯应不属本款规定的范畴，而应受本条第1~7款有关规定的管辖。

c. 本款规定不影响进口保理商关于在本规则其他条款规定下承担信用风险和担保付款的权利。

d. 实质性违约必须于有关发票的到期日后365天内宣布。

(9) 出口保理商应在本条第3款和第8款下立即偿还进口保理商，该付款应包括根据第13条第4款b计算出的从担保付款日至偿还日的利息。

第15条 出口保理商保证并代表自己和其供应商

(1) 每笔应收账款均代表一笔在正常业务过程中产生的并符合供应商经营范围和付款条件（允许100%或45天的偶发性变量，以期限短者为准）的实际正当销售和发货或提供服务，该付款条件已包括在凭以核准应收账款的有关报告中；

(2) 根据付款条件债务人对每笔发票所列金额的付款负责并不提出抗辩或权利要求；

(3) 正本发票载有通知：与该发票有关的应收账款已经转让并应仅付给作为所有人的进口保理商或类似通知已于发票到期日前以其他形式书面通知，任何类似转让通知必须采用进口保理商规定的格式；

(4) 二者均有绝对权力向进口保理商转让和过户每笔应收账款的全部所有权包括与该应收账款有关并可向债务人收回的利息和其他费用；

(5) 他将通知进口保理商由供应商或他自己收到的任何间接付款；和

(6) 他将保理第4条规定的任一供应商对任一债务人的销售所产生的，并已获进口保理商核准的全部应收账款，并且只要进口保理商未脱离风险，他将承认自己有责任概括或应要求详细通知进口保理商第4条所规定的除外交易的状况。

如果违犯了这一保证，进口保理商应有权向出口保理商收回：

a. 按照有关该供应商的协议费率对所隐瞒应收款计收的佣金和/或费用，及

b. 如有，对其他损失的补偿。

案例二十三： 进口保理商不当评价进口商后身陷被动

[案情简介]

2000年1月，出口保理商A要求进口保理商B为C公司核定30万美元的信用额度，进口保理商B作了相应的信用调查，结论是C公司处于一种极不稳定的财务状况之中。进口保理商B通知出口保理商A信用额度不能被核定，并且以一些细节来解释进口商应被看作一个"令人不安的C公司"。出口保理商通知出口商信用额度核准申请已被拒绝，并且向其提供了一份进口保理商的拒绝信文本。几天后，进口保理商B接到了C公司法定代理人D先生狂怒的电话，他声称：进口保理商不仅未给该公司核定信用额度，还向他的一个供应商提供了关于该公司的负面信息；D先生威胁要对进口保理商采取法律措施要求进口保理商赔偿其经济和精神损失。进口保理商B权衡之下，决定还是最好核准对C公司的信用额度以平抚D先生的情绪。于是出口商将货物装船发运，不幸的是，4周后"令人不安的C公司"就进入了破产程序。进口保理商B只能咬紧牙关，向出口保理商作出担保付款。

[法律问题]

1. 进口保理商B核准进口商信用额度的做法是否妥当？
2. 出口保理商的做法有无不妥之处？
3. 进口保理商应如何避免类似纠纷发生？

[法律分析]

1. 进口保理商B核准进口商信用额度的做法不妥当。进口保理商在信用额度核准的处理方式上由于不当而使自己陷入被动。从正常程序上看，进口商经过自己的独立的调查，对进口商作出是否核定额度的答复属于正常的工作程序以及自身权限。但是，本案进口保理商的处理不当之处就在于进口保理商向出口保理商反馈其核准结论本来只需要一个结果而已，在拒绝核准额度时无需过多描述性甚至加入主观评价色彩的词语。但本案中进口保理商却这样做了。这样，一旦进口商得知并由此影响了其与供应商的贸易关系时，进口商可能将以侵犯其名誉权为由要求进口保理商承担相应责任。一旦引起争论，进口保理商在无确凿依据的情况下，确实可能陷于被动。这一点足以使进口保理商引以为戒。

在本案中，可能进口保理商犯的更大错误在于明知进口商财务状况不佳，却为了避免讼争而核准额度，结果却招致现实的损失。如果进口保理商了解到进口商财务状况不良的证据，是没必要惧怕应诉的，因为对于事实的陈述是不构成名誉侵权的。

2. 出口保理商的做法欠妥。出口保理商在处理时也有不妥之处，只应通知结果给供应商，不应将拒绝信文本交与出口商使出口商由此了解进口保理商对于进口商的负面评价，并引起不必要的纠纷。

3. 一是进口保理商在向出口保理商反馈其核准结论时，无需过多描述性甚至加入主观评价色彩的词语，只需告诉一个结果。二是进口保理商应要求出口保理商对于自己核准债务人信用额度的情况承担必要的保密责任。若可行，出口保理商可与在出口商的出口保理协议中加入保密条款，明确出口商对出口保理商的商业秘密以及进口保理商核准及不予核准债务人信用额度的原因、背景和情况予以保密，不向第三人透露。

[相关法律]

《国际保理业务惯例规则》

第6条 含有能使进口保理商评估信用风险信息的核准申请可以涉及单笔交易或现行交易的限额。进口保理商必须于收到申请后的14天内毫无延误地将其决定通知出口保理商。如进口保理商不能在上述期限内作出决定，他必须在期限内尽早通知出口保理商，并尽可能进一步说明决定将依据的事实和可以作出决定的时间。

第7条 进口保理商对转让给他的应收账款的信用风险承担取决于他对该应收账款的核准。

每一该类核准均应以电报或电话（任何一种形式都应随后以书面确认）或电传或信函通知。

除非另有约定，该核准将适用于（在核准限额内）债务人所欠的下列应收账款：

a. 在核准之日进行保理商已有记录的应收账款；
b. 于核准申请日或以后由销售货物所产生的应收账款。

案例二十四： 进口商提出贸易纠纷后出口保理商的应对

[案情简介]

2008年10月国内一家出口商A公司就一批冰箱出口澳门地区向国内某出口保理商B提交了一份80万美元保理信用额度申请，该出口保理商于是委托澳门地区某保理公司C（即该笔业务的进口保理商）对澳门地区债务人作了资信调查，进口保理商C向出口保理商B批复了20万美元的信用额度。2009年2月出口商A按合同发货，并于3月2日将该出口项下的2张发票共计232 160美元的债权转让给了出口保理商B，出口保理商B随即按保理商之间的委托协议将发票转让给了进口保理商 C，并将全套单据寄给了进口保理商 C。3 月 15 日上述两张发票项下的应收账款到期，但进口商没有按期付款，也没有提出任何的贸易纠纷。5 月 11 日进口保理商 C 通知出口保理商 B，澳门地区债务人怀疑上述两张保理发票项下的货物同属一个型号，而先前所购货物存在质量问题。

据此，进口保理商 C 以发生了贸易纠纷为由，将上述两张发票置于未受核准的应收账款项下，从而免除了其作为进口保理商 C 应在发票付款到期日后第 90 天作担保赔付的责任。接到进口保理商 C 的贸易纠纷通知后，出口保理商 B 立即通知出口商，同时要求退还已经预付给他们的融资款，但遭到出口商的拒绝。出口商认为进口商仅仅因为以前所购货物有质量问题而怀疑此批保理项下的货物也存在问题是毫无道理的，他们要求只有在进口商提供有关货物品质证明的条件下，才将融资款退还给出口保理商 B。现时出口商向出口保理商 B 提供了与进口商之间的往来函电，在这些函电中进口商未曾就货物的品质向出口商提出任何质疑，而只是一味地强调未能如期付款的原因是因为该批货物的最终买家——意大利某商人濒临破产，无力支付货款，造成澳门地区进口商资金紧张，也无法如期支付。同时出口保理商还了解到，后来由于意大利买家破产，欠有银行大量款项，该批货物运抵目的港后即被其银行控制。致使出口商实际已经无法要回货物，于是出口保理商 B 以为这笔业务不能排除进口商故意挑剔货物品质从而拖延付款的可能，所以多次与进口保理商 C 协调，请进口保理商 C 敦促进口商尽快提供权威商检机构品质证明，但一直未果。2009 年 7 月 20 日进口保理商的 90 天赔付期过后，出口保理商 B 没有得到任何赔付。在出口保理商 B 的努力下，2009 年 10 月进口保理商在澳门地区的法院起诉了进口商，但是仅仅在法院举行了一次听证会后，进口保理商 C 既未等法院判决，又未替出口商做任何辩护，便认定此案涉及商业纠纷而立即撤诉，并于 12 月 26 日退还了已转让的有关应收账款。

[法律问题]

1. 进口保理商是否有理由认定该国际保理业务存在"争议"，从而免除其付款责任？

2. 出口保理商是否有权向出口商索回其预付的融资款？

3. 如果进口商所提出的争议的确为虚假争议，应采取何种措施保障出口商（出口保理商）的权益？

[法律分析]

1. 现有规则对此规定较模糊。本案中，3 月 15 日保理项下两张发票到期，进口商未付款，但也未提出贸易纠纷，但 5 月 11 日进口保理商又通知出口保理商，澳门地区的债务人怀疑货物有质量问题，而"怀疑"是否构成有效"争议"?《国际保理通则》第27条"争议"（i）规定，一旦债务人拒绝接收货物或发票或提出抗辩，反索或抵销（包括但不限于由于第三方对与账款的款项主张权利而引起的抗辩），则视为争议发生。《国际保理通则》的前身《国际保理业务惯例规则》也有类似规定。然而，从本案案情看，债务人未拒绝接收货物，也明显不属于反索和抵销。至于"怀疑质量有问题"能否构成抗辩，确实存在一定的模糊之处。对此，《国际保理通则》的前身《国际保理惯例规则》均未作出明确规定。应该说，从情理上看，仅仅提出怀疑不应视为有效抗辩。但是从《国际保理通则》的规定及当前实务界的普遍理解看，若进口保理商与进口商交涉无效，则怀疑亦构成抗辩，本案中进口保理商在账款到期日后180天内提出了争议，进口保理商有权要求暂时中止承担担保付款的责任。这是现有规定的不合理之处，需要日后进一步完善，以防进口商滥用。

2. 出口保理商有权向出口商索回其预付的融资款。在本案中，当收到进口保理商的贸易纠纷通知后，出口保理商要求出口商退还已预付的融资款，但遭到出口商的拒绝，出口商认为仅凭怀疑不足以支持出口保理商的要求，而需要有关货物品质证明，并出具了与进口商的往来函电证明争议不成立。但是，从《国际保理通则》的规定精神来看，保理商只需形式审查争议，而无实质审查争议的义务，只要进口商提出了争议，进口保理商可暂时中止承担担保付款的责任，而出口保理商相应也有权暂时中止担保付款责任，若已预付融资款的，有权索回，即便是无追索权保理业务中亦应如此。但问题在于，《国际保理通则》仅规定了出口保理商之间的操作流程和法律关系，不直接规范出口保理商及出口商的关系，出口保理商需在其与出口商间签订的出口保理业务协议中加入相应条款才可保障其权利。

3. 若进口商所提确定为虚假争议，则对于出口保理商和出口商而言，应懂得利用《国际保理通则》规则，采取有效的追索措施。

（1）出口保理商有权要求进口保理商协助解决纠纷，《国际保理通则》规定，出口保理商将负责解决争议，并持续努力，确保争议尽快得到解决。在出口保理商请求下，进口保理商应配合并帮助出口保理商解决争议（包括采取诉讼程序）。但是《国际保理通则》并未强制要求进口保理商协助到必要的程度，甚至进口保理商不予协助并无相应责任。《国际保理通则》规定，如进口保理商拒绝采取诉讼程序，或者出口保理商要求反转让有争议的应收账款以便以自己或出口商的名义采取诉讼程序，则在任一种情况下，出口保理商都有权要求此项反转让。可见，本案中进口保理商起诉后又撤诉，出口保理商亦无可奈何。

（2）在进口保理商对纠纷处理不予协助的情况下，出口保理商应要求进口保理商将应收账款反转让，并继而反转让给出口商，要求出口商依据其与进口商之间的贸易合同中的纠纷解决条款提起诉讼或仲裁，若在收到争议通知后 3 年内得到了胜诉裁决，则进口保理商需恢复核准相应应收账款并作担保付款。并且如争议的解决完全有利于供应商，所有相关费用均由进口保理商承担。

[相关法律]

《国际保理业务惯例规则》

第 14 条

（1）如果债务人提出抗辩、反索或抵销（争端）并且如果出口保理商于发生争端的应收账款所涉及发票的到期日后 270 天内收到该争端通知，进口保理商不应被要求对债务人由于这种争端而拒付的金额进行付款。

（2）当获悉争端时，进口保理商应立即向出口保理商发送包括有关该应收账款所有已知细节和信息及纠纷性质的争端通知。

（3）一旦接到这样的争端通知，该应收账款即被视为未经核准而无论以前的任何核准。如该争端产生于担保付款之后，进口保理商应有权获得对债务人由于争端而拒付金额的偿还。

（4）如果在出口保理商收到争端通知后 365 天内该争端得到了有利于供应商的解决，进口保理商应重新接受这种发生过争端的应收账款为已核准应收账款，倘若：

a. 出口保理商和供应商已采取的行动确使争端尽快得到了解决，并且

b. 进口保理商被定期详细通报谈判或诉讼的进展情况。

然而，如果在这 365 天期间内，债务人变为正式破产或作出破产的普通声明或承认，进口保理商将仍面临风险直至争端解决为止。

（5）假如有利于供应商的调解结果产生时超过了有关发票原到期日后 75 天，进口保理商将有 14 天的时间向债务人收款，如不成功，他必须向出口保理商付款如同这是一笔正常的担保付款一样。

假如调解结果于原到期日后 75 天内产生，进口保理商的责任将如同第 13 条的规定。在任何一种情况下，进口保理商的迟付都将受第 13 条所规定的同样责任的约束。

（6）进口保理商应配合和协助出口保理商解决任何争端。

（7）如果出口保理商和/或供应商未按本条第 4 款行事，进口保理商有权将发生争端的应收账款再转让给出口保理商。

如果出口保理商于收到争端通知后 60 天内未与进口保理商联系，这种再转让将被认为是正当的。

（8）

a. 如果出口保理商实质性地违犯了本规则的任何条款，就其程度来讲这种

实质性违犯的结果使进口保理商对信用风险的评估受到了不利的影响和/或在向债务人或其代理收款时受到了阻碍,进口保理商不应被要求履行担保付款。本节提供证明的义务在于进口保理商。如果进口保理商已经履行了担保付款,进口保理商应有权索回已付的金额。

b. 单纯由争端引起的对第15条第1款和第2款的实质性违犯应不属本款规定的范畴,而应受本条第1~7款有关规定的管辖。

c. 本款规定不影响进口保理商关于在本规则其他条款规定下承担信用风险和担保付款的权利。

d. 实质性违约必须于有关发票的到期日后365天内宣布。

(9) 出口保理商应在本条第3款和第8款下立即偿还进口保理商,该付款应包括根据第13条第4款b计算出的从担保付款日至偿还日的利息。

《国际保理通则》

第14条

(1) 如果债务人申诉、反诉或辩护(出现纠纷时),如果出口保理商在与纠纷有关的票据到期后的270天之内收到关于有争议的通知,进口保理商不必支付这种由于争议而被债务人拒付的款项。

(2) 进口保理商在收到关于有争议通知时,应立即向出口保理商发出它所得知的、有关应收账款和争议性质的所有细节和信息的争议通知。

(3) 在收到这一争议通知之后,应收账款将被认为是未批准的,与在此前已批准的信贷额度无关。如果争议发生于"保付"之后,进口保理商将有权要求债务人补偿因发生争议停止的付款。

(4) 进口保理商将重新承认已批准这一有争议的应收账款,直到在出口保理商收到关于有争议通知后365天之内争议在销售商的支持下解决时,只要:

a. 出口保理商与销售商确保争议得到尽可能快的解决,且

b. 进口保理商随时可以得到有关协商或进展的全部情况。如果在这365天之内,债务人无偿债能力或公开宣布或承认它的无偿债能力,进口保理商将承担信用风险直至争议得到解决。

(5) 如果争议的解决有利于销售商,在有关票据的最初到期之日起75天之后,进口保理商将有14天的时间向债务人收款,如果不成功,进口保理商必须向出口保理商付款,就像这是一次正常的"保付"。如果在票据最初到期之日后的75天内争议得到解决,进口保理商将按第13条的规定承担责任。无论哪种情形,进口保理商的延期付款将受到第13条中所列同样责任的约束。

(6) 进口保理商将与出口保理商合作,协助解决争议。

(7) 如果出口保理商或销售商不遵照本条第4款而行动的话,进口保理商

有权将有争议的应收账款再转给出口保理商。如果出口保理商在收到争议通知后 60 日内不与进口保理商进行联系的话，这一再转让就被认为是合理的。

（8）

a. 如果出口保理商违犯本法的规定，以致进口保理商在评估信用风险时受到损害或不能从债务人那里或以债务人的名义获得账款，那么进口保理商将不必作"保付"。本段中举证责任由进口保理商承担。如果进口保理商已经根据担保支付了款项，他有权要求相同数额的补偿。

b. 仅由于争议导致的对本法第 15 条第 1、2 款的实质性违反，将由本条中的第 1~7 款所覆盖，而不受本段条款的限制。

c. 本段规定将不损害本法其他条款规定的、进口保理商的有关信用风险承担或"保付"的权利。

d. 必须在有关票据到期后的 365 日内对实质性的违反本法提出主张。

（9）依据本条第 3、8 款，出口保理商应立即向进口保理商进行补偿，包括利息的支付；依本法第 13 条第 4 款 b 的方法计算，从保付之日起计息直到补偿之日止。

本章主要参考文献

1. 黄斌：《国际保理——金融创新及法律实务》，法律出版社 2006 年版。
2. 最高人民法院民事审判第四庭编：《信用证纠纷典型案例》，中国民主法制出版社 2006 年版。
3. 徐进亮主编：《国际结算惯例与案例》，对外经济贸易大学出版社 2007 年版。
4. 金赛波等编著：《信用证纠纷中海运提单案例精选》，法律出版社 2008 年版。
5. 陈国武主编：《新编进出口业务案例精选》，清华大学出版社 2009 年版。
6. 韩立余主编：《国际贸易法案例分析》，中国人民大学出版社 2009 年版。
7. 韦经建、王彦志编著：《国际经济法案例教程》，科学出版社 2011 年版。

本章主要拓展阅读资料

1. 邓旭：《跟单信用证法律与实践》，学林出版社 2010 年版。
2. 史晓丽："信用证欺诈之法律研究"，载《中国人民大学学报》1996 年第 4 期。

3. 王爱平："跟单信用证中欺诈例外的理论依据、适用条件及程序"，载《法学评论》1999 年第 2 期。

4. 黄海冬："从牟其中一案看远期信用证诈骗"，载《国际经贸》2000 年第 3 期。

5. 何波："信用证交易中的欺诈例外"，载《法学研究》2002 年第 2 期。

6. 谷浩："《跟单信用证统一惯例》（UCP600）评述"，载《中国海商法年刊》2006 年 6 月。

7. 聂开锦："跟单信用证统一惯例 2007 年修订版（UCP600）简介与评析"，载《对外经贸实务》2006 年第 12 期。

8. 李浚帆："应用 UCP600 需要注意的问题"，载《对外经贸实务》2007 年第 6 期。

9. 黄安平："UCP600 与 UCP500 的比较分析"，载《中国外汇》2006 年第 12 期。

10. 董勤："国际贸易支付方式的比较与分析"，载《对外经贸实务》2009 年第 3 期。

11. 毕贤忠："托收结算方式的适用与风险防范"，载《人民论坛》2011 年第 35 期。

12. 薛玉华："浅谈信用证在国际贸易支付中的风险及规避"，载《中国商贸》2013 年第 35 期。

13. 王杰、乔香兰："我国国际保理业务的现状与对策"，载《商业时代》2013 年第 3 期。

14. 韦统郡："我国信用证结算风险防范探究"，载《新疆师范大学学报（哲学社会科学版）》2015 年第 5 期。

15. 翁旭青："信用证中软条款的识别与风险防范"，载《对外经贸实务》2015 年第 2 期。

国际技术贸易法

国际技术贸易包括技术贸易的方式、技术贸易的管理,以及与贸易有关的知识产权的保护。国际技术许可是主要的技术贸易方式,技术贸易的管理以及与贸易有关的知识产权的保护是国际技术贸易的基础。本章主要内容包括国际技术贸易的方式、国际技术许可合同、国际技术贸易的管理。与贸易有关的知识产权的保护参见第七章相关内容。

第一节 国际技术贸易的方式

案例一: 国际技术贸易的方式

[案情简介]

德国的甲制造公司是世界各大建筑公司所用挖泥船的主要供应者,它生产的挖泥船功能优良且节省费用。此外,甲公司还致力于发展和改良产品的工艺技术,因此,在产品质量和工艺技术两方面都具有极大的优势。

为发挥优势,利用自己的先进技术和优质产品扩大经济效益,甲公司除销售产品外,还通过技术输出提高技术使用率以更多地赢利。根据引进对象不同及引进方所在国家不同,其技术主要通过以下几种不同的途径输出:

第一种途径是通过出口公司产品输出技术。利用产品的精密结构和高技术性带动商品出口,这是发达国家普遍采用的方式。对于甲公司来说,通过这种途径输出技术,其承担的风险最小,利润最大,其实质是实物贸易,买方只能间接地得到一些技术,或是操作设备的方法,因此这并不是技术输出的主要途径。

第二种途径是在外国设立子公司,甲公司再通过协议将技术转让给子公司,这里的技术转让包括工程服务，转让图纸、技术说明书以及其他工艺技术，供应零部件和培训人员并给予持续的援助。这种方式对甲公司来说，一方面可以利用国外的廉价劳动力、原材料以降低成本，扩大产品生产和销售；另一方面通过子公司在所在国进一步的技术转让，可以赚得大笔的技术许可费，同时还可以规避输入国的有关税收管辖。

第三种途径是与外国合营者建立合营企业。例如，甲公司在向智利出口挖泥船遭到高额进口关税阻碍后，就转而采取与智利一家公司合营的方式，将有关技术作为出资，在智利国内生产挖泥船。通过建立合营企业的方式，一方面将技术输出，另一方面还取得了在输入国市场上销售产品的机会。

第四种途径是出售许可证，即授予输入方有关技术的使用权，同时获得数目可观的许可费，由于这种途径可使输入方直接获得全部所需的技术，而输出方也不必关心输入方的实施经营状况，因此成为甲制造公司技术输出最主要的一种途径。

[法律问题]
1. 国际技术贸易的方式主要有哪些？
2. 甲制造公司主要采用了哪种技术贸易的方式？

[法律分析]
1. 国际技术贸易的方式主要有：技术许可、含有技术转让内容的设备买卖、特许经营、技术咨询服务、国际工程承包、国际技术投资、补偿贸易等。
2. 甲公司主要采用了含有技术转让内容的设备买卖、国际技术服务、国际技术投资、国际技术许可四种形式。

[相关法律]

《中华人民共和国技术进出口管理条例》

第2条 本条例所称技术进出口，是指从中华人民共和国境外向中华人民共和国境内，或者从中华人民共和国境内向中华人民共和国境外，通过贸易、投资或者经济技术合作的方式转移技术的行为。

前款规定的行为包括专利权转让、专利申请权转让、专利实施许可、技术秘密转让、技术服务和其他方式的技术转移。

《中华人民共和国合同法》

第342条 技术转让合同包括专利权转让、专利申请权转让、技术秘密转让、专利实施许可合同。

技术转让合同应当采用书面形式。

第二节 国际技术许可合同

一、国际技术许可合同的种类

案例二： 　　　　　　**专利技术许可合同**

[案情简介]

2005年5月，我国A公司与法国B公司经过多次会晤达成协议，A公司购买B公司生产某电子产品的专利技术，在合同有效期内（2005年7月1日~2011年6月30日）B公司不得再把此项专利转让给中国其他厂家，且自己生产的某电子产品也不得再销往中国。鉴于B公司损失的市场份额较大，A公司于2005年6月一次性支付了高额入门费，并承诺按每年销售额的5%向B公司支付提成费。

2006年初，由于担心产品没有知名度难以打开市场，并且A公司误认为利用B公司专利技术生产的产品当然可以采用B公司的商标，因此在生产出第一批专利产品时，A公司用与B公司产品相同的商标和包装将这批产品投放市场，结果当年销售量极大，2006年6月底，A公司按约定将当年销售额的5%作为提成费支付给B公司。没想到的是，2006年8月，B公司以A公司侵犯其商标专用权为由（B公司商标已于2004年在我国注册），向我国法院提起诉讼，要求A公司赔偿其损失。

[法律问题]

1. 国际许可合同按转让标的不同有哪些种类？
2. A公司的行为是否侵犯了B公司的商标专用权？

[法律分析]

1. 国际许可合同按转让标的不同可以分为：专利许可合同、商标许可合同、专有技术许可合同、版权许可合同（包括计算机软件许可合同），以及混合许可合同或一揽子许可合同。

2. 本案中A公司侵犯了B公司的商标专用权。本案中A公司通过许可合同取得的仅为专利使用权，其在未经B公司商标使用许可的情况下，无权使用B公司的注册商标。

[相关法律]
《中华人民共和国技术进出口管理条例》

第24条 技术进口合同的让与人应当保证自己是所提供技术的合法拥有者或者有权转让、许可者。

技术进口合同的受让人按照合同约定使用让与人提供的技术，被第三方指控侵权的，受让人应当立即通知让与人；让与人接到通知后，应当协助受让人排除妨碍。

技术进口合同的受让人按照合同约定使用让与人提供的技术，侵害他人合法权益的，由让与人承担责任。

《中华人民共和国合同法》

第352条 受让人未按照约定支付使用费的，应当补交使用费并按照约定支付违约金；不补交使用费或者支付违约金的，应当停止实施专利或者使用技术秘密，交还技术资料，承担违约责任；实施专利或者使用技术秘密超越约定的范围的，未经让与人同意擅自许可第三人实施该专利或者使用该技术秘密的，应当停止违约行为，承担违约责任；违反约定的保密义务的，应当承担违约责任。

案例三： 排他许可合同

[案情简介]

2008年，我国山西省A公司引进德国B公司生产某产品的专有技术，合同期限为10年。合同约定，A公司于每年12月按年销售额的4%向B公司支付提成费，在此期间，B公司可自己在中国销售合同产品，但不得再向中国的其他单位转让此项技术。

2009~2011年，合同履行情况良好。2012年初，A公司发现市场上有与合同产品完全相同的产品销售，这些产品的外包装表明其生产厂家为陕西省C公司，由于这些产品抢走A公司在北方的一些用户，因此，A公司派专人对此进行调查。调查结果表明：陕西省C公司是于2010年获得B公司的授权，使用其专有技术生产产品的。于是，根据合同中的争议解决条款，山西省A公司于2012年10月向中国国际经济贸易仲裁委员会提请仲裁，要求B公司承担违约责任，赔偿其经济损失。

[法律问题]

1. 国际许可合同按授权程度的不同有哪些种类？
2. B公司是否应向A公司承担违约责任？

[法律分析]

1. 国际许可合同按授权程度由大到小可分为独占许可合同、排他许可合同、普通许可合同。

2. B公司应向A公司承担违约责任。因为B公司与山西省A公司签订的专有技术许可合同按其授权性质属于排他许可合同，即在合同期限内在中国的地域范围内，A公司获得独家使用权，B公司在此时间和地域范围内，可自己利用该技术，但无权将该技术再许可第三方使用。

[相关法律]

《中华人民共和国合同法》

第351条 让与人未按照约定转让技术的，应当返还部分或者全部使用费，并应当承担违约责任；实施专利或者使用技术秘密超越约定的范围的，违反约定擅自许可第三人实施该项专利或者使用该项技术秘密的，应当停止违约行为，承担违约责任；违反约定的保密义务的，应当承担违约责任。

二、国际技术许可合同的主要条款

案例四： 国际技术许可合同中的鉴于条款

[案情简介]

2004年，我国黑龙江省A公司从法国B公司引进了新型发电机的生产专利技术，合同期限为5年，合同中的鉴于条款规定："鉴于B公司拥有新型发电机的生产专利，能够合法地向A公司授权制造新型发电机的生产许可证……"在双方的密切合作下，很快生产出合格的合同产品。但当该产品销往法国后，法国C公司提出诉讼，状告A公司产品侵犯其专利权。A公司遂根据许可合同中的鉴于条款，责成法国B公司应诉。经调查，该新型发电机生产专利确属C公司所有，B公司属非法转让。最后，法国法院判决C公司胜诉，要求A公司赔偿C公司损失8万美元，并停止在法国销售合同产品。在支付赔偿金之后，A公司以B公司违约为由，要求其承担违约责任并赔偿其一切损失。

[法律问题]

1. 国际许可合同中，鉴于条款有何作用？

2. B公司是否违约？

[法律分析]

1. 国际许可合同中的鉴于条款，主要的作用是要双方当事人在许可合同一开始就明确地作出某种法律上的保证，一旦双方因合同发生争议，仲裁机构或者法院就可以根据这些保证，解释具体条款，以判断责任归属。

2. B 公司的行为构成违约。根据许可合同中鉴于条款的规定，B 公司应对转让技术承担权利担保的义务，而事实上其并不拥有合法的许可权，因此其行为已构成违约，应赔偿因其违约给 A 公司造成的损失。

[相关法律]

《中华人民共和国技术进出口管理条例》

第 24 条　技术进口合同的让与人应当保证自己是所提供技术的合法拥有者或者有权转让、许可者。

技术进口合同的受让人按照合同约定使用让与人提供的技术，被第三方指控侵权的，受让人应当立即通知让与人；让与人接到通知后，应当协助受让人排除妨碍。

技术进口合同的受让人按照合同约定使用让与人提供的技术，侵害他人合法权益的，由让与人承担责任。

《中华人民共和国合同法》

第 349 条　技术转让合同的让与人应当保证自己是所提供的技术的合法拥有者，并保证所提供的技术完整、无误、有效，能够达到约定的目标。

案例五：　　　　　国际技术许可合同中的定义条款

[案情简介]

2009 年 3 月，我国 A 公司作为技术受让方，与作为技术转让方的英国 B 公司签订了一份技术许可合同。合同规定由转让方 B 公司向受让方 A 公司提供生产某一系列品种西药的配套技术。合同规定技术使用费用采用提成价格的方式进行支付，受让方从生产出的药品的净销售额中提取 10% 作为向 B 公司支付的技术使用费；技术许可合同的期限是 10 年。合同生效后，B 公司依约将全部技术资料交给了 A 公司，并且派出技术人员到 A 公司处帮助其掌握该技术，协助 A 公司培训技术人员。在双方共同的努力下，A 公司迅速掌握了该技术并生产出了合格产品，而且该产品在国内国际市场上均打开了市场。但是在 A 公司向 B 公司支付技术转让费这一环节上却出现了争议。按 A 公司对合同的理解，产品净销售额 = 产品销售总额 −（销售退回 + 销售折让 + 包装费 + 运输费 + 保险费 + 销售费用 + 税金）。而 B 公司则称：产品净销售额 = 产品销售总额 −（销售退回 + 销售折让）。双方对"产品净销售额"这一关键概念的争议导致双方对技术使用费的计算结果相去甚远，按 A 公司所理解的含义，合同实施第一年的产品销售净额为 400 万美元，应支付转让方 40 万美元的使用费；而按 B 公司的理解，第一年的产品净销售额应为 500 万美元，A 公司应支付的技术使用费应为

50 万美元。为此，双方经过多次谈判，最后采取折衷方案，A 公司向 B 公司支付 45 万美元，并在提成期限的余下年月中也按此方法支付技术使用费，即采用双方因对"产品净销售额"不同理解而算出的不同数额技术使用费的中间数。

[法律问题]

技术许可合同中的定义条款如何规定？应如何避免发生类似本案的争议？

[法律分析]

国际许可合同中的定义条款是对合同中关键词语作出的明确规定，由于合同双方当事人所在的国家不同，语言习惯和法律规定也不同，为了避免在履行合同过程中发生歧义，相互推卸责任，需要在合同中对所使用的一些关键性词语的含义作出专门的规定，作为双方当事人履行合同和解决合同争议的依据。通常对国际许可合同中关键性术语的规定分为"集中式"和"分散式"，"集中式"就是制定专门的定义条款，"分散式"就是将关键词分散规定在合同的其他条款中。一般宜采用"集中式"。本案中争议的焦点就在于双方对"产品净销售额"的理解发生了分歧，由于在合同中未对此术语作出明确的规定而导致当事人之间的争议。建议双方可以借鉴有关国家法律或国际惯例达成一致的理解，然后在合同中对关键性术语进行明确的解释。

[相关法律]

《中华人民共和国合同法》

第 61 条　合同生效后，当事人就质量、价款或者报酬、履行地点等内容没有约定或者约定不明确的，可以协议补充；不能达成补充协议的，按照合同有关条款或者交易习惯确定。

第 62 条　当事人就有关合同内容约定不明确，依照本法第 61 条的规定仍不能确定的，适用下列规定：

（一）质量要求不明确的，按照国家标准、行业标准履行；没有国家标准、行业标准的，按照通常标准或者符合合同目的的特定标准履行。

（二）价款或者报酬不明确的，按照订立合同时履行地的市场价格履行；依法应当执行政府定价或者政府指导价的，按照规定履行。

（三）履行地点不明确，给付货币的，在接受货币一方所在地履行；交付不动产的，在不动产所在地履行；其他标的，在履行义务一方所在地履行。

（四）履行期限不明确的，债务人可以随时履行，债权人也可以随时要求履行，但应当给对方必要的准备时间。

（五）履行方式不明确的，按照有利于实现合同目的的方式履行。

（六）履行费用的负担不明确的，由履行义务一方负担。

案例六： 国际技术许可合同的计价与支付方式

[案情简介]

2004年，韩国A公司向我国B公司提供某一型号的手机的生产技术，A公司承诺提供有关的图纸、技术要求、工艺规程等技术资料，并派工程技术人员指导培训。合同中价格与支付条款规定："技术转费用采用入门费加提成的方式支付。"入门费用为8万美元，由B公司在合同生效后1月内付清；提成费按每年销售总额的3%计算，于每年12月支付。合同签订以后，双方按约定履行义务，直到支付第一笔提成费时产生了纠纷。

B公司按引进的技术生产出手机并投放市场时，我国国内市场上该类手机已经供大于求，为抢占市场，B公司采用低价销售的价格策略，这样一来虽然最后抢得一定市场份额，但所得利润屈指可数。如果按合同约定的年销售总额的3%支付提成费用，那么B公司不仅赚不到钱，还将面临较大的亏损。为此，B公司多次要求变更合同，要求降低提成费，但都遭到A公司的拒绝，最终，B公司未按约定支付提成费。2006年，A公司按约定提请仲裁，要求B公司承担违约责任。

[法律问题]

1. 技术使用费用的支付方式有哪几种？哪种对受让方最有利？
2. B公司应否承担违约责任？

[法律分析]

1. 技术使用费的支付方式主要有以下三种：①统包价格；②提成价格；③入门费加提成的价格。根据联合国贸发会组织的统计数据，采用提成价格对受让方最为有利。

2. B公司应当承担违约责任。本案中双方所订立的技术引进合同约定的计价方式为入门费加提成的方式，且提成费按每年销售总额的3%计算。B公司要求A公司修改合同中的技术使用费，但A公司未同意。因此，B公司仍应按合同规定支付提成费。B公司未按约定支付提成费，因而构成违约。

[相关法律]

《中华人民共和国合同法》

第107条 当事人一方不履行合同义务或者履行合同义务不符合约定的，应当承担继续履行、采取补救措施或者赔偿损失等违约责任。

第109条 当事人一方未支付价款或者报酬的，对方可以要求其支付价款或者报酬。

第325条 技术合同价款、报酬或者使用费的支付方式由当事人约定，可以采取一次总算、一次总付或者一次总算、分期支付，也可以采取提成支付或者提成支付附加预付入门费的方式。

约定提成支付的，可以按照产品价格、实施专利和使用技术秘密后新增的产值、利润或者产品销售额的一定比例提成，也可以按照约定的其他方式计算。提成支付的比例可以采取固定比例、逐年递增比例或者逐年递减比例。

约定提成支付的，当事人应当在合同中约定查阅有关会计账目的办法。

第352条　受让人未按照约定支付使用费的，应当补交使用费并按照约定支付违约金；不补交使用费或者支付违约金的，应当停止实施专利或者使用技术秘密，交还技术资料，承担违约责任；实施专利或者使用技术秘密超越约定的范围的，未经让与人同意擅自许可第三人实施该专利或者使用该技术秘密的，应当停止违约行为，承担违约责任；违反约定的保密义务的，应当承担违约责任。

案例七：　　　　　国际技术许可合同中的保密条款

[案情简介]

2006年，中国A公司与法国B公司签订了一项非独占性专有技术转让合同，根据合同规定，法国B公司向A公司转让一项生产葡萄酒的专有技术。A公司采用了法国公司的专有技术后，生产出的葡萄酒深受我国消费者的欢迎，取得了良好的经济效益，但在2009年，A公司发现其技术科的技术工程师王某偷偷将A公司使用的专有技术以2万元人民币的价格非法转让给一家我国的C公司。法国B公司获悉这一消息后，来电指出，王某的泄密行为使该专有技术众所周知，严重损害了该公司的利益。根据合同中保密条款的有关规定，A公司对接触掌握专有技术核心秘密的该厂员工的泄密行为应负保证责任，因此要求A公司承担违约责任，并赔偿B公司的一切经济损失。A公司虽然据理力争，但由于合同中确实有保密条款，最后不得不替王某承担责任，赔偿法国B公司预期利润损失人民币15万元。

[法律问题]

1. 一般而言，哪些国际许可合同需订立保密条款？
2. A公司应否承担违约责任？

[法律分析]

1. 一般而言，专有技术许可合同应当订立保密条款，此外，有些计算机软件合同也订有保密条款。

2. 本案中，我国A公司因为违反了技术引进合同中的保密条款的规定，即对接触专有技术核心秘密的该公司员工的泄密行为负有保证义务的规定，因此应承担违约责任。A 公司承担责任以后，可以向泄密者王某追偿。

[相关法律]

《中华人民共和国技术进出口管理条例》

第 26 条　技术进口合同的受让人、让与人应当在合同约定的保密范围和保密期限内，对让与人提供的技术中尚未公开的秘密部分承担保密义务。

在保密期限内，承担保密义务的一方在保密技术非因自己的原因被公开后，其承担的保密义务即予终止。

《中华人民共和国合同法》

第 324 条　技术合同的内容由当事人约定，一般包括以下条款：

（一）项目名称；

（二）标的的内容、范围和要求；

（三）履行的计划、进度、期限、地点、地域和方式；

（四）技术情报和资料的保密；

（五）风险责任的承担；

（六）技术成果的归属和收益的分成办法；

（七）验收标准和方法；

（八）价款、报酬或者使用费及其支付方式；

（九）违约金或者损失赔偿的计算方法；

（十）解决争议的方法；

（十一）名词和术语的解释。

与履行合同有关的技术背景资料、可行性论证和技术评价报告、项目任务书和计划书、技术标准、技术规范、原始设计和工艺文件，以及其他技术文档，按照当事人的约定可以作为合同的组成部分。

技术合同涉及专利的，应当注明发明创造的名称、专利申请人和专利权人、申请日期、申请号、专利号以及专利权的有效期限。

第 348 条　技术秘密转让合同的受让人应当按照约定使用技术，支付使用费，承担保密义务。

案例八：　　国际技术许可合同中的限制性商业条款

[案情简介]

美国一家食品公司 Chicken Delight Inc 自 1952 年起开始经营炸鸡等快餐食品，其使用的商标是 Chicken Delight。20 世纪 60 年代中期，该公司与美国另一经营快餐食品的 Siegel 公司签订了一项技术转让合同，合同中规定 Chicken Delight 公司允许 Siegel 公司经营其快餐食品，并向其传授经营管理技术诀窍，还允许其使用自己的商标和商号，但合同中同时规定，Siegel 公司必须购买 Chicken Delight 公司一定数量的煮锅、煎锅、餐具、包装和调料等作为交换条件。上述商品的购买价格均高于同类商品的一般市场价格。不久，原告 Siegel 公司向地方法院起诉，指控被告 Chicken Delight 公司有搭售行为，违反了美国反托拉斯法的有关规定，要求获取 3 倍于原告实际损失的赔偿。地方法院判定该合同违反了反托拉斯法的规定，但对赔偿问题未作结论。为此，法院在审理过程中对这两个问题进行了分析，并提出了判决意见。[1]

[法律问题]

1. 什么是限制性商业条款？实践中常见的限制性商业条款有哪些？
2. Chicken Delight 公司对 Siegel 公司提出的要求属哪种限制性商业条款？

[法律分析]

1. 限制性商业条款是当今国际贸易与经济合作中经常出现的一种条款，由于各国经济发展水平的不同，对限制性商业条款的定义和内容有不同规定，有的甚至有很大差异。发达国家认为，凡是构成或导致市场垄断，妨碍商业竞争的条款是限制性商业条款。而发展中国家则认为凡是不利于或妨碍经济发展的条款即是限制性商业条款。联合国贸发会议和联大通过的《关于控制限制性商业条款的公平原则和规则的多边协议》明确规定，限制性商业条款是指："通过滥用或者谋取滥用市场力量的支配地位，限制进入市场或以其他方式不适当地限制竞争，对国际贸易特别是发展中国家的国际贸易及其经济发展造成或可能造成不利影响，或者是通过企业之间的正式或非正式的，书面的或非书面的协议以及其他安排造成了同样影响的一切行动或行为。"它是就控制限制性商业做法达成的第一个国际性文件，为各国制定本国有关立法提供了参照标准。

实践中常见的限制性商业条款包括：回授条款、对效力的异议、对研究的限制、对使用人员方面的限制、限制产品的价格、包销或独家代理、非法搭售、出口限制、对广告宣传的限制、工业产权期满后的限制、限制生产能力、合同期限方面的限制、一揽子许可交易等。

2. 属非法搭售条款。因为它满足非法搭售的构成要件：①在一个交易中包括了两个独立的项目，且交易一方强制对方在接受一个项目的条件下才能取得另一个项目。在本案中，以商标许可为主要内容的特许是一个项目，搭售的商品则是与特许无关的另一个项目。即被告供应的商品并非是签订的项目中不可

---

〔1〕 肖伟主编：《国际经济法学案例教程》，知识产权出版社 2003 年版，第 165~166 页。

缺少的组成部分。②被告要求原告购买其搭售商品并无正当理由。实际中，原告购买第二种项目时，往往索取较高的价格，不让被特许人自由进入搭售产品的市场，从而限制对方竞争。③要求搭售的一方在交易中处于明显的优势地位，并利用这种地位迫使对方接受其不合理的搭售要求。被告曾辩称当时市场上经营炸鸡快餐业的公司不断涌现，竞争越来越激烈，否认其处于明显的优势地位。法院指出，并不要求在整个行业中占垄断地位，只要有足够的实力在搭售商品中限制对方竞争，就算具有优势地位了。

[相关法律]

《中华人民共和国技术进出口管理条例》

第29条 技术进口合同中，不得含有下列限制性条款：

（一）要求受让人接受并非技术进口必不可少的附带条件，包括购买非必需的技术、原材料、产品、设备或者服务；

（二）要求受让人为专利权有效期限届满或者专利权被宣布无效的技术支付使用费或者承担相关义务；

（三）限制受让人改进让与人提供的技术或者限制受让人使用所改进的技术；

（四）限制受让人从其他来源获得与让与人提供的技术类似的技术或者与其竞争的技术；

（五）不合理地限制受让人购买原材料、零部件、产品或者设备的渠道或者来源；

（六）不合理地限制受让人产品的生产数量、品种或者销售价格；

（七）不合理地限制受让人利用进口的技术生产产品的出口渠道。

第三节 国际技术贸易管理

案例九：　　　　　　反美国微软公司垄断案

[案情简介]

对微软公司的反垄断调查始于1989年，著名的反垄断法专家斯坦格尔夫人被任命为联邦贸易委员会首脑，对微软公司的垄断行为展开调查。此后，美国司法部于1994年7月对微软第一次提起反托拉斯诉讼，称微软与电脑制造商签订排他性和反竞争性的授权协议，阻止电脑制造商使用微软竞争对手的操作系统。微软迅速作出反应，表示希望庭外和解。由于1993年Novell公司曾向欧洲委员会对微软提出起诉,因此,美国司法部和欧洲委员会携手与微软进行谈判。1994年7月15日,微软分别和欧洲委员会及美国司法部签订了调停协议,微软同意修改与电脑制造商的软件使用合约,允许其他软件生产商与其进行正当竞争。1995年1月,华盛顿地方法院希波凯法官否决了调停协议,司法部上诉到哥伦比亚特区上诉法院,大法官希伯尔曼批准了谅解协议,作出同意令。

1995年,互联网风潮席卷了整个IT产业。网景公司通过推出强大的Navigator网络浏览器迅速崛起。微软为打压网景公司,争夺互联网时代客户平台的控制权,开发了Internet Explorer(IE)浏览器,并在为电脑制造商预装操作系统Windows95时,免费将IE整合捆绑进去。微软公司授予设备制造商"窗口"系统许可时,对设备制造商进行了许多限制,主要表现为以下三种限制方式:①通过合同,后来通过技术方式将"IE"与"窗口"系统捆绑,以便保证IE浏览器在第一"窗口"用户的微机系统中的主要存在(和永久存在),并提高运行"窗口"的微机中安装和使用网景浏览器的成本。②尽管微软已经采取了合同的和技术的方式捆绑IE和"窗口",但微软对设备制造商重新配置或修改"窗口"95和98,还是施加了严格的限制。③微软使用经济刺激和威胁措施,诱使特别重要的设备制造商在经销、营销和技术上努力,支持IE浏览器而排除网景浏览器。在微软的强大攻势下,网景公司的市场份额急剧降低。

1996年,网景公司向美国司法部投诉微软,康柏等电脑制造商也向司法部提供证据,控诉微软强迫制造商预装IE,以此作为预装Windows95的前提条件。1997年10月20日,美国司法部反垄断司向哥伦比亚特区联邦法院提起诉讼,指控微软违反反垄断法,要求法院判处微软消除电脑用户桌面上的IE浏览器标志,并缴纳违背调停协议期间内每日100万美元的罚款。微软辩称,IE是操作系统windows95的不可分割的整合部件,司法部是在阻挠微软开发高新技术产品。

1997年12月,托马斯·潘菲尔德·杰克逊法官作出初审判决,认为没有充分证据证明微软违反了同意令中的禁止性规定,驳回了司法部的请求。但是,法官同时宣布了另一项临时裁定,在作出进一步判决之前,暂时禁止微软将Windows与IE捆绑销售。司法部当然不甘就此败北,诉讼随之全面升级。1998年5月18日,美国司法部和20个州的总检察官联合对微软提出反垄断诉讼,对微软提出6项垄断指控。本案遂成为自1974年美国政府控告电信巨人AT&T以来影响最大的反垄断诉讼,轰动全球,被称为"世纪末的审判"。

1998年6月,在哥伦比亚特区联邦法院法庭听证会上,陪审团反对杰克逊法官的临时裁定,认为该裁定阻碍了微软研发新产品,美国上诉法院也驳回了该裁定。同月,微软的新一代操作系统Windows98顺利上市销售,依旧整合了

IE 浏览器，未进行任何修正，提起诉讼的司法部及各州遭到重大打击。1998 年 10 月 19 日~1999 年 6 月 24 日，在 8 个多月的时间里，美国政府和微软公司在法庭上各显神通，针对对方的指控或者辩护提出大量证据，予以驳斥。网景公司董事长巴克斯德尔以及苹果、英特尔公司的高级主管们纷纷出庭作证。1999 年 11 月 5 日，杰克逊法官公布了"事实认定书"，确认微软在个人电脑操作系统领域利用垄断损害消费者的利益和打击竞争对手。

2000 年 4 月 4 日，杰克逊法官宣布微软违反《谢尔曼反托拉斯法》，构成三项罪名：通过反竞争行为维持垄断，企图垄断浏览器市场以及将其浏览器与操作系统捆绑。6 月 7 日，法院作出一审判决："微软公司停止在 Windows95 的销售中捆绑 IE，不得把捆绑 IE 作为 Windows95 许可协议的前提条件。微软将被拆分成两部分，一部分专营电脑操作系统，另一部分则专营 Office 系列应用软件、IE 浏览器等其他软件，10 年之内两部分不能合并。"但是法院拒绝了司法部对微软的罚款请求。微软当即以杰克逊法官的司法公正性有问题为由提出上诉。

2001 年 6 月，哥伦比亚特区上诉法院驳回了杰克逊拆分微软的判决。8 月，杰克逊法官因违反司法程序、向媒体泄露案件审理内情而被解职，科林·科拉尔·科特琳入替，全权负责对本案的重新审理。微软请求美国最高法院直接审理该案，最高法院予以拒绝。全面衡量利弊后，微软提出与司法部重新谈判并作出让步。9 月 6 日，司法部宣布不再要求拆分微软，并撤销了部分指控。9 月 28 日，应法院要求，司法部与微软公司开始新一轮和解谈判。11 月，和解协议达成，司法部和 9 个州同意了该和解协议，但其他州和哥伦比亚特区表示不接受。2002 年 11 月，哥伦比亚特区联邦法院批准了和解协议。微软和美国司法部达成妥协：微软不得参与可能损及竞争对手的排他性交易；电脑制造商将使用统一的合同条款；微软公布 Windows 的部分源代码，使竞争者也能在 Windows 上编写应用程序。此后，微软陆续与哥伦比亚特区和各州达成和解，和解费用总计约 18 亿美元。[1]

[法律问题]

微软公司的许可限制，是否违反了美国《谢尔曼法》反垄断的规定？

[法律分析]

本案一审判决微软公司违反《谢尔曼法》，构成三项罪名，即通过反竞争行为维持垄断；企图垄断浏览器市场以及将其浏览器与操作系统捆绑，并要求拆分微软公司。微软公司不服提起上诉，上诉法院尽管驳回了一审拆分微软的判决，但基本维持了一审法院对微软限制设备制造商的裁决，认定微软公司的行

---

[1] 资料来源：http://blog.sina.com.cn/s/blog_ c1eb778d0101ifaw.html.

为违反了《谢尔曼法》第 2 条。垄断违法具有两个因素：一是在相关市场上占有垄断力量；二是以不同于优良产品、经营才能或有历史偶然性而产生的增长或发展的方法，有意地获得或维护该力量。上诉法院正是从这两个因素进行审查，认定微软公司的垄断行为。

经过近 10 年的较量，本案尘埃落定，付出高昂的代价后，微软最终艰难而幸运地避免了被拆分的噩运。有人认为，究其根本原因，是美国的反垄断政策发生了变化，由传统的保护价格竞争转向促进科技创新。政府意识到，在以信息技术为核心的新一轮工业革命中，用拆分来破除垄断已然落伍，所以才选择与微软化干戈为玉帛。也有人认为，微软垄断案开始于老布什任内，而结束于小布什任内，反映了两届政府不同的执政理念，包括政府对于企业的干预应当控制在何种程度、如何保持美国企业在全球领先地位等诸多考量。政治，实际上已经在法律和技术之外决定了本案的最终走向。

[相关法律]

美国《谢尔曼法》

第 1 条　任何限制州际间或与外国之间的贸易或商业的契约，以托拉斯形式或其他形式的联合，或共谋，都是非法的。任何人签订上述契约或从事上述联合或共谋，将构成重罪。如果参与人是公司，将处以不超过 1000 万美元的罚款。如果参与人是个人，将处以不超过 35 万美元的罚款，或 3 年以下监禁。或由法院酌情并用两种处罚。

第 2 条　任何人垄断或企图垄断，或与他人联合、共谋垄断州际间或与外国间的商业和贸易，将构成重罪。如果参与人是公司，将处以不超过 1000 万美元的罚款；如果参与人是个人，将处以不超过 35 万美元的罚款，或 3 年以下监禁。也可由法院酌情并用两种处罚。

案例十：　美国利用 301 条款对中国纺织品、箱包、鞋类等商品采取报复措施

[案情简介]

1994 年 12 月 31 日，美国贸易代表坎特代表美国政府公布了对中国向美国出口的纺织品、箱包、鞋类等价值 28 亿美元的商品征收高达 100% 的关税的"报复清单"，理由是中国侵犯美国的知识产权，美国政府根据其贸易法第 301 条款对中国采取此项贸易报复措施。在美国政府公布这份"报复清单"后，中国对从美国进口的各种游戏机、游戏录像带、激光唱盘、烟酒和化妆品等商品上加征 100% 的关税，暂停进口美国产的影片及电视片等，由此引发了中美之间

的贸易战。

[法律问题]

美国301条款的内容及作用是什么？

[法律分析]

美国301条款的内容最初是《1962年贸易扩大法》第252条款的内容，该条款授权美国总统可以对不公平和不合理地限制美国出口的其他国家采取报复措施。在美国《1974年贸易法》中，该法经过扩大，形成了301条款的基本结构，后经过《1979年贸易协定法》、《1984年贸易与关税法》、《1988年综合贸易与竞争法》等不断修改，最终形成了301条款现行的全新框架。由于该项法律的基本内容第一次在《1974年贸易法》第301节中出现，因此相沿成习，被称为"301条款"。

301条款的主要打击目标是同美国贸易顺差大的国家和美国认为缺乏知识产权保护及执行不合理贸易政策的国家。为此，《1988年综合贸易与竞争法》对301条款的内容进行了修改，把采取报复措施的权力从总统手中转移到美国贸易代表办公室手中，增加了强制性报复的内容，并规定了普通301、超级301和特殊301条款之别。美国普通301条款和超级301条款主要是针对限制美国一般商品和劳务进入其市场的国家，而特殊301条款主要是针对那些对知识产权没有提供充分有效保护的国家。

（1）普通301：该条款主要规定美国贸易代表办公室的权力和执行301条款的基本法律程序。

（2）超级301：该条款又称"盖普哈特修正案"，主要针对与美国贸易摩擦严重的国家，贸易代表办公室每年向国会提交外国贸易壁垒报告，并以此确定进行贸易自由化工作的重点国家，即确定对付各国及各种不公平贸易做法的优先次序，然后寻求通过谈判消除报告中所列举的障碍。属于不合理贸易政策问题的须在12个月内达成协议；属于违反贸易协定问题的须在18个月内达成协议，逾期则采取报复行动。自1989年，美国贸易代表办公室每年进行若干项调查，并从1991年起对我国进行301调查。

（3）特殊301：该条款主要针对知识产权保护问题。综合贸易法要求美国贸易代表办公室从法律生效起每年都要根据特殊301，调查其他国家涉及诸如专利、版权、商标和计算机软件等知识产权保护情况。美国贸易代表办公室应在向国会提交"外国贸易壁垒"报告30天内确定那些"不能对知识产权提供有效保护的国家和其中的重点国家，如果在6~9个月内双方无法达成协议，美国将采取报复行动"。中国1991年4月也被列为特殊301重点国家，同样，美国贸易代表办公室可以按该条款的规定，根据调查和磋商结果随时决定重点国家的除名和增定。

"301条款"是美国政府针对损害美国贸易利益和商业利益的外国政府的行为、政策和做法进行调查、报复和制裁的手段,其本质是美国强权政治和单边主义做法在外贸领域的体现,是利用贸易政策推行其价值观念的一种手段,即通过强化美国对外贸易协定的实施,扩大美国海外市场,迫使其他国家接受美国的国际贸易准则,以维护美国的利益。

法律授权美国贸易代表办公室可以采取的制裁措施包括:①中止贸易协定项下的减让;②采取关税或其他进口限制;③对服务征收费用或采取限制;④与被调查国达成协议,以消除其违反行为或向美国提供补偿;⑤限制服务领域的授权。措施期限一般为4年。

"301条款"的作用在于:一是作为一种监督、威胁和干预工具,每年通过拟定"重点国家"、"重点观察国家"等各种名单,发布《国别贸易障碍评估报告》等措施,对其贸易伙伴施加压力,干预影响其国内政策乃至国内政治;二是作为进入世界贸易组织争端解决机制的前置磋商程序,经磋商后决定是否提交世贸组织;三是为美国贸易代表办公室和业界提供了沟通和磋商的桥梁,使业界的诉求能够迅速地传递给美国政府并得到后者的支持。

[相关法律]
美国《1988年综合贸易与竞争法》第1301~1310节(略)。

案例十一:　　美国ITC和海关利用337条款扣押我国出口彩电

[案情简介]

1990年6月,美国工业界巨子之一的美国通用电气公司下属美国无线电公司(RCA)以中国彩电生产厂家侵犯其专利技术为由,提出中国境内所有生产、制造和出口彩电的厂家,都必须与其签订专利技术许可证一揽子协议。该协议规定:中国的彩电生产厂家要向其一次性支付入门费10万美元。今后,每出口一台彩电按其出口彩电尺寸大小,再向其支付一定比例的提成费。如每出口一台21英寸彩电,支付提成费1.3美元,每出口一台25英寸彩电,支付1.5美元,并且指出,如果中国的彩电生产厂家不同意签署此协议的话,它将按美国337条款的规定,向美国国际贸易委员会(ITC)提出申诉,要求美国海关扣押或没收所有中国向美国出口的彩电。在RCA公司的发出声明与协议后,中国的有关部门最后查明:RCA所指控的中国彩电生产厂家侵犯其专利权的技术,在中国并无专利权,只是在美国有专利权,而且中国彩电厂家所应用的相应技术,绝大部分是自己在引进技术的基础上做过一定改进的。按照专利制度,中国厂家在制造、销售彩电，或向美国以外的 RCA 没有专利权的地域出口彩电，并不构成侵权，只是向美国出口时存在销售专利权的问题，而且即使如此，RCA 也应先找我国出口商解决。我国的有关部门最后决定，此事属于企业行为，由每个彩电生产厂家自行与 RCA 协商解决，一直到 1991 年底，此事并无进展。

1992 年 6 月，RCA 向美国贸易委员会提出申诉，该委员会受理了此申诉，美国海关也在同年 6 月应当事人的申请，扣押了一批我国南方几家彩电生产厂家制造并出口到美国的彩电。之后，双方进行了谈判，最终我国南方的许多彩电生产厂家由于向美国出口彩电在其市场份额中所占比例较大，而被迫作出了让步，与 RCA 签订了专利技术许可证协议并向其支付了一定比率的专利使用费。

[法律问题]

美国 337 条款的内容是什么？

[法律分析]

美国 337 条款的主要内容是："如果任何进口行为存在不公平竞争方法或者不公平做法（主要指侵犯美国版权、专利权、商标权和实用新型设计方案等知识产权），可能对美国产业造成抑制，ITC 可以应美国国内企业的申请进行调查。"337 调查的对象为进口产品侵犯美国知识产权的行为以及进口贸易中的其他不公平竞争行为。实践中，涉及侵犯美国知识产权的 337 调查大部分都是针对专利或商标侵权行为，少数调查还涉及版权、工业设计以及集成电路布图设计侵权行为等。其他形式的不公平竞争包括侵犯商业秘密、假冒经营、虚假广告、违反反垄断法等。

美国 337 条款最早起源于美国《1922 年关税法》第 316 节的规定，该节第一次宣布下列行为是非法的：不公平的竞争方法和进口中的不公平做法，在美国的销售效果或趋势破坏或实质损害美国产业富有效率、效益的运营，阻止美国产业的建议，或限制或垄断美国的贸易和商业。后来《1930 年关税法》以第 337 节代之并延续至今。《1988 年综合贸易与竞争法》对第 337 节进行了修订，修订后的 337 条款包括两部分的不公平做法，一种是一般不公平贸易做法，另一种是有关知识产权的不公平做法。

美国的 337 条款调查既可以由厂商向 ITC 提起，也可以由 ITC 自行发动。遭遇 337 调查的企业一旦被裁决侵犯了申请人在美国有效的知识产权，被诉企业将面临驱逐令和制止令。

[相关法律]

《1988 年综合贸易与竞争法》

第 337 节第 2 条第 1 款　国际贸易委员会有权调查任何涉嫌违反本节相关内容的投诉，其亦可自行发动调查。在调查开始前，国际贸易委员会应当在《联邦公报》上发布通知。国际贸易委员会应在该公告发出后最早时间内完成调查，并根据本节相关内容作出决定。为促进迅速裁定，国际贸易委员会应给其最终裁定限定时间，自调查开始之日起，不得超过45日。

第四节 知识产权的国际保护

一、《保护工业产权巴黎公约》

案例十二：　　　　　　专利优先权

[案情简介]

甲国（《保护工业产权巴黎公约》的缔约国）A公司于2000年5月15日向中国专利局提交了一份某新型产品的发明专利申请，该发明已于2000年2月15日以相同主题的内容向甲国提出专利申请，并在向中国专利局提交该专利申请的同时，提交了要求优先权的书面声明，2000年7月15日，该公司又向中国专利局提交第一次在甲国提出的专利申请文件的副本。同年4月，中国某研究所也成功研制出与甲国A公司相同类型的产品，而且技术相同。同年8月22日，该研究所以与A公司相同主题的内容作为发明专利，向中国专利局提交专利申请。

[法律问题]

中国专利局应把这项专利权授予谁？

[法律分析]

中国专利局应当把该项发明专利授予甲国A公司，因为A公司享有优先权。《保护工业产权巴黎公约》第4条A款第（1）项规定：已经在本联盟的一个国家正式提出专利，或实用新型注册，或外观设计注册，或商标注册的申请的任何人，或其权利继受人，为了在本联盟其他国家提出申请，在以下规定的期间内应享有优先权。第4条B款规定：在上述期间届满前，在本联盟的任何其他国家后来提出的任何申请不应由于在这期间完成的任何行为，特别是另外一项申请的提出，发明的公布或利用、外观设计复制品的提供出售，或商标的使用而成为无效，而且这些行为不能产生任何第三人的权利或个人占有的任何权利。第4条C款第（1）项规定：上述优先权的期间，对于专利和实用新型应为12个月，对于外观设计和商标应为6个月。

因为甲国和中国同为巴黎公约的成员国，根据巴黎公约上述优先权原则的规定,该 A 公司自 2000 年 2 月 15 日在甲国提出专利申请时即享有优先权。因而其向中国专利局提出申请的申请日应为优先权日,而这早于中国某大学研究所提出专利申请的申请日 2000 年 8 月 22 日,根据申请优先的原则,该项专利应授予 A 公司。

[相关法律]

《保护工业产权巴黎公约》

第 4 条

A 款第(1)项 已经在本联盟的一个国家正式提出专利,或实用新型注册,或外观设计注册,或商标注册的申请的任何人,或其权利继受人,为了在本联盟其他国家提出申请,在以下规定的期间内应享有优先权。

B 款 在上述期间届满前,在本联盟的任何其他国家后来提出的任何申请不应由于在这期间完成的任何行为,特别是另外一项申请的提出,发明的公布或利用、外观设计复制品的提供出售,或商标的使用而成为无效,而且这些行为不能产生任何第三人的权利或个人占有的任何权利。

C 款第(1)项 上述优先权的期间,对于专利和实用新型应为 12 个月,对于外观设计和商标应为 6 个月。

案例十三: 商标优先权

[案情简介]

2002 年 5 月 10 日某省某乡镇华同玩具厂在 25 类玩具上申请"小熊"商标作为注册商标,商标局经初步审定,予以公告,刊登在 5 月份的《商标公告》上。7 月 20 日,B 国小熊公司委托我国的商标代理机构向商标局提出了"小熊"("LITTLE BEAR")的商标注册申请,请求核定使用的商品也为 25 类玩具。商标局经审查,认为其申请商标与华同玩具厂申请的并经初步审定并予以公告的商标相同,且又都用于玩具上,不符合商标法的规定。据此,商标局裁定,驳回小熊公司的注册申请。

小熊公司在收到商标局的《驳回注册申请通知》后,表示不服,委托原来的商标代理机构向商标评审委员会提出复审的申请,其理由是:"小熊"("LITTLE BEAR")商标是我公司服装上使用的商标,我公司于 2002 年 3 月 10 日就向 B 国的商标注册机构提出了"LITTLE BEAR"商标的注册申请。为了拓展海外业务,将商品打入中国,我公司决定同时也在中国大陆申请商标注册,我公司向中国提出申请的日期虽然晚于贵国华同玩具厂提出商标注册申请的日期,但是 B 国和中国都是《保护工业产权巴黎公约》的成员国,据该公约的有关规定，我公司在申请日上是享有优先权的，即贵国商标局应把我公司在 B 国申请商标注册的日期作为在贵国申请注册的日期，即为 2002 年 3 月 10 日。该日期是早于贵国华同玩具厂的申请日期 5 月 10 日的，所以获准注册的商标应是我公司申请的商标。请求商标评审委员会撤销商标局作出的对华同玩具厂的商标注册申请初步审定的决定，核准我公司的商标注册申请。

[法律问题]

我国评审委员会是否应核准 B 国小熊公司的"小熊"商标注册？

[法律分析]

我国商标评审委员会应核准。《保护工业产权巴黎公约》第 4 条 A 款第（1）项规定：已经在本联盟的一个国家正式提出专利，或实用新型注册，或外观设计注册，或商标注册的申请的任何人，或其权利继受人，为了在本联盟其他国家提出申请，在以下规定的期间内应享有优先权。第 4 条 B 款规定：在上述期间届满前，在本联盟的任何其他国家后来提出的任何申请不应由于在这期间完成的任何行为，特别是另外一项申请的提出，发明的公布或利用、外观设计复制品的提供出售，或商标的使用而成为无效，而且这些行为不能产生任何第三人的权利或个人占有的任何权利。第 4 条 C 款第（1）项规定：上述优先权的期间，对于专利和实用新型应为 12 个月，对于外观设计和商标应为 6 个月。

我国和 B 国均是《保护工业产权巴黎公约》的成员国，因此，在涉及两国工业产权方面的法律问题时，我国有义务根据该条约履行一定的国际义务。该公约第 4 条规定的在申请日方面相互给予的优先权应该得到我国的承认和尊重。小熊公司在 6 个月之内向我国提出商标注册申请，在 B 国的申请日应视为优先权日，是早于华同玩具厂的申请日的。因此，小熊公司的注册申请应优先保护。

[相关法律]

《保护工业产权巴黎公约》

第 4 条

A 款第（1）项　已经在本联盟的一个国家正式提出专利，或实用新型注册，或外观设计注册，或商标注册的申请的任何人，或其权利继受人，为了在本联盟其他国家提出申请，在以下规定的期间内应享有优先权。

B 款　在上述期间届满前，在本联盟的任何其他国家后来提出的任何申请不应由于在这期间完成的任何行为，特别是另外一项申请的提出，发明的公布或利用、外观设计复制品的提供出售，或商标的使用而成为无效，而且这些行为不能产生任何第三人的权利或个人占有的任何权利。

C 款第（1）项　上述优先权的期间，对于专利和实用新型应为 12 个月，对于外观设计和商标应为 6 个月。

案例十四： 专利权、商标权独立性原则

[案情简介]

2001年5月5日，A国烟草公司委托中国国际贸易促进委员会代为办理其"FLUE-CURED TYPE"商标在中国的注册事宜。该商标由文字和图形共同组成，其中，文字为"FLUE-CURED TYPE"，图形则为一团火和横在其上的一根细木。商标局申请后，以该商标有叙述本商品性能等特点，缺乏显著性为由驳回注册申请。

不久，A国烟草公司委托贸促会向商标评审委员会请求复审，申请复审的主要理由是："FLUE-CURED TYPE"文字和图形商标是A国烟草公司用于烟草制品及烟具的商标，历史悠久，驰名世界，已在美国和世界许多国家获得注册，为公众所认可，获得了第二含义。中国和A国同为《保护工业产权巴黎公约》的成员国，该商标既然能在A国注册，那么也就能在中国获得注册。2002年9月5日，我国商标评审委员会经复审，再次驳回A国烟草公司上述商标的注册申请。

[法律问题]

我国商标局和商标评审委员会驳回商标注册申请的决定是否违反《保护工业产权巴黎公约》的有关规定？

[法律分析]

我国商标局和商标评审委员会驳回商标注册申请的决定没有违反《保护工业产权巴黎公约》的有关规定，符合《保护工业产权巴黎公约》的商标独立性原则。《巴黎公约》第6条规定："商标的申请和注册条件，在本联盟各国由其本国法律决定。但对本联盟国家的国民在本联盟任何国家提出的商标注册申请，不得以未在原属国申请、注册或续展为理由而予以拒绝，也不得使注册无效。在本联盟一个国家正式注册的商标，与在本联盟其他国家注册的商标，包括在原属国注册的商标在内，应认为是相互独立的。"我国商标局和商标评审委员会根据我国商标法的规定驳回A国烟草公司的商标注册申请，符合《保护工业产权巴黎公约》的上述规定。

[相关法律]

《保护工业产权巴黎公约》

第6条 商标的申请和注册条件，在本联盟各国由其本国法律决定。但对本联盟国家的国民在本联盟任何国家提出的商标注册申请，不得以未在原属国申请、注册或续展为理由而予以拒绝，也不得使注册无效。在本联盟一个国家正式注册的商标,与在本联盟其他国家注册的商标,包括在原属国注册的商标在内,应认为是相互独立的。

二、《商标国际注册马德里协定》

案例十五: 商标的国际注册

[案情简介]

我国某服装有限公司以加工童装闻名,其生产的产品在国内销路很好,拥有的"欢欢"牌文字和图形商标在国内已有较高的知名度。为打开国际市场,让自己的产品走出国门,公司领导决定除进一步提高服装质量,在国外大力宣传和积极促销外,还要在美国、日本、英国、土耳其等十几个国家申请"欢欢"牌文字和图形商标的注册专用权。为此,他们特地委托某商标事务所代为办理各国商标注册事宜。考虑到我国和公司拟申请商标注册的绝大多数国家都是《商标国际注册马德里协定》的成员国,因此,该事务所决定通过国际注册的方式在各有关国家取得商标专用权,然后对那些不属于《商标国际注册马德里协定》成员国的其他国家,再逐一取得注册。

[法律问题]

如何通过国际注册使"欢欢"商标在各有关国家获得注册?

[法律分析]

根据我国1989年加入的《商标国际注册马德里协定》的规定,国际注册的程序如下:首先,在中国商标局获得"欢欢"的正式注册,然后再向中国商标局提出国际注册的申请,同时说明商标核准使用的商品种类以及指定国范围,缴纳有关费用;其次,中国商标局审查核实,确认国际申请案中的商标与国内正式注册的商标完全一致,在接到国际注册申请的2个月内,向知识产权组织国际局转交该申请;再次,知识产权国际局经过形式审查,申请案符合马德里协定及其实施细则的规定,国际局应立即对该商标予以国际注册(国际注册的日期为中国商标局收到国际注册申请的日期),并通知有关指定国;最后,指定国在1年以内注册或驳回(驳回理由必须符合《保护工业产权巴黎公约》第6条第5款的规定),1年内不答复的视同注册。

如果在取得国际注册以后的3年内,我国商标局宣告"欢欢"商标的国家注册无效,其根据国际注册在指定国得到的保护,也同时无效。但通过逐一国家申请获得的注册,其效力不受影响。

[相关法律]

《商标国际注册马德里协定》

第1条第2款 各缔约国的国民,可通过其原属国主管机关,向成立世界知识产权组织(以下称"本组织")公约所指的知识产权国际局(以下称"国际局")申请商标注册,以在其他一切本协定成员国取得对其已在原属国注册用于商品或服务的商标的保护。

第3条第1款 国际注册申请应当按细则所规定的格式提出;商标原属国的主管机关应证明该申请的内容与国家注册簿中的内容相符,并注明该商标在原属国的申请、注册日期和号码以及国际注册的申请日期。

第3条第2款 申请人应指明申请保护的商标所使用的商品或服务,如果可能,还应根据商标注册用商品和服务国际分类尼斯协定制定的分类表,指明相应的类别。申请人未指明类别的,国际局应将有关商品或服务划分到该分类的相应类别。申请人指定的类别须经国际局会同该国家主管机关审查。国家主管机关和国际局意见有分歧的,以国际局的意见为准。

第15条第5款 截止退约生效之日为止所注册的国际商标,如在第5条所规定的1年期限内未被驳回,应在国际保护期内视同该退约国直接注册的商标,继续享有同等的保护。

三、《保护文学艺术作品伯尔尼公约》

案例十六: 《保护文学艺术作品伯尔尼公约》作品来源国案

[案情简介]

R国作家亚细亚用俄文创作了一部小说《再见春天》,他授权瑞士人威廉代他行使该小说在R国之外的一切版权。1971年6月,该小说的俄文版首次在法国由ABC公司出版。不料一位名叫弗兰西斯的英国人于1971年6月前就获得了一本打字本的俄文(1941年8月)稿,并于1971年12月全部译成英文,准备抢先在英国出版。

威廉得知这一消息后,向英国高等法院起诉,要求法院对弗兰西斯下达禁令,因为弗兰西斯的译本一旦出版即构成对其独占翻译出版权的侵犯。而弗兰西斯则认为,小说《再见春天》的作者是R国人,其在法国出版前,已以打印稿的形式在R国知识界"内部发行"过,因此,其首次出版国也是R国。由于R国尚未参加任何版权国际公约,因此,该书在英国不享有任何版权,谁都可以自由翻译出版它。所以,他的行为是合法的。

1972年,英国高等法院判决:《再见春天》一书的俄文原作在英国享有版权；对弗兰西斯下达禁令。弗兰西斯未就判决提出上诉。

[法律问题]

根据《保护文学艺术作品伯尔尼公约》的规定，《再见春天》的俄文稿首次出版国在哪里？其在英国是否享有版权？

[法律分析]

根据《保护文学艺术作品伯尔尼公约》的规定，作品来源国的确定适用有先后顺序的三个标准：首次出版地标准、作者国籍国标准、作者惯常居住地标准。因此，《再见春天》的俄文稿首次出版国在法国。

根据英国1956年的《版权法》第49条对"出版"的解释，只有复制品制成一定数量，能满足公众的合理需要时才构成出版。因此，某国国内仅作为"内部发行"而打印的《再见春天》一书，不构成英国法律意义上的出版。所以，该书的首次出版国为法国。由于本案发生时，英国和法国均为《伯尔尼公约》和《世界版权公约》的成员国，因此该书在英国享有版权。

[相关法律]

《保护文学艺术作品伯尔尼公约》

第5条第4款．作品的来源国指：①对于首次在本同盟某一成员国出版的作品，以该国家为来源国；对于在分别给予不同的保护期的向几个本同盟成员国同时出版的作品，以立法给予最短保护期的国家为来源国；②对于同时自在非本同盟成员国和本同盟成员国出版的作品，以后者为来源；③对于未出版的作品或首次在非本同盟成员国出版而未同时在本同盟成员国出版的作品，以作者为其国民的本同盟成员国为来源国，然而：①对于制片人总部或惯常居所在本同盟一成员国内的电影作品，以该国为来源国。②对于建造在本同盟一成员国内的建筑作品或构成本同盟某一成员国建筑物一部分的平面和立体艺术作品，以该国为来源国。

四、《与贸易有关的知识产权协定》(《TRIPs协定》)

参见第七章世界贸易组织法相关案例。

本章主要参考文献

1. 汤树梅主编：《国际经济法案例分析》，中国人民大学出版社2000年版。
2. 张丽英主编：《国际经济法教学案例》，法律出版社2004年版。
3. 肖伟主编：《国际经济法学案例教程》，知识产权出版社2003年版。
4. 翁国民主编：《国际经济法案例》，中国人民大学出版社2004年版。
5. 韩立余主编：《国际贸易法案例分析》，中国人民大学出版社2009年版。

6. 韦经建、王彦志主编：《国际经济法案例教程》，科学出版社2011年版。

本章主要拓展阅读资料

1. 郑成思：《知识产权与国际贸易》，人民出版社1995年版。
2. 王传丽：《国际技术贸易法》，中国政法大学出版社2004年版。
3. 李强、杨帆：《国际技术贸易法》，中国人民公安大学出版社2003年版。
4. 郑成思：《知识产权法：新世纪初的若干研究重点》，法律出版社2004年版。
5. 王源扩："试论与知识产权有关的反竞争行为及其法律控制"，载《政法论坛》1996年第4期。
6. 刘亚军、陈焘："国际技术许可中限制性行为法律规制的现实与挑战"，载《当代法学》2014年第5期。
7. 古祖雪："论国际技术贸易中的知识产权限制"，载《当代法学》2005年第2期。
8. 陈丽苹："论专利权滥用行为的法律规制"，载《法学论坛》2005年第2期。
9. 吴汉东："知识产权国际保护制度的变革与发展"，载《法学研究》2005年第3期。
10. 王先林、潘志成："反垄断执法与知识产权保护之间的平衡——美国《反托拉斯执法与知识产权：促进创新和竞争》报告述评"，载《知识产权》2007年第6期。
11. 陈福利："知识产权国际强保护的最新发展——《跨太平洋伙伴关系协定》知识产权主要内容及几点思考"，载《知识产权》2011年第6期。

第五章

国际服务贸易法

本章主要内容包括国际服务贸易的类型、GATS 的主要内容：一般义务、市场准入承诺、国民待遇义务等。本章第二节是中国不作为当事人的案例，中国作为当事人的案例参见第七章第一节。

第一节 国际服务贸易法概述

案例一： 中外合作办学

[案情简介]

2010 年新学期伊始，小张作为一名本科新生，来到上海交通大学交大密西根联合学院报到，开始他的四年大学生涯。据教育部资料公布，上海交通大学交大密西根联合学院系上海交通大学与美国密西根大学联合举办的中外合作办学机构，性质属于非法人机构，有法定代表人，办学层次包括本科和研究生教育，招生起止年份为 2001 年~2011 年，每年 1 期。

[法律问题]

美国密西根大学与上海交通大学在中国境内举办中外合作办学机构的法律依据是什么？

[法律分析]

美国密西根大学能进入中国与上海交通大学举办中外合作办学机构，是因为中国在 WTO 服务贸易谈判中已经作出了关于高等教育服务市场准入的承诺。但中国目前的承诺仅限于境外资本以中外合作办学形式进入中国高等教育市场，并且国务院已经根据承诺制定了《中外合作办学条例》。根据《中外合作办学条例》，申请设立中外合作办学机构的教育机构应当具有法人资格，外国教育机构同中国实施学历教育的高等学校设立的实施高等教育的中外合作办学机构，可以不具有法人资格。

[相关法律]

《中华人民共和国服务贸易具体承诺减让表》

高等教育服务 CPC（《产品总分类》）923

市场准入限制：

①不作承诺；②没有限制；③将允许中外合作办学，外方可获得多数拥有权；④除水平承诺中内容和下列内容外，不作承诺：外国个人教育服务提供者受中国学校和其他教育机构邀请或雇佣，可入境提供教育服务。

国民待遇限制：

①不作承诺；②没有限制；③不作承诺；④资格如下：具有学士或以上学位；且具有相应的专业职称或证书；具有2年专业工作经验。

承诺表如下：

部门或分部门	市场准入限制	国民待遇限制	其他承诺
5. 教育服务			
（不包括特殊教育服务，如军事、警察、政治和党校教育） A. 初等教育服务 （CPC 921，不包括 CPC 92190 中的国家义务教育） B. 中等教育服务 （CPC 922，不包括 CPC 92210 中的国家义务教育） C. 高等教育服务 （CPC 923） D. 成人教育服务 （CPC 924） E. 其他教育服务 （CPC 929，包括英语语言培训）	（1）不作承诺； （2）没有限制； （3）将允许中外合作办学，外方可获得多数拥有权； （4）除水平承诺中内容和下列内容外，不作承诺： 外国个人教育服务提供者受中国学校和其他教育机构邀请或雇佣，可入境提供教育服务。	（1）不作承诺； （2）没有限制； （3）不作承诺； （4）资格如下：具有学士或以上学位，且具有相应的专业职称或证书，具有2年专业工作经验。	

《中外合作办学条例》

第9条 申请设立中外合作办学机构的教育机构应当具有法人资格。

第11条 中外合作办学机构应当具备《中华人民共和国教育法》、《中华人民共和国职业教育法》、《中华人民共和国高等教育法》等法律和有关行政法规规定的基本条件,并具有法人资格。但是,外国教育机构同中国实施学历教育的高等学校设立的实施高等教育的中外合作办学机构,可以不具有法人资格。设立中外合作办学机构,参照国家举办的同级同类教育机构的设置标准执行。

第二节 服务贸易总协定

案例二: 加拿大的广播电视政策与服务贸易中的市场准入和国民待遇争议

[案情简介]

加拿大《广播法》规定了加拿大的广播电视政策,其目标是保障和加强加拿大文化、政治、社会和经济结构。依据该法,加拿大广播电视电讯委员会负责其实施。根据该委员会的政策,如果经许可的加拿大广播电视服务机构面临着被授权的非加拿大服务机构的竞争,经过加拿大服务机构的请求,委员会可以停止非加拿大服务机构的服务。1994年,当委员会许可一家新的加拿大专门节目频道"新乡村网线"开播后,立即停止了美国一家音乐有线服务频道(乡村音乐电视)的播放。同年,委员会发出一项歧视美国向加拿大消费者提供接播到家庭的卫星的特许批准程序,而加拿大本国的类似服务提供者却不需履行此种程序。在此情况下,加拿大广播电视委员会的决定构成了对美国数字图像传检技术、用于过境交换的卫星利用以及相关投资的障碍。

[法律问题]

1. 本案中涉及的服务属于哪一种类型?
2. 加拿大《广播法》的规定以及加拿大广播电视电讯委员会的措施是否违反《服务贸易总协定》(GATS)的规定?

[法律分析]

1. 由于美国与加拿大毗邻,美国的有线电视服务可以在美国境内向加拿大提供,也可以在加拿大境内设立机构提供,如属前者,这种服务形式是过境交付,如属后者是商业存在。

2. 加拿大给予美国电视广播服务及服务提供者的待遇低于其给予本国服务

提供者的待遇，不符合国民待遇要求，但是《服务贸易总协定》（英文简称GATS，下称GATS）的国民待遇原则是具体承诺的义务，各成员只是按其在服务贸易国家具体承诺表中承诺的范围、条件和限制承担国民待遇义务，对未作承诺的领域不承担义务。加拿大政府在参加北美自由贸易区时已经对包括广播电视服务在内的所有文化业作出保留，在 WTO 服务贸易具体承诺中也作出同样保留，所以，本案中加拿大的做法并不违反其根据 GATS 应承担的义务。

关于特许批准程序，加拿大本国类似的服务提供者不需要履行特许批准程序，这是加拿大对美国服务提供者市场准入的限制，表明加拿大在外国此类服务提供者进入本国市场时给予其低于本国国民的待遇，但是 GATS 市场准入与国民待遇义务一样都是具体承诺的义务，如果加拿大在国家具体承诺表中没有就此类服务提供者进入本国市场作出任何承诺，则加拿大没有义务允许外国卫星广播服务提供者进入其市场。如果加拿大虽然允许外国卫星广播服务提供者进入其境内营业，但是在 GATS 国家具体承诺表中列明需要履行特许审批程序，则加拿大对美国服务提供者的特许审批也无可非议，与其应承担的 GATS 的义务不相抵触。

但是，若加拿大上述歧视性做法仅仅是针对美国的，即对美国服务提供者的待遇比给予其他国家类似的服务提供者的待遇较低，加拿大的做法则违反 GATS 第 2 条最惠国待遇原则。

[相关法律]

《服务贸易总协定》（GATS）

第 1 条　范围和定义

1. 本协定适用于各成员影响服务贸易的措施；

2. 为本协定之目的，服务贸易定义为：

（a）从一成员境内向任何其他成员境内提供服务；

（b）在一成员境内向任何其他成员的服务消费者提供服务；

（c）一成员的服务提供者在任何其他成员境内以商业存在提供服务；

（d）一成员的服务提供者在任何其他成员境内以自然人存在提供服务。

第 2 条　最惠国待遇

1. 在本协定项下的任何措施方面，各成员应立即和无条件地给予任何其他成员的服务和服务提供者以不低于其给予任何其他国家相同的服务和服务提供者的待遇。

2. 一成员可以维持与第 1 款不一致的措施，只要该措施已列入第 2 条豁免附件并符合该附件的条件。

3. 本协定的规定不得解释为阻止任何成员赋予或给予其毗邻国家优惠，以便利在毗邻的边境地区进行当地生产和消费服务的交换。

第16条 市场准入

1. 在第1条所确定的服务提供方式的市场准入方面,每个成员给予其他任何成员的服务和服务提供者的待遇,不得低于其承诺表中所同意和明确的规定、限制和条件。

2. 在承担市场准入承诺的部门中,一成员除非在其承诺表中明确规定,否则既不得在某一区域内,也不得在其全境内维持或采取以下措施:

（a）限制服务提供者的数量,不论是以数量配额、垄断、专营服务提供者的方式,还是以要求经济需求测试的方式；

（b）以数量配额或要求经济需求测试的方式,限制服务交易或资产的总金额；

（c）以配额或要求经济需求测试的方式,限制服务业务的总量；

（d）以数量配额或要求经济需求测试的方式,限制某一特定服务部门可雇佣的或一服务提供者可雇佣的、对一具体服务的提供所必需或直接有关的自然人的总数；

（e）限制或要求一服务提供者通过特定类型的法律实体或合营企业提供服务的措施；

（f）通过对外国持股的最高比例或单个或总体外国投资总额的限制来限制外国资本的参与。

第17条 国民待遇

1. 在列入其承诺表的部门中,在遵照其中所列条件和资格的前提下,每个成员在所有影响服务提供的措施方面,给予任何其他成员的服务和服务提供者的待遇不得低于其给予本国相同服务和服务提供者的待遇。

2. 一成员给予其他任何成员的服务或服务提供者的待遇,与给予本国相同服务或服务提供者的待遇不论在形式上相同或形式上不同,都可满足第1款的要求。

3. 形式上相同或形式上不同的待遇,如果改变了竞争条件从而使该成员的服务或服务提供者与任何其他成员的相同服务或服务提供者相比处于有利地位,这种待遇应被认为是较低的待遇。

案例三：　　　　　　　　美国博彩案

[案情简介]

近年来,美国政府一方面敦促有关国家强化对赌博产业的管理力度,另一方面加大了对境外网络赌博公司的打击力度。根据美国1961年颁布的《有线通讯法》，美国司法部将通过互联网对体育事件或比赛下注的赌博商业活动视为非法活动。网络赌博公司由于在美国受到严格管制进而转移到扶持网络赌博的国家（如安提瓜）重新开张。美国虽然在国内封杀了网络赌博，但不能阻止网络赌博公司在其他国家注册并架设服务器，源源不断地向网上赌博网民提供赌博服务。因此，2003年，美国众议院通过了《禁止非法网络赌博交易法》，限制了美国网民使用信用卡和通过银行账户向国外赌博网站支付赌金。该做法使安提瓜一度繁荣的网络赌博服务产业日渐衰落，政府收入锐减。

关于美国在《服务贸易总协定》（英文简称GATS，下称GATS）框架内所作的具体承诺减让表，在编号为10.D的行业下，美国载明了"其他消遣性服务（不包括体育）"并列入了GATS第1条所界定的"跨境提供"、"境外消费"、"商业存在"和"自然人存在"等四种服务贸易提供方式。其中，对于"跨境提供"方式的"市场准入限制"一栏，美国政府承诺"没有限制"。安提瓜主张，美国对网络赌博的打击违反了其在GATS下的具体承诺，违反了GATS第16条市场准入且不符合GATS第14条的例外规定。

[法律问题]

1. 美国是否在GATS框架内对赌博服务作出了具体承诺？
2. 美国是否违反了GATS第16条市场准入的义务？

[法律分析]

1. 专家组和上诉机构一致认为美国在GATS框架内对赌博服务作出了具体承诺。安提瓜认为，美国的具体承诺减让表包括对赌博服务的完全承诺。美国对此否认，认为"不包括体育"的措辞表明赌博不在其承诺范围之内，因为"体育"（sporting）一词的通常含义包括"赌博"。

专家组首先认为，根据GATS第20条之规定，各成员的具体承诺减让表构成GATS的组成部分，因此，对美国减让表的解释与对GATS本身的解释一样，应当适用关于条约解释的习惯规则。专家组根据《维也纳条约法公约》第31条第1款，即"条约应依其用语按其上下文并参照条约之目的及宗旨所具有之通常含义，善意解释"，对"其他消遣性服务（不包括体育）"进行了解释，认为美国的减让表应视为包含了赌博服务。

上诉机构认为，《维也纳条约法公约》第31条所规定的条约解释通则不足以澄清"其他消遣性服务"的含义，无法回答美国承诺表10.D栏的行业下是否包含了开放赌博服务这一承诺。因此，上诉机构求助于《维也纳条约法公约》第32条，得出了与专家组相同的结论，即美国承诺表中"其他消遣性服务（不包括体育）"应理解为排除了体育服务，但包括赌博服务。因此，上诉机构也认为美国对于开放赌博服务作出了承诺。

2. 专家组与上诉机构一致认为美国违反了 GATS 第 16 条市场准入的义务。安提瓜主张,美国禁止跨境提供网络赌博服务的措施属于 GATS 第 16 条第 1 款和第 2 款 (a)、(c) 项下的数量限制,违反了其在减让表 10.D 中的市场准入承诺。

专家组首先对 GATS 第 16 条第 1 款和第 2 款 (a)、(c) 项作了解释,认为第 16 条第 1 款的含义是,对于市场准入,成员不得提供低于其在减让表中承诺的待遇;成员受其在减让表市场准入一栏中"条款、限制、条件"的限制。第 16 条第 2 款的含义是,如果一成员不以"专门列明"的方式对某个特定服务部门或服务提供模式作出保留,那么其不应采取该款所列的 6 种限制措施;该款 (a) 项的含义是,对一种、几种或所有跨境提供方式的禁止是属于该款 (a) 项意义上的以数量配额方式对服务提供者的数量限制,因为其完全阻止了服务提供者使用跨境服务提供中的一种、几种或全部提供方式;该款 (c) 项的含义是,以指定的数字单位形式、以配额形式,或以经济需要测试要求的形式对服务提供者的数量限制是对该款 (c) 项所指的限制措施。

就美国针对"跨境提供"方式承诺"没有限制"而言,这意味着其他 WTO 成员的服务提供者有权以各种方式从其本国向美国境内提供某一服务,包括以邮件、电话、因特网等方式。美国的《有线电视法》、《旅游法》、《非法赌博交易法》三项联邦法律,实质是以"零配额"形式限制了服务提供者的数量或服务业总数和服务产出总量,从而违反了 GATS 第 16 条第 1 款和第 2 款 (a)、(c) 项。

[相关法律]

《服务贸易总协定》

第 14 条 一般例外

1. 只要这类措施的实施不在情况相同的国家间构成武断的,或不公正的歧视,或不构成对服务贸易的变相限制,则本协定的规定不得解释为阻止任何成员采用或实施以下措施:

(1) 为保护公共道德或维护公共秩序而必需的。

(2) 为保护人类、动物或植物的生命或健康而必需的。

(3) 为确保服从与本协定规定不相抵触的包括与下述有关的法律和法规所必需的。

(a) 防止欺诈和欺骗行为的或处理服务合同违约情事的;

(b) 保护与个人资料的处理和传播有关的个人隐私以及保护个人记录和账户秘密的;

(c) 安全问题。

(4) 与第17条不一致的,只要待遇差别是为了保证对其他成员的服务或服务提供者平等和有效地课征或收取直接税。

(5) 与第2条不一致的,只要这种待遇差别是源于避免双重征税协议或该成员受其约束的任何其他避免双重征税的国际协议或安排的规定。

第16条 市场准入

1. 在第1条所确定的服务提供方式的市场准入方面,每个成员给予其他任何成员的服务和服务提供者的待遇,不得低于其承诺表中所同意和明确的规定、限制和条件。

2. 在承担市场准入承诺的部门中,一成员除非在其承诺表中明确规定,否则既不得在某一区域内,也不得在其全境内维持或采取以下措施:

(a) 限制服务提供者的数量,不论是以数量配额、垄断、专营服务提供者的方式,还是以要求经济需求测试的方式;

(b) 以数量配额或要求经济需求测试的方式,限制服务交易或资产的总金额;

(c) 以配额或要求经济需求测试的方式,限制服务业务的总量;

(d) 以数量配额或要求经济需求测试的方式,限制某一特定服务部门可雇佣的或一服务提供者可雇佣的、对一具体服务的提供所必需或直接有关的自然人的总数;

(e) 限制或要求一服务提供者通过特定类型的法律实体或合营企业提供服务的措施;

(f) 通过对外国持股的最高比例或单个或总体外国投资总额的限制来限制外国资本的参与。

第20条 具体承诺表

1. 每个成员都应在承诺表中列明其根据本协定第三部分而承担的具体承诺。在承担该承诺的部门,每个成员应明确列出:

(a) 市场准入的规定、限制和条件;

(b) 国民待遇的条件和资格;

(c) 有关附加承诺的义务;

(d) 适当情况下,实施这类承诺的时间表;

(e) 这类承诺的生效日期。

2. 与第16条和第17条都不符的措施,应列入与第16条有关的栏目中。在这种情况下,列入的内容也将被视为对第17条规定了一项条件或资格。

3. 具体承诺表应作为本协定的附件,并应作为本协定的整体组成部分。

案例四：　　　　美国等五国诉欧共体香蕉进口体制案

[案情简介]

美国等五国诉欧盟香蕉案，是WTO自1995年初成立以来最引人瞩目的"十年贸易大案"，所涉实体法与程序法问题之广之深，所耗时间之久，所涉国家之多，有关专家小组和上诉机构报告篇幅之长，堪称史无前例。

1993年，欧洲共同体理事会403/93规章建立了香蕉共同市场组织，取代各个成员各自不同的香蕉进口体制。随后欧洲共同体立法、规章和行政管理措施进一步实施、补充和修改这一体制。该规章由5编组成。其中第四编管制与第三国的贸易，建立了三类香蕉进口：第一类是从12个作为传统供应者的非洲、加勒比海和太平洋地区发展中国家的传统进口——传统非洲、加勒比海和太平洋地区发展中国家香蕉；第二类是传统非洲、加勒比海和太平洋地区发展中国家超过传统供应数量的非传统进口和从非传统供应者的非洲、加勒比海和太平洋地区发展中国家的进口——非传统非洲、加勒比海和太平洋地区发展中国家香蕉；第三类是从第三国（非洲、加勒比海和太平洋地区发展中国家之外的国家）的进口——第三国香蕉。欧洲共同体对不同种类的香蕉进口适用不同的关税政策。第一类规定进口总量，在该数量内进口免税，该数量不受欧洲共同体减让表的约束；第二类规定一定数量的免税，在配额外限定关税每吨693ECU；第三类按欧洲共同体减让表规定限量限税，每吨75ECU，配额外限定关税每吨793ECU。第二类和第三类进口要受关税配额的限制，该关税配额数量在欧洲共同体乌拉圭回合减让表中是具有约束性的。

1995年10月4日，美国、危地马拉、洪都拉斯、墨西哥通知DSB，要求与欧盟协商，理由是：欧盟理事会关于香蕉共同市场组织的第404/93条例及其后的欧盟立法、条例和行政措施（包括为实施《香蕉框架协定》各条款而采取的那些措施）所建立的香蕉进口、销售、分销体制（下称"欧共体香蕉进口体制"），违反了1994年《关贸总协定》（第1、2、3、10、11、13条）、《进口许可程序协定》（第1、3条）、《农业协定》、《与贸易有关的投资措施协定》（第2条）和《服务贸易总协定》（GATS）（第2、16、17条），使它们依据WTO上述各该协定所享受的权益受到损害或丧失。厄瓜多尔在1996年1月21日成为WTO成员后，也于同年2月5日向WTO争端解决机构通知其要求与欧盟就该问题协商。3月14、15日，磋商失败。4月11日，上述5个投诉方向WTO争端解决机构要求设立专家小组。5月8日专家小组成立。1997年5月22日，专家小组发布报告，指出欧盟香蕉进口体制违反有关WTO的协定。1997年6月11日，欧盟不服该专家小组报告并就其中的 19 项裁定向上诉机构提起上诉。9 月 9 日，上诉机构提交报告，基本上维持专家小组报告中的各项裁定。9 月 25 日，DSB 通过专家小组和上诉机构的报告。由于 DSB 对此类案件采取"反向协商一致"的决策方式，尽管欧盟谴责专家小组和上诉机构的报告，但是再不可能像在 1947 年《关贸总协定》那样阻挠专家小组报告的通过。这样一来，专家小组和上诉机构报告中的裁定和结论，在性质上发生了变化，成为对争端各方有法律约束力的 DSB 决定。

1997 年 10 月 24 日，欧盟要求与 5 个投诉方协商以便就执行专家小组报告的"合理期限"达成协议。欧盟主张其"合理执行期限"应为 15 个月零 1 周，但遭到 5 个投诉方反对。11 月 17 日，争端各方根据 DSU 第 21 条第 3 款第 3 项就"合理执行期限"诉诸仲裁。12 月 23 日仲裁庭作出有利于欧盟的裁决："合理执行期限"为 15 个月零 1 周，即从 1997 年 9 月 25 日专家小组和上诉机构报告通过之日到 1999 年 1 月 1 日。这只比 DSU 规定的"合理执行期限"原则上不超过 15 个月多 1 周。这就是说，欧盟必须在 1999 年 1 月 1 日前采取措施使其香蕉进口体制符合有关 WTO 协定的规定。自此，本案进入执行阶段。

1998 年 1 月 14 日，欧盟委员会向欧盟农业部长理事会提交修正香蕉进口体制的建议案。上述 5 个投诉方和巴拿马（1997 年 9 月 6 日成为 WTO 成员）对该修正案不满意。它们认为，该修正案基本上保留了第 409/93 条例不符合 WTO 协定的规定。5~6 月，争端双方进行了多次外交交涉。7 月 20 日，欧盟农业部长理事会通过香蕉进口体制修正条例（第 1637/98 条例）。7 月 28 日，在欧盟理事会正式通过后，该修正条例在《官方公报》上全文公布。第 1637/98 条例不包括新的许可制度，该许可制度将留待以后通过或批准。胜诉方美国和厄瓜多尔对该条例并不满意，认为欧盟的新香蕉进口体制不符合 WTO 规则。

1998 年 12 月 15 日，欧盟根据 DSU 第 21 条第 5 款，要求 DSB 设立专家小组，以解释 DSU 第 21 条第 5 款。12 月 18 日，厄瓜多尔也根据 DSU 第 21 条第 5 款要求设立专家小组，审议欧盟香蕉进口体制修正条例是否符合 WTO 规则。1999 年 1 月 11 日，美国、危地马拉、洪都拉斯、巴拿马向 DSB 主席提交反对欧盟要求的正式信件。1999 年 1 月 12 日，DSB 应厄瓜多尔和欧盟请求根据 DSU 第 21 条第 5 款分别设立专家小组，但是决定由审查欧盟香蕉案的原专家小组分别根据厄瓜多尔和欧盟请求审查欧盟香蕉进口体制修正条件是否符合 WTO 规则的问题。1 月 14 日，美国根据 DSU 第 22 条向 DSB 提出正式申请，要求授权其对欧盟中止价值相当于 5.2 亿的关税减让和其他义务，以报复欧盟因不执行 DSB 裁定而对美国依据 WTO 协定享受的利益所造成的损失。4 月 6 日，应厄瓜多尔和欧盟请求设立的专家小组分别提交了报告，仲裁庭也作出了终局裁决。4 月

19 日，DSB 授权美国对欧盟实行价值为每年 1.91 亿美元的贸易报复。11 月 8 日，厄瓜多尔要求 DSB 授权其对欧盟进行贸易报复，中止其根据《服务贸易总协定》和《与贸易有关的知识产权协定》所承担的总额 4.5 亿美元的关税减让或其他义务。2000 年 3 月 24 日，对厄瓜多尔所要求报复的水平进行仲裁的仲裁报告裁决厄瓜多尔可对欧盟实行价值为每年 2.016 亿美元的贸易报复，涉及 1994 年《关贸总协定》、《服务贸易总协定》和《与贸易有关的知识产权协定》等协定。5 月 6 日，DSB 通过厄瓜多尔要求的专家小报告，而没有通过欧盟要求的专家小组报告。确认专家小组所作出的欧盟执行措施违反 WTO 规定的裁定。5 月 18 日，DSB 授权厄瓜多尔对欧盟实行价值为每年 2.016 亿美元的贸易报复。在 7 月 7 日 DSB 会议上，欧盟声明，在执行 DSB 建议和裁定中，它将继续与有关各方协商合作，并将接受 DSB 的监督，直到问题得到完美的解决。

2001 年 2 月 2 日，欧盟理事会公布了第 216/2001 条例，该条例确立了新香蕉进口体制的基本规则，并将于 2001 年 7 月 1 日生效。该条例规定了下列三种关税配额：A 类配额——220 吨，每吨关税 75 欧元；B 类配额——35.3 吨，每吨关税 75 欧元；C 类配额——85 吨，每吨关税 300 欧元。上述三类配额对任何产地的香蕉开放，非、加、太国家在每吨关税 300 欧元配额内外享受关税优惠待遇。关税配额是向 2006 年统一关税制度过渡的一种临时措施。在统一关税制度可以适用之前，欧盟委员会将根据 1994 年《关贸总协定》第 28 条与主要供应国进行谈判，并向理事会报告谈判结果。

2001 年 4 月 11 日和 30 日，欧盟分别与美国和厄瓜多尔就解决香蕉贸易争端达成最终协议和谅解。根据这些协议与谅解，欧盟在 2006 年统一关税制度建立之前，将以过去贸易为基础分配进口许可证，制定新的进口许可证制度，增加 B 类配额 10 吨，减少 C 类配额 10 吨，C 类配额将排他地保留给 ACP 香蕉出口国（在获得 WTO 根据 1994 年关贸总协定第 13 条给予的豁免的前提下）。美国与厄瓜多尔保证：积极支持欧盟获得所必需的 WTO 授权，一旦完成上述步骤，将明确撤销对欧盟的贸易制裁。欧盟委员会将向部长理事会与欧洲议会提出必要的议案，以便尽可能迅速地充分执行上述协议和谅解。另外，为了使统一关税制度能够按计划在 2006 年 1 月 1 日生效，欧盟必须根据 WTO 规则进行必要的谈判。

[法律问题]

GATS 对本案欧共体香蕉进口体制的适用性，以及欧共体的香蕉进口许可程序是否违反 GATS 关于最惠国待遇和国民待遇的规定？

[法律分析]

本案涉及的法律问题很多，这里主要从服务贸易的角度探讨本案。

本案中，专家组和上诉机构主要从以下四方面分析了 GATS 的适用性问题：

（1）关于 GATS 义务的生效期。《维也纳条约法公约》第 28 条规定：除条约表示不同意思，或另经确定外，关于条约对一当事国生效之日以前所发生之任何行为或事实或已不存在之任何情势，条约之规定不对该当事国发生拘束力。故此，专家组和上诉机构认为，虽然本案中受到法律审查的争议措施是在 GATS 生效前实施的，但在 GATS 生效时和生效后并未被废止，相关措施存续至今并产生相关影响，因而属于专家组的法律审查范围。而 1995 年 1 月 1 日以后不再有效的欧共体第 404/93 条例中的有关措施则不属于专家组职权范围，这并不违反条约不溯及既往原则。

（2）对"影响服务措施"的理解。专家组和上诉机构认为，欧共体香蕉贸易体制中的进口许可制度不仅涉及货物贸易，也涉及服务贸易，因此，应同时根据 GATT 和 GATS 对它进行审查。

（3）对"批发贸易服务"的理解。专家组和上诉机构认为，批发贸易服务应包括对在其境内的香蕉批发贸易服务供应商给予的待遇。

（4）"经销商"是否为香蕉批发贸易服务的服务提供者。专家组的裁定是，经销商就是 GATS 第 1 条第 2 款（c）项意义上的服务提供者，他们提供有关香蕉的批发贸易服务，不管是其本身直接进口香蕉，还是属于从事香蕉批发交易的纵向一体化公司的组成部分。上诉机构认为，即使一个公司采取纵向一体化的形式，并且从事的是与香蕉的生产、进口、分销和加工相关的其他活动，只要它也从事"批发贸易服务"并因此受到欧共体就提供这些批发贸易服务所制定的特定措施的影响，该公司也就属于 GATS 范围内的服务提供者。因此，欧共体香蕉进口许可体制中的经销商属于批发贸易服务提供者。

[相关法律]

《服务贸易总协定》

第 1 条　范围与定义

1. 本协定适用于各成员影响服务贸易的措施；
2. 为本协定之目的，服务贸易定义为：
（a）从一成员境内向任何其他成员境内提供服务；
（b）在一成员境内向任何其他成员的服务消费者提供服务；
（c）一成员的服务提供者在任何其他成员境内以商业存在提供服务；
（d）一成员的服务提供者在任何其他成员境内以自然人存在提供服务。

第 28 条　定义

为本协定之目的：

（1）"措施"是指一成员的任何措施，不论是以法律、法规、规章、程序、决定、行政行为的形式，或任何其他形式。

(2)"一项服务的提供"包括一项服务的生产、分配、营销、销售和交付。

(3)"各成员影响服务贸易的措施"包括以下方面的措施：

(a) 服务的采购、支付或使用；

(b) 与服务的提供相关联的获得和使用那些成员要求向公众普遍提供的服务；

(c) 一成员的人为在另一成员境内提供服务而存在，包括商业存在；

(4)"商业存在"是指任何形式的商业或专业机构，包括通过：

(a) 组建、获得或维持一个法人；

(b) 创立或维持一分支机构或代表处，以在一成员境内提供服务。

(5) 一服务"部门"是指：

(a) 在一成员的减让表中明确规定的，有关一具体承诺的那项服务的一个或一个以上，或全部的分部门；

(b) 如未规定，则指那项服务部门的全部，包括其所有分部门。

(6)"另一成员的服务"是指：

(a) 从那一其他成员的境内提供的服务，或在海运服务的情况下，由一般依那一其他成员的法律注册，或由通过经营整个或部分船只提供服务的那一其他成员的人提供的服务；

(b) 在通过商业存在或通过自然人存在的情况下，由那一其他成员的服务提供者提供的服务。

(7)"服务提供者"是指提供服务的任何人。

(8)"垄断服务提供者"是指在一成员境内的相关市场上那一成员正式或实际上被授权或确定为那一服务的独家提供者的任何公私性质的。

(9)"服务消费者"是指得到或使用服务的任何人。

(10)"人"是指自然人或者法人。

(11)"另一成员的自然人"是指任何居住在那一其他成员或任何其他成员境内的自然人并根据那一其他成员的法律：

(a) 是那一其他成员的国民；

(b) 在那一其他成员有永久居留权，如果该一成员没有国民的话；依照其在接受或加入WTO协议时所通知的，在影响服务贸易的措施方面给其永久居民的待遇与它给予其国民的待遇实质上相同，只要没有成员有义务给予这些永久居民比那一其他成员给这些永久居民更优惠的待遇。这种通知应包括根据其法律和法规对那些永久居民承担与那一其他成员对其国民承担的同样责任的保证。

(12)"法人"是指根据所适用法律正当组建或以其他方式组织的任何法人

实体，不管是为了盈利或其他目的，也不管是私人所有还是政府所有，包括任何公司、信托、合伙、合营、独家所有或联合所有的形式。

（13）"另一成员的法人"是指这样的法人，它或者：

（a）依照其他成员的法律组建或以其他方式组织，并在那一成员或任何其他成员境内从事实质性业务活动；或者

（b）在通过商业存在提供服务的情况下，由那一成员的自然人拥有或控制；或由（i）项所述的那一其他成员法人所有或控制；

（14）法人：

（a）为一成员的人所"拥有"，如果50%以上的股权为那一成员的人有偿所有；

（b）为一成员的人所"控制"，如果此人有权指定其大部分董事或以其他方式合法地指导其活动；

（c）"附属"于另一人，如果它控制其他人，或被其他人控制；或者它和其他那个人都由同一人所控制。

（15）"直接税"包括对总收入、总资本或对收入或资本构成项目征收的所有税收，包括财产转让收益税、不动产税、遗产和馈赠税、企业支付的工资或薪金税，以及资本增值税。

本章主要参考文献

1. 陈晶莹主编：《国际贸易法案例详解》，对外经济贸易大学出版社2002年版。
2. 张丽英主编：《国际经济法教学案例》，法律出版社2004年版。
3. 肖伟主编：《国际经济法学案例教程》，知识产权出版社2003年版。
4. 王传丽主编：《国际经济法实例点评》，法律出版社2004年版。
5. 翁国民主编：《国际经济法案例》，中国人民大学出版社2004年版。
6. 韩立余主编：《国际贸易法案例分析》，中国人民大学出版社2009年版。
7. 韦经建、王彦志主编：《国际经济法案例教程》，科学出版社2011年版。

本章主要拓展阅读资料

1. 陶凯元：《国际服务贸易法律的多边化与中国对外服务贸易法制》，法律出版社2000年版。
2. 朱兆敏主编：《服务贸易法概论》，西苑出版社2000年版。

3. 李善同、侯永志主编:《加入 WTO 与中国服务贸易》,商务印书馆 2003 年版。

4. 石静霞:《WTO 服务贸易法专论》,法律出版社 2006 年版。

5. 张晓君:《国际服务贸易救济法律制度研究》,厦门大学出版社 2012 年版。

6. 王茜主编:《WTO 服务贸易专题》,法律出版社 2014 年版。

7. 孙南申:"服务贸易总协定之法律分析",载《政治与法律》1994 年第 2 期。

8. 曹建明:"中国服务贸易立法与服务贸易市场开放",载《政治与法律》1997 年第 4 期。

9. 盛杰民:"论 GATS 的最惠国待遇、国民待遇、市场准入原则及我国的对策",载《中外法学》1997 年第 6 期。

10. 张瑞萍:"《服务贸易总协定》基本原则评析",载《当代法学》1998 年第 3 期。

11. 沈木珠:"GATS 与中国服务贸易立法",载《上海社会科学院学术季刊》2001 年第 1 期。

12. 乔生:"GATS 与我国服务贸易的适度开放及立法完善",载《现代法学》2002 年第 4 期。

13. 卢进勇、杨立强:"世贸组织新一轮服务贸易谈判前景与中国应对措施",载《对外经济贸易大学学报》2003 年第 4 期。

14. 曹飞、刘正:"中国发展国际服务贸易的思考与法律完善",载《行政与法》2013 年第 8 期。

第六章

国际电子商务法

电子商务是信息化时代重要的商务模式，其发展经过了从封闭网络至公开网络两个阶段。相较于传统的纸面贸易，电子商务引起了一系列新的法律问题，主要包括书面形式问题，即电子计算机通讯记录是否属于书面形式；电子签字与认证问题、电子数据的证据力问题、电子合同的成立问题、数据电文传输中的法律问题等。本章主要涉及电子商务合同的法律问题。

第一节　电子商务的主要法律问题

案例一：　　　　网络交易平台的审查义务

[案情简介]

2012年2月25日，消费者王某在当当网订购了6盒苦瓜清脂减肥胶囊，共计336元，并于当月27日确认收到上述货物。王某食用其中2盒后发现无任何减肥效果，且生产厂家及批准文号均为伪造，遂向工商部门进行举报。工商部门经调查核实，作出没收当当网152.86元违法所得、罚款3万元的处罚决定。

原告诉请：当当网公司作为当当网的经营主体，违反了《食品安全法》和《合同法》的相关规定，应承担相应的法律责任，要求该公司退还货款并给付10倍赔偿金。

被告答辩：公司不是该案适格被告，涉案商品是由北京当当科文电子商务有限公司进货和负责销售的，而不是当当网公司；当当网在进货时履行了验货的相关注意义务，并要求供货商提供了相关资质证明，因此当当网公司的行为不属于《食品安全法》规定的"销售明知是不符合食品安全标准的食品"，不同意承担10倍货款的赔偿责任。

[法律问题]

当当网是否应当承担赔偿责任?

[法律分析]

当当网对外公示的经营性网站备案信息显示网站所有者是当当网公司,普通消费者对于当当网内部各关联公司之间的详细分工无法判断,在当当网购买的商品存在质量问题时,以网站所有者作为被告提起诉讼并无不妥,当当网公司作为案件被告主体资格适格。当当网公司作为涉案商品销售者,虽然审查了供货商的营业执照、食品卫生许可证、食品流通许可证等材料,但当当网工作人员认可其在进货时未审查生产厂家的资质材料。当当网怠于履行审查义务,销售明知不符合食品安全标准的食品,依法应承担10倍货款的赔偿责任。

[相关法律]

《中华人民共和国食品安全法》

第148条 消费者因不符合食品安全标准的食品受到损害的,可以向经营者要求赔偿损失,也可以向生产者要求赔偿损失。接到消费者赔偿要求的生产经营者,应当实行首负责任制,先行赔付,不得推诿;属于生产者责任的,经营者赔偿后有权向生产者追偿;属于经营者责任的,生产者赔偿后有权向经营者追偿。

生产不符合食品安全标准的食品或者经营明知是不符合食品安全标准的食品,消费者除要求赔偿损失外,还可以向生产者或者经营者要求支付价款10倍或者损失3倍的赔偿金;增加赔偿的金额不足1000元的,为1000元。但是食品的标签、说明书存在不影响食品安全且不会对消费者造成误导的瑕疵除外。

第二节 电子商务的国际立法

案例二:　　　　通过电子邮件签订的合同是否有效?

[案情简介]

本案的当事人为营业地位于美国的A公司和位于中国的B公司。2012年5月,A公司在B公司的网站上看到B公司新推出了一款电动玩具小汽车,设计新颖。同年5月9日,A公司向B公司发出电子邮件,提出拟购买1000个电动玩具小汽车,并欲了解该款电动玩具小汽车的质量等产品信息和价格。第二天,A公司收到B公司的电子邮件回复,该邮件介绍了质量等产品信息,并在邮件中发来了B公司起草的销售合同,合同中包含了产品价格、履行方式等内容。A公司在当天电子邮件回复B公司,同意按照该合同条款订购1000个电动玩具小汽车。5月11日，A公司发现另一家公司同类产品的价格较B公司的产品价格低，遂立即以特快信函通知B公司双方的购买合同待A公司发出书面的确认函后生效。B公司立即传真回复A公司合同已经生效，B公司已经为合同的履行做了准备。之后A公司未再与B公司联系。B公司遂按照合同关于管辖权的约定向某法院提起诉讼。

原告诉请：原被告双方已经通过电子邮件订立了国际货物买卖合同，该合同已经有效成立。合同中约定有关合同的订立适用《国际合同使用电子通信公约》，按照该公约的规定，通过电子邮件往来所订立的合同是有效成立的。被告要求书面确认后合同才能生效的要求不合理。被告应当承担违约责任。

被告答辩：《国际合同使用电子通信公约》虽然经过联合国大会通过，但尚未生效，不能够适用于双方关于合同的订立问题。双方的要约和承诺均以书面形式为之，电子邮件往来不能够有效订立合同。合同既然没有有效成立，被告就无需承担违约责任。

[法律问题]

1. 《国际合同使用电子通信公约》能否适用于本合同？

2. 按照《国际合同使用电子通信公约》，A公司与B公司之间的合同是否成立？

[法律分析]

1. 《国际合同使用电子通信公约》虽经过联合国大会通过，但尚未生效。但在B公司发给A公司的合同中载有适用该公约的条款，A公司电子邮件回复同意该合同，即A公司和B公司同意依据该公约订立其合同，系当事人根据意思自治原则所作的真实的意思表示。双方这一合意的结果使得该公约构成合同的组成部分，该公约能够适用于本案。

2. 《国际合同使用电子通信公约》第8条第1款规定："不得仅以其为电子通信形式为由而否定一项通信或一项合同的有效性或可执行性。"该公约第4条定义条款规定："电子通信"系指当事人以数据电文方式发出的任何通信；"数据电文"系指经由电子手段、电磁手段、光学手段或类似手段生成、发送、接收或储存的信息，这些手段包括但不限于电子数据交换、电子邮件、电报、电传或传真。所以，原被告之间通过电子邮件订立的合同是有效成立的，被告不得以合同是通过电子邮件形式订立的而否定合同的有效性。

[相关法律]

《国际合同使用电子通信公约》

第4条 定义

在本公约中：

(a)"通信"系指当事人在一项合同的订立或履行中需要作出或选择作出的包括要约和对要约的承诺在内的任何陈述、声明、要求、通知或请求;

(b)"电子通信"系指当事人以数据电文方式发出的任何通信;

(c)"数据电文"系指经由电子手段、电磁手段、光学手段或类似手段生成、发送、接收或储存的信息,这些手段包括但不限于电子数据交换、电子邮件、电报、电传或传真;

(d)电子通信的"发端人"系指亲自或由他人所代表已发送或生成可能随后备存的电子通信的当事人,但不包括作为中间人处理该电子通信的当事人;

(e)电子通信的"收件人"系指发端人意图中的接收该电子通信的当事人,但不包括作为中间人处理该电子通信的当事人;

(f)"信息系统"系指生成、发送、接收、储存或用其他方法处理数据电文的系统;

(g)"自动电文系统"系指一种计算机程序或者一种电子或其他自动手段,用以引发一个行动或者全部或部分地对数据电文或执行生成答复,而无须每次在该系统引发行动或生成答复时由人进行复查或干预;

(h)"营业地"系指除利用具体所在地临时提供货物或服务的情况之外当事人保留一处非短暂性营业所以便从事一项经济活动的任何所在地。

第8条 对电子通信的法律承认

1. 不得仅以其为电子通信形式为由而否定一项通信或一项合同的有效性或可执行性。

2. 本公约中的规定概不要求当事人使用或接受电子通信,但可以根据当事人的作为推断其是否同意使用或接受电子通信。

案例三: 通过自动交易系统订立的合同是否有效?

[案情简介]

营业地位于法国的A公司是全球知名的一家旅行箱供应商,营业地位于美国的B公司经营连锁超市。为提高交易效率和降低交易成本,A、B公司均建立了自动交易系统。双方于2009年1月约定当B公司的库存不足时B公司的自动交易系统会自动向A公司发出订单,A公司应及时处理该订单和安排发货。双方约定其合同的订立适用《国际合同使用电子通信公约》。2009年5月11日,B公司的自动交易系统在库存不足时按照前几次的交易价格向A公司自动发出订单。次日,B公司的管理人员也发现了库存不足,但经了解发现A公司的产品市场价格近日有所降低,遂要求这批产品的价格要降低。A公司拒绝调价,B公司则拒绝收货。A 公司遂起诉 B 公司。

原告诉请：原被告之间已经通过自动交易系统订立了有效的合同，原告的信息系统已经处理了该订单并安排了发货，要求被告接收货物、支付价款，并赔偿原告因此所遭受的损失。

被告答辩：本案中的合同系其信息系统自动发出的，未经该公司的复核。作为计算机信息系统，并不具有法律上的人格，也不是公司的机构，不能够代表公司真实的意思，且公司立即由管理人员回复原告新的价格，而该新的价格未得到原告的同意，因而该合同并不成立。

[法律问题]

A 公司与 B 公司之间的合同是否成立？

[法律分析]

A 公司与 B 公司之间的合同成立。本案中的自动交易系统即《国际合同使用电子通信公约》所规定的"自动电文系统"，该系统可根据公司的库存情况自动生成、发送、接收和处理订单，美国《统一电子交易法》将其称为"电子代理人"。从本质上看，"自动电文系统"无法进行独立的意思表示，并不具有独立的权利能力和行为能力，无法赋予其法律上的人格。同时，在实践中"自动电文系统"已经获得了广泛的应用，也确实可以在一定程度上代替人或在无人干预的情况下从事传统上由人来完成的很多工作，应当肯定其在合同订立中的法律效力。实际上，"自动电文系统"仍然是由"人"来设置和控制的，是按照"人"的意志来从事的。

《国际合同使用电子通信公约》第 4 条定义条款规定："自动电文系统是指一种计算机程序或者一种电子或其他自动手段，用以引发一个行动或者全部或部分地对数据电文或执行生成答复，而无须每次在该系统引发行动或生成答复时由人进行复查或干预。"第 12 条规定："通过自动电文系统与自然人之间的交互动作或者通过若干自动电文系统之间的交互动作订立的合同，不得仅仅因为无自然人复查这些系统进行的每一动作或者由此产生的合同而被否认有效性或可执行性。"因而，在本案中，原被告之间已经通过自动电文系统实施了要约和承诺，订立了买卖合同。被告不得仅仅因为无自然人复查这些系统进行的每一动作或者由此产生的合同而否认该合同有效性或可执行性，被告应当接受货物和支付合同价款，并赔偿原告因此所遭受的损失。

[相关法律]

《国际合同使用电子通信公约》

第 4 条 定义

在本公约中：

(a)"通信"系指当事人在一项合同的订立或履行中需要作出或选择作出的包括要约和对要约的承诺在内的任何陈述、声明、要求、通知或请求；

(b)"电子通信"系指当事人以数据电文方式发出的任何通信；

(c)"数据电文"系指经由电子手段、电磁手段、光学手段或类似手段生成、发送、接收或储存的信息，这些手段包括但不限于电子数据交换、电子邮件、电报、电传或传真；

(d)电子通信的"发端人"系指亲自或由他人所代表已发送或生成可能随后备存的电子通信的当事人，但不包括作为中间人处理该电子通信的当事人；

(e)电子通信的"收件人"系指发端人意图中的接收该电子通信的当事人，但不包括作为中间人处理该电子通信的当事人；

(f)"信息系统"系指生成、发送、接收、储存或用其他方法处理数据电文的系统；

(g)"自动电文系统"系指一种计算机程序或者一种电子或其他自动手段，用以引发一个行动或者全部或部分地对数据电文或执行生成答复，而无须每次在该系统引发行动或生成答复时由人进行复查或干预；

(h)"营业地"系指除利用具体所在地临时提供货物或服务的情况之外当事人保留一处非短暂性营业所以便从事一项经济活动的任何所在地。

第12条　自动电文系统在合同订立中的使用

通过自动电文系统与自然人之间的交互动作或者通过若干自动电文系统之间的交互动作订立的合同，不得仅仅因为无自然人复查这些系统进行的每一动作或者由此产生的合同而被否认有效性或可执行性。

案例四：　《UCP500 电子交单附则》（eUCP）的适用

[案情简介]

2009 年 4 月，中国 A 公司与法国 B 公司签订了国际货物买卖合同，合同约定采用信用证方式付款，A 公司依约向开证行申请开立了信用证。该信用证允许受益人在交单时选择纸质单据或电子记录，如采用电子交单，所提交的电子记录采用 word 格式。该信用证载明受 eUCP 1.0 版的约束。B 公司后来提交了 html 格式的电子记录，议付行拒付。B 公司因议付行拒付转而起诉 A 公司未按照合同约定的方式付款，因而构成违约。

原告诉请：双方合同约定用信用证方式付款，但并未约定采用电子信用证。被告申请开立的信用证是 eUCP 信用证，不符合买卖合同的约定。原告并不熟悉 eUCP，被告的行为增加了原告的负担，也因此遭到议付行拒付，原告应对其行为承担违约责任。

被告答辩：eUCP 规定，如果 eUCP 信用证允许受益人在交单时选择纸质单据或电子记录，受益人选择仅提交纸质单据，则该交单只适用 UCP。即原告在交单时可以选择纸质单据或电子记录，被告并未违约。原告应对其选择电子交单及议付行依据 eUCP 拒付承担责任。

[法律问题]

A 公司是否违约？

[法律分析]

A 公司没有违约。eUCP 第 2 条"eUCP 和 UCP 的关系"规定：如果 eUCP 信用证允许受益人在交单时选择纸质单据或电子记录，受益人选择仅提交纸质单据，则该交单只适用于 UCP。即被告在交单时享有选择纸质单据或电子记录的权利，被告并未违约。至于议付行拒付，是因为原告的行为造成的，被告并无责任。

在电子交单时，除了 UCP500 规定的拒付理由，eUCP 还规定了下列拒付理由：①格式错误（第 e4 条）；②电子记录无法鉴别（第 e5 条）；③无法确认电子记录所据以交单的 eUCP 信用证（第 e5 条）；④受益人没有提交交单完毕通知（第 e5 条）；⑤无法读取该指定的外部系统所指向的电子记录（第 e6 条）；⑥未按照第 e11 条的规定重新提交电子记录。就本案而言，涉及电子记录的格式问题。按照 eUCP 的规定，"格式"意指电子记录表示或引用的数据组织形式。本案中的信用证要求采用 word 格式提交单据。eUCP 第 4 条"格式"规定：eUCP 信用证必须指定所提交的电子记录的格式。如未指定，则可提交任何格式的电子记录。本案受益人未按照信用证的要求提交符合格式要求的电子记录，议付行可以根据第 4 条的规定拒付。因此，原告应承担议付行拒付的后果，被告并未违约，原告的诉讼请求不成立。

[相关法律]

eUCP 1.0 版

第 e2 条 eUCP 和 UCP 的关系

a. 受 eUCP 约束的信用证（"eUCP 信用证"）也应受 UCP 的约束，而无需明确订入信用证中。

b. 如果适用 eUCP 和 UCP 而产生不同的结果时，优先适用 eUCP。

c. 如果 eUCP 信用证允许受益人在交单时选择纸制单据或电子记录，受益人选择仅提交纸制单据，则该交单只适用 UCP。如果 eUCP 信用证只允许提交纸制单据，则该交单只适用 UCP。

第 e4 条 格式

eUCP 信用证必须指定所提交的电子记录的格式。如未指定，则可提交任何格式的电子记录。

第 e5 条　交单

a. eUCP 信用证允许提交：

i. 电子记录，则必须注明电子记录的交单地点；

ii. 电子记录和纸制单据者，还必须注明纸制单据的交单地点。

b. 电子记录可以分别提交，无须同时提交。

c. 若 eUCP 信用证允许提交一条或多条电子记录，受益人有责任向接受交单的银行提供表明交单完毕的通知。该通知可以电子记录或纸制单据的方式作出，同时必须注明有关的 eUCP 信用证。如果银行未收到受益人的此项通知，将被视为未曾交单。

d.

i. 每笔电子记录的提交必须注明据以交单的 eUCP 信用证；

ii. 未作上述注明的交单视同未曾交单。

e. 在规定的到期日和/或装运日以后交单期限的最后一天，若接收交单的银行正在营业中但它的系统不能接收电子记录，则该银行将被视为不营业，且交单期和/或到期日应顺延至该银行能够接收电子记录的第一个银行工作日。如果需要提交的电子记录只剩下交单完毕通知，它可以电讯或纸制单据作出，只要它是在银行能够接收电子记录之前发出，就应被认为是及时的。

f. 若电子记录无法鉴别，则视同未交单。

第 e6 条　审核

a. 如果所提交的电子记录包含一个通向外部系统的超级链接或表明电子记录可以参照某一外部系统审核，则所链接或参照的外部系统中的电子记录应被视为是需要审核的电子记录。在审核时，若无法读取该指定的外部系统所指向的电子记录，则构成一个不符点。

b. 若被指定银行按照指示传送电子记录，则表明该银行已审核了电子记录的表面真实性。

c. 开证行或保兑行（如有的话）不能审核 eUCP 信用证所要求格式的电子记录，或者在没有格式要求时所提交的电子记录都不构成拒绝理由。

第 e11 条　交单后电子记录的损坏

a. 如果开证行、保兑行或其他被指定银行所收到的电子记录看来已经损坏，该银行可通知交单人并要求重新交单。

b. 如果银行要求重新提交电子记录：

i. 中止审单时间的计算，并从重新提交电子记录之时恢复审单时间的计

算；及

ii. 如果被指定银行不是保兑行，该银行必须向开证行和任何保兑行提供要求重新交单的通知，且告知其上述中止事由；但

iii. 如果该电子记录未能在 30 天内重新提交，银行可视该电子记录没有提交，并且

iv. 任何期限不得延展。

第三节　电子商务的管理

案例五：　　　　网络交易平台的义务与责任

[案情简介]

2004 年 8 月 10 日，应某某在阅读并接受亿贝易趣网络信息服务（上海）有限公司（以下简称易趣网）的《用户协议》后注册成为易趣网的用户。《用户协议》约定：易趣网不参与实际交易，如买卖双方发生争议，易趣网免责。2004 年 10 月，应某某通过易趣网的网站竞拍由网名为"我想有个家1"的卖家提供的三星牌 yp-520h 型号的 MP3。10 月 21 号，应某某以"一口价"方式即每台人民币 1 元的价格竞拍该三星牌 yp-520h 型号的 MP3 播放器成功，并收到易趣网的成交通知。应某某通过易趣网了解到物品提供者系案外人天津卖家张某，同时获悉张某的电话号码、电子邮箱地址。根据应某某陈述，其经与张某电话联系，约定张某以每台人民币 156 元的价格向应某某出售 7 台三星牌 yp-520h 型号 MP3 播放器，履行方式为款到发货，货款汇入张某指定的银行账户，该银行账户名为另一案外人何某某，账号为中国农业银行×××。2004 年 10 月 22 日，应某某根据张某告知的银行户名及账号将货款汇出，7 台三星牌 yp-520h 型号 MP3 播放器，共计 1092 元。货款汇出后数日仍未收到 MP3。11 月 3 日，应某某正式向易趣网传真了投诉书，要求被告尽快与张某取得联系，拿出解决问题的可行性方案，张某至少应退回全部货款。应某某还要求易趣网对张某作出严厉的处罚，建议将张某从易趣网上除名，同时建议就张某盗用他人名义进行交易一事上报天津公安机关。2004 年 11 月 24 日，应某某再次向易趣网发函，表示对易趣网所作的回复不予接受，要求易趣网双倍返还自己已经支付的全部货款，共计 2184 元。易趣网对此予以拒绝。

原告诉请：被告作为网络交易的平台，在本案中理应承担相应的法律责任；被告注册协议中的免责条款无效；被告的交易规则存在严重的安全漏洞，被告

未尽到"谨慎注意义务"。请求判令被告双倍返还原告已付的货款,共计2184元。

被告答辩:被告提供的是网络信息的交流平台,并不参与交易。原告应某某在注册成为被告的用户前,应当仔细阅读了被告的注册协议,并在认可协议内容的情况下注册成为用户。注册协议中的免责条款作为合同的一部分,是双方真实意思的表示,具有法律效力。原告在网上以"一口价"的方式即每台1元的价格,竞拍网上用户名为"我想有个家1"、网上姓名为张某的卖家提供的MP3成功,但原告根据被告提供的电话号码与卖家联系后,实际上是以每台156元的价格成交的,且原告在获悉卖家的银行户名为何某某而非张某时仍将货款汇出,由此造成的损失应由原告自行承担。请求判决驳回原告的诉讼请求。

[法律问题]

易趣网是否应承担责任?

[法律分析]

易趣网不应承担责任。

依法成立的合同受法律保护,对签订合同的各方当事人具有约束力。原告在被告经营的网站以网上竞标的方式竞拍的三星MP3播放器是发生在原告与案外人张某之间的交易,而原告实际与案外人交易时,合同的当事人及成交的货物价格、数量均发生了变化。显然是两个不同的交易行为,且原告也未提供证据证明后一个交易行为是通过被告提供的交易平台实现的,故该交易行为与被告无涉。此外,原、被告之间不存在买卖合同关系,原告最终是向案外人汇付了全部货款,被告始终没有收到过货款,故对原告要求被告双倍返还货款的诉请难以支持。

[相关法律]

《中华人民共和国合同法》

第8条 依法成立的合同,对当事人具有法律约束力。当事人应当按照约定履行自己的义务,不得擅自变更或者解除合同。

依法成立的合同,受法律保护。

第52条 有下列情形之一的,合同无效:

(一) 一方以欺诈、胁迫的手段订立合同,损害国家利益;

(二) 恶意串通,损害国家、集体或者第三人利益;

(三) 以合法形式掩盖非法目的;

(四) 损害社会公共利益;

(五) 违反法律、行政法规的强制性规定。

第53条 合同中的下列免责条款无效:

（一）造成对方人身伤害的；

（二）因故意或者重大过失造成对方财产损失的。

案例六： 注册商标作为计算机网络域名注册构成不正当竞争

[案情简介]

1980年3月27日，维扎德公司在中国获得第160036号"AVIS"注册商标，核定使用商品为第12类车辆。1980年7月28日，维扎德公司在中国获得第163426号"AVIS"注册商标，核定使用商品为第16类工业用纸、名片等。1993年9月30日，维扎德公司在中国获得第775776号"AVIS"注册商标，核定使用商品为第39类。此后维扎德公司依法对上述商标进行了续展，有效期分别至2012年7月14日、2012年10月14日、2015年1月13日。

1999年6月8日，美网信息公司在中国互联网络信息中心注册了"avis.com.cn"域名。

2005年2月28日，维扎德公司就"avis.com.cn"域名向中国国际经济贸易仲裁委员会域名争议解决中心提出投诉，要求美网信息公司将该域名转移给维扎德公司，该中心专家组作出（2005）中国贸易仲裁裁字第0022号裁决，支持了维扎德公司的请求。国网信息公司对中国国际经济贸易仲裁委员会域名争议解决中心的裁决不服，随后作为原告向法院提起了诉讼。

原告诉请：美网信息公司于1999年6月8日注册"avis.com.cn"域名并正当使用至今。2005年2月28日，被告针对上述域名向中国国际经济贸易仲裁委员会域名争议解决中心提出投诉，要求将该域名转移给被告。我方的注册行为完全符合中国相关的法律法规，无不当之处，故请求判令被告停止侵犯我公司对"avis.com.cn"域名的权利。

被告答辩：我公司早在1980年3月27日就在中国获准注册了"AVIS"商标，依法享有注册商标专用权。此后，我公司依法办理了续展，至今仍然有效。我公司的"AVIS"商标已经在世界范围内使用近50年，在中国市场亦具有一定知名度。原告故意注册带有"avis.com.cn"的域名，借用我公司在中国市场的知名度，误导网络用户访问其经营的营利性"小蜜蜂"网站。我公司认为原告注册的"avis.com.cn"域名主体部分为"AVIS"，与我公司的注册商标完全相同，足以导致相关公众的误认，且原告对该域名的主体部分不享有权益，也无注册、使用该域名的正当理由，且其注册该域名后并未独立建站使用，有意阻止我公司注册该域名，具有恶意，故我公司请求法院驳回原告的诉讼请求。

[法律问题]

将享有商标专用权的注册商标注册为域名是否构成不正当竞争？

[法律分析]

美网信息公司构成不正当竞争。域名系互联网用户的网络名称和地址，具有识别作用，网络用户可以域名来区别信息服务的提供者。由于域名具有显著的识别功能，域名日益成为企业在互联网上的重要标志。企业通常使用其商标或商号作为域名的实质部分，便于访问者可以通过域名识别网站创办者的信息和服务。在现代信息社会，使用具有一定知名度的商标作为域名，在互联网上进行商业宣传，可以获得较高的访问率，具有较高的商业价值。

根据《最高人民法院关于审理涉及计算机网络域名民事纠纷案件适用法律若干问题的解释》第 4 条、第 5 条第 1 款第 4 项的规定，美网信息公司注册域名"avis. com. cn"的行为具备不正当竞争行为的法定构成要件：首先，维扎德公司作为"AVIS"商标注册人，其享有的商标专用权受我国商标法的保护。其次，美网信息公司注册的域名"avis. com. cn"的主要部分"avis"与维扎德公司享有商标专用权的注册商标"AVIS"完全相同，足以造成相关公众的混淆及误认。再次，本案中，美网信息公司确认其将注册的"avis. com. cn"域名指向"小蜜蜂"网站，而"小蜜蜂"网站具有自己的域名，故可初步证明美网信息公司未直接使用该域名。美网信息公司注册该域名后不予使用，客观上阻碍了维扎德公司注册该域名，其主观恶意成立。最后，美网信息公司未能举证证明其作为从事计算机网络信息咨询服务的企业对该域名的主要部分"avis"字样享有民事权益，或者具有注册、使用该域名的正当理由。综上所述，美网信息公司注册、使用"avis. com. cn"域名的行为，违反我国相关的法律规定，故其主张维扎德公司停止侵犯其对该域名的权利，缺乏事实与法律依据，不予支持。

[相关法律]

《中华人民共和国民法通则》

第 4 条 民事活动应当遵循自愿、公平、等价有偿、诚实信用的原则。

《中华人民共和国反不正当竞争法》

第 2 条第 1 款 经营者在市场交易中，应当遵循自愿、平等、公平、诚实信用的原则，遵守公认的商业道德。

《最高人民法院关于审理涉及计算机网络域名民事纠纷案件适用法律若干问题的解释》

第 4 条 人民法院审理域名纠纷案件，对符合以下各项条件的，应当认定被告注册、使用域名等行为构成侵权或者不正当竞争：

（一）原告请求保护的民事权益合法有效；

（二）被告域名或其主要部分构成对原告驰名商标的复制、模仿、翻译或音译；或者与原告的注册商标、域名等相同或近似，足以造成相关公众的误认；

（三）被告对该域名或其主要部分不享有权益，也无注册、使用该域名的正当理由；

（四）被告对该域名的注册、使用具有恶意。

第5条 被告的行为被证明具有下列情形之一的，人民法院应当认定其具有恶意：

（一）为商业目的将他人驰名商标注册为域名的；

（二）为商业目的注册、使用与原告的注册商标、域名等相同或近似的域名，故意造成与原告提供的产品、服务或者原告网站的混淆，误导网络用户访问其网站或其他在线站点的；

（三）曾要约高价出售、出租或者以其他方式转让该域名获取不正当利益的；

（四）注册域名后自己并不使用也未准备使用，而有意阻止权利人注册该域名的；

（五）具有其他恶意情形的。

被告举证证明在纠纷发生前其所持有的域名已经获得一定的知名度，且能与原告的注册商标、域名等相区别，或者具有其他情形足以证明其不具有恶意的，人民法院可以不认定被告具有恶意。

本章主要参考文献

1. 张楚等：《电子商务法案例分析》，中国人民大学出版社2002年版。
2. 张丽英、李居迁主编：《电子商务法典型案例解析》，人民法院出版社2003年版。
3. 曹彩杰主编：《电子商务案例分析》，北京大学出版社2010年版。
4. 秦成德主编：《电子商务法与案例评析》，清华大学出版社、北京交通大学出版社2010年版。
5. 李晓秋：《电子商务法案例评析》，对外经济贸易大学出版社2011年版。

本章主要拓展阅读资料

1. 张楚：《电子商务法》，中国人民大学出版社2011年版。
2. 吴伟光：《网络与电子商务法》，清华大学出版社2012年版。

3. 沈根荣:"国际电子商务立法的发展进程及特点",载《国际商务研究》2000 年第 2 期。

4. 傅静坤:"电子商务法概要",载《深圳大学学报(人文社会科学版)》2000 年第 4 期。

5. 杨坚争:"联合国《电子签字示范法》立法思路与立法框架",载《法学》2001 年第 9 期。

6. 傅明:"全球电子商务立法的特点及其统一化的必要性与可行性",载《国际商务研究》2002 年第 6 期。

7. 魏虎:"WTO 框架中电子商务立法的现状分析",载《发展》2004 年第 10 期。

8. 刘满达:"关于网络与电子商务法的三个误解",载《社会科学》2005 年第 12 期。

9. 齐爱民、崔聪聪:"论电子商务法的地位与学科体系",载《学术论坛》2006 年第 2 期。

10. 邓杰:"论电子签名的法律功能与法律效力",载《武汉大学学报(哲社版)》2006 年第 2 期。

11. 孙占利:"《国际合同使用电子通信公约》:解读与评价",载《时代法学》2007 年第 5 期。

12. 孙占利:"电子要约若干法律问题探析——以 UECIC 为基础",载《华东政法大学学报》2008 年第 5 期。

13. 孙占利:"论电子商务法的基本原则——以全球电子商务立法为视角",载《现代法学》2008 年第 3 期。

14. 秦成德、陈静:"电子商务法律新问题研究",载《西安邮电学院学报》2008 年第 6 期。

15. 王以君、乔雄兵:"电子商务法研究的新成果——评《统一合同法的新发展——〈国际合同使用电子通信公约〉评述》",载《武汉大学学报(哲学社会科学版)》2008 年第 4 期。

16. 刘颖、何其生:"《国际合同使用电子通信公约》对我国电子商务立法的启示",载《暨南学报(哲社版)》2009 年第 4 期。

17. 唐厚渊:"论电子商务法的功能等同原则",载《重庆邮电大学学报(社会科学版)》2009 年第 2 期。

18. 柯淑英:"浅析网络购物中要约与承诺的界定",载《包头职业技术学院学报》2015 年第 2 期。

第七章

世界贸易组织法

世界贸易组织法内容丰富，体系庞大，涵盖的领域广泛，既包括传统的货物贸易领域，也包括服务贸易、与贸易有关的知识产权的保护、与贸易有关的投资措施等新的领域。既包括实体规则，也包括程序规则。本章内容主要涉及WTO 的主要多边贸易规则，即货物贸易规则、服务贸易规则、与贸易有关的知识产权保护规则，以及 WTO 争端解决机制。

第一节 世界贸易组织的主要多边贸易规则

一、货物贸易规则

案例一： 美国限制中国禽肉进口案[1]

[案情简介]

2004 年，中国和美国同时暴发禽流感，中国停止进口美国禽肉产品，而中国的禽肉产品此前也从未打入美国市场。为解决中美禽肉贸易问题，2004 年 4 月，中美双方经协商谈判同意同时解除对对方禽肉产品的限制措施，并约定在履行相关程序后，美国向中国出口冷冻禽肉产品，中国则对美国出口熟制禽肉产品。但美国提出希望先行出口禽肉产品到中国，并保证履行承诺进口中国禽肉产品。在这种情况下，中国提前对美国禽肉产品开放了市场。

然而，在把美国禽肉产品输入中国后，美国开始千方百计地阻止中国禽肉产品出口到美国。美国农业部以"履行有关法律程序"为由，将此事一拖再拖。

---

[1] 根据朱榄叶主编：《世界贸易组织国际贸易纠纷案例评析（2010~2012）》，法律出版社 2013 年版，第 86~87 页案例改编。

直至美国农业部再无任何合适的理由限制中国禽肉产品时，2007年8月2日，美国国会众议院通过了《2008年农业拨款法》，其第731条明确规定，"根据本法所提供的任何拨款，不得用于制定或实施任何允许美国进口中国禽肉产品的规则"。同时，美国《2008年综合拨款法》第733条也作出了相同的规定。由于财政预算不能提供相应资金，也就无法制定关于中国禽肉的更进一步的市场准入规则，结果导致中国禽肉对美国出口受阻的状态始终无法改变。

继第731条款和第733条款后，2009年3月10日，美国参议院通过的《2009年综合拨款法》第727条款又完全照搬了先前的规定，重申"根据本法所提供的任何拨款，不得用于制定或实施允许美国进口中国禽肉产品的任何规则"。与此同时，3月11日，美国总统奥巴马签署了该法案。

该法案签署当天，中国商务部即作出回应，明确表示第727条款是典型的歧视性贸易保护主义做法，严重违反了WTO规则，干扰了中美贸易的正常开展，损害了中国禽肉业界的正当权益。中国正式就美国《2009年综合拨款法》的"第727条款"诉诸WTO。

2009年4月17日，中国要求就美国采取的阻止中国禽肉出口的措施与美国磋商。由于双方磋商未果，经中国请求成立了专家组。

2009年10月21日，美国总统奥巴马正式签署《2010年综合拨款法》。该法案的"第737条款"对《2009年综合拨款法》的"第727条款"作了修正，规定在满足加强检验核查、增强措施透明度等要求后，允许将拨款用于进口中国禽类或禽类食品。

2010年9月29日，专家组作出最终报告。专家组裁定，美国《2009年综合拨款法》的"第727条款"违反《实施动植物卫生检疫措施协定》（以下简称《SPS协定》）第2.2条、第2.3条、第5.1条、第5.2条和第5.5条。2010年10月25日，争端解决机构通过了专家组报告。

[法律问题]

美国《2009年综合拨款法》的"第727条款"是否违反了《SPS协定》的相关规定？

[法律分析]

第一，"第727条款"是一项《SPS协定》规定的卫生检疫措施。《SPS协定》附件A中规定了检疫措施的具体内容，即："卫生与植物检疫措施，用于下列目的的任何措施：……（b）保护成员领土内的人类或动物的生命或健康免受食品、饮料或饲料中的添加剂、污染物、毒素或致病有机体所产生的风险；……卫生与植物检疫措施包括所有相关法律、法令、法规、要求和程序，特别包括：最终产品标准；工序和生产方法；检验、检查、认证和批准程序；

检疫处理,包括与动物或植物运输有关的或与在运输过程中为维持动植物生存所需物质有关的要求;有关统计方法、抽样程序和风险评估方法的规定;以及与粮食安全直接有关的包装和标签要求。"本案中,"第727条款"的制定旨在保护人类和动物的生命和健康免受来自中国的受污染的禽肉产品的进口风险,而且尽管"第727条款"是一项拨款法案,但美国国会却通过该法案对负有实施有关检疫措施事项的具体行政部门的活动加以控制。同时"第727条款"也的确影响了国际贸易,因为它禁止美国相关部门使用拨款资金来制定和实施允许中国禽肉产品进口的规则,在这一措施实施期间,中国对美国根本无法开展禽肉出口。综上,"第727条款"是一项《SPS协定》规定的检疫措施。

第二,"第727条款"违反了《SPS协定》第5.1条和5.2条的规定。《SPS协定》第5.1条和5.2条规定:"各成员应保证其卫生与植物检疫措施的制定以对人类、动物或植物的生命或健康所进行的、适合有关情况的风险评估为基础,同时考虑有关国际组织制定的风险评估技术。在进行风险评估时,各成员应考虑可获得的科学证据;有关工序和生产方法;有关检查、抽样和检验方法;特定病害或虫害的流行;病虫害非疫区的存在;有关生态和环境条件;以及检疫或其他处理方法。"第5.1条规定了检疫措施必须建立在风险评估基础上的基本原则,而第5.2条明确了WTO成员如何进行风险评估。本案中,"第727条款"没有以任何风险评估为基础,无论这种风险评估是由美国官方还是任何第三方作出的。所以,"第727条款"违反了《SPS协定》第5.1条和5.2条的规定。

第三,"第727条款"违反了《SPS协定》第2.2条和第2.3条的规定。《SPS协定》第2.2条规定,"各成员应保证任何卫生与植物检疫措施仅在为保护人类、动物或植物的生命或健康所必需的限度内实施,并根据科学原理,如无充分的科学证据则不再维持,但第5.7款规定的情况除外"。同时第2.3条规定,"各成员应确保其动植物卫生检疫措施不在情形相同或情形相似的成员之间,包括在成员自己境内和其他成员领土之间构成任意或不合理的歧视。动植物卫生检疫措施的实施不应对国际贸易构成变相的限制"。如果一项卫生措施没有建立在《SPS协定》第5.1条和5.2条规定的风险评估基础上,则这一措施通常被推定为没有以科学原理为基础,并且是在没有充分科学证据的情况下作出的。本案中,美国并未提出进口来自中国的不安全禽肉的存在风险,事实上是美国借用动物卫生检疫措施变相实施国际贸易壁垒。所以,"第727条款"违反了《SPS协定》第2.2条和第2.3条的规定。

第四,"第727条款"违反了《SPS协定》第5.5条的规定。《SPS协定》第5.5条规定,"为实现在防止对人类生命或健康、动物和植物的生命或健康的风险方面运用适当的卫生与植物卫生保护水平的概念的一致性,每一成员应避免其认为适当的保护水平在不同的情况下存在任意或不合理的差异,如此类差异造成对国际贸易的歧视或变相限制。各成员应在委员会中进行合作,依照第 12.1 条、第 12.2 条和第 12.3 条制定指南,以推动本规定的实际实施。委员会在制定指南时应考虑所有有关因素,包括人们自愿承受人身健康风险的例外特性"。第 5.5 条体现了在适用适当水平的卫生或植物卫生保护方面的非歧视性原则。就本案来说,通过"第 727 条款"进行的资金限制只适用于来自中国的禽肉产品,而不针对其他 WTO 成员的禽肉产品。因此,"第 727 条款"的资金限制导致适用于中国禽肉产品的措施与适用于其他 WTO 成员禽肉产品的措施存在差异,只适用于中国禽肉产品本身就存在歧视。所以,"第 727 条款"违反了《SPS 协定》第 5.5 条的规定。

综上,美国《2009 年综合拨款法》的"第 727 条款"违反了《SPS 协定》的相关规定。

[相关法律]

《实施动植物卫生检疫措施协定》

第 2 条 基本权利和义务

各成员有权采取为保护人类、动物或植物的生命或健康所必需的卫生措施,只要此类措施与本协定的规定不相抵触。

各成员应保证任何卫生与植物卫生措施仅在为保护人类、动物或植物的生命或健康所必需的限度内实施,并根据科学原理,如无充分的科学证据则不再维持,但第 5.7 条规定的情况除外。

各成员应保证其卫生与植物卫生措施不在情形相同或相似的成员之间,包括在成员自己领土和其他成员的领土之间构成任意或不合理的歧视。卫生与植物卫生措施的实施方式不得构成对国际贸易的变相限制。

……

第 5 条 风险评估和适当的卫生与植物卫生保护水平的确定

各成员应保证其卫生与植物卫生措施的制定以对人类、动物或植物的生命或健康所进行的、适合有关情况的风险评估为基础,同时考虑有关国际组织制定的风险评估技术。

在进行风险评估时,各成员应考虑可获得的科学证据;有关工序和生产方法;有关检查、抽样和检验方法;特定病害或虫害的流行;病虫害非疫区的存在;有关生态和环境条件;以及检疫或其他处理方法。

……

附件 A 定义

卫生与植物卫生措施,用于下列目的的任何措施:

(a) 保护成员领土内的动物或植物的生命或健康免受虫害、病害、带病有机体或致病有机体的传入、定居或传播所产生的风险;

(b) 保护成员领土内的人类或动物的生命或健康免受食品、饮料或饲料中的添加剂、污染物、毒素或致病有机体所产生的风险;

(c) 保护成员领土内的人类的生命或健康免受动物、植物或动植物产品携带的病害,或虫害的传入、定居或传播所产生的风险;或

(d) 防止或控制成员领土内因虫害的传入、定居或传播所产生的其他损害。

卫生与植物卫生措施包括所有相关法律、法令、法规、要求和程序,特别包括:最终产品标准;工序和生产方法;检验、检查、认证和批准程序;检疫处理,包括与动物或植物运输有关的或与在运输过程中为维持动植物生存所需物质有关的要求;有关统计方法、抽样程序和风险评估方法的规定;以及与粮食安全直接有关的包装和标签要求。

案例二: 中美轮胎特保措施案[1]

[案情简介]

《中国入世议定书》(以下简称议定书)第16条规定了"特定产品过渡性保障措施"(以下简称特保措施),此条规定,在特定情况下,WTO 成员可以限制中国产品进口。这条规定类似于保障措施,但仅针对中国,是一种特殊保障措施。美国为了适用这一条款,在其国内法《1974年贸易法》中增加了相应的第421节。美国针对中国实施的特保措施的国内法依据就是《1974年贸易法》第421节。2009年4月20日,美国钢铁、造纸、林业、橡胶、制造业、能源及联合工业和服务劳工国际联盟(以下简称USW)认为中国出口至美国的轮胎大幅增长,扰乱美国国内生产市场,请求美国国际贸易委员会(以下简称USITC)依该节规定启动调查程序,对中国进口的客车及轻型货车轮胎数量是否激增和是否对国内市场造成负面影响进行调查。经过调查,USITC 认定中国进口轮胎的激增是对美国国内产业造成实质损害的重要原因,构成轮胎市场扰乱。随后,依美国总统奥巴马命令,决定对上述轮胎课征为期3年的附加从价税,第一年额外课征35%,第二年为30%,第三年为25%。对此,中国主张美国违反了议定书第16条和GATT 1994第1.1条、第2.1条(b)的规定。

2009年9月14日,中国正式对美国限制进口中国轮胎的特保措施启动了

---

[1] 根据朱榄叶主编:《世界贸易组织国际贸易纠纷案例评析(2010~2012)》,法律出版社2013年版,第391~392页案例改编。

WTO 争端解决机制，并要求与美国进行磋商，解决美国限制从中国进口的特定客车和轻型货车轮胎措施的问题。由于双方磋商未果，经中国请求成立了专家组。2010 年 12 月 13 日，专家组作出最终报告。专家组报告驳回中国的投诉，表示美国对从中国进口的轮胎实施惩罚性关税并未违反世贸组织相关规定。2011 年 5 月 24 日，中国提出上诉，在上诉报告中中国主要提出两个观点，一是 USITC 和专家组错误得出中国输美轮胎快速增长的结论，因为在 2008 年，即调查期末，中国出口仅增加 10.8%，比 2004~2008 年调查期内 34% 的增长率大幅下降；二是 USITC 没有能够充分证明中国出口是美国轮胎业衰退的最直接导因。中国认为，美国轮胎企业转变战略，主动关闭其在美国的市场，以及美国国内需求的下降，也是导致美国轮胎业生产下滑的原因。2011 年 9 月 5 日，上诉机构作出了报告。上诉机构报告维持专家组的裁决，继续认定美国的做法符合规定。2011 年 10 月 5 日，争端解决机构通过了上诉机构和专家组报告。

[法律问题]

美国能否对从中国进口的轮胎采取特保措施？

[法律分析]

就本案而言，中美双方争议的焦点有三点：

第一，来自中国的轮胎进口是否属于议定书中第 16 条第 4 款所规定的"快速增长"。中国认为，美国没有适当评估来自中国的进口是否属于议定书第 16 条第 4 款所规定的"快速增长"。中国的主要观点是，在调查期的最后阶段，即 2008 年，增长率下降了，因此不能说进口"快速增长"。专家组经审查发现，来自中国的轮胎进口数量，2004~2008 年，增加了 215.5%；2006~2007 年，增加了 53.7%；2007~2008 年，增加了 10.8%。专家组认为，这就是"快速增长"。专家组说，不能由于最后一年的增长率低于以前，就认为不是"快速增长"，何况这种增长是在前几年增长基础上的增长。

因此，专家组认为，美国并非没有适当评估"快速增长"问题。

第二，快速增长的轮胎进口是否为实质性损害的一个重要原因，即如何定义议定书第 16 条第 4 款中"重要原因"，以及美国《1974 年贸易法》第 421 节是否"本身"违法的问题。专家组首先审查了美国《1974 年贸易法》第 421 节是否"本身"违法的问题。议定书第 16 条第 4 款要求，进口的快速增长必须是实质性损害的"一个重要原因"，而美国《1974 年贸易法》第 421 节将"一个重要原因"界定为"对国内产业有实质性损害有重要影响的一个原因，但不必等于或大于任何其他原因"。专家组认为，从"一个"和"重要"语义看，第 421 节并没有违反第 16 条的规定。

解决了这个前提问题，专家组开始审查因果关系的三个方面，即进口轮胎与国产轮胎的竞争条件,进口增长与损害指标下降的关联性,对其他因素所造成损害的"非归因"分析。专家组认为,要想确定因果关系,就必须将进口快速增长所造成的损害,与其他因素所造成的损害区别开来。

1. 关于进口轮胎与国产轮胎的竞争条件的问题。美国市场的轮胎分为三个等级。中国认为美国国产轮胎主要属于第一个等级,而中国轮胎主要属于第二、三等级,因此与二者只有微不足道的竞争。但专家组认为,在三个等级的轮胎之间,并没有明确的界限,而且涉案进口产品与国内产品的竞争程度虽然有所区别,但二者并非不同的轮胎,不能说其竞争是微不足道的。专家组认为,美国的结论并无错误。

2. 关于进口增长与损害指标下降的关联性的问题。专家组认为,进口与损害指标之间的关联性不会很精确,而在有其他损害原因的情况下尤为如此。因此,要求证明进口变化的程度与损害指标变化的程度之间具有准确的关联性是不现实的。调查机关依据进口上升与损害指标下降的整体一致性,并且结合了对因果关系的其他分析,是有可能认定"重要原因"的。根据这一理解,专家组在审查了相关数据和图表后认为,美国对关联性的认定是适当的。

3. 关于对其他因素所造成损害的"非归因"的问题。中国提到了可能造成损害的其他因素,包括国内产业的商业战略,需求变化,非涉案进口以及其他因素。专家组逐一进行了分析。关于国内产业的商业战略,包括主动关闭工厂和美国生产商也从中国进口轮胎等。专家组认为,美国已经从实际情况的角度证明了关闭工厂是进口损害的后果,而不是美国生产商主动放弃低端产品;美国已经证明了生产商进口的轮胎只占涉案进口的23.5%,并进而表明生产商并非主动停止低端产品的生产。关于需求变化,包括由于美国汽车行业的不景气和消费需求转向大型轮胎而导致的需求下降。专家组认为,美国已经证明在需求下降的情况下,涉案进口仍在增加,因此损害不是需求变化造成的。关于非涉案进口,专家组认为,尽管非涉案进口的数量大于涉案进口,价格低于美国国内产品,但在美国市场上,中国进口仍在增加,因此美国适当地分析了非涉案进口的影响,没有将其影响归于涉案进口。此外,专家组还分析了其他因素,包括原材料成本和原材料短缺的急剧增加,提高生产力所需的自动化,汽油价格上涨导致驾车减少,罢工,美国生产商的社会负担和设备限制等。专家组认为,中国只是提到了这些因素,而没有进行论证,因此专家组不予审查。最后,对于以上诸因素的累积效果,专家组称,尽管议定书没有要求调查机关进行这种分析,但这些因素加起来所造成的损害可能会很大,导致进口增长所造成的损害并非"重要"。但中国并没有证明这一点。

因此,专家组认为,快速增长的轮胎进口是实质性损害的一个重要原因。

第三，美国采取的保障措施是否过度的问题和措施的时间是否过长。专家组认为，中国议定书第 16 条规定的救济措施必须针对中国进口引起的实质损害或市场扰乱，但初步证明该特保措施超过必要限度的责任在中国一方，而中国却未能提供有力的证据证明这一点。同时，该特保措施的目的在于改善国内产业的现状，也是为了减少中国进口轮胎的数量、提高这些轮胎在美国市场内的价格，因而这一特保措施并未超出合理的限度。关于 3 年的特保期限是否超出合理时间限度的问题，专家组认为美国没有义务解释将特保措施定为 3 年的原因，也没有义务量化中国进口增长导致的损害或者将其同其他损害因素相分离。因而，同认定特保措施是否合理的问题一样，中国在此也未能尽到初步证明义务。

[相关法律]

《中国加入世界贸易组织议定书》

第 16 条　特定产品过渡性保障机制

如原产于中国的产品在进口至任何 WTO 成员领土时，其增长的数量或所依据的条件对生产同类产品或直接竞争产品的国内生产者造成或威胁造成市场扰乱，则受此影响的 WTO 成员可请求与中国进行磋商，以期寻求双方满意的解决办法，包括受影响的成员是否应根据《保障措施协定》采取措施。任何此种请求应立即通知保障措施委员会。

如在这些双边磋商过程中，双方同意原产于中国的进口产品是造成此种情况的原因并有必要采取行动，则中国应采取行动以防止或补救此种市场扰乱。任何此类行动应立即通知保障措施委员会。

如磋商未能使中国与有关 WTO 成员在收到磋商请求后 60 天内达成协议，则受影响的 WTO 成员有权在防止或补救此种市场扰乱所必需的限度内，对此类产品撤销减让或限制进口。任何此类行动应立即通知保障措施委员会。

市场扰乱应在下列情况下存在：一项产品的进口快速增长，无论是绝对增长还是相对增长，从而构成对生产同类产品或直接竞争产品的国内产业造成实质损害或实质损害威胁的一个重要原因。在认定是否存在市场扰乱时，受影响的 WTO 成员应考虑客观因素，包括进口量、进口产品对同类产品或直接竞争产品价格的影响以及此类进口产品对生产同类产品或直接竞争产品的国内产业的影响。

在根据第 3 款采取措施之前，采取此项行动的 WTO 成员应向所有利害关系方提供合理的公告，并应向进口商、出口商及其他利害关系方提供充分机会，供其就拟议措施的适当性及是否符合公众利益提出意见和证据。该 WTO 成员应提供关于采取措施的决定的书面通知，包括采取该措施的理由及其范围和期限。

某 WTO 成员只能在防止和补救市场扰乱所必需的时限内根据本条采取措施。如某措施是由于进口水平的相对增长而采取的，而且如该项措施持续有效的期限超过 2 年，则中国有权针对实施该措施的 WTO 成员的贸易暂停实施 GATT 1994 项下实质相当的减让或义务。但是，如某措施是由于进口的绝对增长而采取的，而且如该措施持续有效的期限超过 3 年，则中国有权针对实施该措施的 WTO 成员的贸易暂停实施 GATT 1994 项下实质相当的减让或义务。中国采取的任何此种行动应立即通知保障措施委员会。

在迟延会造成难以补救的损害的紧急情况下，受影响的 WTO 成员可根据一项有关进口产品已经造成或威胁造成市场扰乱的初步认定，采取临时保障措施。在此种情况下，应在采取措施后立即向保障措施委员会作出有关所采取措施的通知，并提出进行双边磋商的请求。临时措施的期限不得超过 200 天，在此期间，应符合第 1 款、第 2 款和第 5 款的有关要求。任何临时措施的期限均应计入第 6 款下规定的期限。

如某 WTO 成员认为根据第 2 款、第 3 款或第 7 款采取的行动造成或威胁造成进入其市场的重大贸易转移，则该成员可请求与中国和/或有关 WTO 成员进行磋商。此类磋商应在向保障措施委员会作出通知后 30 天内举行。如此类磋商未能在作出通知后 60 天内使中国与一个或多个有关 WTO 成员达成协议，则请求进行磋商的 WTO 成员在防止或补救此类贸易转移所必需的限度内，有权针对该产品撤销减让或限制自中国的进口。此种行动应立即通知保障措施委员会。

本条的适用应在加入 WTO 之日后 12 年终止。

二、服务贸易规则

案例三：　　　　中国电子支付服务措施案[1]

[案情简介]

2010 年 9 月 15 日，美国要求与中国磋商，解决中国影响电子支付服务的措施问题。由于双方磋商未果，2011 年 2 月 11 日，美国请求成立专家组，3 月 25 日，争端解决机构决定成立专家组。

美国提出，"电子支付服务"是指处理涉及支付卡的交易及处理并促进交易参与机构之间资金转移的服务。电子支付服务提供者通常直接或间接提供包括下列内容的系统：处理设备、网络以及促进、处理和实现交易信息和支付款项

---

〔1〕根据朱榄叶主编：《世界贸易组织国际贸易纠纷案例评析（2010～2012）》，法律出版社 2013 年版，第 433～436 页案例改编。

流动并提供系统完整、稳定和降低金融风险的规则和程序;批准或拒绝某项交易的流程和协调,核准后通常都会允许完成某项购买或现金的支付或兑换;在参与机构间传递交易信息;计算、测定并报告相关机构所有被授权交易的净资金头寸,以及促进、处理和/或其他参与交易机构间的净支付款项转移。"支付卡"包括信用卡、赊账卡、借记卡、支票卡、自动柜员机卡、预付卡以及其他类似卡或支付或资金转移产品或接入设备,以及该卡或产品或接入设备所特有的账号。美国认为,中国加入 WTO 时,就"电子支付服务"作出了市场准入和国民待遇承诺,但中国却通过采取一系列措施,限制了市场准入,并且没有提供国民待遇。具体而言,美国认为,在《中国入世协议书》、《服务贸易具体承诺减让表》(以下简称减让表)金融服务部门下,中国在《服务贸易总协定》(以下简称 GATS)第 16 条和第 17 条项下对下列内容作出了承诺:"银行服务列表如下:……所有支付和汇划服务,包括信用卡、赊账卡和借记卡、旅行支票和银行汇票(包括进出口结算)";"其他金融服务如下:……提供和传达金融信息、金融数据处理以及其他金融服务提供者有关的软件",以及"就(a)~(k)项所列所有活动进行咨询、中介和其他附属服务,包括资信调查和分析、投资和证券研究的建议、关于收购的建议和关于公司重组和战略的意义"。尽管作出了上述承诺,但中国对其他成员中试图向中国提供电子支付服务的提供者设立了市场准入限制和要求。通过这些规定及其他相关要求和限制,中国给予其他成员的电子支付服务提供者的待遇要低于其给予中国的此类服务提供者的待遇。

美国具体指控了中国的下列措施:①中国银联(以下简称银联)是一家中国实体,是中国允许在其境内为以人民币计价并以人民币支付的支付卡交易提供电子支付服务的唯一实体。中国还要求由银联来处理所有中国大陆发行的支付卡发生于澳门或香港的人民币交易,以及任何发生于中国大陆且使用中国香港或中国澳门发行的人民币支付卡的人民币交易。②中国还要求,中国境内所有商户的支付卡处理设备、所有的自动柜员机及所有的销售点终端与中国银联系统相兼容并且能够受理银联支付卡。中国还要求,所有的收单机构标注银联标识并且能够受理所有带有银联标识的支付卡。中国进一步要求,所有在中国境内发行的以人民币计价并支付的支付卡(包括"双币种"卡)标注银联标识。这就意味着发卡行必须接入银联系统,并且必须为此向银联支付费用。这些措施并没有对非银联支付卡或使用非银联支付卡进行的交易作出相似的要求。③中国还要求,所有涉及支付卡的跨行或行内交易应通过银联进行。中国禁止使用非银联支付卡进行异地、跨行或行内交易。美国认为,这些措施与中国在 GATS 第 16.1 条下的义务不一致,即对于任何其他成员的服务和服务提供者应给予不低于中国减让表所规定的待遇,且中国正在维持和采取 GATS 第 16.2 条所明确指出的措施。美国还认为,这些措施与中国在 GATS 第 17 条项下的义务不一致,即对任何其他成员的服务和服务提供者给予的待遇不得低于本国同类服务和服务提供者的待遇的承诺。

2012 年 7 月 16 日,专家组作出最终报告。专家组报告指出,在市场准入方面,中国对于跨境交付模式并未作出承诺,且商业存在模式下对"发卡机构要求"、"终端要求"和"收单机构要求"并未违反 GATS 第 16 条的规定,但是对于商业存在模式下对"香港/澳门的要求"违反了 GATS 第 16 条的规定。在国民待遇方面,中国在跨境交付模式和商业存在模式下,对"发卡机构要求"、"终端要求"和"收单机构要求"均违反了 GATS 第 17 条的规定,但是认为跨境交付模式下的"香港/澳门要求"并未违反 GATS 第 17 条的规定,而对于商业存在模式下对"香港/澳门要求"不予审查。对于中国电子支付服务并未对"唯一提供者要求"和"跨地区/银行要求"采取措施,且美国没有足够证据证明中国采取了上述措施,所以专家组也不再审查。2012 年 8 月 31 日,争端解决机构通过了专家组报告。

[法律问题]

中国采取的电子支付服务措施是否违反了 GATS 的市场准入和国民待遇条款?

[法律分析]

就本案而言,中美双方争议的焦点有两个。一方面是,中国采取的电子支付服务措施是否违反了 GATS 第 16 条关于市场准入的相关规定。另一方面是,中国采取的电子支付服务措施是否违反了 GATS 第 17 条关于国民待遇的相关规定。下面就两个争议焦点进行分析。

1. 中国采取的电子支付服务措施是否违反了 GATS 第 16 条关于市场准入的相关规定。

GATS 第 16 条规定:"对于通过第 1 条确认的服务提供方式实现的市场准入,每一成员对任何其他成员的服务和服务提供者给予的待遇,不得低于其在具体承诺减让表中同意和列明的条款、限制和条件。在作出市场准入承诺的部门,除非在其减让表中另有列明,否则一成员不得在其一地区或在其全部领土内维持或采取按如下定义的措施:(a) 无论以数量配额、垄断、专营服务提供者的形式,还是以经济需求测试要求的形式,限制服务提供者的数量;(b) 以数量配额或经济需求测试要求的形式限制服务交易或资产总值;(c) 以配额或经济需求测试要求的形式,限制服务业务总数或以指定数量单位表示的服务产出总量;(d) 以数量配额或经济需求测试要求的形式,限制特定服务部门或服务提供者可雇用的、提供具体服务所必需且直接有关的自然人总数；（e）限制或要求服务提供者通过特定类型法律实体或合营企业提供服务的措施；以及（f）以限制外国股权最高百分比或限制单个或总体外国投资总额的方式限制外国资本的参与。"减让表将服务贸易划分为四种模式，即：①跨境交付；②境外消费；③商业存在；④自然人流动。就本案而言，美国认为中国就①跨境交付和③商业存在作出了承诺。

而事实上，就跨境交付而言，中国在减让表中的相关内容为："部门或分部门"栏目描述为：银行及其他金融服务：……d. 所有支付和汇划服务，包括信用卡、赊账卡和借记卡、旅行支票和银行汇票（包括进出口结算）；"市场准入限制"栏目描述为：（1）除下列内容外，不做承诺：由其他金融服务提供者提供和转移金融信息、金融数据处理以及有关软件；就（a）~（k）项所列所有活动进行咨询、中介和其他附属服务，包括资信调查和分析、投资和证券的研究和建议、关于收购的建议和关于公司重组和战略制定的建议。因此，中国并未就（d）项下的服务作出跨境交付的市场准入承诺。那么就商业存在而言，中国在减让表中的相关内容为："市场准入限制"栏目描述为：（3）A. 地域限制：对于外汇业务：入世时取消限制。对于人民币业务：入世时，开放深圳、上海、大连、天津；入世后 1 年内，开放广州、珠海、青岛、南京、武汉；入世后 2 年内，开放济南、福州、成都、重庆；入世后 3 年内，开放昆明、北京、厦门；入世后 4 年内，开放汕头、宁波、沈阳、西安；入世后 5 年内，取消所有地域限制。B. 客户对象限制：对于外汇业务，入世时取消客户对象限制。对于人民币业务，入世后 2 年内，允许外国金融机构对中国企业办理人民币业务；入世后 5 年内，允许外国金融机构对所有中国客户提供服务。允许外国金融机构办理异地业务。C. 许可条件：入世时，中国金融服务部门进行经营的批准标准仅为审慎性的（即不包括经济需求测试或营业许可的数量限制）。入世后 5 年内，取消现存的限制所有权、经营权、外国金融机构法律形式，包括内部分支机构和营业许可的任何非审慎性措施。其中总资产要求：（A）外资金融机构在中国设立外国独资银行、外国独资财务公司、中外合资银行、中外合资财务公司需达到规定的总资产要求为：提出申请前一年末总资产超过 100 亿美元。（B）外资金融机构在中国设立外国银行的分行需达到规定的总资产要求为：提出申请前一年末总资产超过 200 亿美元。外国金融机构从事本币业务的资格：在中国营业 3 年，且申请前连续 2 年盈利。因此中国对于包括其他 WTO 成员电子支付服务提供者的外国金融机构所提供的（d）项下的服务，作出了商业存在的承诺。该承诺没有服务提供者数量方面的限制，但有资质限制。

而中国的法律文件中要求的在中国发行的银行卡标注银联标识，并进一步要求发卡机构成为银联网络的成员，且在中国作为全国银行卡银行间处理网络成员的所有终端（ATM机、商户处理设备和POS机）都能够接受标注银联标识的所有银行卡。同时中国要求收单机构标注银联标识，成为银联网络的成员，并且能够接受标注银联标识的所有银行卡。此外，中国要求授权银联而不是其他的电子支付服务提供者处理某些人民币银行卡交易的结算，这些交易涉及在中国发行、在中国香港或澳门地区使用的人民币银行卡，或者在香港或澳门地区发行而在此两地或内地使用的人民币银行卡。事实上，这些要求并没有对电子支付服务的提供实施数量限制，即没有将银联设定为GATS第16条所述的"垄断"或"专营服务提供者"。

综上，中国采取的电子支付服务措施在商业存在方面，对于跨境交付模式下并未作出承诺，且商业存在模式下对"发卡机构要求"、"终端要求"和"收单机构要求"并未违反GATS第16条的规定，但是对于商业存在模式下对"香港/澳门的要求"违反了GATS第16条的规定。

2. 中国采取的电子支付服务措施是否违反了GATS第17条关于国民待遇的相关规定。

GATS第17条规定："对于列入减让表的部门，在遵守其中所列任何条件和资格的前提下，每一成员在影响服务提供的所有措施方面给予任何其他成员的服务和服务提供者的待遇，不得低于其给予本国同类服务和服务提供者的待遇。一成员可通过对任何其他成员的服务或服务提供者给予与其本国同类服务或服务提供者的待遇形式上相同或不同的待遇，满足第1款的要求。如形式上相同或不同的待遇改变竞争条件，与任何其他成员的同类服务或服务提供者相比，有利于该成员的服务或服务提供者，则此类待遇应被视为较为不利的待遇。"而中国在减让表中的有关"国民待遇限制"的描述为：①没有限制；②除关于人民币业务的地域限制和客户限制（列在市场准入栏中）外，外国金融机构可以同外商投资企业、非中国自然人、中国自然人和中国企业进行业务来往，无个案批准限制或需要。其他，没有限制。事实上，若想要证明中国违反了国民待遇条款，那么就要从以下三个方面进行证明：①在相关服务部门和服务提供方式方面，中国作出了国民待遇承诺；②中国的措施是"影响服务提供的措施"；③这些措施对其他成员的服务或服务提供者所给与的待遇，与给予中国同类服务和服务提供者的待遇相比较为不利。专家组指出，其按照这三个方面进行了分析。专家组认为，其审查仅涉及"发卡机构要求"、"终端要求"和"收单机构要求"。对于美国所提出的六种措施中的其他措施，由于专家组没有认定中国采取了"唯一提供者要求"和"跨地区/银行要求"，因此不再审查这两种措施是否违反了GATS第17条。对于"香港/澳门要求"，以上已经认定在商业存在模式下违反了 GATS 第 16 条，因此对于该措施在商业存在模式下是否违反 GATS 第 17 条，专家组决定不予审查。

对于"发卡机构要求"而言，中国要求商业银行在中国发行并能够在跨行人民币交易中使用的人民币银行卡和双币卡，必须在卡的正面标注银联标识，但并未禁止所发的银行卡能够通过非银联的网络进行处理。这样就导致对于其他 WTO 成员的任何电子支付服务提供者来说，要想让中国商业银行在其网络内发行银行卡，就不得不在银行卡的显著位置标注银联标识。实质上，标注银联标识的要求改变了竞争条件，有利于银联的发展，所以根据 GATS 第 17 条，这就是对其他 WTO 成员的服务提供者给予了较为不利的待遇。同样，中国要求发卡机构必须接入银联网络，标注银联标识的银行卡也必须与银行联网通用，其结果是确保所有发卡用于国内跨行人民币交易的商业银行都是银联的成员，并且确保商业银行的所有银行卡，不论是银联卡还是非银联卡，都能够在银联网络中处理。所以这样的联网通用条件改变了竞争条件，有利于银联，也是对其他 WTO 成员的服务提供者给予了较为不利的待遇。就"终端要求"来说，中国要求作为全国银行卡银行间处理网络成员的所有终端都能够接受标注银联标识的所有银行卡，这就保证所有标注银联标识的银行卡都能够被商业银行和商业终端设备所接受，并通过银联网络处理。所以这样的终端要求改变了竞争条件，有利于银联，根据 GATS 第 17 条，是对其他 WTO 成员的服务提供者给予了较为不利的待遇。最后针对"收单机构要求"，中国要求收单机构标注银联标识，成为银联网络的成员，并且能够接受标注银联标识的所有银行卡。与"终端要求"一样，收单机构要求改变了竞争条件，有利于银联，根据 GATS 第 17 条，是对其他 WTO 成员的服务提供者给予了较为不利的待遇。所以，中国对于"发卡机构要求"、"终端要求"、"收单机构要求"均属于对其他成员的服务提供者给予了较为不利的待遇。

因此，在国民待遇方面，中国在跨境交付模式和商业存在模式下，对"发卡机构要求"、"终端要求"和"收单机构要求"均违反了 GATS 第 17 条的规定。

[相关法律]

《服务贸易总协定》

第 16 条　市场准入

对于通过第 1 条确认的服务提供方式实现的市场准入，每一成员对任何其他成员的服务和服务提供者给予的待遇，不得低于其在具体承诺减让表中同意和列明的条款、限制和条件。

在作出市场准入承诺的部门，除非在其减让表中另有列明，否则一成员不得在其一地区或在其全部领土内维持或采取按如下定义的措施：

（a）无论以数量配额、垄断、专营服务提供者的形式，还是以经济需求测试要求的形式，限制服务提供者的数量；

（b）以数量配额或经济需求测试要求的形式限制服务交易或资产总值；

（c）以配额或经济需求测试要求的形式，限制服务业务总数或以指定数量单位表示的服务产出总量；

（d）以数量配额或经济需求测试要求的形式，限制特定服务部门或服务提供者可雇用的、提供具体服务所必需且直接有关的自然人总数；

（e）限制或要求服务提供者通过特定类型法律实体或合营企业提供服务的措施；以及

（f）以限制外国股权最高百分比或限制单个或总体外国投资总额的方式限制外国资本的参与。

第17条　国民待遇

对于列入减让表的部门，在遵守其中所列任何条件和资格的前提下，每一成员在影响服务提供的所有措施方面给予任何其他成员的服务和服务提供者的待遇，不得低于其给予本国同类服务和服务提供者的待遇。

一成员可通过对任何其他成员的服务或服务提供者给予与其本国同类服务或服务提供者的待遇形式上相同或不同的待遇，满足第1款的要求。

如形式上相同或不同的待遇改变竞争条件，与任何其他成员的同类服务或服务提供者相比，有利于该成员的服务或服务提供者，则此类待遇应被视为较为不利的待遇。

案例四：　　　　　中国出版物和音像制品案

［案情简介］

中国在《中华人民共和国加入世界贸易组织议定书》（以下简称《入世议定书》）和《中国加入世界贸易组织工作组报告》（以下简称《工作组报告》）中承诺中国境内的所有公司（包括外国公司）有权进口、分销供影院上映的电影、阅读材料、家庭娱乐音像制品和录音制品，而且这一授权必须是非歧视和非恣意的。但是由于中国对文化产品实行内容审查制度，并没有完全放开这块市场。这引起作为文化产品出口大国的美国的不满。美国根据《1994年关税与贸易总协定》（以下简称GATT 1994）、《与贸易有关的投资措施协定》（以下简称《TRIMs协定》）、《补贴与反补贴措施协定》（以下简称SCM协定）、《入世议定书》和《工作组报告》等法律文件，认为中国政府所实施的相关措施违反了上述协定的有关条款。

2007 年 4 月 10 日，美国针对中国实施限制贸易权及分销服务措施和国民待遇问题向 WTO 争端解决机构提出磋商请求。由于磋商不成，未能解决贸易争端。2007 年 10 月 10 日，美国针对中国政府所采取的限制文化产品贸易权的相关措施请求 WTO 争端解决机构成立专家组。该案于 2007 年 11 月 27 日进入专家组审理阶段。2009 年 8 月 12 日，专家组出具了专家组报告。专家组报告的裁定结果基本支持美国的诉讼请求。专家组报告认为：①中国政府实施的某些争议性措施限制或者禁止外国企业或个人进入中国的文化产品市场，违反了中国政府入世时许下的贸易权承诺；②中国的涉案措施不符合 GATT 1994 第 20 条（a）款公共道德例外条款的"必需性"要求，并且存在合理替代措施，因此不能援引 GATT 1994 第 20 条（a）款公共道德例外条款进行抗辩；③分销服务措施构成区别对待，"录音制品分销服务"的范围还应当包括电子分销。中国于 2009 年 9 月 22 日向 WTO 争端解决机构提出上诉。2009 年 12 月 21 日，上诉机构对外公布了其裁决报告。在上诉机构的裁决报告中，上诉机构重点分析中国是否有权援引 GATT 1994 第 20 条（a）款规定的公共道德例外条款作为抗辩理由，最后上诉机构否定了专家组报告的意见，认为在本案中中国有权援引 GATT 1994 第 20 条（a）款公共道德例外条款作为抗辩理由。除此之外，上诉机构基本赞同专家组报告的其他意见。2010 年 1 月 19 日，WTO 争端解决机构通过了上诉机构报告和专家组报告。

事实上，美国针对的主要是如下三个方面的问题：

第一，文化产品的贸易权问题。美国认为，中国在《入世议定书》中承诺全面开放贸易权利，同时作出有限的，只在入世后 3 年内有效的保留性规定。但中国政府现行实施的各类贸易措施仍将阅读材料（例如书籍、杂志、报纸、期刊、电子出版物）、家庭音像娱乐产品（例如录像带、录像光碟、数码光碟）、录音（例如录制的音频磁带）及供影院放映的电影的相关贸易权利保留，仅给予若干国有企业。通过这些具有歧视性的措施限制甚至禁止外国企业和个人进口供影院放映的电影、阅读材料、家庭音像娱乐产品和录音制品等。美国认为，这些争议性的措施显然未一视同仁地赋予所有企业在中国的关税领土内从事文化产品贸易的权利，且就贸易权利而言，中国给予外国企业和个人的贸易待遇要明显低于给予中国企业的待遇。因此，这些措施不符合中国依据《入世议定书》第 5.12 条和第 5.2 条，以及《工作组报告》第 83.3 条和第 84.4 条的规定应承担的义务。此外，这些争议性的措施是对在中国的文化产品进口贸易作出直接的禁止或限制性规定，而不是采用征收关税、国内税或其他费用等间接形式，这显然与中国在 GATT 1994 第 11.1 条规定下承诺应承担的义务不相符合。

第二，文化产品的分销服务问题。美国认为，中国政府在《入世议定书》中承诺就分销服务业以及音像制品相关的服务业给予市场准入和国民待遇，并通过《入世议定书》所附的《服务贸易具体承诺减让表》（以下简称《承诺减让表》）作出具体规定。但是，在国内施行的诸如《出版物市场管理规定》、《订户订购进口出版物管理办法》、《电子出版物管理规定》、《外商投资图书、报纸、期刊分销企业管理办法》等多部法律法规中，中国仍采取了多种措施对致力于从事出版物和家庭视听娱乐产品分销的外国服务供应商进行市场准入限制或歧视性限制。外国服务供应商被禁止或者限制从事包括出版物的总发行、总批发和分销服务等方面的业务。

第三，国民待遇问题。美国认为，中国违反 GATT 1994 第 3.4 条的规定，没有对供影院放映的电影和阅读材料、用于电子销售的录音制品提供国内同类产品获得的同等或类似待遇。首先，美国提出，中国政府采取贸易措施以限制阅读材料的销售渠道，只允许通过订阅的方式获得这些阅读材料；其次，中国的国有独资企业享有以上阅读材料的经营权，同时还保留除订阅外的其他流通渠道获得阅读材料的经营权；最后，中国将进口供影院放映的电影的发行权保留给国有企业和国有独资企业。

[法律问题]

中国所采取的限制文化产品贸易权的相关措施是否违反了 WTO 的相关制度和中国的入世承诺？

[法律分析]

就本案而言，中美双方主要争议焦点是如下五个问题：

1. 关于"电影"、"音像制品半成品"等文化产品的属性问题。"电影"、"音像制品半成品"等的性质是属于货物还是服务这一问题，直接决定了本案的涉案措施应当适用货物贸易协议还是服务贸易协议。在现有的 WTO 体系下，服务贸易的自由化程度远比不上货物贸易，尽管《服务贸易总协定》（以下简称 GATS）要求其缔约国通过市场准入、国民待遇等具体承诺来推动服务贸易的自由化进程，但是作为一个框架性的协议，其对于缔约国的贸易壁垒并不能起到强有力的限制作用。中国作为文化产品的输入国，中国代表主张"电影"、"音像制品半成品"等的性质应属于服务范畴，应当适用 GATS 的相关规定以保护本国的文化产业和社会公共秩序及价值体系，美国作为文化产品的输出国，则主张上述产品应属于货物范畴，应适用 GATT 1994 规则。但专家组报告明确提出，实施进口供影院放映的电影的贸易措施要同时遵守服务规则和货物贸易规则的规定。总的说来，专家组没有支持中国辩称有关"电影"、"音像制品半成品"等的贸易措施不属于货物贸易的范畴，不适用有关贸易权的承诺规定。

2. "必需性"问题。GATT 1994 第 20 条属于一般例外条款。一般例外条款是指为了维护本国的国家利益而对 WTO 的原则制度和相关法律规则作出相应的变通。GATT 1994 第 20 条（a）款规定："在此类措施的实施不会在情形相同的国家间构成任意的或不合理歧视的手段，或者是对国际贸易构成变相限制的前提下，不得将本协定的任何规定解释为妨碍任何缔约方采取或实施以下措施：（a）为保护公共道德所必需的；……"

中国认为，由于文化产品和公共道德之间具有紧密的不可分割的联系，禁止符合《出版管理条例》第 26 条和第 27 条规定的具有反动、暴力、色情等不良性质的文化产品进入中国，是保护公共道德的必要措施，其有利于保障内容审查机制的高效实用运行。这种限制贸易权的措施是对文化产品具体内容的审查，而非美国所称对文化产品贸易权的歧视，该争议措施是为了实现高效率的内容审查所"必需"的。美国认为，中国所实施的文化产品内容审查机制并不直接产生保护公共道德的效果。这两者之间没有直接的必然联系。

专家组指出，中国十分重视公共道德保护，将其视为政府利益的重要组成部分，涉案措施是公共道德保护的必要选择。针对美国要求中国增加能够有效地保护公共道德的合理替代措施，专家组指出，合理替代措施必须满足三个要求：一是合理；二是真实；三是对自由贸易限制影响最小。内容审查机制符合保护公共道德的"必需性"要求，但是只有在缺乏其他合理可用的措施基础上才能说明它是可用的。而实际上，对相关产品的管理不应当只存在简单禁止外国企业这一种管理模式，还存在其他的合理替代措施。

3. "以符合 WTO 协议方式管理贸易"的含义。美国认为，中国在《入世议定书》中承诺全面开放贸易权利，但中国所实施的现行的各类措施仍将与供影院发行的电影、家庭音像娱乐产品、录音制品和出版物等相关文化产品的贸易权保留，由若干国家指定企业、国有独资企业或国家投资企业独享。而外国企业和个人则被禁止或者限制从事此类文化产品的贸易活动，这一行为违反了中国在加入 WTO 时所作的承诺。

而中国指出《入世议定书》第 5 条第 1 款明确规定，"在不损害中国以与符合《WTO 协定》的方式管理贸易的权利的情况下，中国应逐步放宽贸易权的获得及其范围，以便在加入后 3 年内，使所有在中国的企业均有权在中国的全部关税领土内从事所有货物的贸易，但附件 2A 所列依照本议定书继续实行国营贸易的货物除外……"中国出于保护公共道德和中国文化的目的，对进口到中国的文化产品实施内容审查制度，以防止具有暴力、反动、色情等不健康的文化产品进入中国，是符合 WTO 规定的贸易管理方式。

所以问题的焦点集中在如何解释"以符合 WTO 相关协议的方式管理贸易的

权利"，因为这直接决定了随后中国是否有权援引 GATT 1994 第 20 条（a）款公共道德例外条款作为抗辩理由。GATT 1994 第 20 条（a）款规定的是"为保护公共道德所必需的措施"。专家组认为，为了保护公共道德而实行内容审查机制是可行的，但是中国未能证明内容审查机制的实质性贡献，因此，不能仅仅只存在只允许国有企业进口而禁止外国企业进口的这种单一管理制度模式。

而上诉机构认为，判断中国是否有权援引 GATT 1994 第 20 条（a）款公共道德条款，应该从两个方面展开判断。一方面是与贸易权承诺不符的贸易措施是否符合《WTO 协定》的宗旨与目的，另一方面是该贸易措施能否实现中国政府管理本国货物贸易的目的。上诉机构提出，虽然中国的被诉贸易措施是违反有关贸易权承诺的，但这与中国对审案产品的内容审查机制有着紧密联系，因此，中国有权援引 GATT 1994 第 20 条（a）款公共道德例外条款进行抗辩。

4. GATT 1994 第 20 条"公共道德例外"的规定。中国认为，文化产品是一种具有显著特定和非凡价值的向量，它对于一个国家社会生活中人生观、价值观、世界观的形成具有重要的规范和指引作用。公共道德是一个国家进行思想建设的坚固基石，通过系统高效的进口文化产品内容审查机制来保护社会公共道德，对国家的发展具有不可估量的重要意义。因此，建立系统高效的内容审查机制是保护公共道德的重要措施。中国是古老的东方大国，外国企业很难理解其深厚的历史底蕴和独特的社会道德文化，而对文化产品的内容审查又需要对中国的历史文化和道德文化有很深的认识以及庞大的人力资源、社会资源的支持，并非美国认为的中国有歧视性的选择进口经营者。中国实施限制文化产品的经营权，其目的是为了保护社会公共道德，并且这种限制措施并未对国际贸易产生较明显的影响。中国实施的贸易措施是符合 GATT 1994 第 20 条（a）款公共道德例外条款的要求，并且也是以符合 WTO 协定的方式来管理本国的贸易。

美国则认为，中国对"必需性"的理解不清楚，没有解释为什么符合"必需"要求的进口经营单位只能是国有独资企业，除了剥夺外国企业和个人的文化产品经营权，还有诸多合理替代措施能够有效地保护公共道德。中国没有提供充足的理由来说明限制文化产品进口贸易权的措施是必需且高效的。

根据 WTO 争端解决惯例，若一 WTO 成员要援引某一条款作为抗辩理由，则必须证明其有权援引此条条款。因此，在本案中，中国针对美国提出的中国违反《入世议定书》和《工作组报告》的贸易权承诺，提出援引 GATT 1994 第 20 条（a）款公共道德例外条款作为抗辩理由，就必须证明中国有权援引该例外条款，即 GATT 1994 可以适用于《入世议定书》和《工作组报告》。若《入世议定书》和《工作组报告》属于 GATT 1994 第 20 条中的"本协定"的一部分，那么中国援引公共道德例外条款就有了前提理由。

本案中，专家组采取"回避"策略，并没有直面该问题。而上诉机构提出，"管理贸易的权利"是指中国管理国际商务贸易活动的权利，这一权利的行使不应受到贸易权承诺下义务的侵害，但同时，中国必须是"以符合《WTO 协定》的方式"来行使这个权利。"以符合《WTO 协定》的方式"，指的是作为整体的《WTO 协定》，包括作为其附件的 GATT 1994。虽然《入世议定书》第 5 条第 1 款给予了贸易经营者进出口货物的权利，但这必须是建立在不妨碍中国政府实施贸易管理的权利的基础上，因为该款明确提到"在不损害中国以与符合《WTO 协定》的方式管理贸易的权利的情况下"，即中国拥有不容置疑的管理贸易的权利，只要实施贸易管理的措施符合《WTO 协定》的规定，那么即使采取的措施可能会对贸易权产生限制，也是合法的。中国监管国际货物贸易，制定相关限制贸易权的措施必须遵守 GATT 1994 的规定。因此，中国援引 GATT 1994 第 20 条（a）款公共道德例外条款作为抗辩，不应由于起诉方仅仅根据《入世议定书》第 5 条第 1 款提出，而不是根据 GATT 1994 的规定提出，就认定中国无权援引抗辩。上诉机构最后提出，在专家组阶段的调查中，发现中国政府对相关文化产品实行广泛且具体的内容审查机制，而本案存在争议的限制贸易权的措施是内容审查机制的组成部分，违背贸易权承诺的限制性措施和中国政府对产品的贸易管理，存在客观且清晰的联系，因此，中国有权援引 GATT 1994 第 20 条公共道德例外规定作为抗辩理由。

5. 服务贸易承诺减让表的规定。美国指出，中国在《入世议定书》中承诺就分销服务业以及音像制品相关的服务业给予市场准入和国民待遇，并通过所附的承诺减让表作出具体规定，但是中国仍采取多种措施禁止或者限制致力于从事出版物和家庭视听娱乐产品分销的外国服务供应商进入中国市场。中国则认为，承诺减让表中的 2.D 部分"视听产品"项下的"录音制品分销服务"的范围只涵盖实体形式的录音制品，而不包含电子方式分销的录音制品。因此，美国提出的相关管理措施不应当放到承诺减让表中衡量。专家组报告认为承诺减让表第 2.D 部分"视听产品"项下的"录音制品分销服务"的范围应当包括电子分销，中国禁止外国服务供应商从事录音制品的电子分销服务，已经违反国民待遇原则，构成区别对待。中国随后提起上诉，提出承诺减让表的解释应当依照订立条约时的当时含义进行解释，而在中国订立承诺减让表时当时世界贸易中分销服务的实际范围就仅限于传统的分销方式，而新兴的电子分销这种方式在当时还未真正展开。

上诉机构认为中国承诺减让表中有关"录音分销服务"的承诺是涵盖除明确排除在某些产品部门附表外的所有物理产品的，"录音分销服务"这一条目是延伸到非物质产品的分配提供的。上诉机构分析指出"录音分销服务"该条目是在中国的服务贸易减让表"视听服务"（部门2.D）的标题下，因此就表示可以延伸解释为以非物质形式的录音，特别是通过电子手段。承诺减让表是GATS的重要组成部分，有关"分销服务"的解释应当与GATS的目的和宗旨一致。各成员加入WTO时订立的具体承诺表，其性质应当是无期限的多边协议，如果依照当初签订条约时的含义进行解释，那么可能造成不同时期的WTO成员的承诺减让表具有不同的内容，这会严重影响各WTO成员的承诺表的确定性和可预见性。最终，上诉机构维持了专家组报告的裁定，认为电子分销应属于承诺减让表中的"录音制品分销服务"范围之内，即属于中国的入世承诺范围。

[相关法律]

《关税与贸易总协定》（1994年）

第20条 一般例外

本协定的规定不得解释为禁止缔约国采用或加强以下措施，但对情况相同的各国，实施的措施不得构成武断的或不合理的差别待遇，或构成对国际贸易的变相限制：

（a）为维护公共道德所必需的措施；

……

《中华人民共和国加入世界贸易组织议定书》

第5条 贸易权

在不损害中国以与符合《WTO协定》的方式管理贸易的权利的情况下，中国应逐步放宽贸易权的获得及其范围；以便在加入后3年内，使所有在中国的企业均有权在中国的全部关税领土内从事所有货物的贸易，但附件2A所列依照本议定书继续实行国营贸易的货物除外。此种贸易权应为进口或出口货物的权利。对于所有此类货物，均应根据GATT 1994第3条，特别是其中第4款的规定，在国内销售、许诺销售、购买、运输、分销或使用方面，包括直接接触最终用户方面，给予国民待遇。对于附件2B所列货物，中国应根据该附件中所列时间表逐步取消在给予贸易权方面的限制。中国应在过渡期内完成执行这些规定所必需的立法程序。

除本议定书另有规定外，对于所有外国个人和企业，包括未在中国投资或注册的外国个人和企业，在贸易权方面应给予其不低于给予在中国的企业的待遇。

三、知识产权保护规则

案例五：　　　　　　　　中国知识产权案

[案情简介]

2007年4月10日，美国向WTO争端解决机构提出了与中国进行磋商的请求，其认为中国的一些知识产权保护措施和执行方式，违背了WTO《与贸易有关的知识产权协定》（以下简称《TRIPs协定》）和《保护文学艺术作品伯尔尼公约》（以下简称《伯尔尼公约》）等规定的义务。2007年6月磋商无果后，美国向WTO争端解决机构提出成立专家组。2007年8月13日，WTO争端解决机构成立专家组。2009年1月26日，专家组对外公布了专家组报告。专家组指出，对于美国诉称中国著作权法和海关措施违背义务的主张，部分予以支持；同时裁决美国没有证实中国"刑事门槛"不符合《TRIPs协定》第61条设定的相关义务。2009年3月20日，WTO争端解决机构通过了专家组报告。

美国的主要异议有以下三个方面：其一，认为中国《著作权法》第4条第1款"依法禁止出版、传播的作品，不受本法保护"的规定违反了《TRIPs协定》第9.1条，"所有WTO成员必须遵守《伯尔尼公约》的第1~21条的规定（不包括除外条款）"，以及由此涉及的《伯尔尼公约》第5.1条。其二，美国提出中国的《中华人民共和国知识产权海关保护条例》（以下简称《知识产权海关保护条例》）第27条、《中华人民共和国海关关于〈中华人民共和国知识产权海关保护条例〉的实施办法》（以下简称《知识产权海关保护条例实施办法》）第30条等海关保护知识产权的规定，其内容都涉及被海关当局没收的侵犯知识产权商品的处置问题。根据上述几条规定，对海关没收的侵权货物，海关应当依照下列规定处置：被没收的侵犯知识产权货物可以用于社会公益事业的，海关应当转交给有关公益机构用于社会公益事业；知识产权权利人有收购意愿的，海关可以有偿转让给知识产权权利人；被没收的侵犯知识产权货物无法用于社会公益事业且知识产权权利人无收购意愿的，海关可以在消除侵权特征后依法拍卖；侵权特征无法消除的，海关应当予以销毁。美国认为中国的有关规定不符合《TRIPs协定》第59条和第46条的规定。《TRIPs协定》第59条规定，"在不损害权利持有人可采取的其他诉讼权并在遵守被告寻求司法机关进行审查权利的前提下，主管机关有权依照第46条所列原则责令销毁或处理侵权货物。对于假冒商标货物，主管机关不得允许侵权货物在未作改变的状态下再出口或对其适用不同的海关程序，但例外情况下除外"。第46条规定，"为有效制止侵权，司法机关有权在不给予任何补偿的情况下，责令将已被发现侵权的货物清除出商业渠道,以避免对权利持有人造成任何损害,或下令将其销毁……"其三,美国还认为中国有关知识产权犯罪的刑事门槛排除了一些侵权行为作为犯罪被追诉不符合《TRIPs 协定》的相关规定。

[法律问题]

中国有关知识产权的法律是否违反了《TRIPs 协定》的相关规定?

[法律分析]

就本案而言,中美双方争议的焦点有三点,具体如下:

1. 《著作权法》第 4 条第 1 款违反了《TRIPs 协定》第 9.1 条。我国《著作权法》第 4 条第 1 款,是对禁止出版传播的作品著作权保护的否定。针对中国提出的否定著作权保护,但不否定著作权的观点,专家组认定这种区分是不合适的。专家组分析认为,根据中国的观点,享有和行使著作权不需要任何形式要求,而否定著作权保护则需要司法或行政执法机关的正式决定。很难想象,当一个作品基于其性质被当权机关否定著作权保护,被禁止(出版/发行)之后,该作品的著作权还能继续存在,不受任何影响。专家组最终认定中国《著作权法》第 4 条第 1 款违反《伯尔尼公约》第 5.1 条和《TRIPs 协定》第 9.1 条。

2. 中国海关没收侵犯知识产权商品的处置方法不符合《TRIPs 协定》的规定。

第一,专家组对《TRIPs 协定》第 46 条进行了认真剖析,认为该条的原则就是"有效阻止侵权"。根据该原则,处置侵权物品的方法和补救措施可以由成员国自己来定。《TRIPs 协定》第 59 条规定的补救措施(销毁和处理)是非穷尽式的列举。

第二,对于捐赠,美国对捐赠给公益机构的处置方法本身没有异议,但是美国认为法律没有对捐赠做进一步的限定。如果捐赠物品是缺陷产品或者质量低劣产品,会对权利人的声誉造成损害。如果受捐赠者后来又对外销售这些物品,就会使这些物品流入商业渠道从而损害权利人利益。中国在审理阶段提出了《中华人民共和国公益事业捐赠法》第 6 条,该条规定"捐赠应当遵守法律、法规,不得违背社会公德,不得损害公共利益和其他公民的合法权益"。专家组认为"不损害公共利益"可以将缺陷产品排除在捐助之外。对于美国提出的质量低劣的产品可能损害权利人声誉,专家组认为,美国没有能够证明,为了避免权利人声誉的损害,海关无权向社会公益机构捐助质量低劣的侵权物品。美国还认为受捐助者有可能以后销售侵权物品,对此问题中国政府指出,《知识产权海关保护条例实施办法》(2004 年)第 30 条规定,有关公益机构将海关没收的侵权货物用于社会公益事业,海关应当进行必要的监督。此外中国还提供了海关总署的一个备忘录。该备忘录规定了海关的监督义务，侵权产品的使用目的和方式，以及防止这些产品进入流通渠道的措施。专家组认为备忘录能够说明海关对侵权物品的处置方法，而且这种方法不会使其重新进入商业渠道。对于转卖给权利人，专家组认为《知识产权海关保护条例实施办法》（2004年）第30条使用的是"可以"二字，海关知识产权实施办法规定捐赠和转卖是可选择的，没有先后顺序。没有证据表明转卖给权利人是唯一可适用的选择。

第三，对于拍卖和销毁侵权物品之间的关系，专家组认为，《知识产权海关保护条例》提供了4种侵权物品的处理方法：捐赠、转卖、拍卖、销毁。其中，对于将侵权物品"转卖"和"拍卖"，法律使用的是"可以"二字；对于将侵权物品"捐赠"和"销毁"，法律使用的是"应当"二字。当侵权特征无法消除时，海关机关应当销毁侵权物品，这并不能当然推断出当侵权特征可以消除时，海关机关就无权销毁侵权物品。消除侵权特征只是拍卖的一个前提条件，但并不意味着消除侵权特征就一定要拍卖。最后专家组认为美国没有能够证明中国海关因为有权拍卖侵权物品就无权销毁侵权物品。

第四，《TRIPs协定》第46条第4句话规定："对于仿冒商标产品，除例外情况，仅仅除去非法所贴商标还不足以允许将该产品放行到商业渠道中。"美国提出中国海关的拍卖侵权物品的规定违反了该条规定。专家组认为，第46条规定的目的是"为有效制止侵权"，当假冒商标的商品在仅除去非法标贴而进入流通渠道以后，同样的标贴可以被制造出来或者单独进口并很容易地就被非法重新贴上去，这样的话就会造成再次侵权。假冒商标的商品都是尽量去模仿真品的外观而不仅仅是贴上假冒的商标，这与假冒商品总是想混淆消费者的视线，总是想仿造真品是同样的道理。当侵权商标被去除以后，商品的性状仍然与真品很相像，这样就很有可能通过再贴附侵权商标的方法再次侵权。不管是否真有此事，非侵权的商品和海关没收的侵权产品有可能一起流入到商业领域。为了有效制止侵权，避免这种再次侵权行为的发生，《TRIPs协定》第46条规定了仅仅去除非法加贴的商标是不够的，还要有其他的措施来保证不再发生二次侵权。中国提出在侵权物品拍卖之前还要征求权利人的许可，这可以构成"仅仅去除非法加贴的商标"之外的其他措施。专家组认为，权利人的许可并不能改变侵权物品的性状，并且征求权利人的许可不是公约要求的义务，与"仅仅去除非法加贴的商标"无关。中国认为拍卖的侵权物品有价格底线，能确保侵权人没有机会低价购买并重新加贴侵权标志。专家组认为，虽然去除侵权标志的商品确实比加贴侵权标志的商品价值降低，但是对于进口者或者第三方来说仍然有购买的价值，并且有可能重新加贴侵权商标从而带来再次侵权的风险。

根据以上分析，专家组最后认定中国的海关措施不符合《TRIPs协定》第

59 条和第 46 条规定的情况。

3. 中国针对知识产权犯罪的刑事处罚符合《TRIPs 协定》的相关规定。专家组认为中国的刑事门槛排除了一些侵权行为作为犯罪被追诉，这一事实本身并不构成对《TRIPs 协定》第 61 条的违反。虽然专家组并不认同中国规定的门槛，但指出美国出示的证据并不足以说明中国那些被排除刑事责任的案件构成《TRIPs 协定》中的"商业规模"。最后，专家组认定美国没有能够证明中国刑法有关刑事门槛的规定与《TRIPs 协定》第 61 条规定的义务不符。

[相关法律]

《与贸易有关的知识产权协定》

第 9 条　各成员方应遵守 1971 年《伯尔尼公约》第 1~21 条及其附件的规定。然而，各成员方根据本协议对公约第 6 条附则授予的权利或由其引申出的权利没有权利和义务。

对版权的保护可延伸到公式，但不得延伸到思想、程序、操作方法或数学上的概念等。

第 46 条　为了对侵权行为造成有效的威慑，司法当局有权令其发现正在授权的货物避免对权利所有人造成损害的方式不作任何补偿地在商业渠道以外予以处置，或者在不与现行法律要求相抵触的情况下予以销毁。司法当局还有权令在侵权物品生产中主要使用的材料和工具以减少进一步侵权危险的方式不作任何补偿地在商业渠道以外予以处置。在考虑此类请求时，应考虑侵权的严重程度与被决定的补救两者相称的必要性以及第三者的利益。对于仿冒商标产品，除例外情况，仅仅除去非法所贴商标还不足以允许将该产品放行到商业渠道之中。

第 59 条　在不妨碍权利人其他行动权和被告向司法当局寻求审查权利的同时，主管当局根据上述第 40 条的规定，应有权下令销毁或处理侵权货物，对于仿冒商标的货物，当局应不允许侵权货物原封不动地再出口，若使其按照不同的海关程序办理，例外情况除外。

第 61 条　成员方应规定刑事程序和惩罚，至少适用于具有商业规模的故意的商标仿冒和盗版案件。可资利用的补救措施应包括足以构成一种威慑的与对相应程度的刑事犯罪适用的处罚水平相同的监禁和/或罚款措施。在适当的案件中，可资利用的补救措施还包括对侵犯货物及在从事此种违法行为时主要使用的材料和工具予以扣押、没收和销毁。成员方可规定适用于其他侵犯知识产权案件的刑事程序和惩罚，特别是对于故意和具有商业规模的侵权案件。

《保护文学艺术作品伯尔尼公约》

第5条

1. 就享有本公约保护的作品而论，作者在作品起源国以外的本同盟成员国中享有各该国法律现在给予和今后可能给予其国民的权利，以及本公约特别授予的权利。

……

《中华人民共和国著作权法》（2001年）

第4条 依法禁止出版、传播的作品，不受本法保护。

著作权人行使著作权，不得违反宪法和法律，不得损害公共利益。

《中华人民共和国知识产权海关保护条例》（2003年）

第27条 被扣留的侵权嫌疑货物，经海关调查后认定侵犯知识产权的，由海关予以没收。

海关没收侵犯知识产权货物后，应当将侵犯知识产权货物的有关情况书面通知知识产权权利人。

被没收的侵犯知识产权货物可以用于社会公益事业的，海关应当转交给有关公益机构用于社会公益事业；知识产权权利人有收购意愿的，海关可以有偿转让给知识产权权利人。被没收的侵犯知识产权货物无法用于社会公益事业且知识产权权利人无收购意愿的，海关可以在消除侵权特征后依法拍卖；侵权特征无法消除的，海关应当予以销毁。

《中华人民共和国海关关于〈中华人民共和国知识产权海关保护条例〉的实施办法》（2004年）

第30条 对海关没收的侵权货物，海关应当依照下列规定处置：

（一）有关货物可以直接用于社会公益事业或者知识产权权利人有收购意愿的，将货物转交给有关公益机构用于社会公益事业或者有偿转让给知识产权权利人；

（二）有关货物不能按照第1项的规定处置且侵权特征能够消除的，在消除侵权特征后依法拍卖。拍卖货物所得款项上交国库；

（三）有关货物不能按照第1、2项规定处置的，应当予以销毁。

海关销毁侵权货物，知识产权权利人应当提供必要的协助。有关公益机构将海关没收的侵权货物用于社会公益事业以及知识产权权利人协助海关销毁侵权货物的，海关应当进行必要的监督。

案例六：　　　　　　　　　　中国 DVD 纠纷案

[案情简介]
2002 年 1 月 9 日，以飞利浦为代表的 3C 联盟（3C 其他两家公司为索尼和先锋），在英国以 DVD 未交专利许可费，系侵权产品为由，申请海关知识产权保护，扣押了深圳普迪公司运往欧洲的 3864 台 DVD。紧接着，惠州德赛视听科技有限公司出口到德国的 DVD 机也因同样理由被扣押。

2002 年 3 月 8 日，6C 联盟（6C 即东芝、三菱、日立、松下、JVC、时代华纳六家公司）向中国 DVD 生产企业发出了最后通牒：要求与国内企业直接谈判，并通过律师函要求中国各个厂家务必在 3 月 31 日前与之达成协议。2002 年 5 月 8 日，中国电子音像协会就 DVD 播放机专利许可事宜与 6C 达成共识，并已在 4 月 19 日达成协议。其后与 3C 公司亦达成协议，中国每出口一台 DVD 播放机，将支付给 3C 公司 5 美元的专利使用费。同时，与汤姆逊、杜比、DTS、MPEG－LA 等跨国公司就专利费的谈判还在进行当中，这几家公司掌握解码技术、音频压缩技术、图像压缩技术的专利。

据不完全统计，从 1999 年 9 月开始，中国每生产一台 DVD 就必须要向 6C 联盟缴纳 4 美元以及向 3C 联盟缴纳 5 美元，还要向汤姆逊公司缴纳 1~1.5 美元的专利费。2004 年 6 月，DTS 声称要强制征收中国 DVD 企业近 10 美元专利费。加上近期初步还要向 MPEG－LA 缴纳专利费 2.5 美元。

[法律问题]
中国 DVD 厂家是否可以用专利权的权利用尽原则进行抗辩？

[法律分析]
专利权的权利用尽原则是指专利权人自己或许可他人制造的专利产品，包括依据专利方法直接获得的产品，被合法投放市场后，任何人对该产品进行销售或使用，不再需要得到专利权人的许可或授权，且不构成侵权。专利权的权利用尽原则仅允许专利权人在专利产品首次销售时有权控制，因此其又被称为"首次销售原则"。当专利权人自己或许可他人制造的专利产品流入市场后，任何人对该产品进行销售和使用都不再需要权利人的许可。该原则的核心是维护正常的交易秩序，在保护专利权人利益的前提下，促进商品流通的自由化。

在国际上，专利权的权利用尽原则也是通行规则。在英国，专利权的权利用尽原则是基于一种默示许可理论提出的。根据该理论，如果专利权人或被许可人在首次出售其专利产品时没有明确提出限制条件，则可推定其默示同意购买人对该专利产品拥有完全的所有权，包括转售权。而在德国，权利用尽原则是根据反垄断原则提出的。根据德国法律，专利权的权利用尽原则自动适用，即无论专利权人在出售其专利产品时是否提出了限制条件,均适用专利权的权利用尽原则。在美国,法院通过一系列相关判例确立了专利权的权利用尽原则,其内容包括"首次出售穷尽"、"默认许可"和"指使制造权"。根据该原则,专利权人出售或许可他人出售其专利产品后,就已经从他所拥有的专利中获利,其专利独占权即已实现。如果继续给予专利权人对首次出售的专利产品行使控制权利,就可能构成权利滥用,从而违反反垄断法。

对于专利权的权利用尽原则,世界各国普遍采取承认的态度。但是就这一原则的地域效力而言,各国特别是发达国家和发展中国家之间的国内立法和司法实践均存在较大分歧。发达国家大多倾向承认专利权的国内用尽原则,如在美国,凡是有效的美国专利持有人,都有权请求美国海关禁止侵犯其专利权的商品进口;凡在美国进口涉及有效美国专利的商品,不论该专利是否同时在外国被授予专利权,都必须得到美国专利持有人的许可。在欧盟,专利权的权利用尽原则只能在欧盟共同市场中适用,并不适用于成员国与第三国进行的贸易。如果专利权人或被许可人在欧盟以外的国家或者地区制造并销售其专利产品,他人在将所购买的专利产品进口到欧盟国家时,专利权人可以行使其专利权予以禁止。可见,欧盟所主张的也是专利权的国内用尽原则。与此相反,发展中国家为防止发达国家滥用其科技优势设置技术壁垒,减轻进口发达国家专利产品的经济负担,大多赞同专利权的国际用尽原则。

对于"权利用尽"问题,由于各国立法的差异较大,特别是发达国家与发展中国家对专利权的国内用尽原则和国际用尽原则争执不下,使得这一问题成为《与贸易有关的知识产权协定》(以下简称《TRIPs 协定》)制定过程中争论最激烈的问题之一。《TRIPs 协定》第 6 条规定,不允许成员国或成员地区在解决相互间争端时,用该协议的条款去支持或否定权利用尽的问题,以避免原本就存有较大差距的各成员国立法在有关争端中产生更多的矛盾。据此,各国有权根据本国实际决定其在专利权权利用尽问题上的立场,其他国家无权干涉和指责。在中国,在 2008 年《专利法》第 69 条中规定,"专利产品或者依照专利方法直接获得的产品,由专利权人或者经其许可的单位、个人售出后,使用、许诺销售、销售、进口该产品的,不视为侵犯专利权"。

在本案中,中国 DVD 厂家所指用的零部件均是由国外进口,根据专利权的权利用尽原则,专利权人对其已失去控制权,国内厂家的使用行为不构成侵权,整机转售行为也不构成侵权,除非有关厂家未经许可买下国外的零部件进行仿制并出口到专利登记国,否则他们使用和销售行为并不构成侵权,所谓的侵权责任也就失去了产生的基础。

[相关法律]

《与贸易有关的知识产权协定》

第6条 权利用尽

就本协定项下的争端解决而言,在遵守第3条和第4条规定的前提下,本协定的任何规定不得用于处理知识产权的权利用尽问题。

《中华人民共和国专利法》(2008年)

第69条 有下列情形之一的,不视为侵犯专利权:

(一)专利产品或者依照专利方法直接获得的产品,由专利权人或者经其许可的单位、个人售出后,使用、许诺销售、销售、进口该产品的;

(二)在专利申请日前已经制造相同产品、使用相同方法或者已经作好制造、使用的必要准备,并且仅在原有范围内继续制造、使用的;

(三)临时通过中国领陆、领水、领空的外国运输工具,依照其所属国同中国签订的协议或者共同参加的国际条约,或者依照互惠原则,为运输工具自身需要而在其装置和设备中使用有关专利的;

(四)专为科学研究和实验而使用有关专利的;

(五)为提供行政审批所需要的信息,制造、使用、进口专利药品或者专利医疗器械的,以及专门为其制造、进口专利药品或者专利医疗器械的。

第二节 WTO争端解决机制

案例七: 中国稀土资源案

[案情简介]

美国于2012年3月13日向WTO提出申诉,要求就中国对稀土出口进行管制的问题与中国在WTO争端解决机制下展开磋商。美国认为中国实施了不公平的出口管制措施,对稀土、钨和钼的出口征收不合理的出口关税、制定出口配额限制和出口最低价格限制,以及在上述产品的出口程序上进行不合理的限制,违反了《1994年关税与贸易总协定》(以下简称GATT 1994)等WTO规则和中国加入WTO时的相关承诺。欧盟和日本也于同日提出申请,要求就稀土产品出口问题在WTO争端解决机制下与中国开始磋商。2012年4月25日,中国与美国、欧盟、日本在日内瓦就此申诉进行了磋商。经过为期两天的磋商,双方并未达成一致协议。

2012年7月23日,依照程序成立专家组。2014年3月26日,WTO专家组公布了本案的专家组报告。专家组认为，中国稀土产品的出口关税政策、出口配额限制措施不符合有关 WTO 规则和中国加入 WTO 时的相关承诺。但专家组同时确认了资源主权原则，认可中国以可持续发展方式行使自然资源主权的权利，赞同中国实施了资源综合保护政策，并对中国在资源保护方面所做的努力予以肯定。申诉方之一的美国在 2014 年 4 月 8 日向 WTO 上诉机构提出上诉。中国于 2014 年 4 月 17 日宣布提出交叉上诉。2014 年 8 月 7 日公布了上诉机构报告。上诉机构报告维持了专家组的裁决。之后，WTO 争端解决机构通过了上诉机构报告和专家组报告。

2015 年 1 月 1 日，中国取消了稀土配额，标志着实施 16 年的稀土配额制度正式取消。同时，2015 年 5 月 1 日，中国取消了稀土出口关税。

[法律问题]

1. 中国稀土产品的出口关税政策、出口配额限制措施是否符合有关 WTO 规则和中国加入 WTO 时的相关承诺？

2. 结合本案，WTO 争端解决机制的基本程序是什么？

[法律分析]

1. 中国稀土产品的出口关税政策、出口配额限制措施是否符合有关 WTO 规则和中国加入 WTO 时的相关承诺问题。

（1）关于出口关税的问题。

第一，关于《中华人民共和国加入世界贸易组织工作组报告书》（以下简称《入世工作组报告》）与《中华人民共和国加入世界贸易组织议定书》（以下简称《入世议定书》）。申诉方认为中国违反了中国当初加入 WTO 的承诺，对稀土、钨和钼等其他稀有金属征收出口关税，但这些金属资源并没有在《入世议定书》附件 6 列表中列明。中国加入 WTO 时的承诺文件主要是指《入世议定书》和《入世工作组报告书》，这两个法律文件是中国入世谈判的法律成果。申诉方指出中国具体违反了《入世议定书》第 11 条第 3 款关于对进出口产品征收的税费的规定。依据该条第 3 款，中国承诺取消对出口产品征收所有税费，只有出口产品属于议定书附件 6 中列举的 84 种产品和符合 GATT 1994 第 8 条的规定两种例外情况。通常情况下 WTO 并不禁止征收出口关税的措施，出口关税乃是一国有效行使法律手段维护国内经济市场，促进贸易发展的手段。但是由于在中国加入 WTO 时就承担了超 WTO 义务，且中国议定书附件 6 中所举出的 84 种产品并不包含稀土、钨和钼等稀有金属，具体来说，超 WTO 义务就是在 1995 年 1 月 1 日 WTO 正式成立后，新加入 WTO 的成员方都需要签订 WTO 议定书和工作组报告，在其中作出一些特殊约定，使新加入成员方承担比 WTO 创始成员方更严格的义务。新成员方的工作报告中往往含有"出口规范"的规定，其中包括出口关税、数量限制、出口许可证，新成员方也可能在其中提出正当化依据。附件 6 列举了中国征收出口关税的 84 种产品和各自的出口税率，并注释附件中的税率是最高税率，中国除例外情况下一般不得提高这些产品的现行税率，若是出现可以提高税率的情况，中国应该通知可能受到影响的成员国并与之磋商，协商确定双方都可接受的税率范围。最后，中国在报告书第 155 条中再次承诺除了符合 GATT 1994 第 8 条的规定或是列在附件 6 中的产品外，一切出口产品的税费都应该予以取消，在第 156 条中，中国再次强调只对 84 个税号征收出口税。

第二，关于 GATT 1994 第 8 条。禁止成员国通过在税费及办理进出口手续中进行积极控制等程序性措施对资源出口进行限制是 GATT 1994 第 8 条的主要内容。GATT 1994 第 8 条第 1 款规定，除进出口关税和 GATT 1994 第 3 条所列国内税以外的任何类别的规费，缔约国对进出口所征的有关税费不应成为对本国产品的间接保护以及为了财政目的而征收的进出口税。同时，第 4 款已列举了不符合规定的具体税费类型，包括进出口许可证；文件、单据和证明；统计事项；领事事项；外汇管制；分析和检查；数量限制相关费用；以及卫生、检疫事项共八类进出口事项。由此可以看出本案并不符合 GATT 1994 第 8 条的适用情况。

第三，关于 GATT 1994 第 20 条。在本案中，中国指出这些关税措施是为了保障人民的生命和健康以及生态环境远离稀土大规模开采所造成的污染而采取的必要措施。中国可以寻求援引 GATT 1994 第 20 条的"一般例外"条款，虽然涉及争议的稀土、钨和钼等有关产品的关税措施没有包含在相关附件中，但是 GATT 1994 第 24 条第 b 款允许 WTO 的各方成员实施的出口限制措施的根本目的在于保障其人民、国内动植物的生命或健康，且必须实施的措施。申诉方认为包含在 GATT 1994 第 20 条中的"一般例外"条款不能有效的证明中国包含在《入世议定书》中的关税承诺被排除，不管怎样中国的关税措施都不是为了保障人民、动植物的生命和健康所必要的措施。

结合双方意见，专家组在报告中认为，中国征收出口关税并不是为了保护人类、动植物的生命或健康所必需的措施，该条款并不能作为中国违反入世承诺的抗辩理由。

（2）关于出口配额的问题。出口配额限制措施是指一国限制产品出口的数量或金额，从而达到控制出口的目的，它属于 WTO 规定的最主要的一种非关税壁垒形式，这种措施不利于国际市场的自由竞争环境，有碍于国际贸易自由化，违背了 WTO 的宗旨，WTO 一般禁止成员国采取此种关税壁垒，对此 GATT 1994 第 11 条第 1 款也作出了明确的规定。美国指出中国的出口配额限制措施违反了该规定以及《入世议定书》第一部分第 1 条第 2 款的规定。中国违反了在《入世工作组报告》第 162 条和第 165 条关于非自动许可证和出口限制方面的承诺。中国代表曾在《入世工作组报告》就非自动出口许可程序和出口限制的 WTO 规则进行确定，在第 162 条中确定的我国将遵守有关非自动出口许可程序和出口限制的 WTO 规则，也将对我国《对外贸易法》作出修改，使其符合 GATT 1994 的规定。在第 165 条中确认自加入 WTO 时起，除非现存对出口产品实行的非自动许可限制措施在 WTO 规则或议定书项下被证明为合理，否则将每年就其向 WTO 作出通知，并将其予以取消。在加入 WTO 后，唯一可以实行出口限制和许可程序的情况是被 GATT 1994 规定证明为合理。

  加入 WTO 时中国同样也承诺了取消出口配额限制。根据《入世议定书》第 7 条的规定，中国承诺取消一切非关税措施，具体来说就是取消进出口许可证措施、进出口配额措施等，中国在该条第 2 款还具体承诺了逐步取消非关税措施的具体做法，取消的期限和取消方式，除非是 WTO 证明为合理的非关税措施，否则中国不得采取、重新采取或实施。中国承认其对稀土、钨和钼等稀有金属进行数量限制，规定其在一定时期内可以出口的配额。虽然认识到此类出口限制措施与 GATT 1994 不相符合，中国认为其依然可以援引 GATT 1994 第 20 条第 (g) 项进行抗辩，其原因是其关税措施是用以保护即将耗尽的自然资源。

  事实上，专家组对 GATT 1994 第 20 条第 (g) 项中的"保护"一词进行了解读，专家组同意中国的观点"保护"不仅仅指"保护"，还包括允许成员国充分考虑其本国可持续发展的需要和目标后，创设相关的法规政策。专家组认为中国对稀土产品采取出口配额措施虽然表面上符合本国可持续发展的目标，但实质是为了实现其稀土产业政策的目标，而不是主要基于对环境的保护目的。再者，中国出口配额的措施只是对出口产品进行了限制，没有对国内的生产和消费一同进行限制，不符合 GATT 1994 相关规定。通过对国内各项措施的检查，中国声称其对稀土、钨和钼进行了限制，专家组判断中国所做的国内或者是对国外的限制措施，目的是为了保证国内企业和国内市场对于这些自然资源的优先使用。

  (3) 关于贸易权的问题。中国对国内企业出口稀土、钨和钼的资质进行管制，例如在优先出口资格和最低出口资本要求方面进行规定，对符合出口条件的企业发放出口许可证这一方式，违反了企业的贸易权。这些措施违反了《入世议定书》第一部分第 5 条第 1 款和第一部分第 1 条第 2 款项下的义务，与《入世工作组报告》的第 83 条和第 84 条不符。第 5 条第 1 款是关于贸易权的规定，中国在其第 1 款中承诺除附件 2A 所列的货物（WTO 允许继续实行国家垄断贸易的货物）之外，中国在不损害国家权利的情况下将会逐步放宽贸易权的获得和范围，入世3年后，在中国全部关税领土内从事所有货物贸易的权限将向所有在中国的企业开放。也就是说，只要在中国关税领土范围内，取消本土企业和外资企业的差别待遇，所有在中国的企业都有从事所有货物贸易的权利。中国对稀土出口企业设置了"出口实绩"的要求，要求有稀土产品经营权的出口企业提供往年出口的实绩作为申请出口配额的一个条件，申诉方认为这种做法是对外资企业的歧视，违背了国民待遇原则。专家组在此问题上，驳回了申诉方有关歧视的主张，认为中国对稀土行业的整治方面对境内所有企业都是同等对待的，对外国企业没有违背国民待遇原则。但同时认定中国的出口配额管理和分配措施不符合WTO规则。

中国在《入世工作组报告》第83条承诺，在入世后3年过渡期内将采取循序渐进的措施，逐步取消本土企业和外资企业的差别待遇，逐步放开企业贸易权的范围。具体分三个阶段实施，在入世1年后，外资占少数股份的外资参股合资企业将先获得贸易权；在入世2年后，外资占多数股份的外资控股合资企业将获得贸易权；入世3年后，所有在中国的企业都将获得无差别的外贸经营权。中国对稀土出口企业获得出口配额施加了"出口实绩"和"最低注册资本"的要求，申诉方认为这两个要求违背了中国关于逐步放开企业贸易权与取消审批制度的承诺。中国对此的抗辩理由是为了环保和保护稀土资源，认为符合GATT 1994环保例外条款的规定，是符合有关入世承诺的除外情形。专家组对中国采取措施的手段与环境资源的保护目的之间的实质相关性产生质疑。

专家组在此问题上认为，虽然中国可以援引GATT 1994第20条第（g）项来进行证明，但是中国对稀土实施贸易权限制与保护国内稀土资源实质上并无太大相关性，并且在调查过程中发现中国并没有令人满意的答案来说明为什么对贸易权的限制在本条款下是合理的，因此专家组得出结论，中国对贸易权的限制是违反WTO义务的。

2. WTO争端解决机制的基本程序。WTO争端解决机制的基本程序包括协商或磋商、斡旋、调解、调停、仲裁、专家组、上诉机构、执行、监督和制裁等环节。

（1）协商或磋商。WTO争端解决机制鼓励争议方采取友好共同商洽的方法处理纠纷。磋商是争端解决机制的首要的、必需的程序，它是争端当事方自行解决争端的一种方法，也是WTO成员解决贸易争端主要的途径。值得注意的是，即使争端进入了专家组程序后，双方仍然可以通过磋商达成相互满意的解决方案。磋商是一种程序性要求，一旦成员方向WTO提出磋商请求则意味着WTO争端解决机制正式启动。同时根据《关于争端解决规则与程序的谅解》（以下简称DSU）第4条第7款的规定，提起诉讼的一方在两种情况下可以于60

天内提请成立专家组，一是 60 天内还未能解决纠纷，二是收到磋商请求时双方皆认为无法通过此方式解决纠纷。

本案中，2012 年 4 月 25 日，中国与美国、欧盟、日本在日内瓦就此申诉进行了磋商。经过为期两天的磋商，双方并未达成一致协议。

（2）斡旋、调停与调解。与磋商程序不同的是，斡旋、调解与调停是经争端各当事方同意而自愿选择的程序。DSU 第 5 条规定："如果自收到协商请求之日后 60 天内进行斡旋、调解或者调停，则申诉方必须在接到协商请求之日后和在要求成立专家组之前给予 60 天的期限，如果争端当事方共同认为斡旋、调解和调停的程序不能解决争端，则申诉方可以在 60 天期间内请求设立专家组。"斡旋、调解和调停程序具有自愿性、灵活性、兼容性、保证性等特点。本案没有经过这一程序。

（3）专家组的审议和裁决。当通过协商、斡旋、调解、调停方法仍不能解决争端时，申诉方应以书面的形式向争端解决机构提交设立专家组的申请，诉诸司法性解决方法来解决争端。一般来说，专家组最迟都会在该申请被首次列入争端解决机构会议议程的下次会议上设立，除非该申请在争端解决机构会议上被以共识方式否定。这就说明，专家组的设立几乎是自动的。

专家组成立后，其主要的工作是对所审理的争端进行客观的调查，并向争端解决机构提出调查结果报告和争端解决的建议。专家组作出报告的期限，自其成立之日起，一般不超过 6 个月。情况紧急的应在 3 个月内完成。如果在上述期限内不能完成的，应向争端解决机构说明理由。但无论如何从专家组成立之日到向争端双方发送最终报告时止，不得超过 9 个月。当案件的审理涉及某些专业技术时，专家组可以设立专家评审组，评审组在专家组的领导下向其提供具有咨询性质的报告。

专家组的报告并不当然具有法律效力，还必须经争端解决机构以"否定式共识"或"倒协商一致"的方式通过。DSU 要求专家组的报告应在争端解决机构审议通过前 20 天散发给各成员国，因为报告的内容复杂，争端各方有权参加对报告的审议并发表意见。但对专家组报告提出反对意见的成员国应至少在争端解决机构召开会议前 10 天以书面的方式提出反对的理由。在一份专家组报告散发给各成员国之日起 60 天内，除非争端的一方正式通知争端解决机构其上诉决定或争端解决机构协商一致不通过该报告，否则，该报告应在争端解决机构会议上予以通过。且该通过程序不妨碍各成员国对专家组发表意见的权利。

本案中，2012 年 6 月 27 日，申诉方向 WTO 争端解决机构提出请求要求成立专家组，但是中国于 7 月 10 日争端解决机构举行的会议上明确拒绝了该请求。依据 WTO 争端解决机制的规则规定，"起诉方在两周后有权再次提出成立专家组的请求,但被诉方则无权再次反对"。案件随即进入了专家组的审理阶段。专家组的成立,常常要经过至少两次会议。往往在第一次会议上,被诉方不会同意成立专家组进行调查,以拖延案件进程及时间。但根据"反向协商一致原则",在第二次会议上,专家组则会自动成立,因为按照规定,"除非经协商一致不成立专家组",否则专家组就应成立,这是该原则的具体运用。

2012年7月23日,依照程序成立专家组。同年9月12日公布案件号:美国争端案号为WT/DS431,欧盟争端案号为WT/DS432,日本争端案号为WT/DS433。根据DSU第8条第7款的规定要求WTO总干事决定专家组的组成人员。9月24日WTO确定了中国关于稀土、钨和钼的出口限制措施案专家组成员的人员名单。与此同时加拿大、俄罗斯、澳大利亚、韩国、巴西、秘鲁、挪威、阿根廷、土耳其、印度、沙特阿拉伯、越南、哥伦比亚、印度尼西亚、中国台湾、阿曼作为第三方参与专家组程序。专家组的确立标志着美国诉中国稀土出口限制案件正式进入法律诉讼阶段。

(4)上诉机构的复审。主要程序如下:① 上诉的提起。当争端的一方对专家组的报告有异议并以书面的方式将上诉决定通知争端解决机构或争端解决机构一致反对采纳专家组的报告时,则产生了上诉程序。上诉一般只能由争端方提出,不过经过确认的第三方可以向常设上诉机构提供书面材料和进行口头说明,上诉机构应听取第三方的意见。上诉的提起受时间的限制,否则会导致上诉无效。DSU第16条第4款规定,在专家组报告向成员散发之后60日内,专家组报告通过之前,争端的一方应正式通知争端解决机构决定上诉。否则,一旦争端解决机构通过专家组的报告,争端方就丧失了上诉权。另外,《上诉审查工作程序》第29条也规定,如果上诉的参加方没有在要求的时间内提交意见书或未出席口头聆讯,上诉法庭应在参考上诉的争端的观点后签发其认为适宜的判令,包括驳回上诉的判令。② 审查的范围。上诉机构不审查事实问题,只审查专家组报告中的法律问题以及对法律问题的解释,并且只针对提出上诉的问题进行审查。对于没有上诉的问题,上诉机构也不予审查。③ 审查的期限。为了提高解决解决的效率,DSU规定了上诉机构审查的期限。一般来说,自争端一方正式通知其上诉之日起到上诉机构作出决定止,应不超过60日。在紧急情况下,上诉机构应决定其相应的进度。若出现特殊情况,常设上诉机构延长工作期限至90天,但是它必须书面通知争端解决机构,说明延长的理由和估计提交报告的时间。但不管怎样,从专家组的设立到通过上诉机构的报告的时间最长不超过12个月。

上诉机构应在合理的期限内作出报告,该报告与专家组报告通过的程序一样。上诉机构的报告也采用"倒协商一致"的方式,几乎自动通过。报告通过以后，争端当事人应无条件地接受，不得再次上诉。

本案中，申诉方之一的美国在 2014 年 4 月 8 日向 WTO 上诉机构提出上诉。中国于 2014 年 4 月 17 日宣布提出交叉上诉，并于 4 月 25 日向上诉机构提交了上诉文件，认为专家组报告曲解了世界贸易组织规则和中国加入 WTO 时的相关承诺文件，并对专家组报告中提出反对意见的部分超过 170 处，要求上诉机构就专家组报告中有关中国"出口配额"违规等裁定予以驳回。这标志着本案进入到了上诉程序。之后本案进入上诉机构复审程序。WTO 于 2014 年 8 月 7 日公布了美欧日诉中国稀土出口管制措施案的上诉机构报告。

（5）仲裁。仲裁作为解决 WTO 成员之间争议的方法，主要规定在 DSU 第 21 条第 3 款第 3 项、第 22 条第 6 款和第 25 条中，分为一般意义上的仲裁和特殊仲裁。

DSU 第 25 条规定的是一般意义上的仲裁，当事人可根据他们之间业已达成的仲裁协议，将争议提交仲裁解决。此时，仲裁解决的是双方就已明确的事项产生的争议，可作为援用专家组或上诉程序的一种替代手段。

特殊仲裁规定在 DSU 第 21 条第 3 款第 3 项和第 22 条第 6 款中。第 21 条第 3 款第 3 项规定的是对执行争端解决机构已经通过的专家组或者上诉机构裁定的合理期限，当双方当事人不能就执行的合理期限达成一致时，可将确定此合理期限的任务交给仲裁庭裁定。第 22 条第 6 款规定的是当败诉一方在上述合理的时间内，对与世贸组织不符的措施加以纠正的条件下，胜诉一方可以对其采取的中止减让或赔偿等报复性措施所涉及的合理金额问题，双方在此问题上不能达成一致的情况下，可以将此争议提交仲裁解决。与普通仲裁不同，特殊仲裁带有强制仲裁的性质，即任何一方都可单独提起仲裁，而不需要另一方的同意及双方的仲裁协议。

本案没有经过这一程序。

（6）执行。DSU 第 21 条规定，迅速执行争端解决机构的建议或裁决，是确保有效解决影响全体成员方利益的争端的必要条件。根据执行的方式不同，执行分为两种：自愿执行与强制执行。

自愿执行是指败诉方在争端解决机构合法有效的裁决或决定作出后，立即或在合理的期限内完全执行裁决的内容。一般来说，在专家组或上诉机构的报告通过后 30 天内，当事方应通知其履行建议或裁决的意愿和改正的具体措施及期限。若不能立即执行，也可以要求在一段"合理期限"内执行。合理期限一般为 90 天，实际操作中最长可给予 15 个月。如果在合理期限内，被诉方不能改正其违法做法，申诉方应在此合理期限届满前与被诉方开始谈判，以求得双方都能接受的补偿办法。若合理期限到期后 20 天内，争议各方就补偿问题达不成一致。申诉方可请求授权其对被诉方进行报复或交叉报复。

强制执行指,如果败诉方不自觉履行有关义务,那么就可以采取相应的强制措施,以迫使对方履行义务。DSU 规定的强制措施主要是报复。根据 DSU 第 22 条的规定,当专家组或上诉机构所作出的决定或报告未被争端解决机构采纳或者执行时,争端方可以在自愿的基础上就补偿的方法达成一致的协议。如果在合理的期限后 20 天内不能达成令人满意的一致的协议,则援引争端解决程序的任何当事方,可以要求争端解决机构授权中止适用对有关成员国依照各适用协定承担的减让或其他义务。但在中止履行减让和其他义务时,应遵循以下的顺序:申诉方应中止履行与利益丧失或损害相关的同一协议中同一部门的减让或其他义务。如无效,则中止履行同一协议内其他部门中的减让和其他义务。如果仍无效,则可中止其他协议中的减让或其他义务(称为交叉报复)。

只有当对补偿协议达不成一致协议时,才可以使用报复手段。报复是 WTO 争端解决程序中的最终救济手段。DSU 多次重申报复必须谨慎使用,到万不得已方可使用,且申诉方在采取交叉报复前,应要求争端解决机构授权,陈述理由,并向拟交叉报复的部门的有关机构和协定的有关理事会或委员会提出。如果协定禁止此类中止,则争端解决机构不得授权报复。无论如何,中止减让和其他义务的水平应与申诉方受损害利益程度相当。

本案中,由于中国最终败诉。所以,2015 年 1 月 1 日,中国取消了稀土出口配额,标志着实施 16 年的稀土配额制度正式取消。同时,2015 年 5 月 1 日,中国取消了稀土出口关税。

(7) 执行专家组或上诉机构裁决的监督程序。执行专家组或上诉机构的裁决通过后,执行问题就成为考验新成立的 WTO 争端解决机制是否值得信赖的一个关键。在 GATT 1994 历史上,曾多次出现某些缔约方故意拖延采取专家组报告所建议补救行动的事例,而总协定对此却无能为力,处境十分尴尬,因而也自然失去不少缔约方对它的信任。为防止败诉方在 WTO 争端解决机制中故伎重演,新的机制确立了特殊监督措施。

DSU 第 20 条对争端解决机构建议与裁决实施的监督,制定了具体的规则:① 在专家组或上诉机构报告通过后的 30 天内举行的争端解决机构会议上,有关成员方应将其实施争端解决机构的建议与裁决的打算通知争端解决机构。如果该成员方不可能及时遵守这种建议与裁定,它应有一个合理期限来遵守。如果争端双方对"合理期限"有不同意见,则可以诉诸仲裁。② 关于对建议与裁决的监督问题,DSU 规定对有关各方执行建议或裁决的情况进行经常的监督,该监督职能应由争端解决机构执行。在建议或裁决通过之后,任何成员方可以在任何时间提出有关执行建议或裁决的问题。除非争端解决机构另有决定,即全体一致不同意执行建议或裁决，则在合理期限确定之日起的 6 个月后，执行问题必须列入争端解决机构的议事日程，并将一直保留在其议事日程上，直至问题的最后解决为止。

本案中，败诉方中国已经于 2015 年采取了取消稀土出口配额和稀土出口关税等措施，已经执行了上诉机构和专家组的报告。

[相关法律]

《关税及贸易总协定》(1994 年)

第 8 条　规费和输出入手续

（a）缔约国对输出入及有关输出入所征的除进出口关税和本协定第 3 条所述国内税以外的任何种类的规费和费用，不应成为对国产品的一种间接保护，也不应成为为了财政目的而征收的一种进口税或出口税。

（b）各缔约国认为：本款（a）项所称规费和费用的数量和种类有必要予以减少。

（c）各缔约国认为：输出入手续的负担和繁琐，应降低到最低限度；规定的输出入单证应当减少和简化。

经另一缔约国或经缔约国全体提出请求，一缔约国应根据本条的规定检查它的法令和规章的执行情况。

缔约国对违反海关规章和手续的轻微事项，不得严加处罚。特别是对海关单证上的某种易于改正和显无欺骗意图或重大过失的漏填、误填，更不应科以超过警告程度的处罚。

本条的规定应适用于政府当局在有关输出入方面所实施的规费、费用、手续及规定，包括有关输出入的下述事项：（a）领事事项，如领事签证发票及证明；（b）数量限制；（c）许可证；（d）外汇管制；（e）统计事项；（f）文件、单据和证明；（g）分析和检查；以及（h）检疫、卫生及蒸熏消毒。

第 20 条　一般例外

本协定的规定不得解释为阻止缔约国采用或实施以下措施，但对情况相同的各国，实施的措施不得构成武断的或不合理的差别待遇，或构成对国际贸易的变相限制：

（a）为维护公共道德所必需的措施；

（b）为保障人民、动植物的生命或健康所必需的措施；

（c）有关输出或输入黄金或白银的措施；

（d）为保证某些与本协定的规定并无抵触的法令或条例的贯彻执行所必需的措施，包括加强海关法令或条例，加强根据本协定第 2 条第 4 款和第 14 条而实施的垄断，保护专利权、商标及版权，以及防止欺骗行为所必需的措施；

（e）有关监狱劳动产品的措施；

（f）为保护本国具有艺术、历史或考古价值的文物而采取的措施；

（g）与国内限制生产与消费的措施相配合，为有效保护可能用竭的天然资源的有关措施；

（h）如果商品协定所遵守的原则已向缔约国全体提出，缔约国全体未表示异议，或商品协定本身已向缔约国全体提出，缔约国全体未表示异议，为履行这种国际商品协定所承担的义务而采取的措施；

（i）在国内原料的价格被压低到低于国际价格水平，作为在政府稳定计划的一部分的期间内，为了保证国内加工工业对这些原料的基本需要，有必要采取的限制这些原料出口的措施；但不得利用限制来增加此种国内工业的出口或对其提供保护，也不得背离本协定的有关非歧视的规定；

（j）在普遍或局部供应不足的情况下，为获取或分配产品所必须采取的措施；但采取的措施必须符合以下原则：所有缔约国在这些产品的国际供应中都有权占有公平的份额，而且，如采取的措施与本协定的其他规定不符，它应在导致其实施的条件不复存在时，立即予以停止。最迟于1960年6月30日以前，缔约国全体应对本项规定的需要情况进行检查。

《中华人民共和国加入世界贸易组织议定书》

第5条 贸易权

在不损害中国以与符合《WTO协定》的方式管理贸易的权利的情况下，中国应逐步放宽贸易权的获得及其范围，以便在加入后3年内，使所有在中国的企业均有权在中国的全部关税领土内从事所有货物的贸易，但附件2A所列依照本议定书继续实行国营贸易的货物除外。此种贸易权应为进口或出口货物的权利。对于所有此类货物，均应根据GATT 1994第3条，特别是其中第4款的规定，在国内销售、许诺销售、购买、运输、分销或使用方面，包括直接接触最终用户方面，给予国民待遇。对于附件2B所列货物，中国应根据该附件中所列时间表逐步取消在给予贸易权方面的限制。中国应在过渡期内完成执行这些规定所必需的立法程序。

除本议定书另有规定外，对于所有外国个人和企业，包括未在中国投资或注册的外国个人和企业，在贸易权方面应给予其不低于给予在中国的企业的待遇。

第11条 对进出口产品征收的税费

中国应保证国家主管机关或地方各级主管机关实施或管理的海关规费或费用符合GATT 1994。

中国应保证国家主管机关或地方各级主管机关实施或管理的国内税费，包括增值税，符合 GATT 1994。

中国应取消适用于出口产品的全部税费，除非本议定书附件 6 中有明确规定或按照 GATT 1994 第 8 条的规定适用。

在进行边境税的调整方面，对于外国个人、企业和外商投资企业，自加入时起应被给予不低于给予其他个人和企业的待遇。

《中华人民共和国加入世界贸易组织工作组报告书》

162. 中国代表确认，中国将遵守有关非自动出口许可程序和出口限制的 WTO 规则。也将使《外贸法》符合 GATT 1994 的要求。此外，在加入之日后，只有在被 GATT 1994 规定证明为合理的情况下，才实行出口限制和许可程序。工作组注意到这些承诺。

165. 中国代表确认，自加入时起，将每年就现存对出口产品实行的非自动许可限制向 WTO 作出通知，并将予以取消，除非这些措施在《WTO 协定》或议定书（草案）项下被证明为合理。工作组注意到这一承诺。

《关于争端解决规则与程序的谅解》

第 4 条　磋商

第 3 款　如磋商请求是按照一适用协定提出的，则请求所针对的成员应在收到请求之日起 10 天内对该请求作出答复，并应在收到请求之日起不超过 30 天的期限内真诚地进行磋商，以达成双方满意的解决办法，除非双方另有议定。如该成员未在收到请求之日起 10 天内作出答复，或未在收到请求之日起不超过 30 天的期限内或双方同意的其他时间内进行磋商，则请求进行磋商的成员可直接开始请求设立专家组。

第 12 条　专家组程序

第 8 款　为使该程序更加有效，专家组进行审查的期限，即自专家组组成和职权范围议定之日起至最终报告提交争端各方之日止，一般不应超过 6 个月。在紧急案件中，包括涉及易腐货物的案件，专家组应力求在 3 个月内将其报告提交争端各方。

第 17 条　上诉审议

第 5 款　诉讼程序自一争端方正式通知其上诉决定之日起至上诉机构散发其报告之日止通常不得超过 60 天。在决定其时间表时，上诉机构应考虑第 4 条第 9 款的规定（如有关）。当上诉机构认为不能在 60 天内提交报告时，应书面通知争端解决机构迟延的原因及提交报告的估计期限。但该诉讼程序决不能超过 90 天。

第 21 条　对执行各项建议和裁决的监督

1. 为确保对全体成员方都有利的争端之有效解决，必须立即服从争端解决机构的各项建议或裁决。

2. 就服从争端解决的各项措施而言，对影响发展中国家成员方利益的各种问题应予以特别的关注。

3. 在专家小组或受理上诉机构报告通过之后 30 天内举行的争端解决机构会议上，有关成员方应将有关其执行争端解决机构各项建议和裁决的意向通知争端解决机构。若立即服从各项建议和裁决不是切实可行，则有关成员方应确定一个合理的期限。这一合理期限应是：

(1) 由有关成员方所建议的期限，只要该期限被争端解决机构认可；或者在没有争端解决机构认可的情况下；

(2) 在通过各项建议或裁决之后 45 天内由争端各当事方一致同意的期限；或者在没有此类协议的情况下；

(3) 在通过各项建议和裁决之后 90 天内经有约束力的仲裁确定的期限。

在此类仲裁中，仲裁者的原则应是，履行专家小组或受理上诉机构建议的合理期限不应超过自通过专家小组或受理上诉机构报告之日起的 15 个月。然而，该期限可根据具体情况加以缩短或延长。

4. 除专家小组或受理上诉机构依照第 12 条第 9 款或第 17 条第 5 款规定已延长提交其报告时间的情况之外，自争端解决机构设立专家小组之日至确定合理期限之日这段期限不得超过 15 个月，但争端各方另有同意者除外。若专家小组或受理上诉机构延长了提交其报告的时间，则业已占用的追加时间应加到 15 个月的期限中，除非存在争端各当事方一致认定的例外情况，否则，总时间不得超过 18 个月。

5. 若对为服从各项建议和裁决所采取的措施的存在或其与某项有关协议的一致性有不同意见，则此类分歧应通过求助这些争端解决程序，包括尽可能地求助原来的专家小组，来加以解决，专家小组应在此事提交给它处理后的 90 天内公布其报告。当专家小组认为不能在此时间框架内提交其报告时，它应将延迟的理由连同预计将提交报告的期限以书面形式通知争端解决机构。

6. 争端解决机构应对已通过的各项建议或裁决的执行情况保持监督。在建议和裁决通过之后，其执行中的问题可由任何成员方在任何时候向争端解决机构提出。除非争端解决机构另有决定，否则依照第 21 条第 3 款的规定，在合理期限确定后的 6 个月内，各项建议或裁决执行中的问题应列入争端解决机构会议的议事日程，并应保留在争端解决机构的议事日程之内，直至问题解决。有关成员方应至少在每次此类争端解决机构会议的前 10 天向争端解决机构提交一份关于执行这些建议或裁决进展情况的书面报告。

7. 若这是一个由发展中国家成员方提出的问题，则争端解决机构应考虑它能采取何种将会适合于此类情况的进一步措施。

8. 若这是一个由发展中国家成员方提出的案件，则在考虑可采取何种适当行动时，争端解决机构不仅应考虑已被投诉的各项措施所涉及的贸易范围，而且还应考虑它们对有关发展中国家成员方经济的影响。

本章主要参考文献

1. 韩立余主编：《国际贸易法案例分析》，中国人民大学出版社2009年版。
2. 朱榄叶主编：《世界贸易组织国际贸易纠纷案例评析（2007~2009）》，法律出版社2010年版。
3. 韦经建、王彦志主编：《国际经济法案例教程》，科学出版社2011年版。
4. 杨国华编：《WTO中国案例精选（一）》，厦门大学出版社2012年版。
5. 杨国华编：《WTO中国案例精选（二）》，厦门大学出版社2012年版。
6. 朱榄叶主编：《世界贸易组织国际贸易纠纷案例评析（2010~2012）》，法律出版社2013年版。

本章主要拓展阅读资料

1. 漆彤："《实施卫生与动植物检疫措施协议》及相关争端解决案例评析"，载《法学评论》2003年第1期。
2. 韩赤风："对DVD事件中知识产权滥用的法律思考"，载《法商研究》2005年第3期。
3. 韩赤风："许可协议中的知识产权滥用及其规制——由DVD事件引发的法律思考"，载《世界科技研究与发展》2006年第1期。
4. 马治国、李本："对技术出口中专利壁垒的私力救济与公力破解——以DVD专利池纠纷案为切入点"，载《国际经贸探索》2006年第5期。
5. 师华："《SPS协定》中'等效'条款的最新解释及我国的对策"，载《法学》2007年第6期。
6. 储敏："中外知识产权贸易摩擦问题探讨"，载《南京社会科学》2007年第11期。
7. 张乃根："中美知识产权案评述及可上诉问题探讨"，载《世界贸易组织动态与研究》2009年第4期。
8. 周毅："美国'特保案'的政治经济学解析"，载《国际贸易问题》2009年第12期。

9. 刘瑛："GATT 第 20 条（a）项公共道德例外条款之研究——以'中美出版物和视听产品案'为视角"，载《法商研究》2010 年第 4 期。

10. 王衡："WTO 服务贸易承诺减让表之解释问题研究——以'中美出版物和视听产品案'为例"，载《法商研究》2010 年第 4 期。

11. 胡加祥："从多边贸易视角看'汽车轮胎案'的裁决——兼评美国反补贴制度的最新司法实践"，载《河北法学》2011 年第 1 期。

12. 赵丽："《TRIPS 协定》执法条款——由中美知识产权执法案谈起"，载《对外经贸实务》2012 年第 3 期。

13. 石静霞："'同类产品'判定中的文化因素考量与中国文化贸易发展"，载《中国法学》2012 年第 3 期。

14. 刘瑛、吴娴："GATT 第 20 条（g）项在稀土案中的适用探析"，载《国际贸易》2012 年第 10 期。

15. 杨国华："'中国电子支付服务案'详解"，载《世界贸易组织动态与研究》2013 年第 2 期。

16. 崔聪聪："GATS 承诺表解释的困境与出路——从美国诉中国银联垄断案谈起"，载《经济问题探索》2013 年第 6 期。

17. 张超汉、张亮："从'中美家禽案'看 WTO/SPS 体制下中国利益的维护——兼评《实施卫生与植物卫生措施（SPS）协定》第 5 条"，载《甘肃政法学院学报》2014 年第 4 期。

18. 胡加祥："认真对待'稀土案'评审团报告的不同意见"，载《法学》2014 年第 8 期。

19. 彭德雷："'超 WTO 条款'法律适用研究：基于中国'稀土案'的考察"，载《国际经贸探索》2015 年第 1 期。

20. 李晓玲："WTO 成员减让表之服务部门的解释方法——基于中国电子支付服务案的研究"，载《国际经贸探索》2015 年第 2 期。

第八章 国际商事争议解决法

解决私人之间的国际商事争议的方法主要有国际民事诉讼和国际商事仲裁。国际民事诉讼所涉内容主要包括外国人的民事诉讼地位、涉外民事案件的管辖权、国际司法协助、外国法院判决的承认和执行等。国际商事仲裁所涉内容主要包括仲裁与诉讼的关系、仲裁管辖权、仲裁协议、仲裁的法律适用、仲裁的程序、仲裁裁决的承认和执行等。

第一节 国际民事诉讼

一、外国人的民事诉讼地位

案例一： 外国人的诉讼行为能力案

[案情简介]

2011年9月，中国江苏省A公司与一位年满23岁的西班牙商人签订一份油漆供货合同。合同签订后，这种油漆的价格在国际市场上暴涨，西班牙商人如履行合同将造成巨大亏损。为达到不履行合同，又不承担违约责任的目的，该西班牙商人提出按西班牙法律，他系未成年人（西班牙法律规定年满25周岁为成年人），并不具有完全民事行为能力，不能成为合同主体，因而他与A公司签订的供货合同是无效的。A公司向法院提起诉讼，要求该西班牙商人承担违约责任，赔偿损失。法院受理了案件，经过审理后认为：本案合同履行地在中国，应以中国法为准据法。根据我国法律规定，18岁为具有完全民事行为能力人，故该西班牙商人具有民事行为能力和诉讼行为能力。A公司与该西班牙商人签订的合同有效，该西班牙商人不履行合同属违约，判令其赔偿因违约给A公司造成的损失。

[法律问题]

本案中西班牙商人的诉讼行为能力应该按照哪国的法律来确定？

[法律分析]

对于外国人在内国的诉讼行为能力，各国一般规定由该外国人的属人法来决定。虽然诉讼行为能力与民事行为能力有一些区别，但诉讼行为能力往往相对于实体民事行为能力，而且前者是后者的结果。因此在确定诉讼行为能力时，一般要求助于实体法上的行为能力。各国对本国国民诉讼行为能力的规定差别较大，也不易为他国国民所了解，仅仅适用其属人法来决定在一国境内的外国人的诉讼行为能力，不利于保护善意的对方当事人（尤其是本国国民）的正当权益。因此各国还规定，若依法院地法，有关的外国人有诉讼行为能力，即使依其属人法无诉讼行为能力，也视为有此能力。目前我国的诉讼法中没有关于外国人民事诉讼行为能力的明文规定。但是根据《最高人民法院关于贯彻执行〈中华人民共和国民法通则〉若干问题的意见（试行）》第180条"外国人在我国领域内进行民事活动，如依其本国法律为无民事行为能力，而依我国法律为有民事行为能力，应当认定为有民事行为能力"的规定以及2011年《涉外民事关系法律适用法》第12条"自然人的民事行为能力，适用经常居所地法律。自然人从事民事活动，依照经常居所地法律为无民事行为能力，依照行为地法律为有民事行为能力的，适用行为地法律，但涉及婚姻家庭、继承的除外"的规定，可以推定若外国人依其属人法无民事诉讼行为能力，而依我国法律有此能力时，应该认定其在我国有此能力。

[相关法律]

《最高人民法院关于贯彻执行〈中华人民共和国民法通则〉若干问题的意见（试行）》

180. 外国人在我国领域内进行民事活动，如依其本国法律为无民事行为能力，而依我国法律为有民事行为能力，应当认定为有民事行为能力。

《中华人民共和国涉外民事关系法律适用法》

第12条 自然人的民事行为能力，适用经常居所地法律。自然人从事民事活动，依照经常居所地法律为无民事行为能力，依照行为地法律为有民事行为能力的，适用行为地法律，但涉及婚姻家庭、继承的除外。

案例二： 外国人的民事诉讼待遇

[案情简介]

2013年7月10日叙利亚A公司所属的"福安"轮与巴拿马B公司所属的

"兴国"轮在中国黄海东部公海海面上发生碰撞,造成"福安"轮机舱和船舱进水沉没,下落不明。"福安"轮艉部和左舷船艉中部船体受损。同年 12 月 29 日,A 公司获悉"兴国"轮抵达中国秦皇岛港,遂向天津海事法院提出海事请求权保全申请,申请扣押"兴国"轮。天津海事法院于 2014 年 1 月 1 日裁定扣押被申请人 B 公司所属的"兴国"轮。2014 年 1 月 11 日被申请人 B 公司向天津海事法院提供了 200 万美元的担保函,次日,天津海事法院解除了对"兴国"轮的扣押。2014 年 2 月 2 日,A 公司在天津海事法院提起诉讼,要求 B 公司赔偿经济损失 200 万美元。

[法律问题]

外国人在我国进行民事诉讼享有何种待遇?

[法律分析]

国际民事诉讼中的国民待遇是指在一国境内,外国人在民事诉讼方面享有与本国人同等的权利,承担同等的义务。赋予本国境内的外国人在诉讼程序方面以国民待遇,是当今世界各国的普遍做法,我国也是这样。我国《民事诉讼法》第 5 条第 1 款对此作了明确规定:"外国人、无国籍人、外国企业和组织在人民法院起诉、应诉,同中华人民共和国公民、法人和其他组织有同等的诉讼权利义务。"

[相关法律]

《中华人民共和国民事诉讼法》(2012 年修正)

第 5 条 外国人、无国籍人、外国企业和组织在人民法院起诉、应诉,同中华人民共和国公民、法人和其他组织有同等的诉讼权利义务。

外国法院对中华人民共和国公民、法人和其他组织的民事诉讼权利加以限制的,中华人民共和国人民法院对该国公民、企业和组织的民事诉讼权利,实行对等原则。

二、国际民事诉讼管辖权

案例三: 涉外民事案件的默示协议管辖

[案情简介]

2013 年 4 月~6 月,美国 A 公司与中国广东省 B 公司先后签订了三份售货确认书,约定 B 公司向 A 公司销售生姜。以上三份合同,均为 CIF 价格条件,约定装运日期为 2013 年 4 月~12 月,装运口岸为中国港,付款条件为开给售方 100%不可撤销即期付款信用证,装运日期后 15 天内在中国议付有效。若因品质数量异议,买方提出索赔,凡质量问题须在到口岸之日起 1 个月内提出,数量问题须在到口岸之日起 15 天内提出。合同签订后，B 公司依约从 2013 年 7 月 10 日~11 月 10 日，分别从广州、珠海等港先后分 39 批发往纽约、洛杉矶等港口，共 3974 吨，总价值 2 055 972 美元的生姜，A 公司于 2013 年底支付给 B 公司 12 万美元，尚欠货款 1 935 972 美元。A 公司于 2013 年 12 月 15 日向 B 公司提出质量问题，此后双方多次来往电函协商解决未果，2015 年 4 月 20 日 B 公司诉至广东省高级人民法院，请求判令 A 公司支付所欠货款 1 935 972 美元并赔偿相应的损失及违约金，承担诉讼费用。

广东省高级人民法院审理后判令 A 公司向 B 公司支付生姜款和滞纳金，A 公司不服上述判决，向最高人民法院上诉，在上诉理由中提出了管辖权异议。A 公司认为原审法院对此案没有管辖权。本案所涉及的合同签订地在美国，合同履行地、合同标的物均不在中国，A 公司在中国无代表机构，无可供扣押的财产，亦不存在侵权行为地问题，因此，本案纠纷应在美国法院提起诉讼。

[法律问题]

中国法院对该案是否具有管辖权？

[法律分析]

最高人民法院经审理后认为：本案涉及的三份合同均系 CIF 价格条件，货物的装运港均在中国广州或珠海，故三份合同的履行地均在广东省，作为合同履行地法院，广东省高级人民法院对本案具有管辖权，符合《民事诉讼法》第 265 条的规定。A 公司认为本案应到美国法院诉讼的主张，没有事实和法律依据，本院不予支持。且 A 公司在一审提交答辩状期间未提出管辖权异议，根据《民事诉讼法》第 127 条的规定，A 公司已丧失提出管辖权异议的权利，故对 A 公司在二审中提出的管辖权异议，予以驳回。

[相关法律]

《中华人民共和国民事诉讼法》（2012 年修正）

第 127 条　人民法院受理案件后，当事人对管辖权有异议的，应当在提交答辩状期间提出。人民法院对当事人提出的异议，应当审查。异议成立的，裁定将案件移送有管辖权的人民法院；异议不成立的，裁定驳回。

当事人未提出管辖异议，并应诉答辩的，视为受诉人民法院有管辖权，但违反级别管辖和专属管辖规定的除外。

第 265 条　因合同纠纷或者其他财产权益纠纷，对在中华人民共和国领域内没有住所的被告提起的诉讼，如果合同在中华人民共和国领域内签订或者履行，或者诉讼标的物在中华人民共和国领域内，或者被告在中华人民共和国领域内有可供扣押的财产，或者被告在中华人民共和国领域内设有代表机构，可以由合同签订地、合同履行地、诉讼标的物所在地、可供扣押财产所在地、侵权行为地或者代表机构住所地人民法院管辖。

案例四：　　　　　　涉外民事案件的明示协议管辖

[案情简介]

德国 A 公司与上海 B 公司商谈购买钢材事宜。2013 年 10 月 20 日，德国 A 公司授权其上海分公司代表该公司与上海 B 公司在秋季广交会上正式签订了钢材购销合同。合同约定：双方以 FOB 价格条件成交，由 B 公司提供 1500 吨钢材，2014 年 1 月 15 日前在上海交货。2013 年 11 月 25 日，双方通过传真达成补充协议：①合同履行如出现争议，由上海市高级人民法院管辖；②合同的履行及争议的处理，应按照德国有关法律进行。B 公司于 2014 年 1 月 10 日如约将钢材运至上海。检验后，A 公司以质量不符合约定为由，拒绝收货装船。双方遂起争执。2014 年 2 月，上海 B 公司向上海市高级人民法院提起诉讼。

[法律问题]

上海市高级人民法院对本案有无管辖权？

[法律分析]

本案被告德国 A 公司与原告上海 B 公司签订的钢材购销合同是一种涉外合同。合同中书面约定了管辖法院为上海市高级人民法院。依据我国《民事诉讼法》第 34 条的规定，这种协议确定管辖法院的形式应予认可。但是协议的内容违反了我国《民事诉讼法》第 18 条关于中级人民法院管辖重大涉外案件的级别管辖的规定，因而导致该协议管辖的约定无效。因此，上海市高级人民法院对本案无管辖权。

本案中合同签订地为广州，合同履行地为上海（合同约定，双方以 FOB 价格条件成交，在上海港交货，根据国际贸易惯例交货地应为合同履行地），诉讼标的物所在地为上海，被告在上海设有代表机构。因此，本案协议管辖的约定无效后，原告可以向中国其他法院提起诉讼。广州市、上海市中级人民法均享有管辖权，原告可以依照我国《民事诉讼法》第 35 条的规定，选择向其中一个法院起诉。

[相关法律]

《中华人民共和国民事诉讼法》（2012 年修正）

第 18 条　中级人民法院管辖下列第一审民事案件：

（一）重大涉外案件；

（二）在本辖区有重大影响的案件；

（三）最高人民法院确定由中级人民法院管辖的案件。

第34条 合同或者其他财产权益纠纷的当事人可以书面协议选择被告住所地、合同履行地、合同签订地、原告住所地、标的物所在地等与争议有实际联系的地点的人民法院管辖，但不得违反本法对级别管辖和专属管辖的规定。

第35条 两个以上人民法院都有管辖权的诉讼，原告可以向其中一个人民法院起诉；原告向两个以上有管辖权的人民法院起诉的，由最先立案的人民法院管辖。

案例五： 涉外民商事案件管辖权的积极冲突

[案情简介]

2015年2月，旅居美国的中国公民甲，为与居住在中国上海市的中国公民乙离婚，向中国上海市中级人民法院起诉，请求解除婚姻关系并依法分割共同财产；同时甲也向其居住地的美国法院起诉，两处法院皆受理了案件。同年4月，上海市中级人民法院受理后还未审结时，美国法院已就同一案件作出了判决。接到美国法院的判决后，甲没有撤回向上海市中级人民法院的起诉，上海市中级人民法院依法判决甲、乙离婚。

[法律问题]

什么是平行诉讼？本案是否属于平行诉讼？

[法律分析]

平行诉讼，即相同当事人就同一争议基于相同事实以及相同目的在两个以上国家的法院进行诉讼的现象。在国内民事诉讼中，一般不允许当事人就同一诉讼标的再次提起诉讼。但是，在国际民事诉讼中，一事两诉的现象比较普遍，原告基于多种动机进行平行诉讼：①被告在多个国家（地区）有财产，原告希望最终判决能够在这些地区执行；②原告认为正在进行的第一诉讼正朝着对其不利的方向进行，因此希望通过重复诉讼来弥补这一不利局面；③原告意欲通过重复诉讼来骚扰被告等。

目前，我国的民事诉讼立法中还未明确规定平行诉讼的问题，但《最高人民法院关于适用〈中华人民共和国民事诉讼法〉的解释》中有两条规定涉及了平行诉讼。该解释第15条规定："中国公民一方居住在国外，一方居住在国内，不论哪一方向人民法院提起离婚诉讼，国内一方住所地人民法院都有权管辖。国外一方在居住国法院起诉，国内一方向人民法院起诉的，受诉人民法院有权管辖。"第533条第1款规定："中华人民共和国法院和外国法院都有管辖权的案件，一方当事人向外国法院起诉，而另一方当事人向中华人民共和国法院起诉的，人民法院可予受理。判决后，外国法院申请或者当事人请求人民法院承认和执行外国法院对本案作出的判决、裁定的，不予准许；但双方共同缔结或者参加的国际条约另有规定的除外。"根据以上的规定，我国允许两国法院各自行使基于本国法律或共同参加的国际条约而产生的管辖权。人民法院可以依法受理另一当事人的起诉，而不问一方当事人是否已在他国法院起诉，或者他国法院是否已经接受起诉并正在审理。

在我国与其他国家缔结的双边司法协助条约中，有两种不同的方式来处理平行诉讼。多数条约规定，在提出司法协助请求时，只要有关诉讼正在被请求国审理，无论被请求国法院和作出判决的法院谁先受理诉讼，被请求国均可以拒绝承认与执行外国法院的判决。我国与意大利、蒙古等国的司法协助条约则规定，被请求国法院不能因为案件正在由其审理而当然地拒绝承认与执行外国法院的判决，只有当被请求国法院比作出判决的外国法院先受理该诉讼时，才能拒绝承认与执行外国法院的判决。

[相关法律]

《最高人民法院关于适用〈中华人民共和国民事诉讼法〉的解释》

第15条 中国公民一方居住在国外，一方居住在国内，不论哪一方向人民法院提起离婚诉讼，国内一方住所地人民法院都有权管辖。国外一方在居住国法院起诉，国内一方向人民法院起诉的，受诉人民法院有权管辖。

第533条 中华人民共和国法院和外国法院都有管辖权的案件，一方当事人向外国法院起诉，而另一方当事人向中华人民共和国法院起诉的，人民法院可予受理。判决后，外国法院申请或者当事人请求人民法院承认和执行外国法院对本案作出的判决、裁定的，不予准许；但双方共同缔结或者参加的国际条约另有规定的除外。

外国法院判决、裁定已经被人民法院承认，当事人就同一争议向人民法院起诉的，人民法院不予受理。

三、国际司法协助

案例六：　　　　　　　　　　域外送达

[案情简介]

2012年1月24日，天津某集团下属两家包装公司与加拿大的一家包装设备供应商签订了一份价值约为150万美元的设备引进合同，但是由于中方对国际交易习惯和国际贸易合同缺乏了解，不够慎重地单方面决定中止合同，并于2012年2月20日正式通知了外方。随后，中方与另外一家法国设备供应商签订了新合同。由于加拿大供应商已如约开具银行保函，面临重大经济损失，在双方几经协商,又经中国驻加拿大总领事馆从中斡旋仍无法达成谅解的情况下,加拿大供应商以合同违约、商业侵权为由,向加拿大法院提起诉讼,向四名被告(两家中方公司及两家相关法国公司)主张150万美元的经济损失,50万美元的罚金,并支付相应诉讼费、律师费。原告律师2012年10月25日以传真方式向被告送达了起诉状。

[**法律问题**]

原告律师以传真方式向被告送达起诉状是否合法?

[**法律分析**]

原告律师以传真方式向被告送达起诉状不合法。对于此案,中方违约在先,在实体问题上,是否应承担违约责任和赔偿数额的确定为本案的重点,但是,谙熟中、加两国法律的律师发现,原告律师2012年10月25日以传真方式向被告送达起诉状,这是涉外诉讼中的程序错误。因为中国和加拿大都是1965年《关于向国外送达民事或商事司法文书和司法外文书公约》(以下称《海牙送达公约》)的成员国,而根据加拿大《民事诉讼程序法》规定,从安大略省以外提交的声明陈述书可以通过签约国(本案中即为同为公约成员国的中国)的中央机关递交,或者《海牙送达公约》第10条允许的方式,即邮寄直接送达,司法助理人员、官员或其他主管人员送达,利害关系人通过目的地国司法助理人员、官员或其他主管人员送达,以及安大略省民事程序规则允许的方式,但是,无论是加拿大的规则,还是《海牙送达公约》第10条,都不允许以传真的方式送达法院传票,另外,中国在加入《海牙送达公约》时,对有关条款作出了保留,一般须通过中央机关递交。

因此,中方完全有理由对该传票不予理会,即使法院错误地作出缺席判决,中方也有充分的理由申请撤销此项缺席判决。被告律师据此建议当事人对该送达不予理睬;另一方面,为了防止由于书记员的过错导致法院作出缺席判决或法院作出错误的缺席判决,决定由加拿大律师事务所对多伦多高等法院进行密切注意,追踪案件进程,及时反馈;同时,积极收集对被告有利的证据,准备相关文件,做好充分的应诉准备。2013年3月,原告向中方加拿大律师送达了放弃针对被告诉讼的通知书。至此,此案告一段落。本案由于中方律师利用对国际条约、中国法律以及加拿大法律的了解,采取措施得当,没有盲目应诉,原告最后只得放弃诉讼,使得我方没有进入诉讼程序就已经取得成功。

[**相关法律**]

《中华人民共和国民事诉讼法》(2012年修正)

第277条 请求和提供司法协助,应当依照中华人民共和国缔结或者参加的国际条约所规定的途径进行;没有条约关系的,通过外交途径进行。

外国驻中华人民共和国的使领馆可以向该国公民送达文书和调查取证,但不得违反中华人民共和国的法律,并不得采取强制措施。

除前款规定的情况外,未经中华人民共和国主管机关准许,任何外国机关或者个人不得在中华人民共和国领域内送达文书、调查取证。

《关于向国外送达民事或商事司法文书和司法外文书公约》

第10条 如送达目的地国不表异议,本公约不妨碍:

(一) 通过邮寄途径直接向身在国外的人送交司法文书的自由;

(二) 文书发出国的司法助理人员、官员或其他主管人员直接通过送达目的地国的司法助理人员、官员或其他主管人员完成司法文书的送达的自由;

(三) 任何在司法程序中有利害关系的人直接通过送达目的地国的司法助理人员、官员或其他主管人员完成司法文书的送达的自由。

《全国人大常委会关于批准加入〈关于向国外送达民事或商事司法文书和司法外文书公约〉的决定》

3. 反对采用公约第10条所规定的方式在中华人民共和国境内进行送达。

四、外国法院判决的承认与执行

案例七: **波兰弗里古波尔股份有限公司申请承认与执行波兰共和国法院判决案**

[案情简介]

宁波甬昌公司因与弗里古波尔公司发生买卖合同纠纷,先后于2004年和2006年在波兰绿山城地区法院和奥波莱地区法院提起诉讼,诉请弗里古波尔公司支付65 454美元及相关利息。波兰上述法院均判决驳回宁波甬昌公司的诉请,但波兰弗罗茨瓦夫上诉法院改判宁波甬昌公司胜诉。其后,波兰最高法院裁定撤销波兰弗罗茨瓦夫上诉法院判决,将本案发回重审。2009年4月8日,波兰弗罗茨瓦夫上诉法院作出判决,驳回宁波甬昌公司请求,并判令其退还弗里古波尔公司根据弗罗茨瓦夫上诉法院判决已经向其支付的54 521美元及相关诉讼费用。波兰弗罗茨瓦夫上诉法院作出的该终局判决于2009年5月12日生效。2011年4月8日,弗里古波尔公司向宁波中院寄送申请承认与执行波兰法院判决的相关材料。2013年2月5日,弗里古波尔公司又补充提交了相关材料,该案正式立案。宁波甬昌公司提出异议,认为判决的申请强制执行期限已过,且代理其参加波兰相关诉讼的律师并未获得授权。宁波市中院于2014年3月12日作出终审裁定,承认波兰弗罗茨瓦夫上诉法院于2009年4月8日作出的I ACa

231/9 号民事判决。[1]

[法律问题]

中国宁波市中级人民法院是否应该承认与执行该判决？

[法律分析]

第一，根据 2012 年《民事诉讼法》第 281 条"外国法院作出的发生法律效力的判决、裁定，需要中华人民共和国人民法院承认和执行的，可以由当事人直接向中华人民共和国有管辖权的中级人民法院申请承认和执行，也可以由外国法院依照该国与中华人民共和国缔结或者参加的国际条约的规定，或者按照互惠原则，请求人民法院承认和执行"的规定，就本案而言，宁波市中级人民法院有权受理。

第二，根据 2012 年《民事诉讼法》第 282 条"人民法院对申请或者请求承认和执行的外国法院作出的发生法律效力的判决、裁定，依照中华人民共和国缔结或者参加的国际条约，或者按照互惠原则进行审查后，认为不违反中华人民共和国法律的基本原则或者国家主权、安全、社会公共利益的，裁定承认其效力，需要执行的，发出执行令，依照本法的有关规定执行。违反中华人民共和国法律的基本原则或者国家主权、安全、社会公共利益的，不予承认和执行"的规定，我国承认与执行外国法院判决的前提条件是，中国是否与该国存在国际条约或者互惠关系。

而我国和波兰共和国缔结了《关于民事和刑事司法协助的协定》，该协定第 16 条规定，"缔约双方应根据本协定规定的条件，在其境内承认或执行本协定生效后的缔约另一方境内作出的下列裁决：①法院对民事案件作出的裁决；②法院对刑事案件中有关赔偿请求所作出的裁决；③主管机关对继承案件作出的裁决；④仲裁庭作出的裁决。本协定中所指'裁决'也包括调解书"。同时第 20 条规定，"对本协定第 16 条列举的裁决，有下列情形之一的，不予承认或执行：①按照将承认或执行裁决的缔约一方的法律，裁决是由无管辖权的法院作出的；②根据作出裁决的缔约一方的法律，该裁决尚未生效或不能执行；③根据作出裁决的缔约一方的法律，败诉一方当事人未经法院合法传唤；④当事人被剥夺了答辩的可能性，或在缺乏诉讼行为能力时被剥夺了应有的代理；⑤将承认或执行裁决的缔约一方境内的法院对于相同当事人之间就同一诉讼标的的案件已经作出了发生法律效力的裁决，或正在进行审理，或已承认了第三国法院对该案所作的发生法律效力的裁决；⑥裁决的承认或执行有损于将承认或执行裁决

---

[1] 人民法院为"一带一路"建设提供司法服务和保障的典型案例，载 http://www.court.gov.cn/zixun-xiangqing-14897.html。

的缔约一方法律的基本原则或公共秩序"。那么就本案来说，本案属于法院对民事案件作出的裁决，而且没有协定中不予承认或执行的情况，同时也没有违反中华人民共和国法律的基本原则或者国家主权、安全、社会公共利益，所以宁波中院应当对该判决予以承认和执行。

[相关法律]
《中华人民共和国民事诉讼法》（2012年修正）

第281条 外国法院作出的发生法律效力的判决、裁定，需要中华人民共和国人民法院承认和执行的，可以由当事人直接向中华人民共和国有管辖权的中级人民法院申请承认和执行，也可以由外国法院依照该国与中华人民共和国缔结或者参加的国际条约的规定，或者按照互惠原则，请求人民法院承认和执行。

第282条 人民法院对申请或者请求承认和执行的外国法院作出的发生法律效力的判决、裁定，依照中华人民共和国缔结或者参加的国际条约，或者按照互惠原则进行审查后，认为不违反中华人民共和国法律的基本原则或者国家主权、安全、社会公共利益的，裁定承认其效力，需要执行的，发出执行令，依照本法的有关规定执行。违反中华人民共和国法律的基本原则或者国家主权、安全、社会公共利益的，不予承认和执行。

《中华人民共和国和波兰人民共和国关于民事和刑事司法协助的协定》

第16条 范围

1. 缔约双方应根据本协定规定的条件，在其境内承认或执行本协定生效后的缔约另一方境内作出的下列裁决：

（1）法院对民事案件作出的裁决；

（2）法院对刑事案件中有关赔偿请求所作出的裁决；

（3）主管机关对继承案件作出的裁决；

（4）仲裁庭作出的裁决。

2. 本协定中所指"裁决"也包括调解书。

第20条 拒绝承认与执行

对本协定第16条列举的裁决，有下列情形之一的，不予承认或执行：

（1）按照将承认或执行裁决的缔约一方的法律，裁决是由无管辖权的法院作出的；

（2）根据作出裁决的缔约一方的法律，该裁决尚未生效或不能执行；

（3）根据作出裁决的缔约一方的法律，败诉一方当事人未经法院合法传唤；

（4）当事人被剥夺了答辩的可能性，或在缺乏诉讼行为能力时被剥夺了应有的代理；

(5) 将承认或执行裁决的缔约一方境内的法院对于相同当事人之间就同一诉讼标的的案件已经作出了发生法律效力的裁决,或正在进行审理,或已承认了第三国法院对该案所作的发生法律效力的裁决;

(6) 裁决的承认或执行有损于将承认或执行裁决的缔约一方法律的基本原则或公共秩序。

第二节 国际商事仲裁

一、国际商事仲裁概述

案例八:　　　　仲裁与诉讼的关系

[案情简介]

2006年8月,中国武汉的A公司与法国B公司签订了一份货物买卖合同。合同中的仲裁条款规定:"因履行合同发生的争议,由双方协商解决;无法协商解决的,由仲裁机构仲裁。"2006年10月,双方发生争议,A公司向武汉仲裁委员会递交了仲裁申请书,但B公司拒绝答辩。同年12月,双方经过协商,重新签订了一份仲裁协议,协议规定:"因履行合同发生的争议,由双方协商解决;无法协商解决的,提交中国国际经济贸易仲裁委员会仲裁解决。"事后A公司因各种因素考虑,未申请仲裁,而是向合同履行地的武汉市中级人民法院提起诉讼,且起诉时未说明此前两次约定仲裁的情况。法院受理了此案,并向B公司送达了起诉状副本,B公司向法院提交了答辩状。法院经审理判决被告B公司败诉,B公司不服,向湖北省高级人民法院提起上诉,理由是双方事先有仲裁协议,一审法院没有管辖权,请求判定一审法院判决无效。

[法律问题]

1. 货物买卖合同中的仲裁条款是否有效?
2. 争议发生后,双方签订的仲裁协议是否有效?
3. 原告A公司向法院提起诉讼是否正确?
4. 一审法院对本案是否有管辖权?
5. 被告B公司是否具有上诉权?其上诉理由是否正确?

[法律分析]

1. 货物买卖合同中的仲裁条款无效。我国《仲裁法》第16条第2款规定:"仲裁协议应当具有下列内容:①请求仲裁的意思表示;②仲裁事项;③选定的仲裁委员会。"本案中双方当事人签订的买卖合同中的仲裁条款未指明具体的仲裁机构，内容不明确，因此该仲裁条款无法履行，是无效的。

2. 争议发生后双方重新签订的仲裁协议有效。我国《仲裁法》第 18 条规定："仲裁协议对仲裁事项或者仲裁委员会没有约定或者约定不明确的，当事人可以补充协议；……" A 公司与 B 公司重新签订的仲裁协议选择了具体的仲裁机构，因而是有效的。

3. A 公司向人民法院提起诉讼不正确。我国《仲裁法》第 5 条规定："当事人达成仲裁协议，一方向人民法院起诉的，人民法院不予受理，但仲裁协议无效的除外。"本案中，双方当事人重新签订的仲裁协议是有效的，因而排除了法院的管辖权。因此 A 公司向法院提起诉讼不正确。

4. 一审法院对本案有管辖权。我国《仲裁法》第 26 条规定："当事人达成仲裁协议，一方向人民法院起诉未声明有仲裁协议，人民法院受理后，另一方在首次开庭前提交仲裁协议的，人民法院应当驳回起诉，但仲裁协议无效的除外；另一方在首次开庭前未对人民法院受理该案提出异议的，视为放弃仲裁协议，人民法院应当继续审理。"本案中，A 公司向法院起诉时，未声明有仲裁协议，人民法院受理该案后，B 公司又应诉答辩了，相当于双方当事人通过行为改变了原来约定的争议解决方式，因此应当视为人民法院有管辖权。

5. B 公司具有上诉权。B 公司在法定期限内有权提起上诉，这是当事人的诉讼权利。无论上诉理由是否成立，上诉权均不受影响。但其上诉理由不成立，因为在法院受理该案后，B 公司未提出异议，且应诉答辩，一审法院已取得管辖权。

[相关法律]

《中华人民共和国仲裁法》

第 5 条　当事人达成仲裁协议，一方向人民法院起诉的，人民法院不予受理，但仲裁协议无效的除外。

第 16 条　仲裁协议包括合同中订立的仲裁条款和以其他书面方式在纠纷发生前或者纠纷发生后达成的请求仲裁的协议。

仲裁协议应当具有下列内容：

(1) 请求仲裁的意思表示；

(2) 仲裁事项；

(3) 选定的仲裁委员会。

第 18 条　仲裁协议对仲裁事项或者仲裁委员会没有约定或者约定不明确的，当事人可以补充协议；达不成补充协议的，仲裁协议无效。

第 26 条　当事人达成仲裁协议，一方向人民法院起诉未声明有仲裁协议，人民法院受理后，另一方在首次开庭前提交仲裁协议的，人民法院应当驳回起诉，但仲裁协议无效的除外；另一方在首次开庭前未对人民法院受理该案提出异议的，视为放弃仲裁协议，人民法院应当继续审理。

二、国际商事仲裁协议

案例九： 同时选择了两个仲裁机构的仲裁协议的效力

[案情简介]

2009年3月10日，山东某药厂与美国某国际贸易公司签订了一份药品进口合同，合同规定："凡因执行本合同发生的或与本合同有关的一切争议，双方应友好协商解决；如果协商不能解决，应提交中国国际经济贸易仲裁委员会（CIETAC），或瑞典斯德哥尔摩仲裁院（SCC），根据该机构的仲裁程序规则进行仲裁，仲裁裁决是终局的，对双方都有约束力。"后双方在合同履行过程中产生纠纷，山东某药厂遂向山东省济南市中级人民法院提起诉讼，美国某国际贸易公司提出了管辖权异议。

[法律问题]

1. 当事人所签合同中的仲裁条款是否有效？
2. 济南市中级人民法院对该案是否具有管辖权？

[法律分析]

1. 当事人所签合同中的仲裁条款是否有效，取决于事后当事人能否协议选择其中的一个仲裁机构申请仲裁。这种条款，无论是根据中国法律还是外国法律，不能说当事人选择仲裁的意思表示不明确，但容易引起冲突，如一方在CIETAC申请仲裁，另一方在SCC申请仲裁，就会引起管辖权的冲突。对此，2005年《最高人民法院关于适用〈中华人民共和国仲裁法〉若干问题的解释》第5条规定："仲裁协议约定两个以上仲裁机构的，当事人可以协议选择其中的一个仲裁机构申请仲裁；当事人不能就仲裁机构选择达成一致的，仲裁协议无效。"因此，如果争议发生后，当事人能够协议选择其中的一个仲裁机构，则仲裁协议有效。如果不能其中的一个仲裁机构，则仲裁协议无效。

2. 济南市中级人民法院对该案是否有管辖权取决于仲裁协议的效力。如果当事人事后通过协议选定了其中的一个仲裁机构进行仲裁，则该仲裁协议有效，人民法院没有管辖权，因为一个有效的仲裁协议可以排除法院的管辖权。如果当事人事后不能选定其中的一个仲裁机构，则该仲裁协议无效，法院就具有管辖权。

[相关法律]

《最高人民法院关于适用〈中华人民共和国仲裁法〉若干问题的解释》

第 5 条　仲裁协议约定两个以上仲裁机构的，当事人可以协议选择其中的一个仲裁机构申请仲裁；当事人不能就仲裁机构选择达成一致的，仲裁协议无效。

案例十：　选择某仲裁机构但未选择该仲裁机构的仲裁规则的仲裁协议的效力

[案情简介]

2015 年 3 月，美国的 A 公司与中国的 B 公司就棉制产品买卖达成协议，B 公司按照 A 公司的要求生产并加工棉制产品，保证货物的质量和按时交货。A 公司经过检验合格后，按照约定付款。双方最后还约定，一旦就本合同发生争议，提交中国国际经济贸易仲裁委员会依美国仲裁协会的仲裁规则进行仲裁。后来，因货物规格和质量问题，双方发生争议。按照事先约定的仲裁条款，A 公司和 B 公司将争议提交给中国国际经济贸易仲裁委员会请求按照美国仲裁协会的仲裁规则进行仲裁。

[法律问题]

A 公司与 B 公司签订的仲裁条款是否有效？中国国际经济贸易仲裁委员会对该争议是否有管辖权？

[法律分析]

A 公司与 B 公司签订的仲裁条款有效，中国国际经济贸易仲裁委员会对该争议有管辖权。《中国国际经济贸易仲裁委员会仲裁规则》（2015 年版）第 4 条第 3 项规定："当事人约定将争议提交仲裁委员会仲裁但对本规则有关内容进行变更或约定适用其他仲裁规则的，从其约定，但其约定无法实施或与仲裁程序适用法强制性规定相抵触者除外。当事人约定适用其他仲裁规则的，由仲裁委员会履行相应的管理职责。"据此，中国国际经济贸易仲裁委员会允许当事人选择其他的仲裁规则。因此，该仲裁协议有效，中国国际经济贸易仲裁委员会据此享有管辖权。

[相关法律]

《中国国际经济贸易仲裁委员会仲裁规则》（2015 年版）

第 4 条　规则的适用

（1）本规则统一适用于仲裁委员会及其分会/仲裁中心。

（2）当事人约定将争议提交仲裁委员会仲裁的，视为同意按照本规则进行仲裁。

（3）当事人约定将争议提交仲裁委员会仲裁但对本规则有关内容进行变更或约定适用其他仲裁规则的，从其约定，但其约定无法实施或与仲裁程序适用法强制性规定相抵触者除外。当事人约定适用其他仲裁规则的，由仲裁委员会履行相应的管理职责。

（4）当事人约定按照本规则进行仲裁但未约定仲裁机构的，视为同意将争议提交仲裁委员会仲裁。

（5）当事人约定适用仲裁委员会专业仲裁规则的，从其约定，但其争议不属于该专业仲裁规则适用范围的，适用本规则。

案例十一： 仲裁协议效力的认定

[案情简介]

2013年6月20日，中国A公司与美国B公司签订了两份钼铁进口合同，合同签订以后，因钼铁市场价格下跌，双方协商降价。2013年8月25日，B公司向A公司传真了一份协议，内容为：B公司同意钼铁降价，A公司同意再购买4000吨钼铁。该份协议同时规定，如果本协议未协商一致，则B公司坚持原合同条件，本协议无效。A公司收到该传真后，当天即签署传回，至此协议生效。新的协议生效后，钼铁降价的部分得到履行，但A公司新购的钼铁未实际履行。后B公司根据原2013年6月20日签订的两份钼铁进口合同中的仲裁条款，向中国国际经济贸易仲裁委员会申请仲裁，要求A公司退还降价部分的钼铁款。A公司认为，双方之间的争议，是有关履行2013年8月25日协议的争议，而非原合同项下的争议，2013年8月25日的协议并未规定仲裁条款，可见，本案争议当事人之间并没有有效的仲裁协议。因此，A公司请求人民法院裁定中国国际经济贸易仲裁委员会对争议无管辖权。

法院认为，根据中国《仲裁法》第20条的规定，"当事人对仲裁协议的效力有异议的，可以请求仲裁委员会作出决定或者请求人民法院作出裁定"，中国A公司对仲裁协议效力有异议时，可以请求人民法院对协议的效力作出裁定。但本案中，中国A公司是以仲裁委员会受理的其与B公司之间的争议案件不存在仲裁协议为由提出的申请，因此，中国A公司的申请不符合法院受理条件，应予驳回。依照中国《民事诉讼法》第154条第1款第11项之规定，裁定驳回中国A公司的申请。

[法律问题]

法院的处理是否正确？

[法律分析]

法院的处理不正确。"仲裁条款独立性理论"已经得到学术界的普遍承认和世界各国的广泛接受和采纳。我国《仲裁法》也采纳了这一理论，该法第19条第1款规定："仲裁协议独立存在，合同的变更、解除、终止或者无效，不影响仲裁协议的效力。"同时，第20条第1款规定："当事人对仲裁协议的效力有异议的，可以请求仲裁委员会作出决定或者请求人民法院作出裁定。一方请求仲裁委员会作出决定，另一方请求法院作出裁定的，由人民法院裁定。"本案中，双方当事人就价格达成的协议，并不是解除原合同，而是对原合同的变更，因此，仲裁条款仍是存在并有效的。

法院依据我国《仲裁法》第20条并无错误，但在法律解释上却出现了偏差。我国《仲裁法》第20条，从字面上看，仲裁协议的存在与仲裁协议的效力是不同的，但实践中这两个概念是经常交织在一起的，而且本质上没有区别。我国《仲裁法》第20条有关仲裁协议的效力的规定不仅指形式上仲裁协议是否存在，比如一方当事人认为另一方当事人提出的仲裁协议是伪造的，也指形式上存在仲裁协议但可能效力有疑问。如果形式上不存在一个仲裁协议，当然也就没有一个有效的仲裁协议。换言之，存在是效力的前提，也是其隐含的先决条件。另一方面，本案中，当事人关于仲裁协议效力的争议，实际是合同变更是否影响仲裁协议的效力的争议。法院仅根据申请人请求的字面意思和对第20条的狭义理解，不对仲裁协议的效力进行认定，以"仲裁协议不存在"为由，驳回申请人的请求，是对法律的曲解，其逻辑是荒谬的。

这个案例也说明了我国《仲裁法》存在的问题，在仲裁实践中，这个问题已经引起重视，《中国国际经济贸易仲裁委员会仲裁规则》（2005年版）第6条第1项就此作了明确的规定："仲裁委员会有权对仲裁协议的存在、效力以及仲裁案件的管辖权作出决定。如有必要，仲裁委员会也可以授权仲裁庭作出管辖权决定。"该《仲裁规则》明确提及仲裁协议的"存在"与"效力"问题。2015年版的《仲裁规则》也做了同样的规定。

[相关法律]

《中华人民共和国仲裁法》

第19条　仲裁协议独立存在，合同的变更、解除、终止或者无效，不影响仲裁协议的效力。

仲裁庭有权确认合同的效力。

第20条　当事人对仲裁协议的效力有异议的，可以请求仲裁委员会作出决定或者请求人民法院作出裁定。一方请求仲裁委员会作出决定，另一方请求法院作出裁定的，由人民法院裁定。

《中国国际经济贸易仲裁委员会仲裁规则》(2005、2015 年版)

第 6 条 对仲裁协议及/或管辖权的异议

(1) 仲裁委员会有权对仲裁协议的存在、效力以及仲裁案件的管辖权作出决定。如有必要，仲裁委员会也可以授权仲裁庭作出管辖权决定。

三、国际商事仲裁的法律适用

案例十二：　　国际商事仲裁中仲裁实体法的适用

[案情简介]

2012 年 5 月 5 日，法国 A 公司（申请人）与中国 B 公司（被申请人）签订了一份大蒜买卖合同，合同规定由中国 B 公司向法国 A 公司出售大蒜 10 万公斤，总金额为 15 万美元，价格条件为 CIF 勒阿弗尔。双方在合同中约定，如发生争议，将提交中国国际经济贸易仲裁委员会进行仲裁。货物装船前法国 A 公司曾两次传真提醒 B 公司货物遇高温会发生质量变化，应尽量安排直达船运输，B 公司回函请 A 公司放心。但货物返抵勒阿弗尔时，发现货物因高温变质严重。此后，A 公司、B 公司和保险人达成协议，由保险人向 A 公司支付 10 万美元，B 公司支付 5 万美元以补偿 A 公司的损失。B 公司同意补偿 A 公司 5 万美元。此后，A 公司多次提出要求没有结果，遂于 2012 年 12 月 5 日向中国国际经济贸易仲裁委员会申请仲裁，要求 B 公司给付 5 万美元的赔款及利息损失。仲裁庭依据《联合国国际货物销售合同公约》作出了裁决。

[法律问题]

仲裁庭依据《联合国国际货物销售合同公约》作出裁决是否正确？

[法律分析]

仲裁庭依据《联合国国际货物销售合同公约》（以下简称《公约》）作出裁决是正确的。实体法是仲裁庭据以作出裁决的实体法律，它是确定双方当事人权利义务，判定争议是非曲直的主要依据，对争议最终裁决的作出具有决定性意义。仲裁争议实体法的确定通常依据下述原则：①当事人的选择。现代国际商事仲裁实践表明，对于实体法的适用，仲裁庭应首先尊重当事人的选择。②在当事人对实体法未作选择的情况下，通常由仲裁庭来决定案件的法律适用，对于仲裁庭应如何确定仲裁案件的实体法，理论和实践有不同的主张和做法。总的说来有两种做法，一种为"两步走法"，又称为依冲突规则确定实体法，即先由仲裁员选择冲突规范，然后再根据冲突规范确定实体法。另一种为"一步到位法"，又称为直接适用法，即由仲裁员直接确定实体法而不再依冲突规范来确定。本案中，中法两国都是《公约》的缔约国，当事人也未明示地排除

《公约》的适用。1987年我国对外经济贸易部发布了《关于执行〈联合国国际货物销售合同公约〉应注意的几个问题》，并指出，自1988年1月1日起，我国各公司与其他受条约约束的国家的公司达成的货物买卖合同，如不另作法律选择，则合同规定的事项将自动适用《公约》的有关规定，发生纠纷或诉讼亦得依据《公约》处理。因此，仲裁庭据此决定适用《公约》是正确的。

[相关法律]
《中华人民共和国涉外民事关系法律适用法》
第3条 当事人依照法律规定可以明示选择涉外民事关系适用的法律。
《联合国国际货物销售合同公约》
第1条
（1）本公约适用于营业地在不同国家的当事人之间所订立的货物销售合同：
（a）如果这些国家是缔约国；或
（b）如果国际私法规则导致适用某一缔约国的法律。
（2）当事人营业地在不同国家的事实，如果从合同或从订立合同前任何时候或订立合同时，当事人之间的任何交易或当事人透露的情报均看不出，应不予考虑。
（3）在确定本公约的适用时，当事人的国籍和当事人或合同的民事或商业性质，应不予考虑。

《关于执行〈联合国国际货物销售合同公约〉应注意的几个问题》
1. 目前已经参加公约的国家除中国外，还有美国、意大利、赞比亚、南斯拉夫、阿根廷、匈牙利、埃及、叙利亚、法国和莱索托等国家。1986年，该10国与我国的进出口贸易总额已达92.3亿美元，贸易合同的数量是相当大的。我国政府既已加入了公约，也就承担了执行公约的义务。因此，根据《公约》第1条第1款的规定，自1988年1月1日起我各公司与上述国家（匈牙利除外）的公司达成的货物买卖合同如不另做法律选择，则合同规定事项将自动适用公约的有关规定，发生纠纷或诉讼亦得依据公约处理。故各公司对一般的货物买卖合同应考虑适用公约，但公司亦可根据交易的性质、产品的特性以及国别等具体因素，与外商达成与公约条文不一致的合同条款，或在合同中明确排除适用公约，转而选择某一国的国内法为合同适用法律。

案例十三： 国际商事仲裁中仲裁程序法的法律适用

[案情简介]

2005年3月6日，日本A公司与瑞士B公司订立了一份国际许可协议。根据该许可协议的规定，A公司向B公司转让制造挖掘机的专有权和许可，而B公司则同意"严格地按照A公司的设计和规格"制造许可产品。A公司负责向B公司提供必要的材料、设计、图纸、专有技术和技术协助，B公司除享有生产许可产品的专有权外，还享有在整个欧洲销售这些产品的专有权。为此，B公司须向A公司支付提成费。但是，后来B公司并未"严格按照A公司的设计和规格"进行制造，而是仅保留了原设计很少的部分，其理由是：原来的设计不太适合欧洲市场。在这种情况下，B公司提出仅以按A公司的设计而造的零部件的工厂交货价的4%支付提成费。这一提议被A公司拒绝。

根据该许可协议中的仲裁条款，A公司在日内瓦向国际商会仲裁院申请仲裁，指控对方违反了许可证协议，并要求其给予赔偿。

国际商会仲裁院指定了独任仲裁员受理此案。在对该案的审理过程中，申请人和被申请人达成协议，选择瑞士的国际私法规则和瑞士联邦的程序法进行仲裁。

[法律问题]

本案当事人能否选择仲裁所适用的程序法？

[法律分析]

当事人能选择仲裁所适用的程序法。国际商事仲裁程序法的适用通常依据以下原则确定：

1. 当事人意思自治原则。目前，由当事人自由选择仲裁程序已得到许多国际公约和仲裁机构的承认和采用。在各国国内立法和司法实践中，依当事人意思自治原则解决仲裁程序的做法也十分普遍。世界各国普遍允许当事人选择仲裁程序法，主要基于以下原因：一是因为仲裁的发生是双方当事人意思自治的结果，当事人意思自治是国际商事仲裁的一项基本原则。二是因为仲裁员与法官不同，法官是国家公权力的象征，负有忠于本国法律的义务，所以诉讼程序必须适用法院地法。而且法官一般在本国审判，适用法院地法有利于审判的方便和节约诉讼成本。三是因为仲裁地一般由当事人指定，仲裁员常常要前往另一国家进行仲裁，仲裁员对仲裁地法很可能不太熟悉，从提高国际商事仲裁的效率的角度，应允许当事人或仲裁员选择仲裁地法以外的法律作为仲裁程序法。当事人对仲裁程序法的选择范围，多数国家的仲裁立法没有加以限制，既允许当事人选择仲裁地法，也允许选择非仲裁地法。

2. 当事人未作选择时仲裁程序法的适用。在当事人未选择时，仲裁庭往往依以下几种方法来确定仲裁程序法：①仲裁地法。仲裁程序法受仲裁举行地法支配，在相当长的时期内已成为国际社会普遍接受的实践。其理论基础之一在于国际商事仲裁的司法权理论，即国家具有控制和管理发生在其管辖领域内的所有仲裁的权力。其二在于国际私法"场所支配行为"原则。②"非当地化"仲裁程序的适用。20世纪60年代出现了一种新理论，即"非当地化"理论。按照这一理论，当事人可在其合同中约定，仲裁不依从任何特定的国家的程序法、任何特定国家的冲突法规则或任何特定法律关系的实体法，以达到当事人意思自治和符合当事人利益的目的。但是这种理论只被极少数国家接受。

本案中，双方当事人约定在瑞士日内瓦仲裁，在审理过程中，又协议仲裁程序适用瑞士的国际私法和联邦程序法，符合当事人意思自治原则，也符合瑞士的国际私法规范。另外，当事人对仲裁程序法的选择，往往选择仲裁地法。主要原因是由于作为仲裁程序进行地和仲裁裁决作出地的仲裁地的有管辖权的法院对仲裁裁决的控制以及仲裁裁决撤销、承认和执行。1958年《承认及执行外国仲裁裁决公约》第5条对此作了明确规定。根据该公约，如果当事人之间未就仲裁机关的组成或仲裁程序达成协议，其组成或仲裁程序必须符合仲裁进行地国的法律，否则被请求承认或执行裁决的主管机构可根据当事人的请求，拒绝承认和执行有关裁决。

中国在仲裁实践中也逐渐对当事人意思自治选择仲裁程序的准据法的做法持灵活的态度，而开始动摇仲裁程序只能适用仲裁地法的做法。中国国际经济贸易仲裁委员会2005年及2015年的仲裁规则都规定：凡当事人同意将争议提交仲裁委员会仲裁的，均视为同意按照本规则进行仲裁。当事人约定适用其他规则，或约定对本规则有关内容进行变更的，从其约定，但其约定无法实施或与仲裁地强制性法律相抵触者除外。

[相关法律]

《瑞士联邦国际私法法规》

第182条 双方当事人可直接协商确定仲裁程序或参照仲裁规则确定仲裁程序，亦得使仲裁程序服从于其所选择的程序法。

1958年《承认及执行外国仲裁裁决公约》

第5条

1. 裁决唯有于受裁决援用之一造向声请承认及执行地之主管机关提具证据证明有下列情形之一时，始得依该造之请求，拒予承认及执行：

（甲）第2条所称协定之当事人依对其适用之法律有某种无行为能力情形者，或该项协定依当事人作为协定准据之法律系属无效，或未指明以何法律为准时，依裁决地所在国法律系属无效者；

（乙）受裁决援用之一造未接获关于指派仲裁员或仲裁程序之适当通知，或因他故，致未能申辩者；

（丙）裁决所处理之争议非为交付仲裁之标的或不在其条款之列，或裁决载有关于交付仲裁范围以外事项之决定者，但交付仲裁事项之决定可与未交付仲裁之事项划分时，裁决中关于交付仲裁事项之决定部分得予承认及执行；

（丁）仲裁机关之组成或仲裁程序与各造间之协议不符，或无协议而与仲裁地所在国法律不符者；

（戊）裁决对各造尚无拘束力，或业经裁决地所在国或裁决所依据法律之国家之主管机关撤销或停止执行者。

2. 倘声请承认及执行地所在国之主管机关认定有下列情形之一，亦得拒不承认及执行仲裁裁决：

（甲）依该国法律，争议事项系不能以仲裁解决者；

（乙）承认或执行裁决有违该国公共政策者。

《中国国际经济贸易仲裁委员会仲裁规则》（2005、2015 年版）

第 4 条　规则的适用

(1) 本规则统一适用于仲裁委员会及其分会/仲裁中心。

(2) 当事人约定将争议提交仲裁委员会仲裁的，视为同意按照本规则进行仲裁。

(3) 当事人约定将争议提交仲裁委员会仲裁但对本规则有关内容进行变更或约定适用其他仲裁规则的，从其约定，但其约定无法实施或与仲裁程序适用法强制性规定相抵触者除外。当事人约定适用其他仲裁规则的，由仲裁委员会履行相应的管理职责。

(4) 当事人约定按照本规则进行仲裁但未约定仲裁机构的，视为同意将争议提交仲裁委员会仲裁。

(5) 当事人约定适用仲裁委员会专业仲裁规则的，从其约定，但其争议不属于该专业仲裁规则适用范围的，适用本规则。

四、国际商事仲裁的程序

案例十四：　　　　国际商事仲裁中的财产保全

[案情简介]

2013 年 5 月 30 日，中国甲国际运输公司（下称"甲公司"）与香港乙有限公司（下称"乙公司"）在大连签订了一份运输合同，由甲公司所有的"兴盛"

轮为乙公司从德国的汉堡港承运30万吨煤至中国天津港。在合同履行中,因乙公司的过失,造成船舶运输滞期。甲公司为此付出滞期费。为索赔滞期费及利息,甲公司于2014年4月向中国海事仲裁委员会申请仲裁,同时申请财产保全,要求冻结天津经济开发区工业进出口公司即将支付给被申请人乙公司的货款。中国海事仲裁委员会受理该案后,依据我国《民事诉讼法》的规定,于2014年4月20日提请该货款所在地的天津海事法院裁定是否准许仲裁保全申请。

[法律问题]

1. 仲裁案件中的财产保全措施是由仲裁机构采取,还是由法院采取?
2. 采取财产保全措施要具备什么条件?

[法律分析]

1. 仲裁案件中的财产保全措施是由法院决定还是由仲裁庭采取,这在不同的国家,法律规定是不同的。本案中,双方当事人约定的仲裁机构是中国海事仲裁委员会,仲裁机构所在地是中国,因而该案中应当由谁采取财产保全措施,要依据我国相关法律的规定。

我国《仲裁法》第28条第2款规定:"当事人申请财产保全的,仲裁委员会应当将当事人的申请依照民事诉讼法的有关规定提交人民法院。"《民事诉讼法》第272条也规定:"当事人申请采取保全的,中华人民共和国的涉外仲裁机构应当将当事人的申请,提交被申请人住所地或者财产所在地的中级人民法院裁定。"因此,我国仲裁机构不具有采取财产保全措施的权力,仲裁中的财产保全措施只能由人民法院采取。

2. 根据我国《民事诉讼法》的相关规定,采取财产保全措施,应具备以下条件:①仲裁案件的当事人提出申请;②申请人要提供担保;③申请财产保全要有正当理由。

[相关法律]

《中华人民共和国仲裁法》

第28条 一方当事人因另一方当事人的行为或者其他原因,可能使裁决不能执行或者难以执行的,可以申请财产保全。

当事人申请财产保全的,仲裁委员会应当将当事人的申请依照民事诉讼法的有关规定提交人民法院。

申请有错误的,申请人应当赔偿被申请人因财产保全所遭受的损失。

《中华人民共和国民事诉讼法》(2012年修正)

第100条 人民法院对于可能因当事人一方的行为或者其他原因,使判决难以执行或者造成当事人其他损害的案件,根据对方当事人的申请,可以裁定对其财产进行保全、责令其作出一定行为或者禁止其作出一定行为;当事人没有提出申请的，人民法院在必要时也可以裁定采取保全措施。

人民法院采取保全措施，可以责令申请人提供担保，申请人不提供担保的，裁定驳回申请。

人民法院接受申请后，对情况紧急的，必须在48小时内作出裁定；裁定采取保全措施的，应当立即开始执行。

第101条 利害关系人因情况紧急，不立即申请保全将会使其合法权益受到难以弥补的损害的，可以在提起诉讼或者申请仲裁前向被保全财产所在地、被申请人住所地或者对案件有管辖权的人民法院申请采取保全措施。申请人应当提供担保，不提供担保的，裁定驳回申请。

第272条 当事人申请采取保全的，中华人民共和国的涉外仲裁机构应当将当事人的申请，提交被申请人住所地或者财产所在地的中级人民法院裁定。

案例十五： 申请撤销涉外仲裁裁决

[案情简介]

德国甲公司就与深圳乙公司之间的购销小轿车纠纷，于2013年8月向中国国际经济贸易仲裁委员会申请仲裁。在仲裁审理过程中，乙公司提出丙仲裁员回避的申请，理由是丙仲裁员与德国甲公司的仲裁代理人丁曾经是师生关系。但中国国际经济贸易仲裁委员会在没有给予乙公司陈述自己意见和根据的机会的情况下直接进行了审理，并于2013年11月作出了裁决。

2014年1月，乙公司向北京市第二中级人民法院申请撤销该裁决，指出仲裁委员会没有给予其陈述意见和理由的机会，同时乙公司还向法院提交了丁仲裁代理人与丙仲裁员存在多年研究生与指导教师关系的证据。

乙公司诉称：丙仲裁员与丁仲裁代理人是一种亲密的师生关系，这种关系很有可能影响仲裁员的公正性和独立性，从而影响对案件的公正裁决。仲裁庭的组成违反了法律和仲裁委员会仲裁规则的规定，并且仲裁委员会在没有给予我方陈述意见和理由机会的情况下，就直接进行了审理。这种做法缺乏法律依据，特请求撤销该仲裁裁决。

[法律问题]

1. 北京市第二中级人民法院是否应撤销仲裁委员会的仲裁裁决？
2. 人民法院在撤销涉外仲裁裁决和国内仲裁裁决时所适用的标准有何不同？

[法律分析]

1. 北京市第二级中级人民法院如果查明乙公司的诉讼请求属实且证据充分，应撤销仲裁委员会的仲裁裁决。

根据《仲裁法》第70条的规定,"当事人提出证据证明涉外仲裁裁决有民事诉讼法第258条第1款(2012年修正为第274条第1款)规定的情形之一的,经人民法院合议庭审查核实,裁定撤销"。以及第59条的规定,"当事人申请撤销裁决的,应当自收到裁决书之日起6个月内提出"。

本案中,乙公司于2014年1月向北京市第二中级人民法院申请撤销该裁决,没有超过法定的6个月的期限。乙公司申请撤销仲裁裁决的理由是,仲裁庭的组成违反了法律和仲裁委员会仲裁规则的规定,并且仲裁委员会没有给予该方陈述意见和理由的机会,就直接进行了审理缺乏法律依据。这属于法定的提出撤销仲裁裁决的理由的范围。所以只要乙公司有充分的证据并经法院查证属实,法院就应撤销仲裁委员会的仲裁裁决。

2. 人民法院在撤销涉外仲裁裁决和国内仲裁裁决时所适用的标准是不同的。也就是我国在仲裁监督体制上实行双轨制。根据《仲裁法》第58条对国内的仲裁裁决进行撤销审查时除了要涉及程序外,还要涉及证据的采纳等实体性的问题,而对涉外仲裁裁决的审查则只局限于程序问题。实行双轨制,不符合当代世界各国仲裁立法的通例,应将法院监督的范围都限定在程序方面。

[相关法律]

《中华人民共和国仲裁法》

第58条 当事人提出证据证明裁决有下列情形之一的,可以向仲裁委员会所在地的中级人民法院申请撤销裁决:

(1) 没有仲裁协议的;

(2) 裁决的事项不属于仲裁协议的范围或者仲裁委员会无权仲裁的;

(3) 仲裁庭的组成或者仲裁的程序违反法定程序的;

(4) 裁决所根据的证据是伪造的;

(5) 对方当事人隐瞒了足以影响公正裁决的证据的;

(6) 仲裁员在仲裁该案时有索贿受贿,徇私舞弊,枉法裁决行为的。

人民法院经组成合议庭审查核实裁决有前款规定情形之一的,应当裁定撤销。

人民法院认定该裁决违背社会公共利益的,应当裁定撤销。

第59条 当事人申请撤销裁决的,应当自收到裁决书之日起6个月内提出。

第70条 当事人提出证据证明涉外仲裁裁决有民事诉讼法第258条第1款规定的情形之一的,经人民法院组成合议庭审查核实,裁定撤销。

《中华人民共和国民事诉讼法》(2012年修正)

第274条 对中华人民共和国涉外仲裁机构作出的裁决,被申请人提出证据证明仲裁裁决有下列情形之一的,经人民法院组成合议庭审查核实,裁定不予执行：

(1) 当事人在合同中没有订有仲裁条款或者事后没有达成书面仲裁协议的；

(2) 被申请人没有得到指定仲裁员或者进行仲裁程序的通知，或者由于其他不属于被申请人负责的原因未能陈述意见的；

(3) 仲裁庭的组成或者仲裁的程序与仲裁规则不符的；

(4) 裁决的事项不属于仲裁协议的范围或者仲裁机构无权仲裁的。

人民法院认定执行该裁决违背社会公共利益的，裁定不予执行。

五、国际商事仲裁裁决的承认与执行

案例十六： 外国仲裁裁决的承认与执行

[案情简介]

北京朝来新生体育休闲有限公司（以下简称"朝来新生公司"）是在北京市工商行政管理局朝阳分局注册成立的有限责任公司（自然人独资）；北京所望之信投资咨询有限公司（以下简称"所望之信公司"）是在北京市工商行政管理局注册成立的有限责任公司（外国自然人独资），股东（发起人）安秉柱，大韩民国公民。

2007年7月20日，朝来新生公司（甲方）与所望之信公司（乙方）签订《合同书》约定，甲、乙双方合作经营甲方现有的位于北京市朝阳区的高尔夫球场，并就朝来新生公司的股权比例、投资金额等相关事宜达成协议。合同中写明签订地在中国北京市。合同中还约定：如发生纠纷时，甲乙双方首先应进行友好协商，达成协议，对于不能达成协议的部分可以向大韩商事仲裁院提起仲裁，仲裁结果对于甲乙双方具有同等法律约束力。

合同签订后，双方开始合作经营，在经营过程中高尔夫球场土地租赁合同解除，土地被收回。因土地租赁合同解除，高尔夫球场获得补偿款1800万元，朝来新生公司与所望之信公司因土地补偿款的分配问题发生纠纷。为此，所望之信公司于2012年4月2日向大韩商事仲裁院提起仲裁，请求朝来新生公司支付所望之信公司土地补偿款248万元。朝来新生公司提起反请求，要求所望之信公司给付朝来新生公司土地补偿款1100万元及利息。

大韩商事仲裁院依据双方约定的仲裁条款受理了所望之信公司的仲裁申请及朝来新生公司反请求申请，适用中华人民共和国法律作为准据法，于2013年5月29日作出如下裁决：①所望之信公司给付朝来新生公司中华人民共和国货币1000万元整及利息；②所望之信公司及朝来新生公司其余之请求驳回。裁决作出后，朝来新生公司于2013年6月17日向北京市第二中级人民法院提出申请，请求法院承认上述仲裁裁决。

北京市第二中级人民法院于 2014 年 1 月 20 日作出（2013）二中民特字第 10670 号民事裁定书，驳回朝来新生公司要求承认大韩商事仲裁院仲裁裁决的申请。[1]

[法律问题]

北京市第二中级人民法院拒绝承认与执行外国仲裁裁决的理由有哪些？

[法律分析]

在一国领域内发生的民商事纠纷如何解决，关系到该国的司法主权，通常为该国的公共政策所调整。当事人只能在法律准许的范围内作出约定，超出法律许可范围任意约定即应认定无效。

第一，根据《民事诉讼法》第 283 条规定，"国外仲裁机构的裁决，需要中华人民共和国人民法院承认和执行的，应当由当事人直接向被执行人住所地或者其财产所在地的中级人民法院申请，人民法院应当依照中华人民共和国缔结或者参加的国际条约，或者按照互惠原则办理"。因此就本案而言，北京市第二中级人民法院有权受理。我国及大韩民国均为 1958 年《承认及执行外国仲裁裁决公约》（下称"《纽约公约》"）的缔约国，现朝来新生公司申请承认大韩民国大韩商事仲裁院作出的仲裁裁决，应依据《纽约公约》相关规定审理本案。

第二，根据《最高人民法院关于适用〈中华人民共和国民事诉讼法〉的解释》第 522 条的规定，"有下列情形之一，人民法院可以认定为涉外民事案件：①当事人一方或者双方是外国人、无国籍人、外国企业或者组织的；②当事人一方或者双方的经常居所地在中华人民共和国领域外的；③标的物在中华人民共和国领域外的；④产生、变更或者消灭民事关系的法律事实发生在中华人民共和国领域外的；⑤可以认定为涉外民事案件的其他情形"。以及《民事诉讼法》第 271 条第 1 款的规定，"涉外经济贸易、运输和海事中发生的纠纷，当事人在合同中订有仲裁条款或者事后达成书面仲裁协议，提交中华人民共和国涉外仲裁机构或者其他仲裁机构仲裁的，当事人不得向人民法院起诉"。就上述法律规定而言，法律并未允许国内当事人将其不具有涉外因素的争议提请外国仲裁。

第三，我国《外资企业法》第 2 条规定，"本法所称的外资企业是指依照中国有关法律在中国境内设立的全部资本由外国投资者投资的企业，不包括外国的企业和其他经济组织在中国境内的分支机构"。和第 8 条规定，"外资企业符合中国法律关于法人条件的规定的，依法取得中国法人资格"。所以，本案中朝

---

[1] 案例来源：http://bjgy.chinacourt.org/article/detail/2015/03/id/1560588.shtml。

来新生公司与所望之信公司均为中国法人，双方之间的民事法律关系的设立、变更、终止的法律事实发生在我国境内、诉讼标的亦在我国境内，不具有涉外因素，故不属于我国法律规定的涉外案件。因此，《合同书》中关于如发生纠纷可以向大韩商事仲裁院提起仲裁的约定违反了《中华人民共和国民事诉讼法》、《中华人民共和国仲裁法》的相关规定，该仲裁条款无效。

因此，因大韩商事仲裁院作出的仲裁裁决所适用的准据法为中华人民共和国的法律，依据中华人民共和国法律，《合同书》中的仲裁条款为无效条款，故大韩商事仲裁院受理本案所涉仲裁案件所依据的仲裁条款无效。根据《纽约公约》第5条第1款（甲）项、第5条第2款（乙）项之规定，法院不予承认该裁决。

[相关法律]

1958年《承认及执行外国仲裁裁决公约》

第2条

1. 当事人以书面协定承允彼此间所发生或可能发生之一切或任何争议，如关涉可以仲裁解决事项之确定法律关系，不论为契约性质与否，应提交仲裁时，各缔约国应承认此项协定。

2. 称"书面协定"者，谓当事人所签订或在互换函电中所载明之契约仲裁条款或仲裁协定。

3. 当事人就诉讼事项订有本条所称之协定者，缔约国法院受理诉讼时应依当事人一造之请求，命当事人提交仲裁，但前述协定经法院认定无效、失效或不能实行者不在此限。

第5条

1. 裁决唯有于受裁决援用之一造向声请承认及执行地之主管机关提具证据证明有下列情形之一时，始得依该造之请求，拒予承认及执行：

（甲）第2条所称协定之当事人依对其适用之法律有某种无行为能力情形者，或该项协定依当事人作为协定准据之法律系属无效，或未指明以何法律为准时，依裁决地所在国法律系属无效者；

（乙）受裁决援用之一造未接获关于指派仲裁员或仲裁程序之适当通知，或因他故，致未能申辩者；

（丙）裁决所处理之争议非为交付仲裁之标的或不在其条款之列，或裁决载有关于交付仲裁范围以外事项之决定者，但交付仲裁事项之决定可与未交付仲裁之事项划分时，裁决中关于交付仲裁事项之决定部分得予承认及执行；

（丁）仲裁机关之组成或仲裁程序与各造间之协议不符，或无协议而与仲裁地所在国法律不符者；

（戊）裁决对各造尚无拘束力，或业经裁决地所在国或裁决所依据法律之国家之主管机关撤销或停止执行者。

2. 倘声请承认及执行地所在国之主管机关认定有下列情形之一，亦得拒不承认及执行仲裁裁决：

（甲）依该国法律，争议事项系不能以仲裁解决者；
（乙）承认或执行裁决有违该国公共政策者。

《中华人民共和国民事诉讼法》（2012年修正）

第237条　被申请人提出证据证明仲裁裁决有下列情形之一的，经人民法院组成合议庭审查核实，裁定不予执行：

（1）当事人在合同中没有订有仲裁条款或者事后没有达成书面仲裁协议的；
（2）裁决的事项不属于仲裁协议的范围或者仲裁机构无权仲裁的；
（3）仲裁庭的组成或者仲裁的程序违反法定程序的；
（4）裁决所根据的证据是伪造的；
（5）对方当事人向仲裁机构隐瞒了足以影响公正裁决的证据的；
（6）仲裁员在仲裁该案时有贪污受贿，徇私舞弊，枉法裁决行为的。

第271条　涉外经济贸易、运输和海事中发生的纠纷，当事人在合同中订有仲裁条款或者事后达成书面仲裁协议，提交中华人民共和国涉外仲裁机构或者其他仲裁机构仲裁的，当事人不得向人民法院起诉。

第283条　国外仲裁机构的裁决，需要中华人民共和国人民法院承认和执行的，应当由当事人直接向被执行人住所地或者其财产所在地的中级人民法院申请，人民法院应当依照中华人民共和国缔结或者参加的国际条约，或者按照互惠原则办理。

《最高人民法院关于适用〈中华人民共和国民事诉讼法〉的解释》

第522条　有下列情形之一，人民法院可以认定为涉外民事案件：①当事人一方或者双方是外国人、无国籍人、外国企业或者组织的；②当事人一方或者双方的经常居所地在中华人民共和国领域外的；③标的物在中华人民共和国领域外的；④产生、变更或者消灭民事关系的法律事实发生在中华人民共和国领域外的；⑤可以认定为涉外民事案件的其他情形。

《中华人民共和国仲裁法》

第63条　被申请人提出证据证明裁决有民事诉讼法第213条第2款（2012年修正为第237条第2款）规定的情形之一的，经人民法院组成合议庭审查核实，裁定不予执行。

案例十七：　　　区际商事仲裁裁决的承认与执行

[案情简介]

和华（海外）置地有限公司（下称"和华公司"）与凯歌（厦门）高尔夫球俱乐部有限公司（下称"凯歌公司"）于1998年6月8日签订了《委托经营高尔夫球场契约书》以及《委托销售高尔夫球证契约书》，其中《委托经营高尔夫球场契约书》第8条第3项约定，和华公司向凯歌公司提供借款1000万美金，凯歌公司以其所有的500张高尔夫球场球证作为担保。两份合同均约定因履行合同产生的纠纷提交仲裁裁决，并约定了合同适用的准据法。后双方因前述借贷关系发生纠纷，和华公司依合同约定向台湾地区中华仲裁协会申请仲裁。台湾中华仲裁协会于2003年11月4日作出2002年仲声仁字第135号仲裁裁决：①凯歌公司应给付和华公司美元3 900 000元及自1999年11月29日起至清偿日止按年利率5%计算的利息；②驳回和华公司的其余请求；③仲裁费用由凯歌公司负担65%，由和华公司负担35%。

2004年3月5日，和华公司向福建省厦门市中级人民法院申请认可台湾中华仲裁协会作出的前述仲裁裁决。该院于2004年6月13日作出（2004）厦民认字第20号民事裁定，对台湾中华仲裁协会作出的2002年仲声仁字第135号仲裁裁决的法律效力予以认可。同年7月30日，申请人和华公司向厦门市中级人民法院申请强制执行，执行程序中当事人达成和解，并于2007年3月履行完毕。[1]

[法律问题]

对于台湾地区有关仲裁机构的仲裁裁决承认与执行的条件是什么？

[法律分析]

"两岸三地"的仲裁裁决能够得到人民法院的承认与执行，必须符合相应的条件且经过相应的程序才能得以实现。就台湾地区的仲裁裁决而言，1998年的《最高人民法院关于认可和执行台湾地区法院民事判决的规定》第15条规定，"台湾地区法院民事判决具有下列情形之一的，裁定不予认可：①申请认可的民事判决，是在被申请人缺席又未经合法传唤或者在被申请人无诉讼行为能力又未得到适当代理的情况下作出的；②案件系人民法院专属管辖的；③案件双方当事人订有有效仲裁协议，且无放弃仲裁管辖情形的；④案件系人民法院已经作出判决或者中国大陆的仲裁庭已经作出仲裁裁决的；⑤香港特别行政区、澳门特别行政区或者外国的法院已就同一争议作出判决且已为人民法院所认可或

---

[1] 案例来源：http://www.chinacourt.org/article/detail/2014/06/id/1320795.shtml.

者承认的；⑥台湾地区、香港特别行政区、澳门特别行政区或者外国的仲裁庭已就同一争议作出仲裁裁决且已为人民法院所认可或者承认的。认可该民事判决将违反一个中国原则等国家法律的基本原则或者损害社会公共利益时，人民法院应当裁定不予认可。"人民法院审查申请后，对于台湾地区有关法院民事判决不具有上述第 9 条所列情形的，人民法院才可裁定认可其效力。就本案而言，申请人和华公司提交了经公证证明的仲裁裁决书，凯歌公司在厦门有可供执行的财产，那么厦门市中级人民法院有权受理本案。和华公司与凯歌公司之间的争议虽是因委托经营高尔夫球场而引发，但本案中双方的争议属于金钱借贷纠纷而非不动产纠纷，且双方事先以书面方式约定将纠纷提交台湾中华仲裁协会仲裁。综上，依照《最高人民法院关于认可和执行台湾地区法院民事判决的规定》的有关规定，对台湾中华仲裁协会作出的 2002 年仲声仁字第 135 号仲裁裁决的法律效力予以认可。

[相关法律]

《最高人民法院关于人民法院认可台湾地区有
关法院民事判决的规定》（1998 年）

第 15 条　台湾地区法院民事判决具有下列情形之一的，裁定不予认可：

（1）申请认可的民事判决，是在被申请人缺席又未经合法传唤或者在被申请人无诉讼行为能力又未得到适当代理的情况下作出的；

（2）案件系人民法院专属管辖的；

（3）案件双方当事人订有有效仲裁协议，且无放弃仲裁管辖情形的；

（4）案件系人民法院已经作出判决或者中国大陆的仲裁庭已经作出仲裁裁决的；

（5）香港特别行政区、澳门特别行政区或者外国的法院已就同一争议作出判决且已为人民法院所认可或者承认的；

（6）台湾地区、香港特别行政区、澳门特别行政区或者外国的仲裁庭已就同一争议作出仲裁裁决且已为人民法院所认可或者承认的。认可该民事判决将违反一个中国原则等国家法律的基本原则或者损害社会公共利益时，人民法院应当裁定不予认可。

第 16 条　人民法院经审查能够确认台湾地区法院民事判决真实并且已经生效，而且不具有本规定第 15 条所列情形的，裁定认可其效力；不能确认该民事判决的真实性或者已经生效的，裁定驳回申请人的申请。裁定驳回申请的案件，申请人再次申请并符合受理条件的，人民法院应予受理。

本章主要参考文献

1. 肖伟主编:《国际经济法学案例教程》,知识产权出版社2003年版。
2. 李双元、欧福永主编:《国际私法教学案例》,北京大学出版社2007年版。
3. 赵秀文主编:《国际商事仲裁案例解析》,中国人民大学出版社2005年版。
4. 赵相林主编:《国际私法教学案例评析》,中信出版社2006年版。
5. 中国海事仲裁委员会编:《中国海事仲裁案例集(2002~2006)》,大连海事大学出版社2008年版。
6. 中国国际经济贸易仲裁委员会编:《中国国际经济贸易仲裁裁决书选编(2003~2006)》(上册),法律出版社2009年版。
7. 韦经建、王彦志主编:《国际经济法案例教程》,科学出版社2011年版。

本章主要拓展阅读资料

1. 董立坤:"略论对外国法院判决的承认与执行——兼析我国民事诉讼法中的有关规定",载《中国社会科学》1985年第2期。
2. 寇丽:"论中国国际商事仲裁的法律适用问题",载《政法论坛》2004年第4期。
3. 何其生:"我国域外送达机制的困境与选择",载《法学研究》2005年第2期。
4. 杜新丽:"论外国仲裁裁决在我国的承认与执行——兼论《纽约公约》在中国的适用",载《比较法研究》2005年第4期。
5. 钱锋:"终局性:外国法院民商事判决承认与执行的先决条件",载《法律适用》2006年第6期。
6. 宋连斌:"试论我国大陆与台湾地区相互认可和执行仲裁裁决",载《时代法学》2006年第6期。
7. 杜涛:"互惠原则与外国法院判决的承认与执行",载《环球法律评论》2007年第1期。
8. 赵秀文:"从永宁公司案看公共政策作为我国法院拒绝执行外国仲裁裁决的理由",载《法学家》2009年第4期。
9. 赵秀文:"《纽约公约》与国际商事仲裁协议的效力认定",载《河北法学》2009年第7期。
10. 黄晖:"论我国承认和执行区际仲裁裁决的模式选择",载《河北法学》

2009 年第 8 期。

11. 林振通:"两岸相互认可和执行民事判决的实践与思考",载《人民司法》2010 年第 5 期。

12. 刘仁山:"国际民商事判决承认与执行中的司法礼让原则——对英国与加拿大相关理论及实践的考察",载《中国法学》2010 年第 5 期。

13. 李迅:"中国拒绝承认与执行外国仲裁裁决实务研究",载《仲裁研究》2011 年第 1 期。

14. 马永梅:"外国法院判决承认与执行视角下的正当程序探析",载《法学杂志》2011 年第 6 期。

15. 王吉文:"论我国对外国判决承认与执行的互惠原则——以利益衡量方法为工具",载《法学家》2012 年第 6 期。

16. 李旺:"当事人协议管辖与境外判决的承认与执行法律制度的关系初探",载《清华法学》2013 年第 3 期。

声　明　1. 版权所有，侵权必究。

　　　　　2. 如有缺页、倒装问题，由出版社负责退换。

图书在版编目（CIP）数据

国际贸易法实验案例教程 / 孟国碧主编.—北京：中国政法大学出版社，2016.2
ISBN 978-7-5620-6640-8

Ⅰ.①国… Ⅱ.①孟… Ⅲ.①国际贸易－贸易法－案例－教材 Ⅳ.①D996.1

中国版本图书馆CIP数据核字(2016)第033363号

出 版 者	中国政法大学出版社
地　　址	北京市海淀区西土城路25号
邮　　箱	fadapress@163.com
网　　址	http://www.cuplpress.com（网络实名：中国政法大学出版社）
电　　话	010-58908435（第一编辑部）58908334（邮购部）
承　　印	固安华明印业有限公司
开　　本	720mm×960mm　1/16
印　　张	20.25
字　　数	375千字
版　　次	2016年2月第1版
印　　次	2016年2月第1次印刷
印　　数	1～3000册
定　　价	43.00元